人生哲學

黎建球　著

學歷：輔仁大學哲學研究所畢業
經歷：輔仁大學教授

三民書局印行

國立中央圖書館出版品預行編目資料

人生哲學／黎建球著. --七版 --臺北
市：三民，民84
面：　公分
ISBN 957-14-0866-2

1. 人生哲學

191　　80002031

© 人生哲學

著作人　黎建球
發行人　劉振強
著作財產權人　三民書局股份有限公司
臺北市復興北路三八六號
發行所　三民書局股份有限公司
地　址／臺北市復興北路三八六號
郵　撥／〇〇九九九八－五號
印刷所　三民書局股份有限公司
門市部　復北店／臺北市復興北路三八六號
重南店／臺北市重慶南路一段六十一號
初　版　中華民國六十五年十月
七　版　中華民國八十四年八月
編　號　S 19002
基本定價　伍元捌角
行政院新聞局登記證局版臺業字第〇二〇〇號

ISBN 957-14-0866-2（平裝）

自序

這幾年來，社會的變遷，快速到有些令人不能適應。文化的傳承在社會快速的變化下，似乎也不知道如何來禪遞。中國的年青人，在物質文明與精神文明中，似乎有些迷惑了。究竟現代的中國是否仍有其輝煌的人生哲學及開闊的遠景呢？中國人是否可以有其可以遵循的原理原則呢？中國的未來，是否仍可以自誇具有優良的文化傳統及應付未來生活的指南呢？這一切在生活中尋求智慧的路途，又將如何起步呢？作者以爲，如果我們不能建立一個合乎現代人的人生哲學的話，一切的努力都將白費。

作者近六年來，在輔仁大學講授人生哲學時，總是覺得年青人心中渴望能學習到一些放諸四海而皆準的原則，作爲行事做人的標準。但是，在這一個世界、社會中，思想的混亂，任意的、毫不負責任的打倒傳統，而本身又建立不起新的合乎人心要求的思想，結果，現代人如何能不失落呢？正本清源的方法，就是要從速建立一套人生哲學，這一個人生哲學，不但要從過去看到人類的成就，也要從現在看到人類未來的遠景。沒有人可以完全放棄傳統，也沒有人不希望將來。在過去與未來的中心點——現在——的人，必須負起一份承先啓後的責任，這一個責任，就是要重估過去的及建立新的人生哲學。

作者雖然有心在這一方面努力，但究竟才疏學淺。在這一本人生哲學中，作者祇能提供一些大綱及反省的材料，作爲學者的參考，希望經由本書的出版，能使更多的人，在從事中國現代人生哲學的工作中，有更大、更多的成就，則誠爲中國人之大幸。

本書在編纂過程中，疏漏遺誤之處，必然甚多，敬請有識者予以指正，是所至禱。本書之能成，特別感謝師友、三民書局及內子玉英的協助。

六十五年七月十六日誌於臺北

人生哲學　目錄

第二編　宇宙觀

第八編　宗教情操

第一編　緒　論

第一章　人生哲學的意義

人生哲學（Philosophy of Life）從十九世紀末葉以來，雖然已經成爲人們所普遍討論的一個哲學課題，但它的發展却可遠溯自人類開始運用其智慧，以獲得人生更高，更深意義之時。人生哲學不祇是研討人生的問題，人生哲學也在探求人生的準則、方向及目的。人生哲學爲現代人之所以重要，乃是因爲人處在一個人心紛亂，道德體系式微，物質科學千變萬化的時代。在這樣的時代中，我們常自嘆是一個人生巨輪中的一個小齒輪，一部機器中的小螺絲釘，我們渴望在人生中扮演一個更重要的角色，我們更渴望卽使在扮演一個小齒輪，一個小螺絲釘的角色中，仍然能夠找到一個安身立命之所。但是，在這樣一個五彩繽紛，慾望無窮的時代中，我們又如何去尋找？用什麼方法去尋找？古往今來，多少哲學家，發出山林般的巨響來提醒我們人生所可能遭遇到的問題，可是，又有多少人，能眞正體會得到，這些警語的時代意義？又有多少人深切的身體力行？在我們的一生中，我們願意有一個豐富而有意義的人生，但我們又很少願意花高代價去獲得，自然的，人生的矛盾與痛苦，就油然而生。哲學的興起不祇是要設法解答人生的矛盾與痛苦，也希望能對現代人提供一套完整而有價值的體系，藉着這一個體系，使得每一個現代人都能有一個充滿人性意義與人生價值的生活準則。

人生哲學的目的，既在建立一套人生價值與意義的體系，而人生的範圍又是如此的廣泛，因此，在人生哲學的課目中，我們就不能不對許多個別的事相加以簡化，而着重於人生整體的完滿發展。人生整體的完滿發展，雖可因人、因時、因地而有不同的現象，但其基本觀念却可以相同，根據這些基本觀念，祇要我們時時以建立人生哲學爲念，我們就有可能獲得人生的充實與完滿發展。爲達到這些目的，哲學的基本概念及在對人生某種程度的瞭解是必須的。

第一節　人生的意義

人生不祇是包括了人的生活和人的生命，也包括了人性。性字在中國古書中（註一），也當做生的意義，最早性字的出現，是在指明草木之生，到了後來也可以指動物及人之生，所以，人性從中國古書中，可以知道，也是指人生的意思，但這一個人性不祇是看重人的生活或人的生命，也看重人的方向，因此，人生可以包括人的生命、人的生活以及人的方向三重意義。我們現在依次敍述：

（一）人的生命

生命就自然因素來說，乃是維持生物生存的基本要素。一個人或一個生物，如果沒有生命，就不能生存於宇宙間，不能生存於宇宙間，就不可能有屬於人或生物的活動，沒有這些活動，人或生物的意義也就喪失了。因此，人的生命乃是維持人生存的基本要素，但人的生命不能祇局限於個人或種族的生存而已，而必須正視生命的內在意義。

生命是由精神和物質二者結合而成的（註二），如果一個人祇有物質而沒有精神，那和禽獸一樣，就不可能有完全合乎人的生活；同樣的，一個人如果祇有精神而沒有物質，那也不是人，而是神，因爲人必須是物質與精神二者的綜合，人才會有屬於人的問題，不然，神的問題，禽獸的問題又能對我們人有何幫助呢？

既然，生命是由精神和物質二者所構成，所以，人在物質生命中，必須仰賴於萬物的資源，以維持生命的發展。同樣的，在人的精神生命中，如果沒有精神食糧來維持精神生命的生存，精神生命就會死亡，而人也就會枯萎。我們常可以看到，有許多人雖然物質條件很豐富，但却活得不快樂，這就是因爲精神生命沒有得到給養。精神生命的給養是什麼呢？從其大者而言，就是一個人的理想，從其小者而言就是知識與操守。一個沒有理想的人，其精神生命就等於死亡，一個沒有知識與操守的人，其精神生命也將日漸枯萎。因此，要使生命獲得更完美的發展，就必須在物質與精神二方面都獲得良好的基礎。如此，才能更完美的創造宇宙繼起的生命（註三），創造宇宙繼起的生命，不祇是賦予一個有形的生命藏體，更要給予永恆的，能與天地合一，可以承繼宇宙的精神生命。

（二）人的生活

生活的目的不祇是要使自己活得更好，也要增進人類全體的生活（註四），所謂增進人類全體的生活，就是要增加、改善及更進步。我們所瞭解的生活是一種活動的狀態，這種活動的生活，也是生命的表現。

生活既不是靜的，就要求不斷的革新，不斷的進步。革新與進步，事實上就是日新又新的意思。我們的生活可以分爲內在的與外在的，也可以分爲精神的與物質的生活。從內在與外在來說，內在的生活就是一個人在面對自己時，處理自己的一種態度，這種態度是經過思考之後，所得的結果，而外在的生活就是根據這些內在的思考反省之後，所產生的具體行爲。內在的生活可說全是精神生活，外在生活則可以有精神生活與物質生活二者。內在的生活既全是精神生活，則其思考與反省的對象是否就全是抽象性的呢?這也未必。內在生活的對象,可以是抽象的、也可以是具體的。例如:在我們想念一個人時,不但可以有具體的對象,也可能是一個抽象的事物。這不祇是因爲內在生活具有抽象化的能力,也因爲在我們思考與反省的機會中,我們有能力使具體的對象變得普遍化。這種普遍化的過程或結果,有時我們就稱之爲抽象(註五)。在我們想念一個人時,我們常可以將那些具體的容貌、聲音、動作等形像,呈現於我們的腦海中,因着這些具體的形像,卽能面對這些具體的形像,而有我們的思考與反省,但我們也可能因爲年代久遠,思念中的具體形像逐漸消失,或無法記憶,或失却印象而沒有具體形像,祇記住此中的特質,然後逐漸將這些特質變成個人追求此種型態的標準,就變成了抽象的思考。因此,在內在生活中,不論是具體的或抽象的思考與反省,都是一種精神上的生活型態。

至於外在的生活,所以有物質與精神二種表現,乃是因爲行爲表現的方式。行爲的表現可以有語言、動作等。當我們內在的精神生活經由反省及思考之後,要將這些反省與思考的內容表現出來之時,就成了外在的型態,當我向別人詢問某些事時,是藉着語言及動作來加以表現,這些語言及動作可以表現一種物質的需求,也可以呈現一種精神的渴望。這些需求及渴望如果施之於生活中,就成了物質與精神的生活。物質與精神的生活,有時可以互相融合,不分彼此,但有時也可以分門別類,互不相涉;如何加以區分,有時是相當困難的。現代行爲科學雖然發達,但也不能完全解決人類思念的問題。因此,孟子所說的:「存心養氣」(孟子盡心上及公孫丑上),常可以在生活中,幫助我們達到一個表裏如一的人的生活。

(三)人的方向

方向,是指向一個目標,也是一種目的。在自然界中,生物的方向就是成長,使自已更完滿。而人的方向是什麼？我們都知道在「天地一沙鷗」這本書中（註六），主角岳納珊，牠認清，一隻海鷗的方向，不祇是營營於啄食海中的小魚，而是使海鷗的特性，發揮到極致，因此，牠去學習飛翔，設法使牠的飛翔技巧達到最完美的境地，但，牠達到飛翔的最完美境地是不是就是這隻海鷗岳納珊的方向？自然不是，牠的方向是在學習了完美的飛翔技巧之後，以這一個技巧帶給鷗羣一個高超的意境，同時在這一個高超的意境之下，就產生雄濶的壯志，就是希望牠所學習到的飛翔技巧，能提昇鷗羣的品質，所以海鷗岳納珊的方向不是學習飛翔技巧，而是在提昇鷗羣的理想境界。同樣的，人的方向，應當不祇是止於現實的生活。莊子說：「人生也有涯，而知也無涯。」就是明白的告訴我們，人生在世，都是在學習，學習不能祇是一個人的方向，如果祇有學習，而沒有方向，生命的意義就少了一半，就如同在學校求學一樣，學校的教育祇是人生的一個過程，其目的，其方向，乃是希望我們在離開學校之後，能在社會中成爲一個頂天立地的社會中堅，這個社會中堅，不是從此就不學習，就不努力了，在生活中不學習的人，就如同那些鷗羣，營營於追逐海中的小魚一樣，終究不能盡好一個人的責任。同樣的，學習了而沒有方向的人，就如同瞎了眼的野馬一樣，不知個人身處何地，要往那裏走。因此，有方向的人，就像看清了路線的人，可以安安穩穩的，踏實的努力。人的方向，就告訴人，不能以這數十年的有涯生命作爲人生意義的準繩，而應以無涯的、不朽的生命作爲人生意義的歸趨。

人的方向，既如前述，要有一個不朽的生命，作爲人生的歸趨，但在環顧人生的環境之後，我們似乎看不到何處有不朽的生命，雖然前人說過三不朽，可是這不朽，有時似乎也不能作爲不朽生命的充分解釋，因爲這三不朽，似乎是在替聖人塑像，但我們凡人如何達到不朽的生命？因此，在我們觀察宇宙現象之後，我們可知，不朽的生命可以在精神生命中發覺，這種精神生命，事實上就是一種宗教精神的生命，宗教精神，不祇是尋求個人死後的「淨土」、「天堂」，也在爲人類的方向找到一個更高超的、更合符人生意義的目標。宗教常被人誤解爲迷信權威，崇拜偶像的愚人寶物。但事實上，眞正的宗教，不祇是關心個人生死禍福，更以天下爲己任，希望全體人類，都能獲得永恆而豐富的生命精神，所以佛說：「我不入地獄，誰入地獄。」爲使人類獲得更豐富而永恆的生命，犧牲個人的生命也在所不惜，所以耶穌基督釘死在十字架上，這種救世濟世的精神與態度就是生命永恆的表現。

人的生命既是如此的短暫，人的方向自然不能依賴於現世的短暫的生命，祇有從精神生命中獲取精神生活，人的方向才能有意義。這種意義不是消極的，而是積極的；不是被動的，而是主動的。也祇有在積極而主動的生活於精神生命中，人生才有方向，也才有意義。

第二節　哲學意義

我們既已瞭解人生的意義不是在獲取有限的生命，而是在獲得永恆的生命之後，哲學的意義也就相當明顯了。

哲學這二個字，首先是由日人西周氏就西文 Philosophy 所創譯的，Philosophy 是從二個希臘字 Philia 和 Sophia 演變而來，Philia 的意思是愛，Sophia 的意思是智，二語合併就成了愛智，愛智就是愛好智慧，追求智慧的意思。智慧不祇是解決事物時所有的能力，而是在追求事物根源的一種精神，這種精神是具有積極主動的意義。例如：我們在處理一些事情時，我們常祇解決事情的現象，對於含蘊於事物內的本質，常容易忽略，這種忽略其實質意義的態度，自然不是哲學的精神，哲學在生活中，就是提供我們不祇注意現象，而且也要注重本質的態度。哲學所以能予人以智慧，就是因爲能注意到事物本質及其最終原因的緣故，我們有時也稱這種能注意到事物最後根源的方法就是眞理。眞理雖祇有一個，但却可以從許多角度去探求眞理，追求眞理，事實上也就是我們每一個人所需要努力的。在我們研究哲學中追求眞理的意義之前，我們先看看東西方的哲學家們對哲學的看法。

（一）西方哲學家們對哲學的看法

西方哲學最早用哲學這二個字的是希臘人畢達哥拉斯（Pythagoras 572-497. B.C.），他將哲學稱爲愛智。爲畢達哥拉斯來說，他之所以用愛智來解釋哲學，祇是在說明哲學這一詞的來源，他並沒有對哲學或愛智有過多少的解釋。

到了蘇格拉底(Socrates 470-399. B.C.)，這位偉大的希臘哲學家，他雖然沒有提出哲學這二個字或明確的哲學定義，但他的哲學精神却躍然於言詞間，蘇格拉底常喜歡說他是一個無知者，祇有無知者才能求到眞知。因此，他喜歡用對話的方式促使別人覺悟自己是無知者，然後乘機使他人產生追求眞理的決心，這種追求眞理的決心就是一種哲學精神。

到了柏拉圖（Plato. 429-374. B.C.），他除了追隨蘇格拉底繼續尋求眞知外，他更對哲學下了一個明確的定義，他說：「瞭解事物永恆不變的本體，就是哲學。」這個所謂「永恆不變的本體」究竟是什麼?從柏拉圖的眼光來看，就是客觀的實在，我們對客觀存在的認識，可以用感性或理性二種方法來得到，由感性得來的知識常易轉變，所以不得爲眞知，祇有用理性的方法，才能獲得永恆不變的知識。

到了亞里斯多德（Aristotle, 384-322. B.C.）就把哲學定義爲：「研究萬物最後原因的科學」。從這一個定義，我們就知道，哲學已經不祇是在研究人的現象的問題，也在更深刻的追求人生的意義、目的及價值了。事實上，到了亞里斯多德，已將人的生存，提出一系列的問題，希望藉這些問題，獲得人生最完滿的解答，亞里斯多德這種追求人生解答的渴望，到了中世紀就獲得極大的發展。

中世紀是哲學最輝煌的時代，也是人生意義最豐富的時代，因爲哲學所追尋的人生意義的目的，可以在這一個時代中獲得解答。有許多人認爲中世紀是一個黑暗時代，原因是基督教會統治了這一個時代，所有的一切都在爲教會服務，抹殺了人的意義及價值。但我們從另一方面來看，西方社會中那些野蠻人的作爲，如果沒有宗教及倫理來約束，今天的西方，豈不是更糟嗎？再從教育及追求眞理的觀點來說，西方社會中那些最有名的大學，幾乎都建立在中世紀，中世紀對人類的貢獻，有着極大的影響力。在哲學上，中世紀有教父哲學及士林哲學之分，但他們的觀點都是一致的，就是如何在哲學中，尋求到人生最後、最終意義的解答，這一個追求的態度，事實上也是在繼承希臘的哲學精神。

到了近代，哲學的研究就顯得分歧了，一方面是因爲理性主義的抬頭，另一方面也由於經驗主義的興起，這二派哲學的互不相讓，遂使得哲學的意義變得有些晦暗了。

在經驗主義者的眼光中，例如霍布斯（Thomas Hobbes, 1588-1679 A.D.）就認爲「哲學是研究原因與結果之學」，既然是研究原因與結果，自然就看重經驗與現象，但經驗與現象是否就必然能解釋人，並解答人的基本問題呢？所以理性主義者就從另一個觀點來研究人的問題。

理性主義者的代表人物是笛卡爾(Bene' Descartes 1596-1650 A.D.)他認爲哲學可以用理性的態度來追求，而不太需要經驗、感性等的外在活動。因此，哲學的對象應以「神」，「我（或心）」，及「有形世界（物）」三者爲主體，哲學就成了「研究一切最高原因原則的完全智慧。」笛卡爾的這種態度，使得理性主義在歐洲大陸上有着極大的影響力，這種理性主義也是承繼了柏拉圖理性主義的餘緒。

在笛卡爾之後，著名的理性主義者，還有斯賓諾沙（Baruch Spinoza, 1632–1677 A. D.）及萊布尼玆（Gottfried Wilhelm Leibniz 1646–1716 A. D.）等人，他們對哲學的看法，就是認爲哲學是討論根本原理之學。這和柏拉圖的看法是非常相近的。理性主義到了十八世紀，就有哲學巨匠康德（Immanual Kant, 1724–1804 A. D.）作更深刻的發揮。

康德認爲哲學是「對於絕對者獲得統一性的認識。」認識的方法不祇是在於經驗中，也可先於經驗，如此，就形成了康德的批評論（Criticism），康德一方面承認理性的認識力，但另一方面又認爲理性的認識力也有可能不是無限的，而是限於經驗之內的，既要認識，就必須先認清在我們經驗之內，有那些先天的形式，藉着這些先天的形式來攝取後天的材料而統一組織，如此才有認識的可能，而認識也可以包括先天理性和後天經驗兩方面。對於絕對者的認識，也可以從這二方面來加以研究。康德既把哲學的定義引到認識的問題上去，就使得理性主義不得不走向更精神的領域。德國觀念論的費希特（Johan Gottliob Fichte, 1762–1814 A. D.）認爲哲學是「研究絕對自我的一門學問。」謝林（Friedrich Wilhelm Joseph Schelling, 1775–1854 A. D.）認爲哲學是「研究自我與非我的絕對同一的一門學問。」及黑格爾（Georg Wilhelm Friedrich Hegel, 1770–1831 A. D.）認爲哲學是「研究絕對理性的運行的程序與法則的一門學問」，如此就把哲學抬高到人類精神領域的最高峯，而產生了影響世界的觀念論。黑格爾以後，哲學就進入現代時期，這一個時期，不但是自然科學開始發達的時期，也是哲學走向一個紛亂的時期，在這一個時期中，現象學派及實存哲學的興起，引起了哲學的深刻反省，加上實證主義的推波助瀾，似乎要把哲學推到數學的領域中，而希冀從中求得一個絕對可以爲人測量的數值系統。但從另一方面來說，也由於他們是如此的看重數值，反而使得更多哲學家趨向於建立一個更牢固的哲學系統。

這正如海德格（Heideggr 1889-1976）所說：「哲學是普遍的現象學的本體論，由存在的解釋學出發，它作爲存在的分析，把所有哲學問題的引線末端在那裏繫牢，它從那裏出來，又回到那裏。」（註七）

以上就西方的哲學家們根據其可能對哲學發展所有的反映，而敍述其對哲學的看法，這些看法，雖無法從其中獲得一個絕對統一性的看法，但我們仍可用康德的話來說：「他們圍繞一個理念打轉，這是他們自己所沒有而並不清楚的，自然不能對學術本身的內容、系統的單一性與界限，加以決定。」（註八）儘管所使用的方法不同，究竟西方哲學家們仍在追求一個理念，一個絕對者；儘管他們不能決定，他們也仍然在追求。這種追求絕對的精神在中國也可看得到。

（二）我國思想家對哲學的看法

哲學這二個字，在我國古籍中，從未連用，但哲學的精神却屢見不鮮。

按爾雅釋詁：「哲者智也，學者效也。」效有效法、學習的意思，在效法學習之前，心必要有愛慕才行，因此，效又有愛慕親近的意思。而智不祇是指智慧，也是指知識，從知識中求取智慧，從智慧中發展知識。哲學在我國的意義和西方的原始定義相去無幾。但另一方面，我國也有人喜歡把哲學當做致知之學，所謂致知乃是從大學的「格物致知」中取錄的。格物致知的意思，根據朱熹(1130-1200 A.D.)補充程伊川（1033-1107A.D.）的意思說：『所謂「致知在格物」者，言欲「致」吾之「知」，在「卽物」而「窮其理」也。蓋人「心」之靈，莫不有「知」，而天下之「物」，莫不有「理」；惟於理有未窮，故其知有不盡也。是以大學始敎，必使學者卽凡天下之物，莫不因其已知之理而益窮之，以求至乎其極。至於用力之久，而一旦豁然貫通焉，則衆物之表裏精粗無不到，而吾心之全體大用無不明矣。此謂「格物」，此謂知之至也。』（註九）從這段話中，我們知道，格物致知，不祇是在窮理，也在明道；

這窮理，明道之說，就淸楚明白的道出了哲學的意義，甚至比西方的愛智之學更甚一籌。但究竟我國格致之學在後來未曾有過系統的努力，因此，在感覺上，總覺得西方哲學要比我國哲學來得有系統些。

我國哲學以先秦及宋明二段時期爲最發達，先秦是百家爭鳴，繁花似錦的開創時期，而宋明在佛教影響我國之下，是重振我國道統的堅定維護者。這二個時期的哲學觀念雖都是以積極於現世生活的改善爲目標，彼此在方法上究竟有些差別，現略述於次：

先秦的思想家所關注的不祇是人生，也是人如何能與天地合爲一體，因此，在追求眞理的過程中，也顯得特別用心。例如孔子的「朝聞道，夕死可也。」這個道，就道盡了追求眞理，希求天人合一的理想。道究竟是什麼？如照老子所說：「道可道，非常道。」的話，則道似乎永無求到之日，但孔子說：「我思仁，則仁至矣。」似乎，道又有很親近的意思，中庸說：「道也者，不可須臾離也，可離非道也。」這又說明了道在我們周圍，甚至可說，道和我們合爲一體，問題是我們是否曾用心的追尋過，找到過那在人心中的道？

道，從其抽象的意義來看，是天地萬物的至理，一切事物的歸趨。但從具體的事實來看，凡待人、接物之道，也都是道，道不祇是一個抽象名詞，也是一個具體的動詞，例如在對朋友時，有信就是道，道的德目就如孟子所說的仁義禮智，仁義禮智都是具體而微的在我內，與我一體的，因此，一念之善可以爲仁的道理，和佛家的放下屠刀，立地成佛以及基督宗教的愛字，幾乎都是同義的。道這個字，可以說盡了哲學的意義，但要追求道，却又如是的艱難，因此，孟子說：「天將降大任於斯人也，必先苦其心志，勞其筋骨，餓其體膚，空乏其身，行拂亂其所爲，所以動心忍性，增益其所不能。」必須要先將自己鍛鍊得意志堅強，才有辦法接受生活中的磨鍊，而後才能求道。所以，道雖然在我內就有了，但由於社會世俗化的結果，我們很容易將道誤解了，甚至於完全不認識，這就好像基督宗教的聖經中所說的：「那普照每人的眞光，正在進入這世界，他已在世界上，世界原是藉他造成的，但世界却不認識他。他來到了自己的領域，自己的人却沒有接受他。」（註十）道既是如此的不被人瞭解，自然想要追求道的人就不多。因此，道在一個人心浮動的社會中，更加隱藏了，但，如果眞有人能接受道，道就能給人自由。這正如老子所說：「道常無爲而無不爲。侯王若能守之，萬物將自化。」的道理，也如同莊子齊物論中的大鵬鳥一樣，是一個伸縮自如，隨意飛翔於天地間的自由人。

在先秦的思想家中，追求眞理，智慧的渴望是相當熱切的，不祇是因爲戰亂引起人心欲治的念頭，也是因爲思想一旦發展，就不可能不思了。先秦也就在這種彼此激盪的情形下，愈顯得光芒萬丈。先秦的這種精神，在經過漢唐的一番之後，到了宋明就顯得更專了，這種專，不祇是在於專儒，而是在於精儒，精儒乃是希望摒除一切玄思清談，而能更深刻的描繪出人生的情節，而事實上，宋明的思想家除了在書院的學規上訂立了若干類似灑掃應對之禮與先秦呼應之外，大部份都是在理性的態度上予以創新，因此，後人又有新儒學以稱之於宋明的理學。

宋明理學之所以創新，亦無非是將儒家傳統思想和漢唐當時思想加以揉合，並配以儒家以外，又有利於儒家的思想，加以綜合起來的。所以我們說，宋明理學繼承了儒家傳統或說綜合了中國思想而集其大成都未嘗不可。

宋明理學的思想家，對哲學的看法除前述朱熹引程子之所說，以格物窮理，作爲哲學的意義之外，另外如周敦頤(1017-1073 A.D.)著通書，以求了解天道人道之說，他說：「聖希天，賢希聖。伊尹，顏淵大賢也，志伊尹之志，學顏淵之所學。」乃是周敦頤畢生之志，這種道德與事功二相俱全的渴望，就是哲學精神的最好說明。

邵雍（字康節1011-1077A.D.）的哲學精神有些是源出於道教。邵雍住在洛陽有五喜：一樂生中國，二樂爲男子，三樂爲士人，四樂見太平，五樂聞道義。第五樂就是邵雍的哲學精神。至於他爲什麼用「康節」兩字爲其字呢？他說：「溫良好樂曰康，能固所守曰節。」這二句話，應是他對哲學的理論與實踐的最好說明了。

張載（字橫渠 1020-1077 A.D.）的：「爲天地立心，爲生民立命，爲往聖繼絕學，爲萬世開太平。」的名言，可說是古今哲學精神的最好說明，他不祇是把哲學當做了辨微思微的心性之學，他更積極的認定哲學的使命，這套名言，就是施之於今日哲學界，也是發聾振饋的名言呀！至於，哲學的修養及如何習練哲學，在其東銘、西銘中就可窺其大概。程伊川談到西銘時就說：「訂頑（西銘之別稱）之言，極純無雜，秦漢以來，學者所未到，意極完使，乃仁之體也。訂頑立心便可達天德。」由此可知，西銘作用之大，所以劉宗周稱西銘爲：「立命之學」。而東銘乃在引申「因明至誠」之義，總而言之，誠如劉宗周所說「西銘之道，天道也。東銘其盡人者歟。」

到了陸九淵（1138-1192 A.D.）對哲學的觀察，就比較近於「發明本心爲始事，此心有主然後可以應天地萬物之變。」他和朱熹就「道問學與尊德性」二事曾有過爭論。這也可以看出哲學的理論與實踐的問題。

陸九淵與朱熹雖有過先理論與先實踐的爭論，究竟祇是一個哲學問題的討論，其實並不影響彼此的友誼。朱熹（字元晦 1130-1200 A.D.）的學說是集周（敦頤）、邵（康節）、張（橫渠）、程（伊川）的大成，特別是繼承了程伊川之學，後人稱之爲程朱學派。朱熹的學說，是以格物致知爲入德之門，因此，其哲學精神也特重認識論。

宋明理學到了王守仁（字伯安，學者稱陽明先生，1472–1528 A.D.）蔚成一片新氣象，他的學說是先工夫後簡易。可以分成三點來說：一是心卽理，二是知行合一，三是致良知。這三點不祇是認識論，也包括了實踐哲學的精義。他的這套哲學，最初是由龍場驛所「悟得」，後在滁州所「存省」，在江右所「應用」，最後居越以後始告「完成」。在這一段艱苦的浮沈時期，陽明不祇要上與傳統諸家和會包羅，下更要建立民族學說之重心，這種規模比起前人要來得宏偉，在程朱與象山論辯之時，如無陽明之參與，象山實難對抗，所以史稱程朱與陸王，是有其道理的。

宋明理學到了清代，就成了經世致用之說（顧炎武所提），這不祇是對宋明理學的反省，也是因爲西學的輸入的緣故，他們反玄談尙功利的新學風以及實學實證、實用實踐思想的流行，乃構成了清代理學的風骨。在清初可以黃宗羲與王夫之爲代表人物。

黃宗羲（號梨洲 1610–1695 A.D.）的學說大都主張：「極吾心以博學，而求致用於事實，推究事理，不爲空疏無用之談。」他的哲學精神就是以「學而後致用」爲其目的。

到了王夫之（學者稱之爲船山先生 1619–1693 A.D.），更以眞知實踐爲主，擁朱（熹）攻王（陽明）而自樹一格。他對眞知實踐的看法：「蓋嘗論之，何以謂之德？行焉而得之謂也。何以謂之善，處焉而宜之謂也。不行胡得？不處胡宜？則君子所謂知者，吾心喜怒哀樂之節，萬物是非得失之幾，誠明於心而不昧之謂耳。」他排除虛無之說而學尙眞知實踐，也可由此看出，船山的哲學精神。

中國哲學從清代進入民國之後，除了孫中山先生（1866–1925 A.D.）和蔣中正先生（1886–1975 A.D.）仍能保存我國思想的特色之外，幾乎都受了西洋哲學的影響，甚至有人主張「全盤西化」（註十一）

的看法。這些在社會中具地位，有影響力的人物，發出如此的論調，遂使得中國哲學變得黯然無光，幸賴孫中山先生及蔣中正先生的力排衆議，遂使得中國哲學，仍有了復蘇的希望。

以上是就中國思想家對哲學的看法加以申論，中國哲學的內容，雖然沒有西方哲學之名，却有其實。中國哲學的精神在追求智慧、眞理與天人合一的理想上，有時比西方哲學來得更深入，來得更深刻。

第三節　人生哲學的意義

人生既如前述，有生命、生活及方向的意思，而哲學又是爲追求眞理，達到天人合一的一種學問，因此，我們可以看出，人生哲學乃是希望從人的生命中追尋到永恒的精神生命，從生活上生活出一種具有理想的生活，而在方向上又希望達到天人合一，與天地同參的境界。人生哲學既是研究人生，也是一種哲學。既在提昇人性的意義及價值，也希望達到人性的完全滿足。所以，人生哲學的意義我們可以如此的界定爲：「人生哲學乃是研究人生意義、價值與理想的學問，其目的則在改進人生，使人生能夠發揮其最高人格的價值。」關於這個界定，我們可以解釋如下：

追求人生理想的意義，就是要主動的看出人生的理想是什麼，然後積極的去追求。人生理想可以分爲全人類的理想與個人的理想，不論是全人類的或個人的理想，都不可能是物質性，必須是精神性的，因爲物質性的理想一旦達成，理想就消失了，在找到下一個物質性理想時，必然會產生許多衝突。例如有些國中學生的理想是進入理想的高中，一個高中學生的理想，則在進入一個理想的大學，但是，在一旦進入大學之後，某些人的理想就消失了，要再建立一個新的理想，往往要花費相當多的時間，才能再肯定個人的價值及意義，然後再定出一個理想。如果萬一不幸，沒有進入理想的高中或大學，似乎整個人生就缺乏意義與價值，人生的奮鬪似乎也失去了目標。但，從另一個觀點來說，如果我們先定了爲國盡忠，爲社會服務的一些基本而又精神性的理想之後，縱使沒有考上高中或大學，也不會太灰心喪志，因爲理想並沒有因沒有考上高中或大學而喪失，相反的，理想仍在，理想仍可以提示我們用任何方式，祇要盡己之力，就可以爲國家、社會克盡一分力量，貢獻個人所有。所以，人生理想乃在提供一個人或全體人類一個遠景，這個遠景是人生追求的目標，是人生的方向。

人生有了理想之後，就會努力改進人生，這就好像一個有理想的人在工作時，渴望使自己的工作，能爲自己，爲他人有益，也更願意爲使社會、國家進步，在盡了一己之力之後，使自己更充實，更有成就感。改進人生，乃在於個人的生活有着日新月異的進步，個人的人生有着更深遠的方向，個人的生命有着更振奮的豐盈，藉着如此的方式，更進而着眼於人生的理想，改進人生的每一點，使其更合乎人生於世的意義。所以，改進人生，事實上就是在實現人生理想的途徑上，不斷修正人生的方向，使其更合乎精神性的人生理想。也祇有努力改進人生的人，才能使其人生的理想更合乎人的意義。

在追求人生理想的過程中，對於人的意義與價值應當是不斷的肯定或重估，所謂重估不是完全的否定再重建，因爲這樣做時，有時會使人失去信心，因此重估就是在追求人生理想的大前提下，我們自問，目前所用的方法是否正確，是否需要修正以更合符人生的理想？在修正的過程中，就更可以顯出人性的可貴，這種可貴事實上就是人性尊嚴與個人力量的發揮，而人生的意義與價值也就在於此，所以，建立人生的意義與價值，就是在建立個人或人生全體價值與意義的系統。

人生的價值有時不是單靠一時的社會體系就可以決定的，如果社會體系是朝着人生理想的方向努力，則人生的的價值是可以依賴社會體系的；但有時，某一個社會體系所追求的祇是一時的渴望，則一且此種渴望達到之後，其理想與價值也就崩潰了，那麼人生的價值如果全依賴於這樣的社會體系，豈不是當其崩潰時，人生價值也跟着崩潰了嗎？所以人生的價值需要每個人生都能有完整而健全的價值體系，如此，不但可以幫助社會成長，更可以領導社會走向一個更成熟而有理想的方向。而人生的目的也可以達成。

但是，人生的目的並不祇是達到一個富足康樂的社會就爲已足，更進一步的當是使社會走向更有精神意義的宗敎情操，這種宗敎境界正如論語所說：「子適衞，冉有僕。子曰：『庶矣哉。』冉有曰：『既庶矣，又何加焉？』曰：『富之。』曰：『既富矣，又何加焉？』曰：『敎之。』」這個敎不祇是敎導一般的禮儀規範，而是應當如孔子所師法的三代之敎。三代之敎不祇是敎民耕稼，也不祇是敎民禮儀倫常，而在敎導人民希聖希賢的道理。這種希聖希賢，慕天地好生之德，欲以同天地參的態度就是一種宗敎情操。而人生哲學的目的，就在使這種情操達到最高的境地。

從上所述，人生哲學的意義就求追求人生的理想，改進人生，建立人生的意義與價值。既要有理想，理想就可有三個內容，那就是：眞——善——美。眞是求知的理想，善是行爲的理想，美是感受的理想。追求眞善美乃是人生哲學的目標，但其最終目的則在聖的境界，所以眞善美聖乃構成一連串的整體性功能。從眞的理論上來說，就是求取知識的最終理想；求取知識的目的乃在獲得行事的標準，行事的目的自然是以善爲其終局，有了善行、善心就希望獲得完美的境界，這就是美，有了眞善美似乎可以說明人生的意義，但却不能表達人生的目的，因爲人生需要昇華，昇華的境界就是聖，不達到聖，人生哲學的意義就不算完全，不達到聖，人生哲學就不算有目的。所以我們可以知道，人生哲學的意義與目的，就是要達到眞善美聖的境地。

第二章　人生哲學與其他學科的關係

人生哲學既是一個整體性的學問，就必然的會和其他學科發生關係。由於人生哲學所教導的不祇是一個人生觀的問題，同時也是一個人對自己，人對人，人對物，人對宇宙，人對超越性的整體觀念，所以，我們每一個人在建立自己的人生哲學過程中，必然都會經過吸取、煉淨而後達到融合的地步，經由如此的步驟，我們在與自己、他人，以及客觀世界來往時，才能顯得調和與融洽。因此，所有學科都可以幫助我們達到建立個人的人生哲學。下面我們就略述人生哲學與其他學科的關係：

第一節　人生哲學與人文科學的關係

人文科學很難下一個明確的定義，但一般學者所公認的大概準繩的概念是：凡訴諸人類文化而又涉及人事的學問都可稱之爲人文科學。在此意義之下，文學、歷史、哲學、藝術等，都可包括在人文科學之內。

首先我們說文學，文學從其廣義來說，自然是指一切思想的表現，用文字記述的作品，但這樣的意義，似乎並不能說明文學爲何物，因此，我們可從狹義的觀點來研究文學，那就是表達情感，偏重想像的文字作品，從如此的意義，我們可知，文學可以有美的感受，也可以有善的啓發，基於如此美善的意義，就可以幫助人生哲學，在人生哲學的領域中，需要建立性靈的美，也需要樹立人性的善，所以文學對人生哲學可以在善美的情感表現上相助。

再說歷史，歷史從全體宇宙來說，就是事實本身，從人類生活的一切現象來說，歷史就是事實的記載，這些事實，都在敍述眞，由於事實的發生，我們無法加上任何情感的因素，因此，歷史當是眞。因爲歷史從嚴格的意義來說，是在敍述而非批判。將歷史應用於人生哲學的領域上，同樣的，人生哲學也當是一個面對過去的事實，在這裏，人生哲學比歷史可以更進一步，由於歷史祇敍述過去，很少能對未來作一預估，因此，歷史的功能就祇能提出根據過去事實的軌跡而可能導致未來的結果而加以預報，其重點在過去，但人生哲學却不是，人生哲學的重心是以事實爲基礎，而以未來爲重心，所以人生哲學不祇是看重過去的事實及經驗，更看重未來可能有的事實及結果。

我們再說人生哲學與哲學的關係，由於人生哲學本身就是哲學，因此，它和哲學的關係應不可分，同時，也由於哲學本身的分類都可以和人生哲學有關，所以我們將在下面專節來研究。

人生哲學與藝術的關係，乃在美的感受上會合，美的感受不祇在一個畫布或一幅圖象，而是其內在所含蘊的生命精神及人生理想，藝術如果不能捉住生命的永恒，就無藝術可言，同樣的，藝術如果不能有人生的理想，個人的情感與思想的表達，那麼藝術也就不成其爲藝術。因此，藝術是美的，不論其作品是如何的不切實際，不爲人所喜，祇要能捉住永恒，把握生命，這就是藝術，就是美。而人生哲學就是希望從生命的泉源中，找到永恒的美。因此，藝術，當是幫助建立人生哲學的重要因素。

第二節　人生哲學與社會科學的關係

社會科學乃在表達、組織人所處的環境，並從環境中找到人與自己，人與人，人與環境的關係。因此，社會科學可以包括心理學、社會學、經濟學及政治學。

心理學乃是根據人或社會所表現的現象而探測人或社會內在的因素，根據這些因素，以決定個人或社會所可能有的結果。由於社會工業化的結果，社會體系及價值的急速變化，使得許多人或某些社會，無法適應快速成長的時代，也由於物質生活條件的進步，個人內心精神生活的出處不夠，就造成了心理學在今日發達的結果，心理學雖然儘可能的利用數據及規則，究竟不可能完全眞確的描繪出人心的內在渴望，因此，心理學雖然發達，但人心的渴盼卻更甚。雖然，心理學在許多方面，對現象的解釋相當成功，但究竟仍不是全部，因此，如何使心理學在內心的渴望上完全達到平衡，似乎人生哲學可以盡其一份之力，由於人生哲學在滿足人性需求，達到人心渴望上面獲得相當成功，因此，心理學可以用提昇的方法，將人的現象以哲學觀點來描繪，而進入人性最神聖的超越部份，如此，心理學與人生哲學二方面都可以獲得適當的滿足。

社會學不祇是在描述社會現象，也在根據人生理想，而定出理想的社會制度，在這個理想的社會制度下，人人可以獲得人性的滿足與個人力量的發揮，因此，社會學也可以說是達到人生哲學的前一步，一個人或一個社會不可能在完全沒有社會制度之下，而能獨立開創一個完整的人生哲學，究竟人與人接觸的經驗，使得社會制度必然因適應人的生活而有所改進，因此，對社會制度與社會人的改進，都必然是從社會與人本身而來。人生哲學就是希望從社會與人中獲得完滿的發展。

經濟學常被人以爲是理財學，事實上，經濟學不祇是理財學，還包括對人生各種有形事物有效運用的研究，因此，又有經世濟民之別稱，經濟學可以幫助人生哲學，使人生哲學在理論與實際方面，能作更有效的配合與運用。

政治學按照 國父孫中山先生的意思是：「政者，衆人之事也；治者，管理也。政治者，管理衆人之事也。」(註十二)同時按聖多瑪斯的意思認爲，人類天生是社會性政治性的動物。由此可知，政治學不祇是可以幫助我們改進人生，建立人生意義與價值，同時也可以幫助我們在個人能力上，作最有效的發揮。政治學雖和人生哲學有着密切的關係，究竟彼此仍有不同，因爲政治學偏重於政體的組織理論及羣體功能的發揮，而人生哲學更看重個人立於天地之間所應處之道。所以政治學在柏拉圖時，雖將其放在倫理學中，究竟和人生哲學仍有不同。

以上是就社會科學方面和人生哲學的關係，作一大概的說明，社會科學可以在許多方面幫助人生哲學的建立，但人生哲學仍然有其個別性。

第三節　人生哲學與自然科學的關係

自然科學的目的，乃在研究我們所生存的物質宇宙，對於物質宇宙所能對我們的幫助，加以分析及瞭解，自然科學可以使我們瞭解，在我們所生存的世界中，人類是如何的渺小，同時，也因着人類的智慧，使人類在與宇宙爭生存的過程中，體認到智慧與理性的偉大。

自然科學的發達，常使許多人誤解，以爲科學萬能，事實上，科學所能探討的世界，是極其渺小的，單說考古學，到現在爲止，任何自然科學都無法肯定的告訴我們，人類從何時開始的，雖有達爾文(Charles Darwin 1809-1882 A.D.)進化論的出現，仍不能確定的告訴我們，人是如何進化的。同樣的，從未來的觀點來看，人類在三百年以後，會變成什麼樣子，卽使有許多的預言，自然科學仍不能提供我們一個確實的答案。在天文學上更加令我們自卑。

這些沮喪的結果，是不是就使我們對自然科學喪失了信心?當然不是，相反的，不僅不會使我們失去勇氣，更相對的增加了我們人類的遠景。因爲自然科學的發展在整個人類有記載的歷史中，才祇是一個開始，而我們在這短短的幾百年中，却已有如此的進步，能夠探索到前人完全無法瞭解的宇宙，實在是使我們覺得在人類的遠景中，人仍然有其發展的潛力，人仍然大有可爲。

在面對宇宙時，我們對自然科學的態度，不是跋扈、專横、驕傲、目空一切；而是謙虛、誠懇的願意開擴人類的眼光，讓我們在自然科學的領域中，努力探索到人性的意義。人生的價值，也祇有在不斷的人生肯定中，自然科學才有其意義與價值，怪不得艾因斯坦（A. Einstein 1879–1955. A.D.）要說，祇有發展每一個人天賦的條件，才能達到一個令人滿意的生存環境。這種生存環境不祇是一個物質的生存環境，也是一個精神的生存環境，祇有在物質與精神，二者嚴密的配合下，我們才有可貴的人生。所以自然科學可以幫助人生哲學拓寬眼界，走向宇宙整體的美妙境界。

第四節　人生哲學與哲學的關係

哲學的學科，在今日有許多細類；人生哲學既是哲學，和哲學的每一類也就有着密切的關係。

哲學根據近人趙雅博教授的意見可以分成四類：（註十三）

第一類是討論知識的，我們稱它爲知識問題，也就是研究知識的範圍與其基本條件。知識內包括了許許多多抽象的或具體的原素，批判論就是爲規定這些原素的眞正意義與其精確的價值而設立而工作的。

第二類是討論有的問題，有在哲學上不是討論具體的、個別的有，而是討論綜合的、一致的有，這個有是超越了每一個單體的有，而對萬物全體作一仔細而毫不遺漏的觀察，作這樣研究的學問，我們稱之爲本體論（Ontology），本體論的結果乃在達到一個絕對的最高峯，就是萬有的最後根源，也就是自然神學（Natural Theology）所要研究的對象。

第三類是討論自然的問題，是要討論那些擺在我們經驗範圍以內的特殊事物，同時也是構成宇宙萬有的特殊事物的基本組織究竟是什麼，這樣研究的學問，我們稱之爲自然哲學(Philosophy of nature)。自然哲學的範圍很廣，包括對各種不同而具有變化的事物的研究，也就是將礦物、植物、動物與人加以分類而作最後原因的探討與研究。

第四類是討論價值的問題，價值乃是和人相關的比較，價值可以從二方面來研究，一是從人的活動本身來研究，可以看出人的活動是自由的，因此包含了一個狹義的人格價值。從另一方面說，我們從人的活動力所生出的工作來研究，就可以看出，人類的活動如果是在教育培養啓發人的本性裏工作，在人的本性上，就往往會產生一種新的境界與新的價值。道德學就包含在價值哲學中，道德學也稱之爲倫理學，道德學是以人的行爲爲研究的對象，這種行爲必須是發於自由意志與屬於個人人格的，而其目的就在指引人走向最終目的。

這四類哲學所要討論的問題，事實上，把哲學問題都包括進去了，人生哲學和這四類有何關係？我們現分析如下：

人生哲學的目的不是在極深刻、純理性的研究知識問題，因爲人生哲學所看重的不是純理性的研究或批判，而是將知識變成一種行動，使這種行動能合乎人生的要求，知識論希望建立一套對知識瞭解或批判的系統。人生哲學雖也渴望建立一套人生的認知系統，但這究竟和知識論不同，人生哲學所要建立的系統，並不純在理性認知的問題上，人生哲學可以借重知識論所使用的方法，但人生哲學無意把知識論的純理性系統作爲人生哲學的架構，人生哲學所願意借用的東西，乃是在擴充知識論的問題，希望能從實際的人生中獲得豐碩的成果，所以德國哲學家狄爾太（Dilthey 1833-1911 A.D.）就說：「在由洛克、休謨、康德所組織的認識主觀的血液中，不是流的眞實而具體的血液，而是稀薄的理性之汁，這些僅祇能作爲思維活動。但是歷史與心理學的工作，都是把我整個人引導到那裏，把這個能意欲，有感情，有表象的本質，爲他在他的力量的複雜性中，也爲認識的解釋及其概念，找到基礎。」所以，人生哲學的目的不是在研究認識的問題，而希望在實際而具體的生命中，找到一個認識的基礎就夠了。

人生哲學希望能涉及到有的問題，但人生哲學却願意把有或萬有的最後根源轉化成生活中的具體指標，這種指標可以用宗敎情操，人生理想來達成。因此，人生哲學所看重的乃是從現世走向永恒的具體行動。

人生哲學和自然哲學有着密切的關係，因爲人生哲學要研究人與物的關係，並在人與物的關係中找到個人生活的方向，而自然哲學不但告訴我們在我們經驗世界中的那些特殊事物的構成原理，也可以培養我們求眞的精神，所以，人生哲學和自然哲學再配上經驗科學，就可以告訴我們宇宙的現象，使我們對身處的宇宙，能有具體而全面的體認。

人生哲學可以說是一個價值哲學，但和價值哲學中的道德哲學就不相同，因爲道德哲學祇研究人與人的問題，人生哲學不但研究人對人，也研究人對己，人對物，人對天的關係，所以人生哲學的範圍比道德哲學要來得廣。人生哲學雖不全是道德哲學，但在價值系統中，人生哲學不祇是建立一個人的價值系統，也在建立人與物，人與天的價值關係。

由上可知，人生哲學與哲學的關係，雖極密切，但人生哲學却不僅在建立一套嚴密的思惟系統，這就好像德國哲學家文德爾班（W. Windelband 1848-1915）在其名著哲學導論中所認爲的，哲學的工作在處理關於世界及人生的總問題。這就意味着哲學是在建立一個世界觀和人生觀。在此處的人生觀就有點像人生哲學中的人生的意義，但人生哲學不祇在尋求人生意義，也希望追求人生理想，改進人生。所以人生哲學，可以在價值哲學、自然哲學、知識論的一部份及形上學的一部份中和哲學相遇，除此之外，人生哲學還要建立藝術生活的理想，宗教情操的意義與價值，及人生的理想。

第三章　人生哲學的內容

人生哲學既然和人文科學、社會科學及自然科學有許多可以彼此借用之處，那麼，人生哲學究竟建立些什麼？從前面的敍述，我們已大略的知道，人生哲學是要建立一個人生理想的學問，這個人生理想不是片面的、單獨的，而是整體性，能提昇人類精神境界的。因此，人生哲學就是朝向建立眞善美聖的境界，而作爲其內容。

眞善美聖的境界是中國人的最高理想，這種理想從實際人生來看，可以作爲行事、做人的一種方針；如從人類的遠景來看，則是人生方向的指標，所以眞善美聖是人生哲學的內容。有些人常祇願談眞善美，而不願談聖，認爲一談到聖，就是宗教的聖，而宗教不是一個生活於現代的人所能接受的，其實這是一種誤解，不錯，聖具有宗教的意義，但聖也具有超越的意味，人生在世，誰不渴望能超越個人由死的軀體而進入不朽的生命世界呢？這種基本的渴望，比食色都來得更基本的渴望，又有誰能否認這種渴望，就是求聖的精神？而在我國的典籍中，求聖的態度，到處都有，又豈是我們所能抹煞的呢？所以求聖、求美、求善、求眞，乃構成了人生哲學的基本內容。下面我們就略述，在眞善美聖的理想下，所可能有的意義。

第一節　培養整體觀及求真的精神

人生的問題，既多且複雜，我們常容易在生活中陷入紛亂及迷惑的境地，也常容易忽略了一個人生存於大自然宇宙中的態度，因此，培養人生的整體觀乃是必須的。

整體觀不祇是看一件事的全面性，也在看這一件事在人類歷史上以及在宇宙整體下，其意義與價值是什麼，我們很喜歡去遊山玩水，但我們在遊山玩水的時候，又有多少人能想到，宇宙與我一體，萬物與我並生的恢宏氣魄呢？現代科學文明，常使人容易陷入人生的死角，認爲祇要盡好一個螺絲釘的本份，就是參與天地創化的工作了，不錯，盡好一個螺絲釘的本份，是在參與天地創化的工作，但是，天地的創化並未因此而忽略了一個螺絲釘的重要性啊！因此，盡本份是一個主要的職責，但却不能因爲盡本份而抹煞了個人的意義與價值，相反的，更可因爲盡本份而體認到了參與天地創化的整體性功能。所以整體觀不祇是建立在個人的體認上，也建立在人與物的宇宙觀上，每當我們面對生存的自然宇宙時，我們會感覺到個體的渺小，但這個體雖然渺小，却不因此而失去其意義。因爲，我們如果體會到，個體雖然渺小，宇宙雖然無窮，而所有的物質宇宙，都是經由渺小的個體逐漸組合而成的，也由此，我們更能理解，爲什麼恢宏的個人志氣，更能助人進入宇宙的核心，也更能在求眞的路途上努力。

求眞，不祇是在求現象上的眞，也在求永恒的眞，永恒乃是物質宇宙與心靈世界所共同渴望的目標，虛僞不能使人永恒，祇有眞才能使人永恒，眞是在面對自己，面對他人，面對宇宙時，所有的一種態度，這種態度可以幫助我們更深切的、更眞實的生活於一個令人喜悅而有意義的世界。所以培養整體觀及求眞的精神，乃構成了人生哲學的第一部份，在這一部份裡，我們所致力討論的就是宇宙論，宇宙論要告訴我們物質世界的構成原素，及我們在面對如此的物質宇宙時，我們可以產生那些態度，並以這些態度，作爲人生哲學的第一個架構。

第二節　培養健全的人格及求善求美的精神

人格的意義極爲廣泛，可以從不同的角度來觀察人格，在人生哲學中，我們祇從心理學及道德學的觀點來研究人格。人格從心理學的觀點來看，那祇是一種性情，人格是從小就開始培養，所以會成爲今天這樣的人，是受了家庭、社會、學校諸般的影響，這個影響就成了今天的我，因此，心理學上的人格，很難說是好是壞，因爲好壞的標準似乎不是心理學所願探究的。但從道德學的觀點來看，就不同，道德學上的人格，乃是一個行爲主體，這一個行爲主體的行爲會影響到其他人，根據社會價值，就可以論斷其行爲是好是壞。因此，培養一個健全的人格，必須先考慮社會的價值標準，根據這些社會標準來修正個人的特質，如此，就可以在社會價值的允許下有一個愉快的生活，我們所謂的健全的人格，除了具有這一層意義之外，在人性的基礎上，我們還肯定了人性的積極性及生命的意義，祇有在這二方面都獲得積極的效果，我們才認爲具有健全的人格。

健全人格的培養除了前面所述之外，在求善求美的精神上，也要努力，健全的人格不是不要眞，而是求眞的精神乃是每一個人都須先具備的，求眞的人可能有健全的人格，但也可能因爲求眞得過份努力，而疏忽了培養健全人格的條件，所以，爲了要培養健全的人格，除了要有求眞的精神之外，還要有求善求美的精神。

求善乃在要求個人的行爲及內心獲得適當而良好的行爲能力。從法律學的觀點來看，祇有行爲事件出現之後才能有善與不善，存於個人內心的思念則無所謂善與不善。但從善的內在意義來看，存於個人內心的思念也有善與不善，問題是存於個人內心的思念是無法用法律來判斷的，而是要訴諸個人良知的反省，所以大學中的格物致知就是要致個人內心思念的良知，這個良知，也就是先於經驗而存在的，也就是孟子所說的性善。所以求善的精神不祇在發揮善惡倫理的意義，也希望從人性的積極意義來肯定生命的價值，因此，在求善的部份裏，我們所致力要討論的就是人性論、生命精神及道德生活。人性論要告訴我們人性的基礎及人性的執着，生命精神就是要告訴我們生命的意義及其可能有的精神境界，道德生活，就在替我們規劃出一些生活於今世的通則，根據這些通則，使我們活得更尊嚴，更合乎人性的要求。

至於求美的精神乃在幫助我們在一個整體中，尋求人生意義的精神境界，這種境界如用藝術來表達，就更可以助我們進入天地宇宙的核心，所以培養藝術精神，也是人生哲學的內容，藝術精神不祇是在培養一個美的感受，也在致力於人生生活層面的沖激及昇華。

從上所論，我們可知，求善求美的精神可以幫助我們培養一個健全的人格，並希望經由健全的人格，而達到人生理想的最高境界，那就是聖的境界。

第三節　培養宗教情操完成人生理想

人生理想可以從二個層次來瞭解，從現世理想來看，就是達到天下爲公、世界太平的政治理想，從來世來看，就是藉着宗教情操，完成人生終局的理想。

有些人認爲「不知生，焉知死。」，「不能事人，焉能事鬼」，對於那些未來不可知的世界，沒有必要，也不必去探索、追尋，因爲那是毫無意義的。但，我們如果想想，人生數十寒暑，又有誰能肯定在個人年少時，就已對自己未來的中年或老年有了一個明確而清晰的瞭解？爲少年人來說，中年或老年的生活，又何嘗不是一個未知的生活；個人現在生活的社會、時代和二、三十年以後的社會、時代來比，二、三十年以後的社會、時代，又何嘗不是一個未知的社會及時代呢？所以，關於這類的批評，我們可以不理，因爲這些人並沒有經過理性的思索，也忽略人性向上的基本渴望。

人性在求得眞善美時，自然會走向聖的境地，但我們要瞭解，聖不是完全指着來世，在現世社會中也可以獲得聖，這種聖，在個人來說，除了修身條件鍛鍊得爐火純清之外，更可以在團體中獲得聖的結果，所以，聖從個人的觀點來看，常是政治理想的得以具體實現，有人讚美孔子，認爲孔子是聖之時者，不正就是如此嗎？政治理想乃是一個人在面對實際的社會環境中，切實瞭解個人和國家民族命脈的關係，而爲了使自己的同胞，獲得更充實而豐盈的生活所有的一些理想，這些理想是基於人性的渴望，及對同胞的愛所發出的，但我們要瞭解，政治理想，儘管祇是一些理想，但卻可以成爲人類在現世社會中所追求的目標。例如柏拉圖的理想國，孔子所稱的大同世界，老子所談的無爭社會等都是。這些政治理想可以提昇人性的境界，也可以昇華人類的價值，而政治理想的眞正目標，乃在藉着這些政治理想而有宗教上的目的，宗教情操不祇是在現世社會中提供一個積極服務社會的楷模，也在指示一條人生的圓滿理想，所以宗教情操不祇是一些宗教的經典、宗教的儀式，而是宗教教義中所帶給人類的終極理想。

從以上所述，我們可以瞭解政治理想，不是一些政治結構式制度，而是人類對其不可知的未來，提供一個更合乎人性需要的理想藍圖，這一個藍圖如果僅止於人性意義的終結，那麼就喪失了人生求聖的目的，因爲政治理想並不是求聖的最終結局，而祇是一個中途站。祇有用宗教情操提昇人進入天地的核心，贊天地之化育，參天地之化育之後，人生理想，才算完成。

人生哲學的內容用眞善美聖的順序來表示，可以看出，人生不是停留在一種人性自我滿足的狀態，而是不停的躍昇，不停的努力，以求進入天地之心才算完成人生理想，另一方面，格物致知修身齊家治國平天下的理想，也不祇是停留在平天下這一個階段就算終了，而是要更進一步的如張橫渠所說的「爲天地立心，爲生民立命，爲往聖繼絕學，爲萬世開太平。」的萬世基業上，同時要達成「與天地一體，與萬物並生」的境界才是人生的最終的「聖化」理想。

註一　方東美著中國人生哲學概要二八頁。先知出版社印行。
註二　鄔昆如著西洋哲學史一六四——一七一頁。正中書局發行。
註三　見蔣總統嘉言錄(一)第一頁。中央文物供應社出版。
註四　見蔣總統嘉言錄(一)第一頁。中央文物供應社出版。
註五　錢志純著理則學十五頁。文景書店印行。
註六　見陳蒼多譯天地一沙鷗。
註七　王文俊著哲學概論七頁。
註八　同右
註九　見大學，朱熹補格物傳。
註一〇　見思高聖經學會編新約若望福音第一章。
註一一　見汪孟鄒編科學與人生觀之論戰。香港中文大學印行。
註一二　民國十二年十一月三日北上前黃埔軍校告別詞。
註一三　見趙雅博著哲學概論。

第二編　宇宙觀

第四章　宇宙

莊子說：「有實而無乎處者宇也，有長而無本剽者宙也。」（庚桑楚）在淮南子中也說：「往古來今謂之宙，四方上下謂之宇。」如用今日的話來說，宇就是空間，宙就是時間，凡是佔有空間與時間的就是宇宙。我們既知宇宙是指明空間時間，因此，就可知，凡是我們眼所見，耳所聞，身體所及之處，都在宇宙之中，也就是在時間與空間之中。

人生哲學所以要討論宇宙觀，乃是要我們明白，在我們身處的世界究竟是什麼，如果連我們所生活於其中的周遭世界都不瞭解的話，我們又如何能建立一個人生的整體觀念呢？同時，在宇宙內有許多問題，仍然是我們很難用有限的自然科學，去獲得完滿的解答，但至少在歷盡科學文明的技巧之後，可以讓我們獲得一個概略性的瞭解。

第一節　宇宙的生

宇宙是如何產生的呢？在宗教界，都相信宇宙是由上帝所造（註一），在自然科學界則以為，宇宙的產生乃是星羣中的首次爆炸所產生的物質宇宙（註二），在哲學上也有許多不同的看法，例如自然主義派認為宇宙都是自然而有的，無所謂創造（註三），但在客觀的看法則認為，在宇宙之外，還當有一個超乎宇宙能力者，來創造宇宙（註四），不論這些看法爲什麼，幾乎大家一致認爲，宇宙是從一個時候，一個空間開始的，既然有開始，自然也有沒有開始的時候，在沒有開始的時候，宇宙是否仍佔有空間，宇宙是什麼？例如我們製造一張木桌時，在未造之前，自然是沒有桌子的空間與時間，但，木桌的材料木料却佔有空間與時間，所以在未有宇宙之前，宇宙究竟是什麼？如果在有宇宙之前，宇宙是無的話，那宇宙的生成，必然是從無中生有，現代自然科學的技術告訴我們，我們人類沒有無中生有的能力，都是有中生有。既然宇宙要從無中生有，是否如易經所說：「太極是生兩儀……。」中的太極呢？或者如老子道德經中所說的：「道生一，一生二……。」中的道呢？或者如基督宗教的聖經中所說的上帝是本有的，上帝創造了宇宙呢？不管這些說法爲如何，我們至少可以看出一點，就是宇宙的生，乃是由於另一物體（可能是太極、道或上帝）的原因。由於這物體有能力創造宇宙，結果因着其能力及喜好，就造了宇宙。就好像，木匠有能力造一木桌，因着其能力（可能是客戶的要求，也可能是自我要求）及喜好，結果就造了一張木桌，我們如果接受這一觀點，我們就可相信（這種相信不祇是建立在對自然科學的信心上，也建立在自我與大自然關係的信心上）宇宙的生，是有其原因，而其原因不是因爲宇宙本身，而是在宇宙以外的原因。至於這個原因是什麼，我們姑且可以用「太極」、「道」或「上帝」來稱呼，也可以用「第一原因」之類的其他名詞來稱呼，名詞不重要，重要的是事實。有了宇宙這一個事實，就如我們有了一張桌子的事實一樣，如果沒有製造者，則這一個宇宙，這一張桌子都是荒謬的。

第二節　宇宙的變化

宇宙生成之後，由於宇宙所有各物體本身在質與量上的改變，宇宙就形成了一種歷程，這個歷程乃是根據生物、無生物的各種特性，而共同達成的。一般人都相信（比物理學家、天文學家來得保守）宇宙的歷史至少已有二十億年以上，宇宙的範圍，按照今日天文學的發展，知道宇宙的直徑至少有六十億光年，這就是表示，如要環繞宇宙一周，就要用每秒以十八萬六千英里的光速（一光年，即光在一年內行走之距離，光在一秒內走十八萬六千英里，可繞地球七周半，一光年＝$60\times24\times365.25\times3\times3^{10}$），經過約二百億光年才能環繞宇宙一圈。（註五）宇宙雖然是如此之大，仍可以給我們一些概念，那就是宇宙是有限的，宇宙在開始時，可能沒有今天所說的這麼大，由於不斷膨脹，不斷運轉，宇宙就變得愈來愈大。

宇宙按天文學的瞭解，最大的分類是銀河系，在宇宙中大約有五百萬億個銀河系，銀河系與銀河系之間的距離大約是一百萬光年。每一個銀河系都可能有類似我們所居住銀河系的結構。

我們所居住之銀河系，是以地球及八大行星（有水星、金星、火星、木星、土星、天王星、海王星、冥王星）及若干小行星、慧星、衞星等所組成。

宇宙既是如此之廣大，那麼宇宙是如何進化的呢？按我們在天文學中對我們所住銀河系統之瞭解，約在五十億年以前，太陽就已經在太空中運行，太陽的變化正可以用來說明其他星球的類似狀況，當太陽出現時，是一個高熱的火球，據推測，大約在五十億年以前，有一威力巨大之星，飛經太陽附近，以其巨大之引力牽曳，使太陽產生驚人的潮汐作用，結果太陽產生鉅大之變動，許多物體從太陽分出，散佈於太空中，經過長久的時間以後，漸次冷縮，而形成太陽系（Solar System）諸行星，由於太陽本身的引力，使得諸行星都繞日而運行。而形成了一個世界，在這個世界中，由於時間的關係，慢慢的各球體運轉得愈來愈大，根據如此的法則，可能不能明確的說出何時，但知道銀河系中的各行星，一定會再次分裂，甚至於現在所有的行星會消失而和其他星球結合。（註六）

根據宇宙進化的原則，我們知道，宇宙的生成是有一定的原因，根據這原因而產生許多類似太陽的星體，又由於大氣及各星體自身的變化，而產生了許多銀河系統，在每一個銀河系中都由恒星及非恒星所組成（非恒星可能是由恒星所分出，也可能由其他非恒星所分出），恒星不動，非恒星繞恒星而轉。（在我們所居住的行星中，太陽是恒星，地球等是非恒星，皆繞太陽而轉。）再由於星羣彼此之間的引力，又將使各星羣產生各種變化，最後達到何種地步，無人可以預測。但至少從目前的狀態中，我們可以看出宇宙是有限的。在這一有限的宇宙中，却產生了一個最美妙的星球，那就是我們所居住的地球。

第三節 地球

地球和太陽一樣，在產生的初期，是一個火熱的球體，這一個球體不斷的運轉（大概已運轉了四十億年，比太陽要晚），漸漸的外表冷却了下來，由於大自然的美妙結構，地球開始有了可以生存的物質，這些物質不但培育了各種奇妙的有生命的物質，更培育了有生命的、有思想的人，這種奇妙的生長變化及演進，實在很難令人相信，宇宙不是一有目的的宇宙。

地球直徑爲八千英里，中心堅硬，都是一些火熱的溶漿，按地質學的探討，可能都是鐵鎳等重物質，在這些重金屬物質之外，附有一層玄武岩石層的外殼，殼的最表面就是陸地與水，現在所知，最深的水面從地球表面往地心探測，還不到一萬公尺，地球所以會產生陸地與海洋的原因，乃是因爲地殼的變動以及大自然氣候的轉變，逐漸使得火熱的氣體，在冷却時，接受了球體熱氣蒸發之後所產生的水，也同時由於，地球不是一個正圓體，而是橢圓形，因此，在橢圓形的兩端，就要冷却的比地球球體的中間來得快，由於球體中間冷却到了適當時機，球體兩端終於冷却到了結冰的程度，球體兩端的冷氣輸送到空中，就可以調節地球的溫度，同時，更因爲地球繞太陽轉時，在面對太陽的一面，溫度自然很高，但在背對太陽的一面，溫度却顯然的不同，更由於自轉、公轉的原因，遂產生地球因着距離太陽軌道的不同而有了不同的氣候及季節，地球就分成了寒帶、溫帶及熱帶三層，寒帶分佈在地球的兩端，也就是橢圓形球體的二端，這二端一是南極、一是北極；熱帶乃是分佈在球體的中心，如以地球中心線爲準，則有南半球與北半球之分，南北半球最靠近地球中心線的一個地區，就是熱帶，熱帶與寒帶之間就是溫帶，熱帶、寒帶與溫帶都有各種生物生存於其中，但人類則最適合生存於溫帶。

地球的生成與變化，都和太陽及太陽系有關，在這一個地球球體中，人類渴望瞭解自己所生存的宇宙，也更渴望探討所有物質所存在的時間與空間。

第五章 空間與時間

在前一章中，我們說過宇就是空間，宙就是時間，但是我們並未詳細述及空間及時間的問題，因爲空間及時間乃是宇宙問題中的主要概念，如果我們不能明瞭空間及時間的意義，我們就無法有全盤的宇宙觀。

第一節 論空間

空間的問題在希臘哲學家們並沒有討論到，他們所談的是虛空（Vacuum）和盈滿（Plenm）的問題，最多他們也祇是談到處所的問題，到了中世紀以後，才有哲學家提到空間的問題，我們在這裏先列舉一些哲學家的意見，然後再進入空間的討論。

亞里斯多德曾在他的物理學中談到他以前的哲學家所談的虛空究竟是什麼，他說：「畢達哥拉斯學派（Pythagoras）曾肯定虛空的存在，他們以爲虛空由無限的精神進入天空，好像天空在虛空內呼吸，自然事物由此得以區分；虛空好像是所有連接物的分界和限定，虛空首先存在於數字中，因爲虛空限定數字的本質。」（註七）按照亞里斯多德的說法，畢達哥拉斯似乎將空間、虛空和距離都看作是一個現實，在如此的一個現實中，宇宙得以呼吸，萬物及數字得以區分。

巴美尼德斯（Parmenides 約540-470 B.C.）則認爲「有存在，非有不存在」（註八），希臘早期的思想家對於物質世界與精神世界，沒有清晰的概念，所以巴美尼德斯會有如此的看法，也就是巴氏以爲實存在，虛不存在，而這個虛爲希臘人來說就是空間，巴氏當然以爲空間不存在。

到了芝諾（Zeno 約 460 B.C.）更進一步提出空間概念所造成的困難，他說：「如果存在之物，存在於空間，那麼空間也該存在於空間，如此永遠得不到結果。」（註九）

亞里斯多德並沒有直接提到空間，而祇談到處所，處所可說是空間的部份，物體居於其中（關於處所，將於下節討論），因此，亞氏否認虛幻空間的存在。

到了中世紀的聖多瑪斯（St. Thomas Aquinas 1225–1274 A.D.）如同亞里斯多德一樣，祇談處所而不談空間，他認爲「在宇宙未有之前，無所謂處所或空間。」（註十）

笛卡兒（Bené Descartes 1596–1650 A.D.）認爲空間是物體之擴延，空間與物體的分別，在於空間具有普遍意義的擴延性，如果空間沒有物質，則空間不可能存在，同時，他又認爲宇宙之外，不可能有虛空存在，我們可以明確地假想一個沒有限制的宇宙，根據眞理的標準，祇要有明晰而個別的觀念，就屬於眞理，由此可知不限定的宇宙是眞正的存在。

巴爾美（F. Balmes 1810–1848 A.D.）的主張與笛卡兒類似，但認爲實體與擴延性之間有區別，並且否定實在的無限空間的存在。他曾舉例說：「當我們看到一個蘋果時，通過抽象作用就可獲得純粹擴延性的觀點，與蘋果的擴延性完全相同。如果將感覺所感受的顏色，滋味和其他性質抽去，剩下的祇有擴延性物體，在將其可動性排除之後，就形成與蘋果體積相等的空間。對於整個世界，我們都可作上述的抽象活動，那麼就可以得到容納整個宇宙的空間觀念。」（註十一）

抽象的無限的空間可以存在，但是抽象而又有限制的擴延性是矛盾的，「限制」與「普遍」是兩個互相排斥的觀念。根據上述，巴爾美引伸出下列幾個結論：

1. 空間卽是物體的擴延性。
2. 空間與擴延性是兩個同一的概念。
3. 空間的部份就是個別的擴延性，包括於限制之內的擴延性。
4. 無限空間的觀念乃是擴延性的普遍性的概念，一切限制都被抽除。
5. 無限空間乃是想像的創作，由於理智觀念的普遍化，可以消除一切限制。
6. 沒有物體，就沒有空間。
7. 距離乃是中間物的放置。
8. 中間物消失，距離也消失，因此，距離必然會有連接、接觸的情形發生。
9. 如果宇宙之間祇有兩個物體，從形上學的觀點來說，彼此之間不可形成距離。
10 虛空絕對不可能。(註十二)

嘉松第（Petrus Gassendi 1592-1655 A. D.）認為空間與物體是分立的，也就是肯定絕對空間的存在，他的主張有：

1. 無限空間存在於宇宙間，在宇宙之先就已存在，因此宇宙消失，空間仍然存在。
2. 空間不動，當宇宙運動于其中時，空間不必隨之而動。
3. 空間的向度是非物質的，物體可以透過空間(註十三)。

牛頓（Newton, 1642-1727 A. D.）在他的名著「自然哲學的數學原理」（Philosophiae naturalis principia mathematica）中將空間分為絕對空間與相對空間。他說：「絕對空間對外界事物沒有關係，常保留同樣狀況而不動，這就是它的本性；相對空間乃是絕對空間的測量，也就是可動的向度，我們的

感覺依其位置使其限定於物體中，一般俗見誤以爲是不動空間。」（註十四）

萊比尼玆（Gottfried Wilhelm Leibniz 1646–1716 A.D.）認爲絕對空間導致人主張空間卽上帝的說法不可取。空間不是絕對的，是相對的。他解釋空間概念的發生可如下述：物體間有並存的秩序，也就是彼此相關的位置或處所。對於其他物體來說，一物的位置乃是在通過處所的運動而得到，物體移動的方式不同，而彼此間相關的位置或處所常可限定，空間卽是物體間所有位置或處所的總合（註十五）。

柏克萊（G. Berkeley 1685–1753 A.D.）否認絕對空間的存在，因爲它不能存在於思想之外，所有物體亦然，都是主觀的觀念，他肯定空間是具有完全的主觀性，因爲空間是一種與物體運動有關的東西，既然一切物體都是主觀的觀念，不能存在於思想之外，空間當然也就是主觀的觀念（註十六）。

休謨（David Hume 1711–1776 A.D.）也主張空間的觀念是完全主觀的，他認爲空間觀念是生自印象，而印象却先於觀念，這是因爲所有觀念和印象都有分不開的關係，因此，我們不可能形成與觀念或印象不同之事物的觀念，所以，我們不能脫離自己，也不能具有知覺以外的觀念，我們祇能形成與外在事物相對的觀念，而我們的感覺對外在世界一無所知，我們雖然相信世界的存在，却對它一無所知。休謨對空間的觀念就是如此，就是一種主觀的和現象的空間。

康德（Immanuel Kant 1724–1804 A.D.）最初在牛頓的實在絕對空間和萊比尼玆的相對現象空間中採取中立路線，他主張空間不是實體，乃是多數實體的外在關係的現象。因此，他認爲空間是直觀的也是先天的，他提出四個證明，以肯定時間的直觀性及先天性：

1. 空間不能用抽象得到，因爲如果能用抽象得到，則空間必然早已存在於感覺對象，所以空間是先天的。

2. 空間是外在可感覺對象的必要條件，因爲生活於空間中，受了空間的限制，如果沒有空間，我們就不能認識事物，所以空間不是附加的，而是先天的。

3. 空間是單獨而且個別的，祇有「某時」、「某地」，而不可能有普遍觀念或共相觀念，因而空間是量的而不是質，祇有用直觀才能獲得。

4. 空間沒有種與類的關係，它本身不是無限的或永遠的，但它的四周却都環繞着無限，許多的空間加起來仍不等於「空間」，仍然祇是空間的一部份（註十七）。

由以上四點，康德因此主張空間是主觀的空間。

從以上各點的敍述中，我們可以歸納所有有關空間的主張而有下列三項：

1. 想像空間：認爲空間乃是空虛的擴延性，與物體無關，是物體的容器，主張的人有希臘的機械論者，嘉松第及牛頓等。

2. 主觀空間：認爲空間祇存在於主體中，主張的人有康德、柏克萊及休謨等。

3. 實在空間：認爲空間與物體的擴延性有着本質上的關係，主張的人有笛卡兒、萊比尼玆及多瑪斯等。

我們既然瞭解空間在西洋哲學中有這三種主張；我們又如何從其中加以辨別何者適合當代中國人的空間觀念呢？首先，我們應該瞭解，我們都是生活在一個活生生，現實而又具體的生活環境中，有許多事物並不是我們想有就可以有的，也不是我們不想有就沒有的，既然我們所生活的環境是如此的具體，我們固然可以肯定空間是具有其實在性的。

其次，我們如果把空間當做一個實體來說的話，那麼空間就成了一些東西，東西既具有實體性，空間豈不是祇和一些實體有關係嗎？這是不可能的，所以空間不是一個實體，而是一個附屬體，因爲如果沒有人，則人就不佔有空間，沒有生物，生物也不會佔有空間，空間不是一種性質，而是一種量，這種量是隨着物體的大小而佔有多少的空間。

再其次，我們瞭解，任何物體都有長、寬、深三個向度（Dimension），而向度就是空間最主要的特性，我們常說三度空間，就是這個意思，三度空間沒有伸縮性，完全和物體相合。

從上所述，空間是一種具有長寬深三度空間的附屬體，是一種和量有關的附屬體，是不能脫離物體而存在的，如與物體分立的空間乃是抽象空間，是祇存在於理性之中。

第二節　論處所及運動

在我們每一個實體所佔有的空間中，都有一定的處所，同時，每一個擁有處所的實體不可能都是靜止的，必然有其活動，那麼，空間與處所及運動的關係如何呢？在敍述這種關係前，我們先探討一下處所及運動的問題。

處所也就是我們所說的位置或方位，在希臘哲學中，亞里斯多德在他的物理學中談得非常詳細，他認爲一個物體所佔有的位置或處所是一種實在，也就是說，當位置變換時，這一個處所和那一個處所是有不同的，這些不同不是建立在一種想像或主觀的觀念中，而是建立在實在的關係中。

亞氏認爲處所包括了佔有處所的物體，一個處所如果包括了許多物體，就稱之爲公共處所，如果祇包括一個物體，就稱爲個別處所，處所是不動的。在包括者與被包括者之間應有連接性，包括者的內在面積與被包括者物體的形像相接。包括者的面積好像一個器皿，可以移動，處所則不能移動，因此，亞氏結論說：處所是包括者直接的、內在的、不變的面積。

我們既知處所是不動的，那麼，當我們說，我在這裏，你在那裏時；這裏、那裏不正是處所的變換嗎？不錯，處所是不同了，但原來的處所仍在原處，動的祇是實體。如照亞里斯多德的範疇論來說，處所也就是位置和實體的關係，是極爲密切的，因爲照亞氏的分類，範疇可分爲二類，一是自立體（Substance）也就是我們所說的實體，自立體是存於自身之物，其存在不需依附其他物體，而自成其爲主體。二是依附體（Accident），依附體的存在必須依附於其他物體，以所依附之實體爲其主體。亞氏在依附體中又細分成九種，處所卽爲其中一種。亞氏的範疇論雖早在二千多年前出現，但直至今日，仍然甚爲有用。就亞氏這二大類的性質來說，依附體如果沒有自立體爲其主體，自然就無所謂依附體，同樣的，處所如果沒有主體爲其依附，則處所也就無法具體呈現。

由於處所須有實體爲其依附，則當主體由此一處所移動到另一處所時，就產生了運動。當實體運動時的條件，必須是從此處消失才能在另一處出現，不可能同時在二地出現。所以動是處所或位置的變換。物體既能動，則其相對的也能靜，動靜之間乃產生一種標準，此標準乃可衡量何種情況爲動，何種情況爲靜。

衡量動靜的標準，不可能是動的物體，而必須是一個不動的物體，但在宇宙中所有的物體都是可動的，也是可靜的，既然位置或位置的變動不是絕對的，而是相對的。既是相對的，則在物體間不可能找到一個絕對不動的物體，因此，假設乃構成了物理學的依據。古代的學者曾以地球爲萬物的不動據點，這種學說當然與現代科學不合，因此又有人主張以宇宙的整體爲據點，以限定位置的動和靜（註十八）。這樣的學說是假設宇宙內一切物體都在靜止中，就像沒有任何處所的變動。這種假設是有其可能性的，因爲既然宇宙萬物都在動，動就成了變律，我們如果以其相對的靜來衡量，宇宙豈不都成了常律嗎？用常律來衡量萬物的整體性，就可以以其作爲位置動靜的標準，這也就是說，我們計算出一切物體運動的平均數，以這一個平均數作爲不動的標準。凡是一物的動與此平均數相等時，我們就說此物是靜止的，同理，宇宙整體的動如與此平均數相等，則我們也稱之爲靜止。

既然我們瞭解宇宙整體可以以其動的平均數來作爲動靜的標準，那麼，當甲物相對乙物而動時，我們是否可同樣地說乙物相對甲物而動呢？是否可以隨便以甲或乙爲動靜的據點呢？爲解答如此的問題，我們首先要瞭解，在空間向度的範圍內，物體的運動是相互的，位置據點的限定是依甲物與乙物之間的關係而定，如果甲乙二物的距離與乙甲二物的距離完全相等時，則甲乙距離的變動就是乙甲距離的變動。二者的關係不是兩個都在移動，而是同一的移動。

從以上所述，可知處所是依附體，必須依附實體而後才有所行動，而物體動靜的標準必須依賴其整體物體運動的平均數，這個平均數就可以作爲衡量動靜的標準。既然動靜有其標準，則宇宙全體的行止也有其一定的準則，不然宇宙就要踏空而落入空茫不着邊際的境地，所以處所及運動乃是提醒我們要注意衡量宇宙的標準是什麼。

第三節 論時間

時間是一個非常奇妙的東西，雖然，它是屬於亞里斯多德十大範疇中的依附體之一，但它仍然給人許多問題。我們常可看到或聽到一對情侶在互相許諾時，常說：海可枯石可爛，此情永不渝，這個永字就是指的時間。我們對時間常可能有的問題是：時間是永恆的嗎？如果是永恆的，時間有沒有源頭，有沒有終結呢？爲解答這樣的問題，我們首先要瞭解爲什麼會有時間，然後才能知道時間是什麼？

任何物體如果永遠靜止不動，則此物體除了佔有空間外，大概不會有時間的問題。但一當物體運動時，就有了時間的問題，爲什麼一有運動就有時間呢？因爲當一物體運動時，必然是從甲處所移動到乙處所，甲乙處所位置的變動，除了佔有空間之外，從甲到乙所走路程的變化過程，如何才能計算得出來呢？因此，時間的必須有乃是必然的。時間乃是計算一物體從甲處所移動到乙處所時，此物體的擴延性的方式，而這種方式，事實也是一種變化。變化在亞里斯多德來說，他曾下了一個定義，那就是：「由一個自處的方式到另一方式的轉變。」（註十九）由於亞氏認爲時間和變化是密不可分的，所以他認爲變化有三種：

1. 由主體到非主體，是爲毀滅。
2. 由非主體到主體，是爲發生。
3. 由主體到主體，可以有性質，分量及處所的變動。

亞氏認爲現實界的所有變動，都與現實（actus）和潛能（Potentia）有關。什麼是現實呢？現實就是一種完成的狀態，而潛能就是有能力成爲某物，但還未實現。例如小孩長成大人，大人是一種現實，而小孩就是可以成爲大人的潛能，從潛能到現實有一條必經之路，那就是變動，可如下列圖表所示：

A ————→ B

設A爲潛能，B爲現實，則從A到B的過程就是變化。我們可舉例說，一個中學生希望他將來長大成人之後，能做一位學者，事實上在幾年之後他眞的做了學者，那麼，這位中學生是不是祇有做學者的潛能呢？事實上並不，他不祇有做學者的潛能，他也有做工程師，政治家，律師……的潛能，祇是在他的變化過程中，他從學者的方向努力，而結果是他使學者這一個潛能變成了現實，而把其他的潛能都放棄了，所以我們可以看得出來，所謂的變動事實上就是時間的改變，(當然也有其他因素)，所以時間也可以說是運動的連續。

在歷史上，對時間的主張，也如同前述的空間一樣，可以分成絕對的時間、主觀的時間及客觀實在的時間。現將這三種時間略述於後：

1. 絕對的時間：主張絕對時間的人，認爲時間是永恆的、不變的、必要的、不息的，與物質世界的存在無關，主張絕對時間的人有牛頓及嘉松第等人。

2. 主觀的時間：主張主觀時間的人，認爲一切的經驗、形上學都是屬於主觀經驗，不然就毫無意義，所以時間自然也是屬於主觀的，主張主觀時間的人有康德、柏克萊及休謨等人。

3. 實在的時間：主張實在時間的人認爲時間是物體的延續，離不開物體的運動，祇有抽象的時間觀念可以在思想中單獨存在，實在的時間不可能與運動中的物體分開，每一個運動中的物體都有自己的時間。在這種意義之下，時間才具有客觀性，也才是實在的。主張實在空間的人有笛卡兒及多瑪斯等人。

從以上所說，我們可知時間必須與物體相合，不然就無所謂時間。例如，我今天早上搭火車從臺北到高雄去，臺北是我到高雄的一個起點，一個潛能；高雄是我此次旅行的終點，也是一種完成，就是現實；從臺北到高雄的過程，需要經過變動，而變動的每一個點都是時間的點，把每一個點連起來就成了線，這一條線就是時間流，物體因着時間的變動，物體也在現實移動，所以我們說時間是變動的連續性就是這個意思。實在時間的目的也就在希望我們每一個人都能正視時間在我們每人心中所造成的影響。那就是我們知道時間既是實在的，那麼時間有沒有可能合一，或是分離呢？

我們知道亞里斯多德在主張實在時間時，却否認每一個運動都有其時間，他認爲我們通過主體的計數活動就可以建立時間的合一性，看起來亞氏統一時間的主張似乎又走到主觀時間的假定上去。到了中世紀，當時的哲學曾對亞氏的這些觀點起了很多爭論，結果士林哲學中的東斯高德（Joannes Duns Scotus 1266–1308 A. D.）及歐坎（Wilhelm Ockham 1300–1366 A. D.）就偏向了主觀時間，而士林哲學的巨擘聖多瑪斯（Thomas Aquinas 1225–1274 A. D.）則主張實在時間而變成了分庭抗禮。

中世紀以後的一段時期，由於受到了機械論的影響，哲學的趨勢就偏向了絕對的空間和時間，但到了現代，物理學又重新將時間的合一性問題提出來討論，尤其是愛因斯坦（A. Einstein 1879–1955 A. D.）的相對論，更是用全新的方法來討論這一個問題，他否認有適用於一切運動的時間的合一性。他認爲祇有實驗證明過的才能存在，但我們知道，時間不祇是存在於可以實驗證明的世界中，也存在於不能實驗的狀況，所以時間的客觀性是超越了實驗的範圍。

我們既已瞭解空間與時間具有其客觀實在性之後，我們就可以知道，爲什麼當一個人生存於宇宙中時，他四周的環境常可以令他有一種可以全心投入的感覺，這就是因爲時空在我們心中所產生的影響，同時，除了時空可以給我們有力的反應之外，我們四周的物質也常是可以影響我們的因素。

第六章　物　質

物質宇宙是由空間、時間及物質三者所構成的，我們在討論了空間及時間之後，接着就要討論物質。

第一節　物質的結構

物質的結構，在歷史上有許多主張，例如在希臘哲學的泰勒士（Thales ca. 624-546 B.C.），他認為水是萬物的第一原理，亞諾西姆內（Aneximenes ca 585-528 B.C.）則以氣和神明為萬有的原始本體。赫拉克利圖斯（Heraclitus ca 544-484 B.C.）則以萬物都出於火。到了機械論者恩培多列斯（Empedocles ca. 492-432 B.C.）就認為世界的組成是四元素混合而成，就是火水土氣四種，但這四種元素本身却是靜止不動的，必須借助外在的原因（動因）才能動，因此，恩氏就以愛與恨二者作為動因，他以為愛是四元素的合因，而恨則是四元素的分因，愛與恨不是完全自由的使元素分合，而是要遵循一定的法則。到了亞那薩哥拉（Anaxagoras ca. 500-428 B.C.）就一反以往四元素為物質構成說的機械論，而認為物質的構成不在量，而在質，他曾提出一些問題：「怎麼能從不是頭髮的東西變成頭髮呢？」以及：「怎麼會從非肉的東西生出肉來呢？」（註二十）由於這二個問題，他覺得機械論的解釋不切合實際。因為他認為機械論所主張的元素的構成變化，不足以解釋事實上的生成變化現象，也就是說物質的構成不能以量來衡量，而更需要質的變化，質雖然能生成變化，但仍然需要動力，動力就是精神，這就是亞氏認為物質構成的最後原因。

希臘機械論的德謨克利圖斯（Democritus ca. 460-370 B.C.）繼恩培多列斯之後，又進一步主張四元素並不能算是物質構成的根本，四元素之後，仍然應有更原始的存在元素，那就是物質在細分之後，不能再細分的「原子」（Atoms），他稱之為原質或元素，是純物質的東西。原子都是同性質，不可見，不可分，不論是物質或精神都是由原子所組合而成的，原子的特性是有擴延性，有大小，有形狀的極微細物質，各原子本身有永恆的運動，經過虛空而轉動，各種原子的聯結與組合，就造成了我們經驗世界中所接觸的一切事物。德氏用了原子、虛空和運動組成了他的宇宙概念，由於他認為原子是永恆的，不生不滅的，虛空和運動也是永恆的，如此一來，宇宙萬物不再充滿着神明，不再是神妙莫測了，而是機械式的，一切的現象都是機械的必然，原子的一切分合現象都由物質性的法則控制着。德氏的觀點綜合了許多物質構造的理論，但由於忽視心靈結構的非物質性，而使得他的理論無法得到更大的發展。

到了柏拉圖，對物質的解釋與前人完全不同，他以為眞正的實在應該是觀念而不是物質，物質是物質世界中黑暗的，無形式的底層，沒有積極性質，和虛無（不存在）相等，而觀念世界是包括觀念所表達的對象，是永遠的，不變的非物質的有，如此才可能成立普遍而必要的知識，由此柏氏建立了他有名的觀念（或稱理型）世界。

亞里斯多德對物質構造的看法，不但使柏拉圖的觀念世界更趨完善，進一步的，亞氏更建立了他的客觀（世稱實在）世界的理論，在主觀與客觀二方面都獲得一個適當的調和，他認為觀念可以具體化，存在的祇是具體事物、個別的實體，實體各有其本性，完全與個體分立的觀念是不存在的。具體的東西本身也有理解性的原理，這就是本質，本質也是各別而具體的。本質觀念化之後就成了普遍本質。亞氏又認爲有不是一種單一的而是殊多，因爲有的意義不是單義的，而是類比的，既是類比的，則世界的變化祇是一種程序上的變遷，物質的變遷都是由潛能到現實，從潛能到現實的程序乃是質料（matter）與形式（form）的關係，也就是說亞氏主張物質的基本元素就是質料與形式二種，什麼叫做質料呢？質料就是可能性的原理，而形式呢？就是實在性或現實性的原理。如何能將二者合一呢？我們可以如此舉例：一個木匠要做一張桌子，在做桌子時，他必須要有元素，一是材料，一是構圖，材料是木匠在做桌子時準備用那一種木料來做，構圖乃是這張桌子的樣子是什麼，做好之後，桌子的形式就是木匠的構圖的實現，材料就是桌子的實在形式。同樣的，木料在未成桌子之前，它有木料的形式與質料，成桌子之後，則又有桌子的形式與質料。形質論的看法，就構成了亞里斯多德物質構造的主要原理。質料是被限定，被完成的，而形式是完成的，限定的原理。那麼我們又如何證明形質論（Hylemorphism）（註二一）爲物質的實在結構呢？我們可以從下面幾點來證明：

1.物質世界的變化可以給我們證明：變化可有二種，一是實體不變而附屬體變，例如，時間、空間、位置、關係等的轉變就是。這就好像說我從臺北到臺中，我這一個實體並沒有變，變的祇是我在空間中所佔的位置以及時間的改變等，所謂實體不變，附屬體變就是這個道理。第二種變化就是實體改變，例如人吃東西，東西變成了人的本質，小孩吃飯，慢慢的長大，這就是一個實體的改變。從這一個事實，我們可以看出物質世界的變化就是形式質料的變化。

2.從生物的合一性也可以給我們證明：生物有許多不同的器官，這些器官都是由細胞組合而成的，細胞之間的合一性的證明可例如：生物的營養是爲整體的利益，而不是爲個自的利益，當營養缺乏之時，各個器官，必然會彼此合作，絕不會各器官祇顧自己。同樣的，在一個器官受到傷害時，全體器官都會參加復原或重新調整的工作，像這樣的彼此合一，就是形式與質料彼此合一的證明。

3.物質實體有其擴延性，是可以分的，可分的理由不在自身，而在分量。物質實體是一個有，但是可以分爲許多的有，因此，在現實的條件下是一，在潛能的條件下却是多，就好像身體與各器官的關係一樣，身體是一，但却由各器官共同組合而成的，各器官合而爲一個身體。由此可知，在現實條件下的合一性乃是個體的合一性，個體在己是不分的，在它却可以有分別。

從上面的證明，我們可以看出，物質的實在結構就是由質料與形式二者合而爲一的。

亞里斯多德的形質論，奠立了以後一、二千年物質構成理論，到了十六、七世紀時，萊比尼玆主張單子論（monads）爲宇宙萬物的最終元素時，就逐漸擴大了形質論的理論。萊氏認爲單子是一種力量，一種能，是物質中最小的元素，單子有無限的數目，可以構成世界各種事物。單子與單子間沒有交往，每個單子都是獨立的，都代表一個宇宙，祇要看見單子就可以窺見宇宙。雖然單子與單子之間沒有交往，但却有一種先天的預定和諧（pre-established Harmony）（註三一），這預定和諧和亞里斯多德所說的內在目的性（entelechy）是一樣的，祇是繼續引申亞氏的意思而已，意思就是說所有的單子，尤其構成某物體的許多單子，都向着一個預定的目的前進，單子本身的運動變化是機械式的，但把所有單子當做整體看時，則有一個共同的目標，這使單子預定和諧的力量是精神的，雖然先天存在於每個單子中，但由於單子彼此之間沒有來往，所以仍然需要一外在的力量也就是萊氏所說的精神力量的支持。

到了近代，由於物理化學的發展，對於物質構成的看法就和以前不一樣，在方法上物理化學採取實驗和觀察的方法就和以前純用思辨的方法不一樣，現代科學所用的思辨方法，乃是根據實驗及觀察之後，而有的反省及分析的結果。例如化學上所發現的基本元素就已達一百種以上，這些元素都是單純不可分的實體，一切的物質都由這些元素聯合產生。即使散佈於太空中的各種球體也不例外。這些元素既爲大家所瞭解爲構成物質的基本元素，但似乎仍不能說明，如何能使由這些元素所構成的物質，能有主體性的活動，在物理科學如此發達的今天，似乎也不能解決希臘哲學家所詢問的問題。

如果所有的物質僅祇是一堆元素的結合體，而不能有其主體性的活動，這種物質就無法說其有何作用。因此，物體的構成，除了必要的元素之外，還必須有其精神，而精神和物質的結合才是物體的圓滿結果，同時我們又知道，物體的構成必須有一些先決條件，那就是能有一些元素或更基本的物體來決定一般物體的活動，就好像木匠決定桌子的形式與質料，那麼又有誰來決定木匠的形式與質料呢？木匠和桌子的關係，是先有木匠才有桌子，所以木匠的形式與質料先於桌子的形式與質料，按照如此關係，似乎也應該有一個物體是先於木匠的形式與質料，以決定木匠的形式與質料，如果我們一直往下推，到最後，似乎可以找到一個最先於任何物體形式與質料的形式與質料，如果我們不能確切的指出誰是這最先的形式與質料，那麼我們不妨就用元形與元質來稱呼這最先的形式與質料吧。

第二節　元形元質

元形元質的觀念，最早是由亞里斯多德的形質論發展而成的。這也是亞氏形質論的必然依歸。到了中世紀，得到中世紀哲學的認同，而成了對物體最終原因的一致看法，這種看法，仍然不會因爲當代物理、化學等科學的發展而減損其地位，相反的，更因爲當代自然科學的發達，而使元形元質的看法更具有意義。我們對這一普遍流行於學術界的看法，自應注意及討論。

首先我們要問，爲什麼需要元形元質，理由似乎很簡單，由於這個宇宙不是一個單一的宇宙，而是有許多的宇宙，而這些宇宙的每一個份子，又都不是同一的。那麼，又如何能從那些不同中，找到同一呢？又如何能從多元的關係中，找到一元的結果呢？又有誰能統一這些多元化的宇宙呢？是不是有一個最先的形式與質料來決定多元宇宙中的形式與質料呢？爲亞里斯多德及中世紀哲學家們的答案，是肯定的。因此，才有元形元質的討論。如果答案是否定，則我們必然會一直問到底，希望尋求到最後的結果，我們相信，任何有誠心而希望打破沙鍋問到底的人，他所希望得到的結果，即使名稱不一樣，也會和我們所得的結果一樣，我們就根據這樣的基礎來討論元質與元形。

我們首先討論元質。元質是什麼，似乎無法明確的將其表達，我們在什麼樣的情況下可以認識元質呢？多瑪斯說：「本體的發生與毀滅就可使我們認識元質。」（註二三）雖然所有的物體都有發生與毀滅，但並不表示所有的物體在其發生與毀滅時都可以使我們認識元質，事實是，如果元質沒有元形，恐怕任何人都無法認識元質，這就好像，一張桌子，我們說桌子沒有形式，祇有質料，誰相信能見到「桌子」的質料呢？我們除了見到一堆木料的形式與質料外，我們不可能認識「桌子」的質料，除非桌子的形式已經存在了，由此，我們可知，認識元質也必須透過元形，才能使我們認識元質。認識元質的方法必須通過類比的方法，由於元質本身是無法認識的，祇有通過元形才能認識，用類比的方法就是：以桌子的形式及質料作爲我們認識元形與元質的方法。根據這種方法，我們可以如此解釋：

桌子的木料是一種質料，桌子的「樣子」是一種形式，那我們就可知，作爲質料的木料，是一種潛能，是一種基礎，木料可以具有做桌子、椅子、門、窗……的潛能，而桌子的形式就限定了作爲質料的木料的可能發展，使木料限定在桌子的形式上。反過來說，有桌子的形式，其桌子的質料是否一定要用木料嗎？那當然不一定，它可以用鐵、鋁、銅等金屬物，也可以用石頭、木料等非金屬物，所以我們可以知道，形式是決定質料，現實決定潛能。那麼，元質是不是也是如此呢？元質從某一個意義來說，元質是實體變化的基礎，元質乃是一切質料的根基，質料可能有生有滅，而元質則是不生不滅，因為元質是不生不滅，所以才能成為一切實體變化的基礎，同時，元質又是一種潛能，這種潛能和一般的潛能又是不同，元質的潛能是純粹的潛能，所謂純粹的潛能就是可以做為所有潛能的基礎，一物所以能成為其他物的基礎，條件之一就是其質料是否可以作為其他質料的基礎，例如，木匠做桌子，木料是桌子的基礎，而人從做桌子的意義來說，又是木料的基礎，如以元質來說，人自然就是桌子的元質，這是就具體物質的條件來說，如果就整個宇宙中所有具體的物質及非宇宙（這就如數學中所說的如有A集合，則自然也有非A集合）中所有非具體的物質來說的話，則其質料自然就是元質了。

元質沒有元形不能存在，那麼元形又是什麼呢？如用最簡單的話語來說，元形就是完成，就是元質的完成，祇有通過元形的完成，物體才能被接受，我們在前面說過了，桌子如果沒有形式，而有質料，那我們所認得的不是桌子，而是一堆材料，所以祇有形式附於質料之上，物體才能被人所認識，又如在西方有這麼一個寓言故事說，有一個國王非常愛漂亮，喜歡做最奇特的衣服，全國的裁縫師為了應付國王的奇好，弄得狼狽不堪，不知如何是好，有一天，有一羣人來晉見國王，向國王稟報能做全世界最漂亮的衣服，國王很高興的就要他們去做，他們閉門做了幾個月，終於把衣服做好了，國王就要穿上，但一看，竟然空無一物，國王就問衣服在那裏，那些裁縫就回答說：「祇有全世界最聰明的人才能看到。」國王不願說自己不聰明，就高高興興的穿上，同時還徵詢羣臣的意見，羣臣中沒有一個敢說自己不聰明，結果都紛紛讚美國王的衣服漂亮，國王高興之餘，下令遊街展示新衣，羣臣都跟在後面遊行，沿途百姓爲表示其聰明，都讚美國王的衣服漂亮，國王益發高興了。當國王走到一個小女孩前面時，這個小女孩就對媽媽說：「國王怎麼沒有穿衣服？」國王大驚之下，才想到自己受騙了。從這一個故事我們可以從另一個角度來瞭解，我們人祇瞭解我們人所能瞭解的東西。元形是元質基礎的事實，乃是根據所有物體都有其形式與質料，而所有的物體都須要其他物體做基礎，如此，一直往前推，第一個具體物體如果仍由一個具體物體而來，則永遠推不完，因此，元形元質應當是所有形式與質料的根源，這就好像，姓黎的人，一直往上推，可以推到黃帝時代的黎人，如再往上推，必然是範圍愈來愈小，到最後就剩下那唯一的一樣。元形既然決定元質的存在，那麼元形就是純現實。爲亞里斯多德來說，元形不祇是一個純現實，也是一切動的最後根源，它不再被動却能動一切。這就好像太陽一樣，太陽不動，一切星球繞其而動，但太陽又能化生萬物使一切動，而元形就是比太陽更穩定的最終根源。

我們瞭解了元形元質的意義之後，我們就可以更進一步的說：元形既是一個最純粹的形式，又是元質的精神體（形式可以說是質料的精神），則根據柏拉圖的善觀念，這一個純粹的精神體就是至高的存在，是一切眞、善、美的滙合，其它一切的存在及可能的存在都分受至高存在的一份存在。而一切的存在也都朝向這一個至高的存在（註二四）。

從以上我們分析形式與質料之後，我們可以根據邏輯推論，推論到元形元質的可能性，同時也根據形式與質料的本身結論而歸結到元形元質的特性。形質論的架構，可以幫助我們在瞭解人生的意義時，有了更清楚而徹底的基礎。因爲生命的結構就是從如此的基礎中獲得解決。

第三節　分　量

我們既已瞭解，物質是由許多成份合成，而這些成份大別可分爲二類，卽實體（Substance）和附屬體（Accident）二類，在前面我們曾討論了許多附屬體，但附屬體中最重要的性質（Quality）和分量（Quantity）都還未討論到。所以我們要在這一節和下一節分別討論分量和性質的問題。

分量究竟是什麼？一個人從一〇〇公分長到一七〇公分，我們知道這是量的延伸。同時，我也知道，今天我在市場買了五斤的水果祇要三十塊錢新臺幣，而昨天買同樣的水果却祇要二十五元，這五元的差別，就是一種量的差別，量既是可以測量的，又是每天和我們戚戚相關的，那麼量的本質是什麼呢？

量既是可測量的，那麼量就有長寬高的向度（Dimension），也就是具有一種擴延性，分量可以分成許多部份，每一部份都可以成爲一個單獨的現實。例如五萬人，這五萬就是一個量，把五萬人分成五萬個部份，則每一部份也就是每一個人都是一個現實。那麼會有人問，五萬人是不是一個現實呢？五萬人就其整體來說，是一種量的概念，因此不能說是一個現實。在這裏，我們也要瞭解，分量不是物質實體，例如前面所說的一個人由一五〇公分長到一七〇公分，不是物質實體改變，而是分量的改變，在這一點上我們要瞭解，物質實體是不變的，就好像我從小孩長到大人，儘管身體不斷增高、增大，但我並沒有變，也就是我的本質，我的實體沒有改變。分量不是實體，它祇是一種附體，祇是這一種附體是每一個物質實體都會有的，例如石頭有分量，人也有分量，但石頭與人的分量可能相同，也可能不同，人與石頭的分量的差別是，人的分量一定會變，而石頭的分量可能不會變，所以分量是固定附隨於物質實體的。分量有其擴延性，這種擴延性乃成爲物質實體的一種秩序，這種秩序是根據擴延性的向度而加以發展的。

所有有分量的物體都有擴延性，所有有擴延性的物體，根據亞里斯多德的分類法可有三種：

1. 連接物（Consecutivum）包括許多有，彼此間隔，如麥穗包括許多麥粒。
2. 連合物（Contiguum）包括許多有，彼此無間隔，如砌成牆的許多磚。
3. 連續物（Continuum）部分處於潛能狀態而實爲一完整的有，所以又稱之爲連續體。連續體可分爲：

靜的連續體：例如：線、面、體積等。

動的連續體：例如：運動、時間等（註二五）。

連續體的特性已如3.中所說，是部分處於潛能狀態而實爲一完整的有。爲什麼如此說呢？我們可擧例說：一個小孩子現在祇有一四〇公分，但在未來他可能長到一五〇公分，也可能長到一六〇公分，也可能長到一七〇公分，這些一五〇，一六〇，一七〇公分的可能性都是潛能的，但不是全部都處於潛能的狀態中，因爲他已擁有一四〇公分身高的現實性，這一四〇公分是就屬於實體來說是一種現實，就一四〇公分的分量來說却仍是潛能，而這一四〇公分高的實體和處於潛能的未來的可能性，都是屬於這個小孩的，不論這小孩在那裏，做什麼，他必然是一個完整的有，由此我們可知道，連續體的本質乃是有部份處於潛能狀態中。

至於連續體的實在性又如何呢？有些哲學家如萊比尼玆認爲連續體的部份是現實的，就如其對單子的看法一樣，但我們認爲，連續體可以有不同的特性，但不能說，連續體的部份就是現實的部份，一個人可以有不同的部份，每一部份都有其特性，但我們不能說這一部份就具有現實性，而是這些部份構成一個整體。這些特性是屬於附屬體的範圍，部份再多，也不能進入實體的範圍，就如我有更多的手、脚，我仍然是我，部份絲毫不能改變我之所以爲我。

從上面所述，我們可知，分量祇是附屬體的一部份，它不能是現實的，它祇是一種潛能。

第四節　性　質

在本章中，我們最後要討論的就是性質（Quality），性質是物體結構的重要因素，性質可分主要性質及次要性質來討論。

物質的主要性質就是能力（Energy），何謂能力呢？在希臘哲學中，普遍的看法是認爲我們每一個人都有一種能力，例如泰勒士就認爲心靈是動的原因，恩培多列斯則認爲愛情是吸力的原因，恨爲拒力的原因，而亞里斯多德則將動的原因歸諸爲生物的動力來自魂。像他們對能力的看法，如用近代科學的眼光來看，自然是相當缺乏的，但在哲學上却有其意義。

能力從哲學的意義上來說是指物體的行動，每一個有都如亞里斯多德所說，有其內在的目的（Entele cheia），可以完成自己。所有的完成自己都是藉着行動。行動乃是對一切的有而說的。行動可以分爲內在的與外在的行動。什麼是內在的行動呢？就是認識及感情。而外在的行動就是一種物理行動。物體如何能有行動呢？就是要通過能力，能力就是一種物理動力，例如在物理學上所說的動力、熱力、磁力、重力、電力等等都是一種能力，這種能力不是物體的本身，而是物體的變化。又例如一個母親看到自己的子女有可能被汽車撞到時，乃奮不顧身推開子女或去救子女的勇氣就是一種能力，這種能力乃是物體在某種個別的狀況下，加上特定的環境就會產生一種力，這種特定狀態可以稱之爲能，在特定狀況下產生的力就稱之爲能力。

性質的次要因素乃是根據各種感官所產生的。例如眼睛所看到的色，耳朶所聽到的聲，舌頭所嚐到的滋味，鼻子所嗅到的氣味，身體所觸覺到的冷熱、軟硬、輕重等的感覺，這些感覺都是指感官的變化，這些變化都來自於物體的物理行爲，感覺以各種不同的方式，知覺到能力的效果，這些就都是性質的次要因素。

以上所述，乃是從物質的觀點來研究物質的各種可能性，也藉着物質的各種特性，找到物質的基本結構及其原因。物質的構成乃是促成宇宙生命的發展，宇宙中如果沒有生命，則宇宙將黯然無光，生命如果沒有物質，則生命也就無以爲繼，下一章，我們將要研究生命的問題。

第七章 生命

根據生物學及考古學的知識，我們知道在幾十億年以前，宇宙中就已有了生命。當時的生命是根據生物學的知識所瞭解的，那就是從無機物到有機物又到單細胞的生命。生命是一件非常奇妙的事情，在廣濶的宇宙中，在宇宙生成的幾百、幾十億年中，怎麼會有生命，甚至還有思想的出現呢？本章將就生命的起源、生命的本質、人的起源及人的特徵加以敍述。

第一節 生命的起源

對於浩瀚宇宙中的生命，我們實在沒有能力加以觀察，我們祇就人類所生存的地球加以研究，這也是古代哲學家們所用的方法。

生命的起源從歷來的學說，可以歸納成三點：

1. 認爲地球生命的第一粒種子是由其他行星的生命經由太空而飛到地球，產生了地球的生命。
2. 認爲生物在地球上出現，是由自然程序的演進。卽是由無機物到有機物，由有機物到原生質，由原生質到單細胞，由單細胞慢慢演化，加上突變，終於產生了各種生物。
3. 認爲地球上的生命都是由上帝所造。

關於這三點，我們分析於後：

第一點認爲地球的生命，是外太空人傳送到地球來的，在最近，有許多書都做如此的主張（註二六），他們認爲地球原來是一片虛無，但在外太空的某些星球中，卻已有高級生物，在那裏的生物，已有能力從事太空旅行，因此他們（姑且稱之）到處到太空各行星中旅行，他們也來到地球，但，不幸，有一些太空船故障，在地球上不能修復，所以他們祇好留在地球上生活，這就是地球上最早的生命，同時他們在書中，還擧了好多例子，以證明他們的論點，甚至還有的人認爲上帝也是外太空人。儘管這些說法，言之鑿鑿，但我們祇要稍爲分析一下，就可知此種論點的不確實。第一、如果這些外太空生物已有能力到各星球旅行，那麼他們已懂得如何用最好的方法生存，卽使他們的太空船不能修復，他們也有能力利用太空船的設備，以維持他們高級生物的生活，但從考古學的證據看來，生物歷史的最古期，還不知道如何保護自己，又如何能有夠水準的生活。再說如果外太空的生物在進入地球之後，經由空氣流通，某些有機物留存到地球而繁衍，最後進化而成爲人，這些，仍不能解決生命起源的問題，因爲我們把生命起源的問題，丢給外太空人，事實上，這種方法並不能解決人類起源的問題。由此可知，外太空將生命帶進地球的說法是不足採信的。

二、第二點認爲生命在地球上的出現，是經由自然程序而來的，世界充滿了無機體，經過了好多年代，由於各種條件的配合，終於有了有機物，而這些有機物經過日光、水份及各種條件的增長，終於出現了原生質，這個原生質乃是所有生物的起點，慢慢的，原生質產生了單細胞，有了單細胞之後，再經過約十億年的演化，終於產生了各種生物，生命在原生質，甚至在有機物時，就存在了。主張這種學說的人，甚爲普遍，不祇是一般的人，就是某些生物學家也作如是觀（註二七），我們現在可以分析一下，究竟此說如何呢？首先儘管此說認爲生物的演化是由無機物到有機物，然後產生了各種生物，似乎無機物是有機物的根源，但我們要問無機物如何能產生有機物，如果無機物沒有成爲有機物的潛能的話，根本是不可能的，孫悟空從石頭蹦出來的神話是不足採信的，更何況無機物又是從那裏來的呢？當然，現代生物學常說有突變的可能，但我們要問突變是否也需要某些基本的因素呢？至少一個人突變之後，他有某些器官是改變了，但他仍是一個人，他不可能突變成不是人，又如在接植花木時，兩種植物合併了，他改變之後，仍然是植物呀！又有科學家認爲從「試管嬰兒」中可以知道人可以製造生命，但我們仍可以問，即使試管嬰兒成功了（自三〇年代開始試驗試管嬰兒以來，尚未有成功的例子），請問試驗試管嬰兒的材料（必然是一個精子與一個卵子）是如何來的呢？必然不可能是憑空而來的吧？又有生物學家假設人是由猿猴演變而來，即使這眞是一個事實，也不可能告訴我們生命的起源，所以這第二種說法仍祇能略微告訴我們生物進化的過程，却不能告訴我們生命的起源。

第三種說法就是認爲生命是由上帝所創造，由於上帝創造了各種生命，結果就有各種不同的生命型態，像這種說法最常見於各宗教，在許多受過實驗科學及實徵主義洗禮的人，都認爲這是不可能的，是一種迷信。現在我們來分析一下，是否有可能。

在前面我們曾擧了一個木匠做桌子的例子，我們可用這個例子來說明，桌子不可能自己有，除非有人來造它，所以木匠是桌子的創造者，但爲木匠來說，是他的手或是他的意念造了桌子呢？我們知道按照造桌子的程序應該是先有一個藍圖，然後按圖施工，所以，木匠的意念應該先於他的手，也就是說，雖然手和意念以及其他人體器官應該彼此合作，但如果沒有藍圖，即使有其他器官，仍不可能造好桌子，如果比喻到物質與精神的順序的話，精神應先於物質，就好像形式決定質料一樣，既然精神決定於物質，精神就應賦予物質生命，這就有些像機器洋娃娃一樣，把洋娃娃身上的彈簧扭好，洋娃娃就會動、會唱歌；精神賦予物質生命，不是說賦予生命就了事了，而是這生命就是精神，用精神把物質合一。在生命的起源中，連物質的來源都是由精神而來，這就是我們前面所說的元形與元質的道理，元形是純精神，元質是一切物質生成的總原理，當元形決定元質時，元質就根據元形的需要，而產生許多現實的質料，這些現實的質料是否具有生命，全由元形來決定。所以，我們可以知道，元形是一種純現實，元質則是一種純潛能。這一個純現實的元形如用到宗教上就成了上帝、天主了，用到其他事上，就是一切事物的總原理，這一個總原理不祇是能創造，也能賦予生物進化的根據，這就是後來許多哲學家繼亞里斯多德、聖多瑪斯之後而有的偉大生命起源理論（註二八）。

從以上的分析，我們可知在這三種生命起源的主張中以第三種爲「對於生物起源之最佳解釋」。（註二九）。生命既是由創造而生，那麼生命的性質及其進化又是如何呢？我們現在加以敍述。

第二節　生命的性質及其進化

歷史上對生命的性質的解釋，大致可以分成二種，一是機械論（Mechanism），一是生機論（Vitalism）我們先加以介紹，再來分析。

機械論認爲一切變化過程，都是依照機械的活動，而機械的活動乃是由於物理化學力量交互作用（The interplay of physico-chemical forces）的結果，所以生命是物質本身的一種特性，他們認爲生命的一切形成，如果分析到最後，不過是「空間中微粒子羣的運動」（Movement of mass particles in space）所謂較高級的形式，甚至元形也祇是因爲結構的複雜性較大而已，並沒有什麼新的質料、新的能力。所以從機械論的觀點來解釋生命的話，他們認爲不必借助於神秘的生機能力，而進化的過程也不必有所謂目的。如此，宇宙的組織系統，就可以簡單明瞭。主張機械論的，在希臘時代就是那一批機械論學者，在近代則有哥白尼（Nicolaus Kopernicus 1473–1543. A. D.），伽利略（Galileo golilei 1564–1642 A. D.），笛卡兒（Descartes 1596–1650 A. D.），牛頓（Newton 1642–1727 A. D.）及斯賓塞（Herbert Spencer 1820–1903 A. D.）等人都主張機械論的生命進化，而成就最大的則首推達爾文（Charles Darwin 1809–1882 A. D.），他在物競天擇中說明新動物種類的來源，對於生物機械論演進的意義，貢獻特別大，到了後來，赫胥黎（Huxley）又在他的「生命的物質基礎」（Physical basis of Life）一書中，也替機械論辯護。一般來說，機械論與一些歷史名詞，如：自然主義（Naturalism）以及唯物論（Materialism）都有密切的關係，雖然機械論似乎可以言之成理，但有許多問題，仍無法獲得完滿的解答，例如：

1.物質科學的概念是不是可以完全的解釋生命呢？機械論者認爲祇需要有少數物理化學的概念，就可以解釋生命、發展、生殖、心靈、道德及社會等。同時，如斯賓塞曾說生命是：「內在與外在的各種條件之連續不斷的調適（Adjustment）不論斯氏所說是否正確，機械論者的主張是否有能力來調適生命呢？除了生命本身，誰也無能力來調適生命。機械論者，常喜歡用若干概念如：物質、運動、能力、電氣等來概括存在的終極意義，但生命、心靈、奮鬪、意志、衝動、目的、興趣、價值、創造進化等更具有比機械論者的主張更有存在的終極意義，因此，如果以偏概全是極不恰當的。

2.偶然遇合是自然界一切變化的根源嗎？我們的答案，顯然不是，有些西方哲學家，甚至有些我國民初的學者們，也都如此主張，他們認爲一切宇宙進行都是偶然遇合（Chance），例如宇宙的生成變化及其運轉，都是因爲機緣巧合才演變成今天的世界，這種說法的另一個意義，不就是宿命論嗎？所以此點顯然不能成立。

3.生命有其獨立性嗎？機械論者認爲沒有，但我們從事實觀察可知，許多生物，如其肢體斷裂，則可有再生（Reestablish）的能力，這種能力，就是生命獨立性的表示。

由以上三點，我們可知機械論的主張實在不適於來解釋生命的性質及其進化。下面我們來看看生機論的主張。

生機論認爲在「生物」與「無生物」之間有着基本的差別，這個差別就是因爲生機原理（Vital principle），生物有生機原理，而無生物無生機原理，由於生物有了生機原理，就有生命現象，由此，我們可知生機論最主要的主張就是生機原理，生機原理究竟是什麼呢？

柏拉圖認爲生機原理就是精神。亞里斯多德則認爲是靈魂（Soul）。由於他把生物分成「營養生活」、「感覺生活」及「理智生活」三級，則靈魂也有三級以配合不同的生活。這三級生活的方式，就都具有不同的生機原理。中世紀的多瑪斯贊成亞里斯多德的主張。到了近代，萊比尼茲單子論的精神，黑格爾（G. W. F. Hegel, 1770-1831 A.D.）觀念論中的絕對精神體，等都是生機原理的主張者。而在近代科學界中，又有生機論復與的主張，由此可知，在機械論極度擴張的時刻，有識之士，已發覺機械論不能解決所有的問題。機械論除了能解決生命的現象之外，對生命的本質無能爲力，所以我們不採用機械論作爲我們人生哲學對生命性質的探討。

生命的性質已如前述，可以分成三級，在這三級生命中，都有其生機原理，因此，三級的生機原理就都成了生命的性質。例如在生物中，我們可發現植物、動物與人各有不同的生機原理，而這三種生物各有其生命的性質，例如，植物的生命性質就是生存，所有的生命現象都是爲維持其生命原理，雖然近來有人認爲植物也有感覺，例如含羞草及某些植物具有深刻音樂陶冶的能力，但我們認爲，那都是出於生物生存的本能。另外如動物的生命性質就是感覺，人的生命性質就是理智。所有這三種生命性質就構成了生物的生命性質。

生物的進化，則根據生物的現象可知，是由生存而逐漸提高到感覺，最後昇高到純精神的生活，同時，我們從生物進化的過去程序，也可看出生物的進化，乃是逐漸由低等生物進化到高等生物，逐漸由組織簡單而進化到組織複雜。從這樣的進化程序，我們可以推論出一個結果，那就是由史前人類的完全看重物質生活而逐漸會進化到精神生活的領域中，這種進化的過程，似乎也是生物的必然結果（註三十）。

從上而論，我們可知，生命的性質及其進化，乃會逐漸的由下往上，也就是由物質，而走向精神的領域。在生物界中，精神領域應用最廣的就是人，我們現在來討論人的問題。

第三節　人的問題

人的問題可分成下列三點來討論：一、人的來源及其進化，二、人的特徵，三、人的目的。我們首先討論人的來源及其進化。

(一) 人的來源及其進化

人的來源就如同生命的來源一樣，在前節已述，不再多說。我們現知，人既是由一個純現實的元形，也就是上帝、天主、老天所創造而來，那麼這時代距今到底有多久呢？根據生物學及考古學的知識，我們知道至少已有五十萬年，甚至更遠，在這麼漫長的歷史中，人是如何進化成今天的人類呢？要解答這樣的問題，我們可以有二個假設，一是根據生物學的知識，人是逐漸由低等生物進化到高等生物，所以人類的進化可以根據下列表格進化而來：（註三一）。

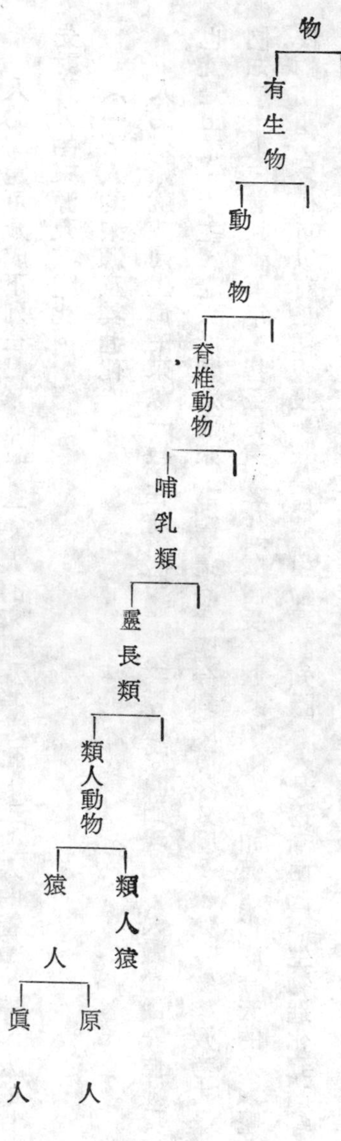

第二是根據宗教學的知識，人的生命是由宇宙至高的主宰——上帝所創造的。根據這二個假設，我們來分析一下：

1.根據考古學及生物學的資料，我們可知人類的歷史，至少已有五十萬年以上。現在的問題還必須不是人是從什麼動物進化而來，而是人在什麼時候能夠有思想可以考慮周遭的事物，而這個思想的特質超越其他動物成爲萬物之靈呢？生物學能夠告訴我們的，僅止於，人在什麼時候，會使用什麼器具，但我們知道，有許多動物也會使用簡單的器具，爲什麼人會那麼幸運的，集合了那麼多的優點呢？爲什麼在其他生物中，就沒有如此公平的分別或進化到像人類一樣的具有各種特長呢？所以，我們知道，生物學及考古學的知識，祇能告訴我們，我們人是什麼，却不能告訴我們人爲什麼是這樣而不是那樣。

2.我們在研究人時，我們可以發覺，人的生活，不止是一個爲謀求生存的生活，人類不但有能力維持生存，還有能力「創造」生活，這種創造的能力，在其他動物身上，是看不到的，即使人是由猿人進化而來，但請問，是否仍可有某些猿人能在今日再進化到今天的人類呢？所以，人類的生命不祇是一個物質的生命，還有一個精神的生命，精神與物質美妙的合而爲一，才構成人類。有人說，人的精神也是逐漸進化，例如古代生活簡單，爲了維持生存，他們也祇需要生存，他們使用思想的範圍不大，所以是非常簡單的，但到了近代，人類科學文明的發達，簡單的生活技能，不足以適應今日的生活，所以思想也逐漸進化到今日的地步。這一個說明，正好做爲我們前面的註脚，我們可以這樣想，如果在人類開始時，祇有少數的人，他們在一起生活，祇需要少量的技巧，雖然他們的思想有無限的潛能，他們仍祇需要一些現實就夠了，到了後來，人類繁衍，簡單的生活技巧祇是生活的一部份，人更看重羣居生活的意義，因此，人的潛能就開始發揮，所以，進化乃是從某一個程度開始的，而不是無限量的進化，不可能在一個毫無某種特質的東西身上，可以成爲具有某種特質的東西。我們瞭解這個意義之後，我們知道，我們祇能接受生物進化的某些系統，而不能全部接受。

3.我們從現實與潛能，形式與質料的觀點來考慮，如果一塊木料，沒有具備成爲桌子的潛能，那它永遠不可能成爲桌子，同樣的，有了桌子的質料，而沒有形式，永遠不可能成爲現實。在生物方面也是如此，如果一個動物，祇有動物的形式，那它永遠祇是一隻動物，如果它具有人的形式，那它永遠都是人。人的質料與動物的質料，在基本上有其差異，而人的形式和動物的形式也有其不同，例如一隻棒球和一根球棒，它們不止是在質料上，就是形式上都有差異，再如，一隻布做的洋娃娃和皮做的洋娃娃，看起來好像形式相同，質料相同，其實全都不同，他們除了有相同的用處之外，也可能有相同的相貌形式，但他們的質料是不一樣的，人和動物就是如此，人和猿人，尤其是古代的人和猿人，在外表上有着相當的近似，但這並不表示，他們就是一個。所以，從生物學上的發現，仍然不能滿足我們對人類生命起源的解釋，因爲事實上，這些學科並沒有給我們淸楚的解答。

4. 如果按宗敎學的意義來說，人是由上帝所創造的，尤其在基督宗敎的聖經中所說：「天主於是照自己的肖像造了人，就是照天主的肖像造了人：造了一男一女。」（註三二）這個天主的肖像究竟是什麼呢？既然是照天主的肖像造了一男一女，似乎這個天主不可能又是男人又是女人吧！我們瞭解，天主或上帝是一個純現實，純現實就是元形元質的綜合，所以他不可能具有某些屬動物的質料，更好說，天主是一個純精神體，他按自己的肖像造了人，乃是按照他的精神體，賦予人精神體，又因爲他是一個純現實，所以有能力從精神體中產生質料，至於人的身體是什麼樣子，似乎並不重要，重要的是人能將精神與物質美妙的綜合，這不是物質來決定精神，而是精神決定物質。

從以上的分析，我們可以瞭解，祇有在精神與物質互相融合之後，才有人的產生，所以，我們對人生命來源的態度是，生命的本質——精神體是經由創造的；生命的現象——物質是由精神體的內在融合產生的，人的生命就是如此，在這種意義下，人的外形可以和其他生物相同，但人的精神却完全不一樣，所以生物學上的進化理論，我們祇能接受到形體進化的程度，而不接受連精神體也一起隨同進化的理論。

（二）人的特徵

人既然和其他動物不同，那麼人的特徵是什麼呢？我們分物質與精神上的特徵二點來敍述：

1. 物質上的特徵：前面我們已說過，在人的外形上，我們認爲人可以和其他動物，尤其如人猿其相似的地方，儘管相似，彼此之間，仍有不同，例如：人的脊椎骨適於直立，而其他的動物則沒有那麼適當，再如，人的顏面部份比腦蓋骨的部份要小，而其他動物則反是，又如人的四肢，二肢用於站立，二肢用於持物，在其他動物中，除人猿可以比較外，其他動物都不是那麼方便，又如，人類的犬齒比其他的動物為小，由於有這些特徵，人的體型就是不同，人的體力和體型的比較和大部份其他動物的體力和體型的比較，就不成比例，例如螞蟻就可以背負超過其體型三十倍的東西，而人就不行，一個七十公斤體重的人如果要他背負二千一百公斤的東西，那簡直是不可思議，即使全球舉重大賽中，也沒有一個人能舉重達他體重三十倍的重力，也正由於，人在體力與體型上的不成比例，無法和其他動物一較短長，所以人還有其他的特徵，而這一個特徵，竟決定了人類為這一個物質世界的主宰。

2.精神上的特徵：由於人在體力與體型上不如其他動物，所以，人的精神正好可以彌補這一個缺點，一般來說人的精神上的特徵，可以有下列數項：

(1)合羣性：人的合羣性和其他動物的合羣性有着基本上的差異，乃是因為其他動物的合羣性祇是出於他們的生存本能，例如蜜蜂、螞蟻，雖然他們合羣，但他們對待公蜂、公蟻的殘酷，正顯出他們的合羣性祇是出於生存本能，而人的合羣性則有社會意識（Social consciousness），這種意識，不祇是使人類組成國家、家庭各種組織制度，也使他們為謀求更好的生活，而有更好的文明制度。

(2)創造性：人的創造性，乃是基於物質生活的缺乏，而希望有更好的精神生活，於是有了創造，創造不但是要改善物質生活，也要獲得精神生活，所以天倫之樂，孝悌忠恕，於是是人類精神生活的特徵，而其他動物對其生活技巧的改進也僅及於本能而已。

(4)冒險性：創造性的向外發揚，就產生了冒險心，冒險乃是對現實狀況的不滿，而希望有所改進的結果，所以人敢於用火，敢於發現新大陸，敢於上太空，這些都是冒險心的發揚，而其他動物，所能有的冒險也祇是及於生活的問題，而不致突破個體的限制，這也就是人之所以成為人的原因。

(4)好奇心：創造性的向內發展就是好奇心，由於人類對其所處的環境不瞭解，不滿意，乃要尋根究底的問「為什麼」，當一問為什麼時，人就開始努力用實際的方法考慮及實驗，其結果就是人類生活愈來愈往上發展，而其他動物的好奇心，也祇是及於一個生活的問題而已。

(5)不知足：人類精神上特徵的第五點，就是不滿意自己的生活狀況，沒有得到的，想得到；得到了，想要更多。也由於不知足的關係，人類的精神將不斷的往前，往上發展，而其他動物則無所謂不知足，祇要吃飽了、睡足了、喝夠了，就滿意於其現況。

以上五點，我們可以看出人與其他動物的眞正差別，乃在於精神上的特徵，也由於人在精神上的差別，才使人之所以成為人，也由於精神上的差別，才使其他動物，永遠無法和人並駕齊驅。

(三) 人的目的

我們既知，人和其他動物在精神上有着極大的差異，所以，我們也可知，人的目的和其他動物的目的，也有着根本上的不同。動物的目的祇是滿足於生活上物質條件的滿足就夠了，從來不知道如何利用生活上的物質條件，達到更深刻的生活意義。而人就不是，他不祇是改善物質生活的條件，也希望使其生活更富於精神生活，更朝向人的本質去努力，一般來說，我們可分成下列數點來敍述：

1.理性的目的：理性的目的，就是一種精神生活的目的，包括了理智與意志二方面的精神活動。在理智方面，包括了對具體事物的認識以及抽象而又普遍的觀念，對於有形事物本質的理解，對於非物質事物的瞭解。在意志方面，則是對於眞善美聖的喜愛和願望。這些理智的及意志的生活，乃構成了人的理性的目的。

2.倫理生活的目的：人的理智既可以認識具體事物，又可以瞭解普遍而又抽象的概念，因此，理智可以辨別是非，判斷善惡。而人的意志則可以運用自由，擇善避惡。因此，人的目的，也是一個爲過倫理生活的目的，如果我們擇善避惡，善用我們的意志，那麼我們在生活中，就可以獲得良好而又有意義的生活。

3. 培養情操的目的：情操不祇是指一種感覺性的情緒，也包括了非感覺及超感覺的情緒，我們既有物質的生活，也有精神的生活。物質的生活，常是一種感覺的，情緒性的生活，而精神的生活，就是一種理性的，情操的生活，培養情操的生活，就是要培養我們精神生活的一種態度，情操雖然也有可能在感覺性的生活中呈現，但如果沒有精神生活爲伴，則純感覺的生活，不可能是情操的生活。

由以上所說，我們可知，人的目的，不祇在獲得物質生活的滿足，也希望在追求精神生活方面，得到最滿意的答案，而整個生命進化的目標，也就是希望獲得人所渴望的目的，也祇有人所渴望精神生活的目的達到之後，生命才有歸宿，因此，如果用進化論中物競天擇的意義來衡量的話，則所有沒有達到生命最終目的的生物都將被淘汰，卽使在人類社會中，如果沒有努力去追求精神生活，其結果也將是一樣，當然我們都知道，進化論的殘酷事實是不能代表天有好生之德的思想，所以進化論的觀點我們不能利用在精神的目的上。但我們可以從一個更積極，更仁愛的觀點來看，那就是精神生活，是人生生命的滿全，也是所有生物可能有的最終目的。也祇有在達到精神生活的最高境界，人的目的才算完成。

第八章　今日的宇宙精神

今日自然科學的發達，已經不是幾千年、幾百年、幾十年前的相同結果，由於各種自然科學發達的結果，使得人類的思想領域，無形中拓寬了許多倍，我們藉着這些科學知識，不但可以幫助我們瞭解過去的世界，也可以幫助我們預測未來的世界，站在今天這個「瞻前想後」的時代中，我們對宇宙的態度是什麼？我們相信宇宙未來有的發展嗎？我們希望這個充滿生命而又美麗的地球，朝着一個什麼樣的方向發展呢？基於人類理智發展的必然結果，基於人類物質生活所有的必然命運，以及基於宇宙運轉的必然結果，我們認爲在今日的宇宙精神可有如下的觀點：

1. 宇宙是有限而必然會死滅的。

2. 生命的目的不祇是在生存繁殖，而是有着一個更深遠的目標，這個目標就是走向更深刻的精神生活。

3. 精神生活的目的是使人更完美，更具有神「意」，因此，走向聖的地步乃是宇宙的全部終局。

我們現在分析如下：

第一節　宇宙是會死滅的

從前面幾章的分析中，我們可以瞭解，宇宙必然有一個開始，絕不可能突然蹦出數十萬個銀河系統，然後，每個銀河系統，都很有規律的運轉，而彼此不侵犯，更奇怪的，乃是在這一個物質宇宙中，竟然會出現一個和物質宇宙毫不相干的生命，這個生命不祇是有能力能照顧自己，更有能力瞻望遠景，設計未來，所以如果說「宇宙及其中萬物的運行變遷皆是自然的，——自己如此的，——已用不着什麼超自然的主宰成造物者。」（註三三）那完全是自欺欺人之談，不妨舉個例來說，一個女人如果不受精，可能生子嗎？可能「自然的」生子嗎？同樣的，一張桌子可能自然的就出來了嗎？如果不去製造的話。所以，宇宙從其開始來說，就有一個起點，就如同人一樣，在物質上終應該有個開始，如果從宇宙的運轉速度，及各球體因着運轉而不斷擴大、膨脹的結果來看，所有的星球早晚都會消滅的，甚至連太陽系統（Solar System）中的主角太陽都不能例外，至於星球膨脹、消滅之後，會變成什麼樣子呢？主張物質不滅定律的人認爲，所有的物質都是永恒的，要批評如此的看法，我們可以如此來討論。首先，我們看一看有血有肉的人及動物，當一個人出生後，一般祇有五十公分左右高的身材，由於吸收了大地的滋養（例如經人轉化後的牛奶麵包等），逐漸長大，但奇怪的，長大到了一個限度之後，就不再長了，如果用物質不滅定律來解釋，似乎這些物質已存於太空中，它的形式乃是那些眼所不能及的中子、電子、分子等，由於化學因素及太陽光的作用，結果就產生了各種大地的生物以滋養人，而問題是，人吃了這些之後，就會變高、變胖。如果物質是不滅的，物質有能力創新、選擇嗎？我們再說一個生物死時，例如一塊木料從樹上砍下來之後，由於天冷，我們就取用它，用火燒它，火變成了熱變成了能，以給我們取暖，最後，木材祇剩下一堆灰，物質不滅定律的解釋是：燒成火，成了熱的木炭，在形式是消失了火炭的形式，但他的質料如熱及能已轉化到我們人身，氣在太空中又化成各種元素，灰又可以轉化其他原素以肥田，但我們要問，木材的燃燒必須有氣的作用，氣在助燃之時，木材的能是不是全到人身上，還是有部份在太空中浮遊呢？如果全到了人身上，那麼請問，人身上究竟有多少的能量呢？如果人本身不能支持本身的體力時，必然向外求助，同樣的，木材在燃燒時也須借助氧的能，而氧在燃燒又須借助誰的能？如此不斷的往下推，從時間的觀點來說，宇宙是有窮的。

我們再從空間的觀點來說，宇宙是有邊的，不管宇宙有多大，有多少億個銀河系統，宇宙仍然是有邊的，理由是，任何一個東西，祇要是物質性的東西，就是有邊，就佔有空間，空間本身是個依附體，如果不依附在主體身上，空間是不存在的，宇宙是一個物質實體，所以空間就祇有宇宙這麼大，宇宙之外，還有別的呢？祇要宇宙之外有物質實體，就有空間，沒有物質實體，就沒有空間。那麼有人會問，宇宙既有邊，那麼邊外是什麼呢？我們說過，宇宙邊外如果有物質實體就有空間，沒有物質實體就沒有空間，誰能想像沒有空間是什麼呢？那就是精神，這種精神乃是一個無物質實體的純精神體，這個純精神體既不佔有時間，也不佔有空間，因爲這一個精神體是無形無像的，這就好像我們說愛一樣，愛一個人，愛一件事，這一個人，這一件事是存於時空之中，但愛却超於時空之中，而爲永恒。永恒也祇是用人間的詞語來形容愛，一般人所懂的永恒有如下意義：

1. 在時間內，有開始有結束。

2. 在時間內有開始，而却沒有結束。

3. 超於時間之外，沒有開始沒有結束。

我們在這裏所說的永恒就是第三種，精神不會因爲由個人生或死，就跟着生或死。

從上所述，我們既知宇宙會死滅，那麼宇宙的目的又是如何呢？宇宙的目的，就如同人的目的一樣，是朝向一個永恒的精神發展，當純精神來時，宇宙的任務就完成了。

第二節　生命趨向永恒的意義

生命之所以爲生命，乃是因爲有一個原因，這個原因就是生命所以爲生命的原因，亞里斯多德稱之爲魂，因此各種生命有各種生命的魂，但每一種魂所能達到的功用都有不同，有些魂僅及於一己的生死存亡，有些魂僅及於一己的感覺、直觀，有些魂却能有深刻的意義與目的，那麼，爲什麼這些魂會有區別呢？一般來說，由於每一樣生命，皆有其不同的目的，因此，在其內在的魂中，也有不同的使命，既有不同的使命，就有不同的表現方式。那麼這些魂是不是都是永恒的呢？不是，祇有能有深刻意義與目的的魂才有意義，這也就是人的魂。其他的魂都會死滅的，那麼人的生命中，既有永恒不朽的魂，那麼，如何使生命能變得如人的魂一樣永恒呢？在前面說過，人的生命可分成二部份，一部份是精神生命，一部份是物質生命，物質生命會死滅，精神生命不會死滅，人祇要努力使自己的物質生命儘量往精神生命發展就可以了。如果我們以中國人的宇宙精神來說，多半是帶有道德性與藝術性的，是屬於價值領域的（註三四），所以中國人就認爲宇宙間充滿了生命，例如朱熹說：「天理祇是仁義禮智的總名，仁義禮智便是天理的件數。」（續近思錄卷一）清儒戴震又說：「一陰一陽，蓋言天地之化不已也，道也，一陰一陽其生生乎，其生生而條理乎，以是見天地之順，故曰一陰一陽之謂道，生也，仁也，未有生生而不條理者，條理之秩然，禮至著也，條理之截然，義至著也，以是見天地之常，」（原善）由是可知，在中國人的心目中，宇宙乃是一個具有道德性的宇宙，人的生命就是要合乎這些道德性，人的生命才有永恒的可能。

第三節　宇宙精神是一種求真的精神

宇宙既不祇是一個物質宇宙，那麼在宇宙中的一種求眞精神，就不單是研究物質宇宙而已，還應當研究精神世界，中國人以爲整個宇宙乃是一個大化流行的生命宇宙，因此，宇宙的主人是人而不是其他動物，是精神而不是物質，但不幸的是，我們祇汲汲於物質宇宙的發掘，而更可惜的是，所有在物質宇宙中所發現都是我們宇宙的有限年代，對於宇宙的未來及最初開始的原因，始終未有明確的研究，如此的以偏概全，又如何可能是一種求眞的精神呢？

現代有許多科學主義者，認爲祇有科學的知識才是眞知識，祇有科學的求知方法才是眞的求知方法，殊不知，在宇宙生命的世界中，卽使科學再發達，也還不能知道太陽系統中所有星球的究竟，對於那些窮人類終生之力也不可能到達的銀河系，難道就不是眞嗎？而這些祇是一些物質宇宙，對於完全主宰我們肉體的精神，我們如果不去研究，那又怎麼能算是求眞呢？豈不是「迷信」科學嗎？又有一些科學主義者說，人心不容易用數據測量出來，物質可以。如果自然科學家知道自己的限度，而肯承認自己的限度還好，就是有些似懂非懂的非科學家們，硬要強不知以爲知，就破壞了求眞的意義。

人類的精神世界，既不是自然科學的領域，自然科學就無權過問，祇有把這份責任放在哲學家的身上，因爲祇有哲學家才是研究萬物最後根源的學問，所有有關於生命精神的意義向哲學請教而不是向自然科學請教，也祇有如此，哲學與自然科學才能分工合作，達到所謂眞正求眞的精神。

從以上所說，宇宙精神不是一個虛無漂渺的領域，而是一個「我思仁，則仁至矣」的境界，希望我們在瞭解物質宇宙時，同時也應瞭解宇宙精神的實在意義，這就不愧做爲一個現代人的負責態度。

註一 見天主敎思高聖經學會出版之舊約創世紀第一章。見蔣維喬著佛學概論第一編第一章。

註二 Ferum, 1934 Feb. Was there creation?

註三 見莊子，老子及荀子書及鄔昆如著希臘哲學史第一編。

註四 Summa Theologica Thomas Aquinas

註五 吳康著哲學大綱上册五十七頁。

註六 Sir. James jeans 著 The Universe around 1934 ed.。

註七 亞里斯多德物理學第四章第六節。

註八 鄔昆如著西洋哲學史四十八頁。

註九 亞里斯多德物理學第四章第一節。

註一〇 李震著宇宙論九十六頁。

註一一 F. Balmes 著 Filosofia fundamental, 7;IV, C. 12, hp77-78

註一二 李震著宇宙論九十九頁。

註一三 同右一〇〇頁。

註一四 Newton 著philosophiae naturalis principia mathmatica, Amsterdam, 1723, p. 6

註一五 李震著宇宙論一〇四頁。

註一六 G. Berkeley 著 Treatise of the principles of human knowledge p. 116

註一七 鄔昆如著西洋哲學史四三八——四三九頁。

註一八 李震著宇宙論一二六頁。
鄔昆如著西洋哲學史一七二——一七四頁。
F. Copleston著 A Histoy of Philosophy V.I. ch. 30.

註一九 Aristotle, phyics, v. 1.

註二十 鄔昆如著西洋哲學史三一及六一頁。

註二一 Hylemorphism 一詞是由資料 Matter 和形式 form 二字合成，見 F. Copleston 著 A History of philosophy V.I. ch. 30

註二二　F. Coplestor. A history of philosophy V. 4. Ch17. p. 300-323

註二三　李震著宇宙論三四頁。

註二四　鄔昆如著西洋哲學史一六四——一六九頁。

註二五　Aristotle, physics VI, 1.

　　　李震著宇宙論八十四頁。

註二六　Svante Arrhenius, The life of the Universe. Vol. II. ch. IX. pp. 250 市面上有許多書如：文明的歷程，上帝是外太空人等等都是談論同樣的問題。

註二七　科學唯物論的 Ernst Haeckel（1834-1919 A. D.）Wilhelm Ostwald(1853-1932 A. D.)Charles Darwin（1809-1882 A. D.）等都是如此主張。

註二八　Henry Bergson(1859-1941A. D.), Wilhelm Dilthey(1833-1911 A. D.), Rudolf Eucken(1846-1926 A. D.), Teilhard de Chardin（1881-1954 A. D.）及 Jacq Maritain（1882-1975 A. D.）Etienne Gilson（1884-A. D.）等人。

註二九　吳康著哲學大綱上册一〇二頁。

註三〇　參閱 Theihard de Chardin, The Phenomenon of man.

　　　鄔聖冲著存在的奧秘。

　　　王秀谷等著人的現象論文。

　　　李貴良譯人的現象。

註三一　參閱謝扶雅著人生哲學二八頁。

註三二　鮑思高聖經學會譯聖經：創世紀第一章二七節，十頁。

註三三　見科學與人生觀論戰二五——二六頁胡適之語。

註三四　方東美著中國人生哲學概要二〇頁。

第三編　人性論

第九章　人性的意義及其問題

在前一編裏，我們談到宇宙中的美妙生命，生命是一物之所以能成爲一物的條件，任何生物，如果沒有生命就不成其爲生物，但是，生命雖然是生物的最重要條件，生命本身又有什麼條件呢？人與其他生物又有什麼不同呢？人和其他生物都有生命，如祇從生命的條件來看，人和生物實在沒有什麼區別，甚至人比其他生物在生命力方面，可能要來得更脆弱，祇有在人和其他生物間，有了更基本的區別，人才可能做其他生物所不能做的事，人也才可能具有其他生物所沒有的能力。人性就是人之所以異於其他生物的基本原因。

第一節　人性的意義

性字在中國文字中，最早是指的草木之生的意思，到後來才轉變爲動物之生。在徐灝的說文解字箋中說：「生、古性字，書傳往往互用。周禮大司徒辨五土之物生，杜子春讀生爲性。左氏昭八年傳，民力彫盡，怨讟並作，莫保其性，言莫保其生也。……」這就是指明性在最初時是和生字連用，這個生字當然就是指的生命的意思，到了後來，由於觀察到人的生和其他生物之生而有不同，因此，生和性就逐漸分家了，人有人性，動物有動物性，各有其性，各有其不同的功能。在人性方面，則如許氏說文所說：「性，人之陽氣，性善者也，從心，生聲。」根據許氏說文，人性是和人心連用，因此，人性就有方向的意思，人性既是一個方向，則人性朝向一個什麼樣的方向呢？中庸上所說：「天命之謂性。」的天命似乎就是人性的方向，人性的方向，目標既是天命，那麼天命又是什麼呢？在中國的詩經與書經裏，對於天命的敍述，非常深刻，大致上都是以具有人格、意志的神意爲天命（註一）。我們既瞭解，人性是以天命爲依歸，那麼人性的意義又是如何？

東西方思想對人性的看法，由於在宗教與人生的問題上，有着不同的看法，就有不同的意義。在西方，由於猶太教及奧林匹斯的種種傳說，遂使得人性論有了一個很特殊的發展，例如在猶太教的經典及基督宗教的舊約聖經中，有這樣的一段記載敍述着：上帝按照自己的形像造了一男一女之後，就讓他們在樂園中遊玩，同時對他們說：「樂園中各樹上的菓子，你都可吃，祇有知善惡樹上的果子你不可吃，因爲那一天你吃了，必定要死。」（註二）這一男一女（也就是我們所稱的人類的原祖父母亞當及夏娃）就遵守上帝的命令，一直到有一天，有一條蛇來引誘那女的，要她吃，同時向她保證吃了這一種水果並不會死，而且可以和上帝一樣知道善惡，那女人受不了引誘，就吃了，同時給那個男人也吃了，從這時開始，人就知道善惡及羞恥（註三）。從這一段敍述看來，有許多人，尤其是我國的一些學者認爲基督宗教，一直都主張人性是惡的（註四）。但我們如果仔細閱讀聖經創世紀中關於這一篇的記載，就可以發覺人性不但不是惡的，相反的，還是善的，理由是，當上帝按照自己的肖像造人時，是按照祂的精神造人，因此，人性原來是善的，同時，事實上，一直到一男一女受到「蛇」的引誘時，才開始犯罪，而聖經中的蛇乃是一種比喻，比喻人在一種環境中所必須接受的考驗，就是用自由意志去選擇善或是惡。由於這一男一女不幸做了一個使人死亡的選擇，遂使得後世之人再也不可能有性善的內含了，這一種說法，在後世受到很多人的攻擊，認爲這一男一女做了錯的選擇，那是她們的事，和我們有什麼相關呢？在基督宗教裏却認爲人類是一個整體，這一男一女代表了全體人類，就好像在一個家庭裏，父母代表了家庭，父母所做的選擇，都和子女有關，萬一不幸父母做了錯的選擇，例如事業失敗，子女就得承受這一份不幸，甚至連未出生的子女，在將來出生之後，也要蒙受這樣的不幸。因此，基督宗教認爲人類的全體禍福，就是個人的禍福，恁誰也逃脫不了這份責任。從這一個意義發展下來的人性論，自然是渴望救援，和宗教發生密切關連乃是有其必然性的，儘管有許多西方的思想，極力要否認這一個事實，事實上是不可能的。但我們要注意的是，西方的人性論雖有宗教思想作背景，但並不表示人性就沒有可以努力的地方，尤其在前章中所說的元形元質與形式質料的配合，才更是我們所應當注意的。

中國人性論的意義，很多人認爲是因爲中國人對宇宙生命的普遍流行，而產生了「天有好生之德」的人性論發揚，但我們如果細心觀察中國的古籍，就可以知道，中國的人性論也是從宗教思想爲出發點的。祇是中國的宗教思想不如西方的宗教思想那樣明顯而又有制度，但中國人從大自然所學習到的對人性的看法乃是必然的。例如：當先秦，尤其在周以前的人民，因爲看到歲月的變化，五穀的興登，遂使得「天生烝民，有物有則，民之秉彝，好是懿德。」的思想極爲流行，這種「天生烝民，有物有則。」的思想就是宗教思想，在這樣的宗教思想下，人民的一切禍福都是由上天所賜，例如在詩經中所說的：「天之生我，我辰安在。」（小雅小弁）同時上天也是最愛人民的：「天視自我民視，天聽自我民聽。」（註五）以及「民之所欲，天必從之。」（註六）上天既是如此的賦予人民其所有的特性，人就因此特性，發展成了人性的特質。這是我們首先應瞭解的。

我們在比較了中西方對人性意義的看法之後，就可以明瞭，人性除了敍述人類的特性之外，還應當指出人的方向，不然人的意義就消失了，人既是一個有方向的人，則人在面對宇宙時，必然會考慮到人與人、人與物、人與宇宙天地的關係，在這樣的關係中，人瞭解到生於此宇宙中的意義，從意義中，我們就能夠找到人的方向及目的。所以人性的意義，從人的本性來說，是人要找到如何管理人自己，並進而促進與宇宙中他物的關係，從超過人的本性來說，人要努力完成使此人性達到完美而超越人所受限制意義的目標，所以，人不祇是靜態的接受，也要有動態的改進，就因為如此，對人性的問題及其內容，因着動態的程度而有不同，如此就產生了各種對人性的不同主張。

第二節　人性的問題及其內容

自古以來，對人性的看法，雖有着相似的出發點，就是認為人性的意義都是指出人之所以異於禽獸的所在，但對於人之所以會異於禽獸的先天特性及後天修養，就有了很大的差異，例如在人性論史上就有性善、性惡二個極端的爭執，由於相持不下，又有了無善無惡的所謂中間派出現，不論人性是善是惡抑或無善無惡，但大家都承認人性有其先天性的可能，祇要我們有這一個認同，我們就可以來討論人性的問題。

在當代的許多所謂存在小說中（註七），刻意的描繪人的醜惡，常常把「人性的弱點」提了出來，以證明人性的問題，但我們在這裏要討論的是，人性為什麼會有弱點呢？如果人性有其先天性的可能，怎麼又有可能會導致人性的問題呢？要回答這樣的問題，我們首先要瞭解，人性是不是純粹先天性的呢？還是祇有部份先天性呢？如果人性是純粹先天性的，那麼人性就不可能完全的和人合而為一，因為這一種人性等於是神性了，所以人性中有部份是先天性的，既然有部份是先天性的，那麼，人性的其餘又是什麼呢？祁克果（Sren Kierkiegaard 1813-1855. A.D.）說得好，人究竟是一個靈與肉的綜合體，如果完全是靈的話，則人不會有動物的問題，如果是動物的話，人也不需要去考慮人之爲人的問題，祇要按照動物的本能生活就好了，偏偏人就是一個靈肉的綜合體，既要考慮人之爲人，又要爲每日生活奔波，人怎麼會不憂懼呢（註八）？所以，人性除了有其先天的完美特性之外，人性還有情、意、欲等的特點，怪不得中國的思想，對人性的看法會如此的精闢，一開始就指出人性的問題，事實上就是人心的問題。我們如果把人性與人心拿來做一個比較，則可以發覺人性的問題不在其先天的完美特性，也不在其屬於人的情意欲的人性特點上，而在如何的將此二者，美妙的加以綜合。由於人的經驗及事實需要，人常是處於一種先天特性與人的後天問題的矛盾中。按道理說，一個人性應當而且也是必須是已將人的先天特性與人性的某些特點加以綜合才是。而實際上我們却瞭解，當人在行事時，是一個主體——人的活動，當這一個人身負渴望達到實現自我的心願時，難道說，在人的內在就沒有一種衝動嗎？當這一個衝動湧現時，人又憑什麼標準或方法來處理呢？人內在的標準又當是如何呢？因此，在人性的落根處，渴望有一個做爲一切行事的基點，那就是人的先天特性，更好說，那就是元形所賦予的一種屬人又屬神的特性——善的概念，但由於人性的另一些特性——情意欲的必須附着於實際行爲，才能見其效果的影響，就常會有理智與實際不能配合的結果。因此，當我們討論人性的問題時，首先不能不明瞭人性中所包含的某些實在內容。

人性既有了情意欲的問題，那麼人性有沒有可能達到一種完美的狀態呢？如果我們研究人性的內在動機時，我們就會明白，這個答案是肯定的。我們不妨舉個例子來說：在希臘神話中，有一個叫西齊弗的神，由於看到地上的人類常生活在黑暗、寒冷、朝不保夕的生活中，乃動了憐憫之心，偷了天上的火，讓地上的人能夠得到光明、溫暖。但西齊弗這一個行爲却沒有獲得天帝宙斯的贊同，遂下令讓西齊弗從山下滾石頭上山，祇要能將石頭滾到山頂，他的處罰就結束，但不知怎麼搞的，每一次當西齊弗將石頭快要推到山頂時，石頭就會突然而自動的滾下山去，西齊弗祇好從頭再來，如此的一而再，再而三的，歲月就從他的手中過去了。這一個故事（註九）似乎是一個悲劇，但似乎也在影射着人性的問題。如果我們不管希臘神話的結局及卡謬（Camus 1913-1960 A. D.）的看法如何，單從人性論的觀點來研究，我們可以發覺人性仍有其內在的指導原則，這個內在的指導原則，從當代存在學的觀點來看，就是人與天地往來時，所有的一份激情，這一個激情，不祇是因爲人性本就具有的能力，也是因爲人的發展的必然結果，人性不但是屬於人的，人性也能夠超昇人類，人性如果沒有向上的能力，那麼人性終究是不可避免的要走向悲劇，因此，有些人認爲人類和其他動物祇有程度上的差異，而沒有種類上的差異（註十），是完全不能成立的。

我們既知人性的問題在於如何將人性論中的二種特性加以揉合，因而對人性的主張，也就各有不同的看法，認爲人性中的二個特性可以完全恰當加以揉合的人就主張性善論，認爲不能揉合的就主張性惡論，認爲這些都無所謂揉合不揉合，祇是人的本性罷了的人，就主張性無善無惡及性有善有惡。我們從這四種對人性有不同主張的觀點來看，似乎人性有可能走向一個人所不能預料的境界，但如果仔細的分析，就可以知道人性雖祇是一個抽象的名詞，但其內在的意義却非常豐富。中國的人性論，在表達及揉合的意見上，有着非常豐富的材料，所以在本編中，將以中國人性論爲主。我們所採用的方法是，將這四種不同的主張，分別立章敍述，然後再加以綜合討論，以界定人生哲學在人性論中的看法，希望本編能幫助我們在建立中國人性論的觀點上，更能體現人性論的實在內含及意義。

第十章　性善論

在前一章中，我們曾談到人性論中的二個特性——由先天所固有的特性及人所具有的也——曾談及能將這二者揉合的，就有性善的主張，但在另一方面，所以會有性善的主張，是因爲人性觀察的結果，在本章中，我們試着從這些主張中找尋出性善的理由。

第一節　性善論的理由

孟子是我們都瞭解的中國性善論的主張者，但他所應用的根據之一，却可遠溯到詩經中的「天生烝民，有物有則，民之秉彝，好是懿德。」（大雅烝民）孟子以這一句話爲其性善論的根據之一，是有其理由的，因爲孟子首先肯定天生烝民是好的，再則，人民秉承這樣的法則（註十一）則能愛好有懿德之人，這種愛好的心就是性善。關於孟子以這一段作爲性善論的理由，有人不同意這種看法，認爲此詩是頌美仲山甫而言（註十二）。但，我們認爲卽使此詩是頌美仲山甫，但人民在頌美及愛好之時，這種頌美、愛好的心，不也就是人性善的理由嗎？所以，孟子以此爲其性善論的根據之一，仍然是可以成立的。而孟子眞正用來作爲他性善論的主力主張的，則是告子上與公孫丑上這二篇文字。在公孫丑上說：

「孟子曰：人皆有不忍人之心。……所以謂人皆有不忍人之心者：今人乍見孺子將入於井，皆有怵惕惻隱之心。非所以內交於孺子之父母也，非所以要譽於鄉黨朋友也，非惡其聲而然也。由是觀之，無惻隱之心，非人也；無羞惡之心，非人也；無是非之心，非人也。惻隱之心，仁之端也；羞惡之心，義之端也；辭讓之心，禮之端也；是非之心，智之端也。人之有是四端也，猶其有四體也，有是四端而自謂不能者，自賊者也……。」從這篇文字中，可知孟子是認爲我們每一個人都有不忍人之心，這種不忍人之心，就是性善，性善就同人之有四體一樣，而四體就是構成人之所以爲人的物質條件，而精神條件就是性善，這個性善，既是如同四體一樣，是人所具有，那麼，性善就不是由外加的，而是內在的，因此，在告子上中，孟子又說：「仁義禮智，非由外鑠我也，我固有之也，弗思耳矣，故曰：求則得之，舍則失之。」性既是如此一個求則得之，舍則失之的東西，因此，孟子更強調的是如何用心去求，這就如同孔子所說：「我思仁，則仁至矣。」的態度。

我們既瞭解孟子主張性善論的根據，是因爲在觀察人事現象之後，所有的結果。人事所顯露的現象乃是人皆有仁義禮智，而這些仁義禮智，不祇是因爲後天學習的結果，而是因爲發自於內心的一種激情，這種激情促使每一個人都可以在他人需要時，自動的顯示出其人性的特性。除了這一點是孟子的主要根據之外，孟子還認爲當時的世局相當紊亂，各種各樣的流派出現，可能會使得孔子所創的儒家精神不能穩立，乃以衞道者自居，而奮力抵抗。孟子的這番苦心，我們可以瞭解，但以他的態度，則似乎容易引起他人之反感，究竟孟子的時代(372-289 B.C.)（註十三）是一個羣雄割據的戰國時代，距孔子的時代(551-478. B.C.)（註十四）已有一百多年，在這一百多年中，當時的社會幾乎是世衰道微的時候，如果再沒有人以天下爲己任，努力發揚孔子精神爲中流砥柱，那麼，中國的前途將是不堪設想的，所以孟子以此爲己任，努力批楊批墨，更攻擊告子的性無善無惡論。所以孟子的性善論，雖不是他所首創，但至少他是第一個提出如此明確見解的人。因此，在本章中，我們將努力的分析孟子對性善論的看法。

孟子的性常是對心而言，性善就是心善，心所以能爲善，乃是因爲心天賦具有向善的傾向，在前所引公孫丑上的文章中，我們可注意的有下列數點：

一、孟子認爲人心有善端，這個善端，乃是人心爲善的種子，種子遇到機會就會發芽滋長，所以，平日人之所以顯不出有善行，乃是因爲時候未到，這個時候未到，又可有好幾層意思，1.是時機不夠，2.是當事人不曾覺察，3.是事發之時，當事人並不覺得可行，因此未用上善端，成爲善行，所以孟子在告子上又說的「弗思耳矣。」的道理就在此。

二、人心所有的善端就如同人之有四體是一樣的，人的四體，是一個健全的人，生下來就有的，人所以會生下來就具有四體，乃是因爲四體不是人所能強求的，而是內在於人的能力，這內在於人的能力，不正是潛能嗎？當現實出現時，潛能就可以發展完全，人之所以有此四體，乃是因爲人之所以爲人的物質條件，這一個物質條件，和其他動物的物質條件是不一樣的。而人心就是人之所以爲人的精神條件，這一個精神條件，和其他動物的精神乃有着極大的差異。人心不祇是一種具有行事能力的本能，而且人心還有向善的能力。所以孟子主張心善就是性善的原因乃在於此。

三、孟子又認爲「有是四端而自謂不能者，自賊者也。」孟子在這一句中的語氣極強，不祇是以孔子的繼承人自居，甚且有代天行道的意味，孟子最反對某些不自知，甚至自知而却說不能的人，因爲這些人並未善盡上天所賦予的能力，從這裏也可以看出，孟子認爲每個人都有善端，祇要盡心，盡力努力，就可以達到不忍人的地步，就能夠有性善、心善的湧現，所以孟子主張人皆有善端。

從以上三點看來，孟子的人性論是建構在人心的基礎上，這個人心乃是人所固有的，不是受外在的影響的。旣然人心是固有的，那麼人心是什麼呢？孟子以身體的四端和四善端作比較來敍述：

「公都子問曰：鈞是人也，或爲大人，或爲小人，何也？孟子曰：從其大體爲大人，從其小體爲小人。曰：鈞是人也，或從其大體，或從其小體，何也？曰：耳目之官不思，而蔽於物，物交物，則引之而已矣。心之官則思，思則得之，不思則不得也。此天之與我者，先立乎其大者，則其小者不能奪也。此爲大人而已矣。」（告子上）

孟子把人心與人之四體加以比較之後，定出大人與小人的區別，大人乃是能用心之官，小人則能用耳目之官，所以可知，心也有其官能，這個官能可以思考，又不會蔽於物，這種心官是上天所賜，任何外物皆不能奪。因此人心也是上天所賜，是和上天具有同等形式的能力，這也就是在前編中所說的形式，這種形式就是決定人之所以爲人的條件。既然心之官可以成爲大人，耳目之官能成爲小人，那麼，在四善端與四體還有何種區別呢？在告子上，孟子又說：

「有天爵者，有人爵者，仁義忠信，樂善不倦，此天爵也。公卿大夫，此人爵也。古之人，修其天爵，而人爵從之。今之人，修其天爵，以要人爵，既得人爵而棄其天爵，則惑之甚者也，終亦必之而已矣。」

我們一般人所瞭解的爵，乃是一種爵位或地位，孟子就利用這種看法加以引伸，認爲凡是跟隨仁義禮智的，就可以得到天爵，凡是跟隨聲色臭味的祇能得到人爵，人爵是人間功名利祿的結果，有天爵者，早晚也可以得到人爵，有人爵的還不一定能得到天爵。從這一段話，可以看出，孟子還是喜歡堯舜禹湯文武的聖王作風，這些聖王先修天爵，天爵得到之後，人爵也就隨之而來。在人性上也是如此，有了仁義禮智的基本秉賦，祇要努力保持，對於人性就可以獲得適量的滿足。孟子的人性論就是以這樣的主張肯定了性善的原因。既然人性是建構在人心的基礎上，而人心又具有先天良知的秉賦，所以人性是善的。既然人性是善的，爲什麼又有惡的表現呢？孟子說：

「體有貴賤，有小大。無以小害大，無以賤害貴。養其小者爲小人，養其大者爲大人。……」（告子上）

此處所指的貴賤，小大的區別就是指明心與耳目口鼻的區別，從耳目口鼻來的欲望就容易使人走向惡，從心來的欲望就能使人向善。雖然在人性上有心與耳目口鼻二者之分，但究竟心是人的主宰，如果心不能主宰人的五官，那人就會有惡的表現了。

從以上所述，我們可以知道孟子主張性善的理由。性善在中國除了孟子主張之外，還有王守仁（字伯安，世稱陽明先生 1472–1528 A. D.）也主張性善論。王陽明學說的主張，有三點：一是心卽理，二是知行合一，三是致良知。後二項乃是性善工夫的培養，前一項才是性善的理由。

王陽明認爲：「夫物理不外於吾心，外吾心以求物理無物理矣。遺物理而求吾心，吾心又何物耶。」（答顧東橋書）基本上，陽明是一個唯心論者，因此，一切外在客觀的世界都必須內求於吾心，不然將一無所得，祇有「求物理於吾心，此聖門知行合一之義。」（傳習錄）所以陽明說：「心之本體，卽天地也。」（傳習錄）我心既是宇宙，那麼宇宙的主宰是善的，我心自然也是善的。心是身的主宰，性就是心，心性就可以生理：「仁義禮智，也是表德，性一而已。自其形體也謂之天，主宰也謂之帝，流行謂之命，賦於人也謂之性，主於身謂之心。」（答陸澄問）陽明把天、帝、命、性、心連成一體，這不祇是孟子心善論的再現，甚且更進一步的提昇了孟子的心善論。陽明把這幾個連在一起後，就指出這些到了人身上之後，就是良知：「良知者，心之本體。……夫良知，一也，以其妙用而言謂之神，以其流行而言謂之氣，以其凝聚而言謂之精，安可以形象方所求之哉。」「答問周道通書）良知既不能以方所求之，良知就不是一個有形有像的東西，而是一個無形無像，却又能主宰我身的東西。因此陽明就主張這一個心乃是至善的：「至善是心之本體，明明德到至精至一處便是。」（答徐愛問）什麼是明德呢？「明德之本性，卽良知也。」「明德之本性，是至善之發現。」所以心就是善的，性也同心一樣，是善的。

陽明主張心卽性的道理，大體上與孟子並沒有太大的差別，倒是陽明利用了理學家的理氣之論，架構了新的心性的主張，這種新的心性論，除了更明確的指明，我心所流行的這一個理，和天地主宰，流行於天地間的至理是同屬一個之外，更指出心性乃是良知，明德的本體，經由這一個本體，人祇要努力於致良知，努力於知行合一，就可以獲得天地間最美好的事物，那就是凡事皆能致中和。陽明的這一個學說，不但補充了孟子的卽心言性，更進一步的強調了卽心言性之理的至精、至一。

從上所述，中國性善論者所主張性善的理由，都是認爲性和心是不能分離，祇有用心言性才能獲得天理的明確性，也才能與天地精神合而爲一，互相往來，所以，中國的性善論，乃是建基在宇宙生命普遍流行的前提下，所得到的結論。由於宇宙間普遍流行的生命必須是善的，不然宇宙就不可能流存至今日，因此，生命之流行於人心時，人心也是善的，這一個人心的微明之處，乃是根源於天地主宰的至善之處，既然，天地主宰永爲善念，則人心之爲善，也就理所必然了。至於從西方哲學來看，人性爲善的學說，大都是淵源於宗教的思想，大致的主張是如此：由於上帝是完美無缺的，當其按自己的肖像（已如前述）造人時，已將祂的美善賦予人類，因此，人性是善的，這一個學說之所以易讓人瞭解，乃是因爲宗教的目的是與人爲善的，其所有的主張必須歸結到人性爲善的根源上。人性之所以能爲惡，不是因爲善根的問題，而是行爲的結果，行爲乃是自由選擇的結果，由於人有自由，才構成人心可能爲惡的結果，至於人如何運用自由，將在後面述及。

我們既已瞭解性善就是心善，那麼心的結構是如何？心的功能又是如何呢？我們現就加以分析說明：

第二節　心與性的問題

雖然孟子及陽明都認爲性善就是心善，但是否表示心善就必然是性善呢？在明瞭這些之前，我們先要瞭解心的意義，才能知道心與性的區別何在。

心，就一般人而言，衹是指的一種生理機能，但爲孟子來說，心不衹是一種生理機能，也是一種會思索的官能，這種思索可以藉着外在的經驗及活動來完成，也可以藉着心的內在的活動而達到，所以心本身是一個自動的，自我充滿的，自我完成的一種官能，那麼這種官能的本體又是什麼呢？孟子很少直陳心的本體，常是用性來表達，那麼性是不是就是心呢？答案是否定的，孟子衹是「即心言性」並未有「心卽是性」的主張，心既不是性，那麼心是不是天呢？也不是，那麼心究竟是什麼呢？爲孟子及陽明而言，心的本體就是良知。例如陽明說：「良知者，心之本體也。」（答問周道通書）孟子說：「人之所不學而能者，其良能也；所不慮而知者，其良知也。」（盡心上）良知，良能就是心的本體，這個本體又是什麼形狀呢？孟子及陽明都認爲心應用到人身上就是一種氣，這種氣在天地間流行的話就是浩然之氣（孟子語），就是神（陽明語），氣、神既是心的本體，心的本體是至善，所以孟子才能從心善說到性善，陽明也才能以心求理。

心的本體既是至善，既是良知良能，既是氣、神，那麼當心應用到人身時，又是如何呢？孟子說：「仁，人心也。」（告子上）人心既是仁，那麼人心可有那些呢？從人所受的秉賦來說，可有才、情、欲、意及命等。現述之如下：

一、孟子說：「仁義禮智，非由外鑠我也，我固有之耳，弗思耳矣。故曰：求則得之，舍則失之。或相倍蓰而無算者，不能盡其才者也。」（告子上）在此處所說的才，是和前面所說的仁義禮智相對稱的，凡是能盡仁義禮智者，就能盡其才，凡是不能盡其才的，就不能達到四善端，這四善端是固有的，是一種本能，因此，才也是一種本能，我們善用了這一個本能，就能達到善心、善性。那麼我們如何才能盡其才呢？孟子認爲才不是要就要的，必須能「適性」，既不要揠苗助長，也不要過份不管，而是要天天讓其自己發展，就比如孟子所擧的一個例子說：山是很美的，但如果樵夫天天上山伐木，牛羊天天上山吃草、踐踏，那麼山就不可能盡其才的發育繁殖，所以要能盡其才，就必須能適合每一個個性，讓其獲得充分發展的機會，才算盡其才，那麼我們人爲什麼不能盡其才呢？就是因爲我們有情的緣故，因爲這種情，就如同老子所說的：「五音令人耳聾，五色令人目盲，難得之貨令人行妨。」一樣，阻礙了才的發展。那麼情是不是惡的呢？

二、孟子認爲情不是惡的，情祇是一個善端，一個人是否行善，不在其情，也不在其才，而在於其行爲的動機，這個動機如果偏向於善卽爲善，偏向於惡卽爲惡，這個動機就是我們所說的欲，欲不是心的本體，也不是心之所發，而是屬於人身的一種傾向，一種本能，這就好像人吃飯，本來祇是爲維持生存而已，但如果，一個人過份渴求食物，就會破壞了他的才及情，在人身上，欲是一種妨礙人盡其才的能力，所以孟子主張要寡欲，孟子說：「養心莫善於寡欲。其爲人也寡欲，雖有不存焉者寡矣；其爲人多欲，雖有存焉者寡矣。」（盡心上）寡欲既是幫助我們達到盡其才的方法，我們就應努力節制個人的私好，才能發其情，所以孟子又說：「乃若其情，則可以爲善矣，乃所謂善也。」（告子上）所以，情可以發為中節，而欲就不可以。情乃是孟子所說的大體，而欲就是小體。

三、意是一種趨向，一種願望。如果一個人有向善之心，並以此時時為念，在各種事情上努力堅守着這份向善之心，就是意的表現，因此，意可以存誠，所以誠意就能格物致知，孟子說：

「故天將降大任於斯人也，必先苦其心志，勞其筋骨，餓其體膚，空乏其身，行拂亂其行為。所以動心忍性，曾益其所不能。」（告子下）

孟子所說的「苦其心志，勞其筋骨，餓其體膚，空乏其身」就是要培養一個人誠意的工夫，誠意又可如大學所說「意誠而後心正」，意如朱熹所註乃是心之所發，心既為善，則此意也為善，因此，誠意就是要「實其心所發」，如此就可以窮究天地萬物之理，而達到致知的境地。所以我們常將意與志連成一氣，其目的就在使此心之所發，能常保善端。

四、命：命在孟子就和孔子一樣，都相信有預定之說，如孟子在盡心下說：

「求則得之，舍則失之，是求有益於得也，求在我者也。求之有道，得之有命，是求無益於得也，求在外者也。」

在這一段話中，孟子很清楚的指出，命是外在於我者，不受我個人情、意、心的節制，因為命是來自於天，但是，我求命是否可得呢？孟子認為，一個生命的價值及意義不在其有限的生命，而在無限而永恒的意義，因此，孟子說：

「魚，我所欲也，熊掌，亦我所欲也，二者不可得兼，舍魚而取熊掌者也。生，亦我所欲也，義，亦我所欲也，二者不可得兼，舍生而取義者也。」（告子上）

生可以得到物質世界的有形條件，但義却可以提昇人性的價值，因此在人生與人性的境界中，如何將人生的有限生命，提昇到人性的無窮中，才是我們所應當關心的。「是故，所欲有甚於生者，所惡有甚於死者，非獨賢者有是心也，人皆有之，賢者能勿喪耳。」（告子上）我們每一個人都有惡死好生的欲求，如何才能得到最高的義呢？「大人者，言不必信，行不必果，惟義所在。」（離婁下）義之所發，並不求行爲一定要有結果，而是如何能將此命安置妥當，所以孟子追隨孔子，而形成了「孔曰成仁，孟曰取義」的最高生命價值。

從前面各點所述，心與性的關係乃是極爲密切，此心之靈覺處就是天理，此天理就是人性的目標，一切行事準則，都應以天理爲依歸。

第三節　性善論對後世的影響

一、中國哲學的性善論，乃是在繼承儒家傳統並肯定人性意義的積極建設，因爲，在漢代以儒術爲宗之後，歷來性善論者都以繼承孔孟之說爲其正途，即使化外之民前來中國學習時，也是以儒家爲其宗旨，所以，中國數千年來以儒家爲正統的原因，性善論不能不居其一。

性善論在中國學術史上，既有其悠久的歷史地位，性善論在歷代的演變，則以心、以生爲性之大宗，其實，所謂的生，所謂的性都離不開天命，中庸上所說的天命之謂性，不祇是指人所秉持的良知良能，甚且也包含了上達天意的根本意義，孔子說：「君子上達，小人下達。」之意就是，君子既要上達，就要上達於天命，而天命所秉賦於人的良知良能，即孟子所說的仁義禮智，乃構成了人的天性，苟能順此天性努力行事、待人，就是天道循環，生生不已的結果，但由於人性除秉受了先天的良知，良能之外，人還有來自於受限制的肉體的本性，這些本性並不是人性的眞正部份，祇是因爲人是動物的一種而已，凡是動物都有這些條件，這些條件不祇是構成人的肉體，也構成了人的飲食要求，爲什麼這些飲食要求，不是屬於人性，因爲人的肉體祇有幾十年的生存，但人性却是無限的，從無限的眼光看來，數十年短暫的生存並不算什麼，而這些肉體就如同柏拉圖的看法一樣，這就好像一個人不小心跌了一跤，把皮刮破了，過了幾天，結了疤，這個疤，在當時來說，可說是肉體的一部份，但並不永遠屬於肉體，在傷好了之後，疤掉了，疤就已不再是屬於人了，因此，用成長來比喻人，就可以看出人性的意義，成長的速度，雖因人而異，但成長的却是一個。人性附於肉體之上，而成爲人的一個整體，但人性之所以爲人性，並不是因爲一個單獨的個體之有否存在而決定其人性，而是全體人類在發揮其最高人格意義之時，人性的光輝就出現了，所以，人性之所以爲善，就在於人類全體的禍福與共心理的發揮，這種基於人類全體利益而共發的同舟精神，就是仁義禮智的具體表示，仁義禮智之所以做爲人性的基礎，乃是因爲這四大德目可以以人類全體休戚與共的前程爲共同基礎，祇要人在這四大德目上，盡力發揮人性的光輝，那麼人類的遠景就必然是光明的，禮運大同篇之大同理想，歷代儒家的德治理想的具體實施，以及歷代的聖賢烈士們之所以能視死如歸，盡忠報國等，其所秉持的理想無非不是人性爲善的基本原則。

人性爲善的原則，既在助長儒家在修己爲人的人生理想上達到一個完美的結局，那麼，人性爲善的主張，事實上也是在現世社會中一種處世準則的善，是否就是天命的具體呈現呢？天命爲善，乃是因爲天命是以人民之善心、喜好爲依歸，人民之善心、喜好不能以個人的喜好爲準則，而要以全人類的喜好爲準則，如此，其善心自然就保存住了，所以孟子主張要善養浩然之氣，此浩然之氣乃是充塞於宇宙間至大至深的原理，我們將中庸、大學、孔子及孟子的人性及天命思想聯起來一看，就容易瞭解范仲淹所說的「先天下之憂而憂，後天下之樂而樂」的人生理想的眞實基礎，因此，如果人性不爲善，則人生也就不需要努力，也就不需要有理想了，因爲人性努力的結果，仍然是無用的。人性爲善的主張，不祇提供了人性的一個良好目的，也提示了人祇要照此理想努力奮鬭，不祇可以保持良善的人性基礎，甚至更可發揮人性的最高意義。所以孟子主張存心養氣，就在使人性爲善的基礎，更可以得到完善的結局。

中國歷代儒生，以此爲人生努力的目標，明知其不可爲而仍然爲的烈士節婦，所在多有，明知其可爲，盡己之力努力爲之的勇力更奠定了中國德治的理想，所以，國父孫中山先生的「人生以服務爲目的」，故總統　蔣公的「生活的目的乃在增進人類全體的生活」的意義就在於此。我們在瞭解人性論的性善主張之後，就可以知道，人性的執着爲何可以如此堅決了。

第十一章　性惡論

在任何的學術領域中，很難有一門學科或主張可以永遠獨樹一幟，而沒有他種主張。在人性論的看法中，首先提出的就是人之初，性本善的主張，此派的大師以孟子爲首，但，孟子提出之後，不到一百年，就有人提出完全相反的看法——性惡論，這人就是荀子（約298-238 B. C.）（註十五）。

荀子的主張在歷史上也有很多看法，尤其對其天道思想有更多的看法，在近代的看法，如胡適之稱其爲勘天主義（註十六），唐君毅稱之爲成人文德類之道（註十七）又稱之爲制命觀（註十八），日人渡邊秀芳稱之爲自力主義（註十九），馮友蘭稱之爲自然主義（註二十），徐復觀則稱之爲經驗主義（註二一）。以上這些看法，雖是從荀子的天道思想來下主張，但荀子對人性的看法，也無非不是以天道及人性爲其根本，事實上，這二點都是中國先秦思想家及後來許多偉大思想家的基本理論結構。因此，本章的性惡論將以荀子的主張爲主要根據，在敍述時，將首先述及他的天道思想，次述他對性惡的主張，最後論及他如何以其天道思想及性惡的主張，以達到儒家的理想。

第一節　荀子的天道思想

荀子對天道的看法，和易經、詩經、書經、及從孔子到孟子、墨子所說的天道思想，祇是說法不同而已，在根本上都已被包含在前者的說法之中，祇是在某幾點上，有荀子自己的特別主張而已，這些特別主張，歸納起來，可有：一、自然觀的天道思想，二、制天思想，三、人以天參這三點而已，我們現在分述如下：

（一）自然觀的天道思想，

荀子的自然觀的天道思想，大體是承襲了老子（註二二）及莊子（註二三）的天道思想。爲什麼一個儒生會接受道家的思想而不接受儒家的正統呢？這就好有一比：在今日中國，唯一能救國救民的就是三民主義，三民主義是承繼了中國思想的優良傳統。但有多少人，是眞正瞭解了三民主義的精深博大？又有多少人喜歡以西洋或東洋的現象科學來論斷三民主義呢？這些都是因爲人類知識領域的擴大，在接受他人思想過多及當代流行這類思想之後，就誤以爲不追隨這一流行思想就是不進步，因此就寧願接受根不深基不固，又不一定適合國情的思想，而生疏了根深基固的正統思想，這也就是我們三民主義在今日青年心中，顯不出其地位的原因。其實許多流行思想，都不過是傳統思想中的一支的另外一種說法而已，我們常會被那些令人炫眼的外表所惑。在戰國時代，儒生所遭遇的困難就是如此，就是在孔子的時代也遭到荷篠丈人的隱者所諷刺。在荀子當時，道家極爲流行，老子書出，莊子的宣言，更加深了當時人的幻想，以爲要正本清源於當時的混亂，祇有歸向自然，所有人爲的東西，都會破壞了人類的先天完美性。荀子是不是在這種情況下，接受了道家的天道觀，我們不得而知，但我們從他的書中，則可以很清楚的看出，他的天道思想是一種自然觀的天道思想，例如他在天論中說：「天行有常，不爲堯存，不爲桀亡，應之以治則吉，應之以亂則凶。」又說：「天有其時，地有其財，人有其治。」等就是指的一個自然天，這種天，有其一定的運行軌道，他並沒有什麼主宰人的權利，他祇是天地運行的法則，因此天地要亡時，並不會因爲有堯這樣的賢君，天就不亡了。天也不會因爲有桀這樣的一個暴君，就亡天下，最重要的，就是要看我們人類如何觀察出天地運行的準則，跟隨這一個準則，我們就可以達到我們所要尋求的目的，所以他在禮論中說：「天能生物，不能辨物也，地能載人，不能治人也。」天地的運行，祇能根據其運行軌道的法則，生出一些自然的事物來，至於這些自然的事物如何彼此分工，如何彼此合作，天地是無能爲力的，那完全要看人自己了，所以荀子在天論中又說：「故大巧在所不爲，大智在所不慮。所志於天者，已其見象之可以期者矣。」如果我們以爲所見的天象是眞的天象時，那麼此天已非原來的天了，天實在沒有什麼超乎人類意志以外的東西，就如人是由靈肉二者所組成的一樣，我們並不知靈魂的本源在那裏，但我們却可以藉着肉體的表現而窺見靈魂的部份意義，祇要是一個大智、大巧的人，就可以主宰自己的一切行爲，而使靈與肉合而爲一，也由此，基於我們對人的瞭解，我們對天也可以用如此的看法來表達，其結果就是，人是天地的主宰，就如同人是其靈魂與肉身的主宰一樣，既然人可以主宰，控制人的靈魂與肉身，那麼人也可以制天了，因此，荀子就出現了他的人以制天說。

(二) 人以制天思想

荀子的人以制天說，可以從如下的觀點來觀察：由於天是一個沒有意志，沒有主宰性的天，因此，天對人並無控制的力量，同時因爲天祇是運行自然的宇宙，祇要人能掌握住天地運行的軌跡，人就能制天，這就好像駕馭野馬時，如果不瞭解野馬的馬性，那祇有被馬控制了，但如果瞭解了野馬的馬性之後，順着馬性，就能逐漸控制住野馬了，人對天的關係更是如此。荀子的天道思想雖然是跟隨了老莊的看法，但彼此仍有區別，因爲老莊的因任自然的天道思想，乃在說明天地宇宙既不爲人所控制，也不控制人，它祇是一個照着宇宙軌道進行的物體，這一個物體不能用人間的言詞加以描述，根據其軌道的運行，可以逐漸分化成世界的一切，分化出來的物體，可以保有其獨自的特性。這一種因任自然的宇宙觀自然和荀子的看法不一樣，荀子的制天思想，連老莊的天道思想也在被制之列，人能制天，就能顯示出人能利用萬物爲己用，所以荀子在批評老莊時說：「老子有見於詘，無見於信……有詘而無信則貴賤不分。」（天論篇）又說：「莊子蔽於天而不知人……由天謂之，道盡因矣。」（解蔽篇）荀子既認爲老莊都是蔽於天而不知人，就可知在荀子的心目中認爲老莊祇是如何去適應天的運行，而從不知如何從天道運行的困惑中找出人的地位，人在世界中的地位，不是與宇宙相伴而生的附屬體，而是一個主動而又能反省的主體，這一個主動而又能反省的主體能瞭解人的力量，能觀察宇宙的情況，能掌握人的命運，如果不對這些能力加以運用，人就可能喪失做人的原則，所以荀子在天論中說：

「故明於天人之分，則可爲至人矣。不爲而成，不求而得，夫是之謂天職。如是者雖深，其人不加慮焉；雖大，不能加焉；雖精，不加察焉。夫是之謂不與天爭職。天有其時，地有其財，人有其治，夫是之謂能參。舍其所以參，而願其所參，則惑矣。」

能明白天與人之區分的人，就是荀子心目中的至人，一個至人，他所應堅守的原則，就是如何能夠把人的特性發展到最完美的地步，祇要人能將其特性，發展到最完美的地步，人就知道，如何在天與人之間加以調適，一個人如單知天而不知人，則爲天所蔽，一個人如單知人，而不知天，也仍然會爲人所蔽，因此一個至人必須要能明白天人之間的關係及其分別爲何。如此，人才能從被制於天的思想中，解救出來而成爲制天的思想。這種制天的思想不祇是一個外表的制天，在內心裏還要參天才能達到制天的目的。

(三) 人以天參

荀子的制天思想，並不是一個膚淺的理論，首先他肯定了人的價值，同時也肯定了客觀世界的存在，再者，他更明白在人與天之間仍然有着相當深的鴻溝，阻隔天人關係的發展，如果天與人二方的任一方不努力去突破這種阻隔，那麼人類永遠不可能達到其目的，但誰來扮演這一主動而又積極的角色呢？在前面我們已經說過，荀子認爲天祇是一個自然的宇宙，沒有什麼能力去改變或接受事實，它祇是沿着這預定的軌道加以運行而已，而人不但能主動而積極的改變現狀，人還能創造新生的事物，所以在人與天之間，主角自然是人，人既是宇宙間的主宰，在天人關係的發展上，人首先須知天，因此，荀子在天論中說：「其行曲治其養曲，適其生不傷，夫是之謂知天。」這種知天的工夫，不祇是瞭解天的特性，還要保存、愛護宇宙中的一切，一個人能有愛物之心，在與天同參之時，就逐漸可以象天，所以在禮論中，荀子說：「上取象於天，下取象於地，中取象於人。」能象天，自然不會怨天，能取象於人也不會尤人，不怨天不尤人，心就能保持平靜舒泰，心曠神逸，能心胸寬廣，個人的能力就得以發揮，這就如同光明照耀四方，水火之能廣被一樣，荀子以禮儀來約束人的行事，就如同軌道約束了宇宙的運行一樣，所以荀子在天論中又說：「在天者，莫明於日月；在地者莫明於水火；在物者，莫明於珠玉；在人者，莫明於禮儀；故日月不高則光輝不赫，水火不積則暉潤不博，珠玉不睹乎處，則王公不以爲寶，禮義不加於國家，則功名不白，故人之命在天，國之命在禮。」荀子所以要說人之命在天，國之命在禮，就是要人明白，以禮義治國，乃人修道以參於國之所必須，那麼人之所以能參天，也就是因爲人與天有着極深的關係，人在這種關係中，如果不積極改變人的處境，那麼人早晚會被淘汰掉的，所以人與天參的目的，就是人在觀察了宇宙的自然原因之後，人就可以運用自己的智慧達到用天、參天的目的了。

綜上所述，荀子的天道思想，其目的乃在能以人善盡其天職之後，如何能制天以爲用，能用天，自然就能與天合爲一體，但另一方面，荀子又認爲，凡是人爲的都是僞的，人性如果故意的矯揉造作，人性也就是惡的，因此，荀子爲了使當時人不再陷於僞善的行事作爲中，乃創了性惡論。

第二節　荀子性惡論的主張

荀子主張性惡，是衆所皆知的，他爲什麼主張性惡呢？就如同孟子一樣，在觀察人性的問題之後，所有的不同主張。孟子因爲看到一個小孩子掉入井中，有人去救這小孩，救小孩的目的，既不爲名，也不爲利，而是爲了一片惻隱之心，所以孟子就認爲人性是善的，因爲人性如果不善，怎麼可能起惻隱之心呢？但荀子和孟子就有非常不同的看法，他在性惡篇中說：

「今人之性，生而有好利焉，順是，故爭奪生而辭讓亡焉。生而有疾惡焉，順是，故殘賊生而忠信亡焉。生而有耳目之欲，有好聲色焉，順是，故淫亂生而禮義文理亡焉。然則從人之性，順人之情，必出於爭奪，合於犯分亂理，而歸於暴。」

荀子的性惡也如同孟子一樣，是在觀察人性之後所有的結果，人性並不如孟子所說的人都有惻隱之心，人所以會去救一小孩，是因爲對個人並沒有壞處，如果現在一件事，與個人利益有所衝突時，你看，還會不會有惻隱之心，人性既然是如此的惡，那當然，人的行爲也是惡的。孟子說的四善端是仁義禮智，荀子就提出三惡端，就是爭奪、殘賊、淫亂三惡端。我們每一個人都有惡端，祇要順着這些惡端行事，我們的行爲就成了惡行。那麼爲什麼我們會有惡端呢？這些惡端從何而來呢？荀子在性惡篇中又說：

「使夫資朴之於美，心意之於善，若夫可以見之明不離目，可以聽之聰不離耳。故曰目明而耳聰也。今人之性，饑而欲飽，寒而欲煖，勞而欲休，此人之情性也。今人饑，見長而不敢先食者，將有所讓也；勞而不敢求息者，將有所代也。夫子之讓乎父，弟之讓乎兄；子之代乎父，弟之代乎兄；此二行者，皆反於性而悖於情也。」

所有的禮讓都是違反人性，人性之於饑渴、勞累、寒凍而求之於溫飽、休息都是人性的基本渴望，如果強抑制這些人性的渴望，豈不是違反人性嗎？人性的本質既是求飽求煖，祇要賦予人性的滿足就可以了，何必刻意去求禮義規範呢？所以荀子反對用禮義來規範人的行爲，認爲這些不但違反人性，也都是假的，所以他在性惡篇中說：

「不可學不可事而在人者，謂之性，可學而能，可事而成之在人者，謂之僞；是性僞之分。」

人性的本源是不可學，不可事，如果強將這些不可學，不可事的人性，改變成可學而能，可事而成，豈不是在造假嗎？荀子在性惡篇中舉了一個例子說：

「工人，木斲木而成器，然則器生於工人之僞，非故生於人之性也。」

木頭的本性，就是如何就一個木頭的本性，去發展他的能力，木頭的本性並不在於一張桌子或一張椅子，因此木匠把木頭的本性改變了，自然是違反了木性，人性之所以爲惡原是天然的，如果人用禮義硬要來改變人之本性，豈不更糟嗎？所以荀子批評那些起禮義的人說：

「古者聖王，以人之性惡，以爲偏險而不已，悖亂而不治，是以爲之起禮義、制法度、以矯飾人之惰性而正之，以擾化人之情性而奪之也。」（性惡篇）

古時候的聖王，早就知道，人之性爲惡，所以用禮義制度，來規範約束人之行爲，殊不知，這更增加了人的惰性，因爲衆人以爲祇要遵守禮義制度，一切就都無所謂了！這樣的禮義制度，不但不能幫助人，相反的，更會增加人的問題，所以荀子在性惡篇中強調說：

「今人之性固無禮義，故彊學而求有之也。性不知禮義，故思慮而求知之也。然則生而已，則人無禮義不知禮義。」

人性並不知禮義這一回事，如果人完全照宇宙的自然運行一樣，人也不會有所求，而其性惡，也就不至於爲害人生社會了。所以荀子對性惡的主張是認爲人之性，本就有些惡端，人跟着這些惡端，自然就有惡行了。荀子認爲性惡因爲是天性，所以已經不能改變了，但惡行却可以改變，他在性惡篇中說：「今人之性惡，必將待師法然後正，得禮義然後治。」荀子既否認禮義是善的，爲什麼又認爲人之惡行必待師法而得以正，必待禮義而得以治呢？這就牽涉到人的問題，雖然每一個人都是性惡，但由於個人的努力就有了君子與小人的區別，小人是使自己的惡性愈來愈惡，而君子雖不能改變其惡性，却努力改變自己，使不致有惡行，荀子在正名篇中說：

「君子之與小人，其性一也。今將以禮義積僞爲人之性邪？然則有曷貴堯禹，曷貴君子矣哉！凡所貴堯禹君子者，能化性，能起僞，僞起而生禮義。」

所以，荀子認爲君子與小人在人性上是完全一樣的，到後來所以有君子與小人的差別，就是因爲個人在後天的行爲中，是否能改變個人的惡行而爲善行。凡是有心改變惡行的人，都可以成爲聖人，聖人修養的工夫，較一般人來得深刻，就是因爲化性起僞的原因。

化性起僞的意義，不祇是要改變、變化人性的問題，同時也要積極的認定人受教育的意義。荀子的主張雖和孟子有所不同，但他也認爲人與禽獸是有分別的，人與禽獸的區別在於倫理道德，荀子在非相篇中說：

「人之所以爲人者，何已也？曰：以其有辨也。饑而欲食，寒而欲煖，勞而欲息，好利者惡害，是人之所生而有也，是無待而然者也。……夫禽獸有父子而無父子之親，而牝牡而無男女之別，故人道莫不有辨，辨莫大於分，分莫大於亂。」

人雖然性惡，但人與禽獸仍然有區別，爲什麼性惡之人，卻有性善的親情表示呢？荀子在非相篇中又說：

「故相形不如論心，論心不如擇術；形不勝心，心不勝術，術正而心順之，則形相雖惡而心術善，無害爲君子也。」

一個人有形有心，形是外表，心是主體，外表惡，並不影響爲君子，祇要心善就可以了，形與心都是人性的一部份，形惡可能是性惡的影響，但心善又是如何呢？難道也是性惡的結果嗎？荀子和孟子對心的看法各有不同，孟子認爲心是心思之官，而荀子則認爲心是虛壹而靜。孟子以心爲善端之體，荀子則認心爲知識的，如此，心既重知識，就當虛，這個虛字和莊子的心意相近，莊子認爲心是精氣之虛，可以和天地之氣相通，最後可以與道相接合，荀子接受了這樣的觀點，而認爲祇有心虛才能接受，既然如此，則可以和基督宗教和基督宗教所論的罪相比擬，在基督宗教中認爲罪是一種缺陷，心之所以會犯罪乃是因爲心虛，但基督宗教和荀子有所不同的是心之本源是善的，而荀子則認爲心之本源是惡的，心所以能爲善，就是因爲心虛而能受物的原因，這一個心虛就是因爲性惡所使其心虛。所以心才能爲善。荀子在天論篇中說：

「耳目鼻口形能各有接而不相能也，夫是謂之天官。心居中虛以治五官，夫是謂之天君。」荀子又在解蔽篇中說：

「心何以知？曰：虛壹而靜。心未嘗不臧也，然而有所謂虛；心未嘗不滿也，然而有所謂一；心未嘗不動也，然而有所謂靜。人生而有知，知而有志，志也者，臧也；然而有所謂虛；不以所已臧害所將受，謂之虛。心生而有知，知而有異，異也者，同時兼知之；同時兼知之，兩也；然而有所謂一，不以夫一害此一，謂之壹。心臥則夢，偷則自行，使之則謀；故心未嘗不動也，然而有所謂靜；不以夢劇亂知謂之靜。未得道而求道者，謂之虛壹而靜。」

根據荀子的意思，心所以能知，乃是虛壹而靜的道理。什麼叫做虛呢？因爲心不臧，所以心虛，心就如同房子一樣，當房子虛時，就能容物，房子有東西時，就不能容物，心虛的話就能知，因爲心虛就可以接受許多知識，許多東西。這就好有一比，當我們新學一門課程時，由於我們以前對這一門學科沒有任何瞭解，我們就容易接受授課者的觀點，我們接受這一個觀點，甚至將此一觀點變成我個人的觀點，這就是因爲心虛的緣故，可是當一旦我對這一門學科有了一定的觀點，對別的類似或相反的觀點，我們就會持保留或反對的態度，這就是因爲我們心有所臧而不虛了，那麼，在這時我們的態度將如何呢？從一個常識的觀點來研判，我們可以很清楚的知道，不要因爲已接受了某些觀點，就批評或反對其他的觀點，如此的話，心就不虛了，心不虛，自然不能再增加知識了，這也就是荀子所說的「不以所已臧害所將受」的道理，同時又因爲每一個人生而有知，在知的過程，當然應該發展個人的觀點，但這些觀點的基本態度就是要能心虛，心虛才能容物，也才能爲物所容。荀子此處的心很清楚的是指出一個沒有物質，不佔時間、空間的精神體。

心既是虛，心又有多少呢？荀子說：「心未嘗不論也，然而有所謂一。」因爲心不滿，所以心能處於一種定的狀態，這種定，乃是一種修養的工夫，這是和心虛相呼應的，心虛有時可能有消極的表示，但心不滿，却是一種修養，因爲人生在世，很容易滿足一己的成就，一滿之後，心就無法接受他物，更不能持盈保泰，荀子看到人性是惡的，祇要心一滿，就有可能會飽暖思淫慾，所以要求每一個人都要一種修養的工夫，就是要時時謙抑自己，處於一種仍可努力的狀態，祇有如此，心才能知，才能爲善，所以荀子說：「心生而有知，知而有異，異也者，同時兼知之；同時兼知之，倆也，然而有所謂一，不以夫一害此一，謂之壹。」當我們的心知道除了我們的觀點之外，還有別的看法之時，可能我們希望兼而有之，這種兼的態度就是倆，如果我們能兼而有之，不以此害彼，不以彼害此，彼此互相融合，那麼這種態度，就是一種壹的精神，就是修養工夫的達到，所以壹的精神，事實上就是擴大心虛而爲合一的融合思想。

至於心如何靜呢？荀子說：「心未嘗不動也，然而有所謂靜。」心動就不靜了，祇有心不動時，才能有靜的精神與態度。靜並不是一種外在的表情，而是常保持一種心如止水的情懷，這種心如止水，並不是心如死水的意思，而是知其所當發而發，所以孔子的弟子讚美孔子所說的：時然後言的態度就是一種靜的精神，我們有些人，常會在羣衆中或獨處時，把握不了自己，控制不了自己，更有甚者，會因爲外在世界的紛亂錯雜，而亂了個人的方寸，所以荀子說：「心臥則夢，偷則自行，使之則謀，故心未嘗不動也，然而有所謂靜；不以夢劇亂知謂之靜。」就是這個道理。

「心，虛壹而靜」的精神，就是要我們明白，性惡雖然不能改變，但心却可以知道，可以努力向善，因爲心究竟是人的主宰，所以荀子在解蔽篇中說：「心者，形之君而神明之主也，出令而無所受令。」如果我們要一心向善，那麼，我們就可以獲得好的結果。

以上所述，乃是荀子在性惡論中的主張，荀子的性惡並不表示心惡，就是因爲心不惡，所以性與心之間可以有其分野，這就不像孟子的即心言性，以心言性，把心與性建成一氣，荀子所以會有這樣的主張，受老莊的影響自不在話下，問題是，他雖用老莊的學說，却爲儒家的主張，這就有點奇怪了，下面我們將荀子的思想作一綜合性的反省。

荀子的主張最主要的祇有三點，一是制天思想，二是性惡論，三是由惡向善的通路——心知。我們現就這三點作一簡略的反省，然後作一結論。

第三節　荀子學說的反省

（一）制天思想的反省

荀子認爲天祇是一個按照自然運行的東西，既沒有什麼主宰性，也無所謂人格及意志性。荀子的這一個思想和傳統中國聖王的主張是非常不相合的，因爲孔子祖述堯舜，憲章文武的這些聖王，都是具有濃厚宗教色彩的敬天思想，他們不但相信宇宙生命的流行（註二四），對於上帝與天的人格及意志也都深信不疑（註二五），堯舜文武的敬天思想，多多少少也影響到了孔子，而荀子以儒家爲宗的儒生，却沒有如此的主張，顯然有其原因，除了前述的，荀子受了老莊思想的影響之外，在戰國羣雄並起的歲月中，他看到羣雄割據，諸侯爭戰的殘酷，未始不對「上天有好生之德」的思想，起了濃厚的懷疑，這些懷疑的理由，一方面可能是他想要擺脫唯天命是從的迷信，另一方面希望從人的尊嚴中，建立一個理性思考的根據，他這種用心是夠深的，但不幸的，在那樣紊亂的時代裏，有誰會相信理智的必然結果呢？又有誰會深刻的思考過人性與宇宙的關係呢？這樣一個人以制天的思想終究免不了要遭到當時人的漠視了。

我們再從另一個觀點來研究他的制天思想，發覺也是有其困難的，不要說荀子的時代了，就是在我們現在所處的科學昌明，高唱——人定勝天——不就是人以制天的另一面嗎？——的時代裏，我們仍然發覺有許多是人所無可如何的。悲觀，從來不在荀子的言辭中見到，但樂觀並非表示我們對任何的事都接受，也不是表示對人所無法理解的事物，就以不接受的態度來處理之，除了一些迷信科學萬能的人之外，大概大部份的人，仍然會想到不是人來制天，而是人如何與天合作，所謂與天合作，就是如同荀子所主張的，認清天地運行的軌道，並依循此一軌跡找到人的方向及歸宿，如此才能獲得人性的最大滿足，不然，單祇認淸宇宙的自然現象，而不知其內在的精神，就好像祇知一個人的外表、形骸，而不知其內在的精神，又如何能完整的認識一個人呢？所以我們對荀子制天思想的看法是，不但要瞭解天的現象，也應明白天的實在意義，把形式與質料作一完美的綜合，就可以看出人性的意義。

(二) 性惡論的反省

荀子的性惡論，雖也是從事實的觀察着手，但却缺乏全稱普遍化的量化關係，所以，就顯得不如性善論來得吸引人，因爲任何人可以根據荀子的主張，提出相反的事實主張，因此，冀求從單獨而個別的事實獲得普遍而永恒的眞理，實在不是一件容易的事，尤其在關於人性的主張，更難令人意領神會的附手稱合，所以荀子人性論的主張，不容易在當代社會中長存，是有其理由的。

荀子人性論的特點乃是將性與心作了一個相當幅度的調整，人性之所以爲惡，乃是因爲先天的秉賦，在先天的意義中來說，人實在很難有能力去改變，因此，人性的惡性、惡行，不由得就經常表現在那些沒有受過禮法約束的人身上，人的命運，似乎在這一層意義上，成了一個可悲而又黯淡的生命，人如何去突破這些困境呢？如何運用人的有限能力達到無限的美善呢？人渴望成爲頂天立地的希望又有多少呢？性惡的理論，似乎並不能提供人性昇華及人類嚮往的深遠意義，荀子也意識到這一點，所以極力想把人性的目標訂在人自己身上，不要讓人去希望一些無謂的外在事物，但不幸的，一個有限的，而又經常遭受兵荒馬亂，憂患重重時代的戰國人民，又如何能置個人死生於度外呢？又如何能提供人性自我圓滿的解答呢？既使在今日，自然科學愈發達，人愈覺得有限，而更奇怪的，人在覺得有限而又渺小的時候，反而覺得人有前途，人有希望，這種反向作用，正足以說明人性的無限渴望及要求，人性爲惡的觀點，既不能滿足人性的渴望，當然祇有被放棄了。

（三）由惡向善的通路——心知

荀子既知道自己性惡論的限制，就提出了心知的問題，這一顆心和孔孟所提的仁義禮智之心，幾乎有同功之妙，此心不但是人身的主宰，也是人性靈覺的根源，因此，心的功能乃能彌補人性爲惡的不堪後果。

心知的目的既在達到知天，因此，心與天不祇是一種點關係，而是一種疊合的關係，心與神乃是一而二，二而一的雙生重疊。荀子用了老莊的思想來敍述心知的微妙，實在是費盡苦心。老莊的思想中，很看重心的神性意味，所以才能產生一些微妙的天人關係，荀子利用了這些微妙的關係，加以整合，竟然產生儒家思想的新義。由心知自然就進入心知道些什麼，心的作用有什麼，荀子和孟子的想法相近，心當然渴望知道人性的方向及歸宿，也瞭解心的作用有情與意，問題是如何善用這些東西以達到人性的最終結局就成了一些修養工夫。由於荀子性惡觀點的影響，無法斷然的指陳情意的善面，荀子相當技巧的指出情與意可能有其惡的一面，所以荀子才能借用這些假設，說明心性修養工夫的重要，心所以不已，當然是因爲情惡及意不堅的影響，而所以會情惡意不堅，豈不是人性爲惡的最佳表現嗎？所以根據如此的假設及推論而達到如此的結果，似乎更顯出荀子的巧妙安排，但究竟，荀子仍是儒門中的一員，所有的一切主張，都是爲了要實現理想人間的計劃，我們對荀子在心知爲善的渴望是可以瞭解的。事實上，荀子也祇有經由如此的結論，才能達到他仍爲儒家門生的必然結果。

(四)性惡論的一點感想

本章的討論,全是以荀子性惡論的學說爲根據,事實上,除了荀子之外,在我國還有杜牧也主張性惡論,西方的瑣羅亞斯德(Zoroaster)所創立的祆教也是主張性惡論。但以其學說的完整及提供人性終局目標的主張,仍以荀子的人性論爲最,因此,我們提出荀子的性惡論,並專門討論它,乃是有我們的理由。

荀子人性論的主張,可以提供我們今日服務的,除了提醒我們人性的努力是一種不間歇的學習過程之外,更告訴我們,在人身的秉賦上,既使有不如人處,仍可以身之主宰——心——去努力。荀子的性惡論,我們大可不必接受,事實上也不適合人之所以爲人的意義,但荀子求知的精神及態度,却值得我們效法,荀子一生講學處世,常是以其言,以其心爲立身處世的準則,這一種努力塑造理想人格的典型,實在是今日人類的一個指標。荀子的理想人格和莊子的不一樣,他在非十二子篇中說:

「兼服天下之心,高上尊貴不以驕人,聰明聖智不以窮人,齊給速通不爭先人,剛毅勇敢不以傷人,不知則問,不能則學,雖能必讓,然後爲德。遇君則修臣下之義,遇鄉則修長幼之義,遇長則修子弟之義,遇友則修禮節辭讓之義,遇賤而少者則修告導寬容之義。無不愛也,無不敬也,無與人爭也,恢然如天地之苞萬物。如是則賢者貴之,不肖者親之。」

這樣一個實際的理想人格,不但是一個儒者所有的人生態度,更令人相信荀子還是一個積極勸人爲善的傳教士呢!

第十二章　性善惡可分論

對人性的主張，除了前二章所述的性善與性惡的二種相反的主張外，還有其他幾種介於性善與性惡的主張，那就是一、性無善無惡論，二、性有善有惡論，三、性分品級論。我們現就這三點加以分析敍述。

第一節　性無善無惡論

在中國思想史上，主張性無善無惡論的，有老莊、告不害、董仲舒及朱世卿等人，其中最有名的就是告不害，因為告不害曾和孟子有一段關於人性本質討論的對話，我們在本節中將先介紹告不害的主張，再敍述老莊及董仲舒的看法。

(一) 告不害的性無善無惡論

告不害世稱為告子，他對性的看法是：「告子曰：性猶杞柳也，義猶桮棬也，以人性為仁義，猶以杞柳為桮棬。」（告子上）性本來是無所謂善與不善，性就好像杞柳一樣，完全看水源在那裡，他就往那裡走，所以告子又說：「性猶湍水也，決諸東方則東流，決諸西方則西流，人性之無分於善不善也，猶水之無分於東西。」（告子上）

性就如同水流一樣，在東方開一個缺口，水就往東方流，在西方開一個缺口，就往西方流，人性就和這些水一樣，祇要因勢利導，人性就有方向可歸，因此，告子認為所謂的性，就是生的本源，所以告子又說：「生之謂性」，「食色性也」（告子上）就是要指明人性和其他動物在本質上實在沒有什麼差別。所以他主張性無善無惡論。

我們在瞭解了告子的主張之後，我們可以發覺，告子也是從事實的觀察入手，我們任何人都可以看到一個小孩子的本性渴盼，如果小孩子肚子餓了，很自然的就會要求食物，可是由於他沒有受過社會規範的約束及生活困苦的磨練，所以他完全不知道如何辦，他祇有在那裡哀號，在那裡完全無助的困以待斃，但是一個人成長之後，他瞭解生存競爭的意義之後，一旦肚子餓了，他就會用強力去奪取，那時，即使在一個具有倫理規範的社會中，也不可能完全遵守社會約束的。從另一方面來看，告子的主張也在提示，祇要我們能滿足人性生存的基本需求：食與性，我們就能用禮義法則來教導，所以告子的主張，是有先天白紙的意味，白紙所以會染色，就是因爲後天的關係，有人說，社會是一個大染缸，進去之後，要不沾上一點顏色實在不可能。告子的性無善無惡論，在基本上，是能讓人瞭解，但奇怪的是，這個人性，既是無善無惡，似乎也就缺乏了認識與辯知的能力，因爲既然人性完全受社會環境的約束，人性上祇要滿足食與性的要求，似乎人性除了食與性之外，那一點良知也不見了，沒有了良知，人與禽獸又有什麼差別呢？性無善無惡論，在其基本點上，我們可以瞭解，但人性分辨善惡的能力，如果完全來自後天，那麼人性也無所謂意義了。告子對性的主張，既是如此，我們似乎也就祇能在一個有限的範圍中來加以討論了。

首先我們可以討論的，究竟爲告子來說，性除了一個生存的本能之外，性還能有什麼呢？告子在講到食色性也時，接着又提到「仁，內也，義，外也。」告子把仁義放在食色之後，顯然的，告子想說明的是：人性除了一些本能之外，在對人與處世之間，仍有內外之分，在內，爲己的是一種仁，在外，對人的是一種義，祇有先內才能後外，也祇有先仁而後才有義，告子對仁義的看法，並不離開儒家的思想，但却將仁義二者分爲內外，告子的意思就是要我們明白，人性不是爲他的，那裡聽說過一個連自己都不愛的人，如何能夠去愛別人呢？所以祇有先愛了自己，先使自己在人性上的要求得到適當的滿足之後，人才有可能去敬重別人，去愛別人，所以告子主張仁內義外。我們先不論告子的食色的本能看法，對告子所謂的仁內義外，我們可以有不同的看法，因爲仁與義是無法加以內外區分的，仁不但是一種愛自己的內在行爲，也是一種愛他人的外在表示，同樣的義不祇是包含了敬重他人，事實上也包含了一種使個人滿意，使他人滿意的一種正當行爲，所以仁與義不但沒有內外之分，甚且沒有前後之分。所以這是我們首先可以討論的。

其次我們可以討論的，就是性是不是眞的無善無惡呢？告子以杞柳，以湍水來比喻性之可導性，但是這些可導性的主體，本身如果沒有一種能力去接受勢導，請問他又如何能被導呢？所以在人性的基本根源上，必然有某些條件，以這些條件，才能使人性有所選擇，所以歷來的思想家，都主張人性的條件必然有情、意、知、欲等的基本架構，如果沒有這些基本的架構，那人性豈不是成了睜眼的瞎子嗎？所以，孟子不能不反擊告子，認爲告子的無善無惡，實在太難令人想像了，因爲告子在基本上並沒有解決情、意、知、欲等的問題，旣沒有下層結構，如何能憑空來一個上層結構呢？所以告子的性無善無惡論會遭到詰難，其因在此。

(二) 老莊的性無善無惡論

老子與莊子這二位傳奇人物，在歷史上有許多爭論，不論是其主張或個人的問題，都是古往今來的學者與非學者們所最關切的。老子的學說以空無自然爲高，莊子跟隨老子，更發揚光大，善以寓言敍事，其怪誕不經，開歷史上之未曾有，但老莊所提出的理想世界，却常是許多人心中所渴慕的。老莊學說所揭示的道，其深奧難明，有時令人撲朔迷離，有時又似乎令人不能想像的會如此簡易，所以老莊的傳奇，加上一些神秘的傳言，遂塑造了道家學說。

道家在基本上是一個尋求與天地合而爲一，與人事經驗背道而馳的神秘主義，他們主張人身的羽化登化，他們嚮往生命的完全解脫，遂造成了對人性看法的一種意見。有些學者認爲老莊的人性論是絕對性善論（註二六）。有些學者却贊成老莊的人性論是無善無惡論（註二七），究竟老莊是主張性善抑或無善無惡呢？我們先分別介紹老莊的思想及其對人性的看法之後，再來討論這一個問題。

㈠老子的思想及其對人性的看法：

老子的思想，以一部道德經爲其主要思想的根據，在道德經中，最主要的就是談道及德這二件事，並由道與德的論述中，引申到人事的經驗及看法。

老子對道的看法，就如同許多宗教對上帝、佛的看法一樣，他不但指出道是一個實體，也指出道可以在天，在人身上，都顯示其意義。老子說：

「天之道，其猶張弓與！高者抑之，下者舉之；不足者補之；天之道，損有餘而補不足。人之道則不然，損不足以奉有餘。孰能有餘以奉天下？唯有道者。」（七七章）

老子在這裡提出的看法，有三個問題需要解決，一是何謂道？二是老子將道分成天道與人道的理由何在呢？三是什麼才算是有道呢？有道是否祇有人才能有道呢？天可能有道嗎？

第一，爲老子來說，道太難說了，道是一個至大無邊的宇宙本體，道是先天地而有（二十五章）道雖然無爲卻又無不爲（三十七章），道可以生萬物（四十章），但道又是恍恍惚惚的東西（二十一章），那麼道究竟是什麼呢？我們在這裡首先要確立，道是一個實有體，是一個純元形、純現實的體，所以道有能力可以化成萬物，而又不是萬物，我們人是否能認識道呢？那是不可能的，就好像我們對愛的認識一樣，我們祇能就愛所應驗於實際物體的身上獲得證明，我們很難從一件事上看出整體，如用類比的方法，有時也祇能給我們一種相似的感覺。所以道是一個至高至大，先於一切的實體，是宇宙的原因及根本。

第二，道可以分為天道、人道，乃是就其應用的實際方面來考察，道為其本身來說，乃是一種自有的，可以應用於一切的，但在應用到人事上時，凡人所行事的方法及準則，就成了人之道，而道一與人之道加以區分，乃有天道、人道的分別，其實天道就是道的本身，人道就是人所行事的方法，在天道與人道之間，老子似乎把天道不祇是當做一種道的本身，有時也用一種氣候變化，覆物的物質天來比喻之，如用後者，則除了天道之外，就還有地道。如用前者，則天道與人道的區別，就在於其功能的區別。天道的主體是一無限永恆的實體，而人道的主體卻是一有限而短暫的實體，用有限與無限，永恆與暫時來比較，自然就顯示出二者區別了，天道由於為無限，所以可以自足，人道由於有限所以不足，自足者就能損有餘而補不足，不足者就難能損不足以奉有餘，所以主客形勢，在天道與人道之間是非常明顯的。老子將道分成天道與人道的理由，就是要我們明瞭道的無所不在，在一個有限體上，道也可以顯示出其無限的意義，另一方面也要我們明白，人道如果不追尋天道，人道就永遠不會滿足。

第三：所謂有道者，乃是其品格修養最接近道的人，因此，有道之人自然是指的人，也祇有人才能得道，至於道本身，自然是得道了。在人身上，要如何才能算是有道之人呢？老子認為，是有德之人，因為德是道的自化的功能，管子註解說：「德者，道之舍，物得以生，生之得以職道之精。故德者，得也。得也者，其謂所得以然也。」（管子心術上）。此處所謂之德，可以有二層意思，一是我們一般人所謂倫理道德的德，一是可得之得。一個有道之人，從老子的眼光來看，顯然是一個有德之人，這種德乃是道的一種應用，因此一個有德之人，在治人事天的事情上，必然會應用到最好的程度，也就是如何以一種節儉的態度，達到治人事天的要求。老子說：「治人事天，莫若嗇，夫唯嗇，是謂早服；早服，謂之積德；重積德，則無不克；無不克，則莫知其極。」（第五九章）老子這一段話的精神，似乎和他以往以宇宙爲自然，以神也爲自然的觀念不太相合，但我們從另一個意義來看，老子主張治人事天，似乎就在肯定人性的原由。所以一個有德之人，最能法天、法地、法道了。

老子在道與德的主張，我們明瞭之後，就可以來談他對人性的看法。

老子對人性的看法，首重自然二字，認爲一切都不需矯揉造作，人性的自然流露是最重要的，他說：

「不尚賢，使民不爭。不貴難得之貨，使民不爲盜，不見可欲，使民心不亂。」（第三章）

老子這一段話，和荀子的主張極爲接近，但老子與荀子的區別就在於老子認爲人性就擺在那裡，誰也不要去招他惹他，如果招他惹他，人民就容易爭，容易盜，容易心亂，看起來，似乎人性有向惡的傾向，事實不然，因爲人性就如同告子所說的：「性猶湍水也，決諸東方則東流，決諸西方則西流。」所以用賢者來治理國家，就容易使人民去爭，爭些什麼呢？爭爲賢者，如此人心豈不被汚染了嗎？所以老子不主張用賢者、聖者來動搖無善無惡的人性，既不能用賢者、聖者來管理國家，那麼用什麼管理人民最恰當呢？老子說：「知其雄，守其雌，爲天下谿；常德不離，復歸於嬰兒。……知其榮，守其辱，爲天下谷，常德乃是，復歸於樸。……」（第二十八章）

在老子的心目中，最好不要管理人民，因爲如果每一個人都回歸到嬰兒時期的天眞、直樸，那麼賢者、聖者所定的禮法，也就不需要了，再說，一切都回歸自然，人民就不爭了，一切恢復到純樸的時代，人民也不會心亂了，也不會因爲得不到那些難得之貨就下而爲盜了。所以自然是最要緊，而人性的自然，必須被保存，絕不能因爲要爲了改革人的生活，而使得人性的價値及意義都喪失了。老子對人性的看法是相當明確的。就是不要在人性上，加上人爲的因素，一切都順其自然。

(二)莊子的思想及對人性的看法

莊子的思想相當廣博，又喜歡用寓言來表達他的思想，所以有時很難確定他寓言的意義，但大體上，他仍以老子爲宗，發揚老子道德的思想。莊子一書分爲內篇，外篇及雜篇三個部份（註二八），都在敍述道家思想。

莊子對道的看法，除了接受老子道法自然的意義之外，更引而申之，馮友蘭曾說莊子的道有四個特點：一是無有，二是非物，三是不可知，四是抽象的全（註二九）。根據馮氏的這四個觀點，我們來分析一下莊子的思想。

莊子認爲道是無有，爲什麼呢？他說：

「泰初有無，無有無名，一之所起，有一而未形。」（天地篇）

「有乎生，有乎死，有乎出，有乎入，入出而無見其形，是謂天門。天門者無有也。萬物出乎無有，有不能以有爲有，必出乎無有，而無有一無有。聖人藏乎足。」（庚桑楚）

莊子對道的看法和老子的看法一樣，他不但接受了老子認爲道爲一實體的主張，也接受了道爲無的主張，道爲無的話，那麼道是什麼呢？就如老子所言，道是至大無限，但總歸一句話，就是一，這一個一既不能爲有，也無名，但就是有，這一個有，不是我們在感官世界中所認識的形體的有，而是一種無形無像的抽象的有，這種抽象的有能化成萬物，但又不失其自身，所以萬物皆出乎無有，無有並不是虛無，無有是一實體，這一個實體先於任何實體而存在，因此有不能以有爲有，必出乎無有。莊子的這一點思想，和儒家的思想大有出入，儒家認爲所有的有，必先有一有，這一有乃有形之有，根據有生有的程序，往上推，就可以得到衆有之有，這一個衆有乃是古往今來所有有的集合體，這一個集合體因爲是有，所以有的形像及其本體都易爲人瞭解，但到了後來，易經爲儒家所利用之後，一變而爲有的抽象意義，但歷來的思想家中，似乎仍然認爲有的有乃是一個具體而實在的有，所以儒家要愼終追遠的目的，即在於此，但爲莊子來說，一切皆出於無有，人之所以爲有，也不過是從無有而來，因此人死之後，仍歸於無有，沒有什麼能紀念的，一個積極的入世，一個積極的出世，就產生了儒道二者的差異。

莊子既認爲無有是一種存在，但這一存在却非我們所想像的具體的存在，那麼這一個存在究竟是什麼呢？莊子在天地篇中所說的「泰初有無，無有無名。」也可標點爲「泰初有無無，有無名。」一個存在如果是無，他仍然是一個有，就好像一個人沒有名字，他仍然是有，但一個無如果是無無，那麼就連這一個有無也消失了，當然我們如果要用邏輯的詭辯法，仍可設難於無無的意思，究竟莊子祇是以無無代表他在認識道的意義與所用的解釋而已。這一種認識就不屬於本體上的，因此，我們可以歸結莊子的道可從二方面考察，一是從認識論上來看，道是一個無無，這一個無無乃是一種抽象而普遍的名詞。二是從本體論上來看，道是一個最高最先的實體，萬物都出乎這一個無有。有時我們很難分別莊子的道的意義，這就如同老子的道一樣，從人——一個具體而又實在的有形體——來說，道是一種無，這一個無不是用人所能瞭解的詞彙可以瞭解的，但從道本身來說，却是一個很實際的有，具有能力，是一普遍的存在。莊子的道和老子的道雖有點出入，但大致上是有一個共同的基礎點的。

莊子對道的第二個特點，就是如同老子一樣，把道分成了天道與人道二種，他說：

「何謂道？有天道，有人道；無爲而尊者天道也，有爲而累者，人道也。」（在宥篇）

天道與人道的差別就在於有爲與無爲，所以就莊子的思想來說，無爲是非常重要的。莊子把人與天的分野以有爲無爲來區分，他說：

「無爲爲之之謂天。」（天地篇）

無爲乃是無人之作爲，但却可有一切作爲的可能，所以無爲無不爲的意思就是如此，一個天道，從來沒有人看到它是如何的變化，但它却時時有其作爲，這種作爲乃是天道的一個基礎，就是主動。所以莊子認爲如果我們人能瞭解天之行爲及人之所爲，就可以成爲聖人，就可以通於天地之間的事物，爲莊子來說，道就是一種自然，這一種自然不需去巧意安排，刻意求工，祇要我們能認淸天地之道就可以了，因此，莊子的人性論，就是根據如此的看法而有的主張。

莊子認爲性是：「形體保神，各有儀則，謂之性。」（天地篇）而人呢？却是：「人之生，氣之聚也。聚則爲生，散則爲死。」（知北遊）人性就是以氣的結合來保神，並跟隨天地的法則，這種天地的法則，不需人去矯飾，祇要順其自然就可以了，所以莊子說：「性者，生之賢也。」（庚桑楚）自然人性的意義，就足夠表達人生的意義了，如果巧飾就傷性了，所以莊子批評說：

「自三代以下者，天下莫不以物易其性矣。小人則以身殉利，士則以身殉名，大夫則以身殉家，聖人則以身殉天下。故此數子者，事業不同，名聲異號，其於傷性，以身爲殉一也。」（駢拇篇）

莊子不要人破壞天然的、天生的性，而要人保全這一個天性，如此，才有可能達於天齊。所以莊子最不滿意儒家所倡導的禮敎及所崇敬的三代，認爲這樣一來，就把人性推到最虛僞的地步，由此，莊子最反對社會上的繁文縟節，而要復心見性。如此，才能達到道家的逍遙境界。

㈢老莊對人性的看法

有些學者主張老莊的人性論是絕對的性善論，有些學者却認爲老莊的性是無善無惡論，究竟這二種說法，那一者是正確的呢？要瞭解這一個問題，先要瞭解絕對性善與無善無惡的異同，就可以明瞭老莊的意思了。

絕對的意思，從一般人的眼光來看，就是獨一無二，獨一無二又如何能有善有惡呢？所以絕對性善就是無善無惡，但絕對性善的性善是否有人爲的意思呢？主張性善論者自然認爲是我固有之耳，這一個固有乃是與天地合德，上天有好生之德的性善意義相同，所以絕對性善論，乃是肯定了上天的絕對爲善。但爲老莊來說，這一個天，祇是一個自然的天，是一種無無，所以老莊不願去肯定天的善，而祇願從人心的努力上着手，老莊的人性論從其宇宙論及本體論的觀點看來，似乎是以無善無惡爲優先。因爲老莊如果承認了先天爲善的見解，勢必也要接受聖人秉承上天意旨，以訂倫理規範的意義了。所以爲老莊來說，當然不願意看到聖人破壞了人性的先天自然性，他們所以極力否認後天及聖人的作爲，其目的無非不是要建立一個尊重自然，效法自然的無爲而無不爲的人性觀點，以這一個觀點，人性就更易於接近道，老莊的意思在此，其主張也是如此。

（三）董仲舒的性無善無惡論

董仲舒（179-104B. C.）（註三十）是西漢的大學者，他可以說是今文經學的代表人物，所以他的人性論在後世也有其影響力。

董仲舒認為天是一個與地相對的物質之天，但有時也指天為一自然，他說：

「天、地、陰、陽、木、火、土、金、水、九與人而十者，天之數畢也。」（註三一）

第一個天是與地相對的天，第二個天就是前面十者的總稱，是自然的全體。在這十者中，除人之外都是自然的現象，人在其中，也是自然的一部份，所以，董仲舒認為人在宇宙中是極為重要的，如果宇宙中沒有人，就不成其為宇宙，所以他說：

「天地人，萬物之本也。天生之，地養之，人成之，天生之以孝悌，地養之以衣食，人成之以禮樂。三者相為手足，合以成體，不可一無也。無孝悌則亡其所以生，無衣食則亡其所以養，無禮樂則亡其所以成也。」（註三二）

天地人既為三才，天地有陰陽，則人也應當有與天地陰陽相配的東西，董仲舒認為，那就是性情。他說：

「身之有性情也，若天之有陰陽也。言人之質而形其情，猶言天之陽而無其陰也。」（註三三）

人既有性情，那麼性情是什麼呢？董仲舒說：

「人之誠有貪有仁，仁貪之氣，兩在於身。身之名取諸天，天兩有陰陽之施，身亦有貪仁之性。」（註三四）

人身既有貪仁，人也有性情，二者配合，就成了仁是性的表現，貪是情的表現，因此，人既有仁有貪，我們當然不能說人性是善的，因為人的本質既有善有惡，又如何能言其為善呢？但人性是眞的有善惡嗎？其實又未必，因為他所謂的生之質，和告子所言的生之謂性是相當接近的（註三五）。因為所謂的生之謂性，有善也有貪，因此，性就無所謂善惡，董仲舒又說：

「善如米，性如禾。禾雖出米，而禾未可謂米也。性雖出善，而性未可謂善也。米與善，人之繼天而成於外也，非在天所爲之內也。天所爲有所至而止，止之內謂之天；止之外謂之聖教。聖教在性外，而性不得不遂。故曰：「性有善質，而未能爲善也。豈敢美辭，其實然也。天之所爲止於繭麻與禾。以麻爲布，以繭爲絲，以米爲飯，（蘇輿曰：當作以禾爲米，以性爲善，此皆聖人所繼天而進也，非情性質樸之能至也。」（註三六）

這一段所指的性乃是指人之本質而言，人性既不能稱之爲善，也不能稱之爲惡，因爲性乃是人的本源，雖然董仲舒的目的在融合孔孟荀之說，而事實上却走向了告子的無善無惡論。董仲舒從不否認人有向善的可能，不然他的儒家主張就消失了，性的外表既是仁，情的外表既是貪，因此，人生的修養工夫，就當「以性禁情」（註三七），所謂以性禁情就是教，教的目的就在人之繼天，而人之繼天的目的，就在法天。所以董仲舒對人性的主張，一方面在調和孔孟荀之說，一方面又走向告子的結果，但在表現的方式上就有不同。這是不能不明瞭的。

（四）性無善惡論的檢討

我們在討論了告子、老莊及董仲舒的人性論之後，可以有如下的反省：

第一：所謂的性無善無惡論，乃是肯定了人性的本質完全不受社會汚染的原始景象，這一個原始景象不能用人爲的道德觀念加以限定，祗能和天地的自然性加以配合，所以人性的結果祗能是一個自然的結果，一切人之所以爲人的特性都無法表現，因爲當一切都表現之後，人性的本質就可能遭到破壞，所以老莊非常反對以禮教來約束人性的流露，祗有自然的面對宇宙，才是眞誠，一切想要改變人性社會的彼此關係，都不能接受。但告子及董仲舒却看重教育的效果，認爲如果沒有教育，則人性就沒有方向，人性就如一潭止水，缺口在那裡，人性就往那裡去，爲了免得人間社會秩序的破壞，用教育就可以達到導人性爲善的結果。老莊既與告子、董仲舒在人性社會的看法不一樣，則其主張也自有不同的態度。道家與儒家的處事態度，就顯出了彼此修養工夫的不同。而事實上，他們對人性無善無惡論的主張，充其量，祇能算是一種質樸的性善論。因爲性善之所以爲善，自然加上了道德意義，如果性善論不用道德觀念來表達時，那又成了什麼呢？還不是和告子、老莊及董仲舒的意見相似，更如董仲舒所言，性如禾的話，禾如果沒有先天成爲米的事實，禾對米來說，豈不是成了惡嗎？自古不是有句名言「畫虎不成，反類犬嗎？」就是最好的說明了。

第二，性無善無惡論，在人性的考察上，祇看到物質的一面，而沒有注意到精神的一面，如果祇有物質的人，那麼人還不如做禽獸來得更好，又何必來個什麼「反躬自省」及檢討之類的事情呢？人性就是因爲，人在宇宙物質的生存中，看到宇宙的限度，才理會到人性中有無限的可能的一面，並由人性的無限的一面，更進而看到宇宙的生命精神，所以才有人性本源爲善或惡的反省，在前一章中，我們已看到性惡論祇是人性物質及其有限的一面，如果從有限找有限，那人生將是註定要失敗的，所以性善論之所以爲人所堅持，原因乃在於此，至於性無善無惡論，如祇就其物質一面來看，當有其理由，但如從人性躍昇的衝動來看，人性不走向至善，是不可能有出路的。

第三：性無善無惡論，可以提醒我們，社會污染，常不是人的力量所能阻止的，在大衆傳播工具極爲發達的今日，如何利用傳播的效果來教育民衆，乃是我們每一人都應當考慮的，性無善無惡論，用之於今日，不再是應當提倡那些物質生活的靡濫，而是如何更能順應自然環境，而發揮人性的光輝。所以人性無善無惡論也可以有其積極的一面。

從以上所述，性無善無惡論的主張，並不是什麼故作驚人之筆，乃是要不斷的提醒我們，效法自然的大公精神，自能培養人性恢宏的志氣，並以此志氣爲基礎，進入更深一步的人性自由，祇有在人性自由獲得最大的進展之後，人才能稱之爲萬物之靈。

第二節　性有善有惡論

歷史上，贊成人性有善有惡的人，以揚雄（53B.C-18A.D）最出名，揚雄認爲人之性乃是善惡相混的，他說：

「人之性也善惡混。修其善則爲善人，修其惡則爲惡人。」（法音卷三修身篇）

人之性既有善有惡，因此，教育的功能就變得極爲重要。揚雄也是以儒家爲宗，孔子爲主的，但由於孔子對人性的主張，沒有那麼明顯，尤其孔子所說的：「性相近也，習相遠也。」（論語陽貨篇）在後來就引起了很大的爭論，尤其孔子主張仁的哲學，更是引發問題，因爲大家都會問，如果性相近，當然不是性相一，既然性不相一，那麼就很難說，性是善的，更何況仁的工夫，靠後天的修養才能達到，即使是一個天之縱聖的人，也不可能在後天一點努力也不要就能達到舉世同欽的聖人地步，所以這一個性相近，爲揚雄看來，就是有善有惡，祇有有善有惡，性相近才說得過去，更何況孔子還說了習相遠，這一個習相遠不就是修其善則爲善人，修其惡則爲惡人的結果嗎？更何況孟荀二家彼此爲人性的孰善孰惡爭論不休，不但損傷了儒家精神，也減低了後世對儒家的信心，所以揚雄將孟荀二人的思想綜合之後，並以復興儒家爲己任，所以他說：

「古者楊墨塞路，孟子辭而闢之，廓如也。後之塞路者有矣，竊自比於孟子。」（法言卷二吾子）

他既以復興儒家爲己任，所以綜合孟荀之說，並發揚光大，乃成了他畢生的事業。

揚雄之後，類似於揚雄主張的則有宋朝理學中的張載、二程及朱熹，張載、二程及朱熹，都把人性分爲理與氣二者，理乃是受之於天，氣乃構成具體個人的必然因素。朱熹說：

「天地之間，有理有氣。理也者，形而上之道也，生物之本也；氣也者，形而下之器也，生物之具也。是以人物之生，必稟此理，然後有性，必稟此氣，然後有形。」

朱子（1129-1200 A.D.）所主張的理氣論，和亞里斯多德所主張的形質論（請參閱第二編）相當近似。至於理氣的先後，當然是先有理後有氣，朱子說：

「未有這事，先有這理。如未有君臣，已先有君臣之理。未有父子，已先有父子之理。不成元無此理，直待有君臣父子，却旋將道理入在裡面。」（註三八）

既先有理，則人性乃是先於人身而存在。理與氣二者合一就成了人，所以朱子說：

「人之所以生，理與氣合而已。天理固浩浩不窮，然非是氣，則雖有是理而無所湊證。故必二氣交感，凝結生聚，然後是理有所附著。凡人之能言語、動作、思慮、營爲、皆氣也，而理存焉。」（註三九）

理在氣先，理如無氣可附，則理祇有空掛在那裡，不成其爲人理，祇有成人之後，在氣中之理才是人性。人性既可在氣之先，則理，卽人性，可爲善爲惡呢？朱子認爲人性是一種無定的狀態，滾來滾去，就容易有善有惡，所以朱子的理氣二論，相當近似於揚雄的性有善有惡論。而朱子又直述二程之說，並述張載之見，所以朱子說：

「氣質之說，起於張程，極有功於聖門，有補於後學。前此未曾有人說到。故張程之說立，則諸子之說泯矣。」由此可知，張程朱子之主張，是相當接近的。

從以上所述，性有善有惡論實在不是什麼新奇的東西，因為，從人所秉受於天的特性來說，人自然是善的，從人的動物性及其有限性來說，人不是惡的，還不容易說得過去呢！所以性有善有惡論的主張，在其本質上和性善論沒有多大的差別，我們所說的天理人欲豈不是都是人性嗎？如果人性祇有善的天理，而沒有可能為惡也可能為善的人欲，那又如何成其為人性呢？所以人性的善惡不當決定於人本身，而是應當以人性的普遍標準及天理的標準，彼此配合的形式來決定。才可算為人性的善惡依歸。

第三節　性分品級論

創始性分品級論的是東漢的王充。王充（27—約100 A.D.）是主張人性有善有惡，但他却將這些善惡分成上中下三個品級。他說：

「情性者，人治之本，禮樂所由生也。故原性情之極，禮為之防，樂為之節。性有卑謙辭讓，故制禮以適其宜：情有好惡喜怒哀樂，故作樂以通其敬。禮所以制，樂所為作者，情與性也。昔儒舊生，著作篇章，莫不論說，莫能實定。……由此言之，事易知道難論也。酆文茂記，繁如榮華；詼諧劇談，甘如飴蜜，未必得實。實者，人性有善有惡，猶人才有高有下也。……余固以孟軻言人性善者，中人以上者也；孫卿言人性惡者，中人以下者也；揚雄言人性善惡混者，中人也。若反經合道，則可以為教；盡性之理，則未也。」（註四十）

王充把性善、有善有惡、性惡之類分成上中下三品，這三品乃是根據人才的外在表現，而以相合的意義來表示的講法；這上中下三品不但是顯示了人性的先天預定性，似乎也設定了根據這三品之性，其在人間社會的成就也被確定。

到了唐朝，有文起八代之衰之稱的韓愈也提出同樣的主張，韓愈（767-824 A. D.）在原性中說：

「性之品有上中下三：上焉者善焉而已矣；中焉者可導而上下也；下焉者惡焉而已矣。」韓愈在原性中又說：「性也者，與生俱生也。情也者接物而生也。」（註四一）

王充及韓愈，都認爲不論性爲善爲惡或可善可惡，都需要教育，因爲性善者，教育的本身就在使性善的特性，得以保存，而性惡者，也需要教育，來掩飾人性爲惡的弱點，而性可善可惡者，更需要教育，以使其合乎人性走向善的意義。

王充及韓愈把人性分成上中下三品，實在沒有什麼意義，因爲人性如果可以分成上中下三品，那麼從古以來，儒者所主張的生而平等的意義，豈不全付諸東流嗎？更何況三品說，已先設定了三種階層，這種階層是很難適應於今日的社會。上中下三品性說，實在是和儒家的思想背道而馳的。

第十三章　今日我們對人性論的主張

第一節　對人性論主張的先決條件

人性論的意義，不是把人推向無知的深淵，也不是走向有限的層面，而是要使人性具有最合乎人的條件，因此我們在研究了人性論的各派看法之後，可有如下的主張：

第一：人性不祇是一個單獨的肉體，而是一個靈肉的綜合體，從靈的特性來說，人是秉受上天的特性，而具有一種先天而永恆的特性，這一個先天而永恆的特性，乃是和大自然的意志完全相合，因此，靈的特性就是善，這種善不是生活細節的調適，而是宇宙生存的總原理，是無法加以分割的，祇能分享，我們說分享，就如同朱熹所說的月映萬川的道理，每一條川流，都祇能分享月亮的光明，但並不是月亮，同樣的，人性可以分享宇宙生命的美善，這一個美善藉着人的形成，而成爲人的一部份，但這一部份並不是宇宙的全體美善，而是屬於人的特性。從肉的特性來說，人性祇是一種動物的本能，爲了生存，爲了繁衍下一代而有的特性，任何一種生物都具有這種特性，如果祇從肉的特性來說的話，人確實是和其他動物祇有程度上的差異，而沒有種類上的差異（註四二）。但人究竟仍有靈的部份，因此人性的美善，變成一種行動，促使人要愛、要想、要活得更有人樣。祇有在獲得人性尊嚴之後，人才有可能走向超人的地步。

第二：根據人類演化的過程，可以發現人走向精神的渴望是愈來愈強，人爲了要能活得更有意義，才迫使人類去發明許多東西來代替人，發明的目的並不是爲了懶惰，而是希望藉由機器代替人之後，人可有更多的時間及精力去追尋人的目的及意義，如果在發明的過程中，人反而迷失在發明裡，甚至於成爲了機器的奴隸，豈不是捨本逐末了嗎？所以人類演化的結果，必然是要求我們進入一個高度精神生活的領域，祇有在一種精神的自我滿足狀況下，人才不會覺得空虛、不定、失望、頹喪，也祇有在精神的自我滿足之下，人才有可能超越自己，成爲永恆，超越自己，事實上豈不是整個人類的歷史寫照嗎？

第三：人性如不爲善，人就無法獲得人生的圓滿解答，因爲從一個自我精神的完全發揮到完全滿足，全要建基於人性爲善的觀點之上，從事實上來看，人性如不爲善，必然不能提供人類進步的原動力。我們瞭解這一個生命精神的美妙之後，就明白爲何祇有發揮了人性的美善，人類生命精神的圓滿才能湧現。在下一編中，我們將討論生命精神的意義及其目的。

第二節　人性論爭執的焦點

人性論所以會產生爭執，不是因爲對天理爲善的懷疑，因爲不論是儒是道，都至少肯定天理的某一程度爲善，而是對氣質之性的不瞭解，氣質之性的氣質，如果不是來自於天理，則同樣的不可能有其氣質，但問題是氣質的內含有些什麼呢？氣質必然包含了情與意，知與欲的問題，而各派，即使同爲一種主張的人，在這二點上，也會有不同的主張，大別起來，不同的主張，可有下列數種：

一、情意知欲皆善論。

二、情欲惡意知善論。

三、情善欲惡論。

四、意善知善論。

這四種分法祇是一種粗略的分法，但我們可以從這幾點中，看出人性論爭執的焦點，都是情欲的問題，大部份的思想家對意知的問題都認爲是善的，祇有對情欲的問題有了不同的看法，我們對各家人性論的根本意蘊，可做如下的歸納：

一、性善論：

心善→性善↗意善→知善。
　　　　　↘情善→欲善→孟子爲代表，其他有戴震焦循等人。

二、性惡論

三、性無善無惡論

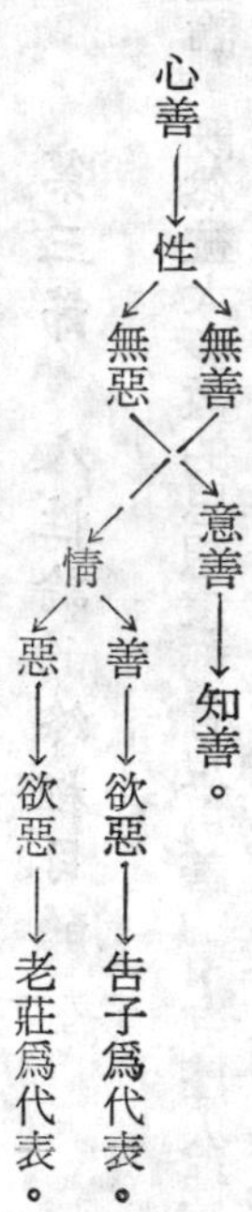

四、性有善有惡論

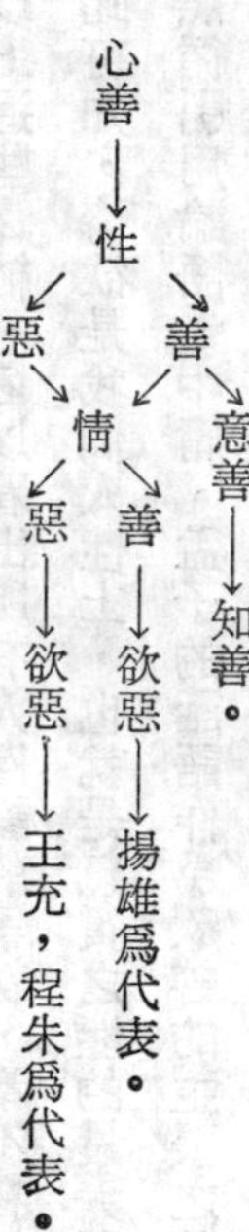

以上這些歸納，可以看出所有人性論的爭執，都不在於心、性、意、知的問題，都是情欲的問題，也由此可知，情欲是我們人性上，也就是氣質之性的最大弱點。在情欲中，又以欲爲最大問題，除戴震、焦循引用論語、中庸、孟子的話語作爲欲善的主張之外，幾乎所有的人都主張欲惡，因此，節欲乃成了道德生活中最主要的修養工夫了。

第三節 人性論的終極目的

人性論，既然被大多數的思想家都肯定爲善的，那麼人性論的終極目的就非常明顯了，卽使在主張非性善論的學者中，也可以看出他們對心善的看法是相同的，而心善性却不爲善，常是不易爲人瞭解的，除非，心與性在本質上有其區別。但我們仔細研究，可以發現，心與性在本質上並沒有差別，中國人講良心，但中國人也講存性，保住良心與存性在性質上應當是同一回事，因爲如果良心都保不住，如何可能有存性的可能呢？從另一面來說，如果不能存性，甚至盡性，又如何能保住良心呢？所以心與性在本質上，當是一體的二面而已。

人性論的目的既在存性、盡性，其最終目的，就在使這一個盡了性的人性找到歸宿，不然盡性也就白費了，盡性的歸宿一在養其浩然之氣，一在參天地之化育，這二者都是人性論中極重要的課題，善養浩然之氣，就能立天下之大志，行天下之正路，也能明瞭天地萬物化育之理，更能理解天心，進一步就可以積極進入參天地化育的領域，參天地之化育並不是站在一個旁觀者的立場，做一個鼓掌的歡呼者，而是盡一己生命之力，積極的瞭解並參與天地化育的工程，這一個天地化育的工程，乃是一種生命精神的流露，祇有生命精神的流露，人才能頂於天，立於地，成爲一個完全滿足的精神領域中的一份子。所以人性論的終極目的，就在使我們獲得精神境界的完全滿足。

註 一 黎建球著先秦天道思想二〇——五五頁。

註 二 思高聖經學會編譯創世紀第二章第十六——十七節。

註 三 撮記於創世紀第三章。

註 四 例方東美人生哲學二五頁，唐君毅中國哲學原論原性篇五——六頁，李杜著先秦時期之天常觀（刊於新亞書院學術年刊第三期）等都是如此認爲。

註 五 孟子萬章引書經周書泰誓。

註 六 左傳襄公三十一年引書經泰誓文。

註 七 如卡夫卡的城堡，沙特的嘔吐，卡謬的異鄉人等。

註 八 祁克果著孟祥森譯憂懼的概念。

註 九 西齊弗神話在本省最好的譯本是先知出版社出版，傅佩榮譯的版本。原著者是卡謬。

註一〇 胡適著科學與人生觀序，見科學與人生觀之論戰二六頁。

註一一 彝這個字，根據徐復觀的主張認爲是威儀法典的意思，今從徐。見其著中國人性論史先秦篇四五頁。

註一二 見徐復觀著中國人性論史先秦篇五七頁。

註一三 據明人所撰孟子年譜。

註一四 據許同策所撰孔子年譜。

註一五 關於荀子的生卒年月多不可考，今據汪中所作荀卿子年表爲一參考。

註一六 見胡著中國古代哲學史三十頁。

註一七 唐君毅著中國哲學原論．原道篇卷一、四三五——五〇三頁。

註一八　唐君毅著中國哲學原論上册，五三二——五三九頁。

註一九　渡邊著，劉侃元譯中國哲學史概論八三——八四頁。

註二十　馮著中國思想史三五五頁。

註二一　徐復觀著中國人性論史二二三——二六二頁。

註二二　關於老子其人，歷來看法不一，其生卒年代更加不可知，本文僅以老子一書爲根據。就目前所有的資料可以確知老子一書大部份是西元前四百年前的作品，即春秋末期以前所完成。

註二三　莊子的生卒年月也不可考，但可知是與齊宣王，梁惠王同時，亦即和孟子差不多時代的戰國時期。

註二四　方東美著中國人生哲學概要十三頁。

註二五　黎建球著先秦天道思想二〇——五五頁。

註二六　黃公偉著宋明理學論史十七頁。

註二七　方東美著中國人生哲學概要三〇頁。

註二八　莊子一書的內篇有七篇，依傳統說法是莊子所著，外篇十五篇是註釋內篇而作。至於雜篇十一篇，其實也是註釋內篇之作。研究莊子之一大問題，也是根本問題之一，是各篇著作的眞僞問題。註釋家對此持有不同的見解。讓王，說劍，漁父，天下等篇，很顯然的是後來滲入。照胡適之的考證，以爲秋水、庚桑楚、寓言等三篇仍出自莊子手筆，外篇及雜篇大都不可信。（見胡著中國古代哲學史第二册一百九頁，商務版）。至於莊子本人的時代，顧頡剛認爲是戰國秦漢間論道之人（見古史辨第一册）。一般而論，學者都承認莊子一書是戰國時期的作品。

註二九　中國哲學史論文集，二〇一頁。

註三十　據蘇輿作董子年表，見蘇輿作春秋繁露義證。

註三一　春秋繁露卷十七天地陰陽篇據蘇輿作春秋繁露義證，宣統庚戌刋本，下同。

註三二　春秋繁露卷六立元神。

註三三　春秋繁露卷十深厚名號。

註三四　春秋繁露卷十深厚名號。

註三五　見渡邊秀芳著，劉侃元譯中國哲學史概要中世哲學二十四頁。

註三六　春秋繁露卷十實性。

註三七　朱子文集卷五十八第五頁。

註三八　朱子語類卷五十九第二十一頁。

註三九　同右

註四〇　論衡卷三第十四至十九頁。

註四一　韓愈全集卷十一第三至五頁。

註四二　汪孟鄒編科學與人生觀之論戰胡適之序二六頁。

第四編　生命精神

第十四章　生命精神的意義

我們在研究了宇宙論及人性論之後，我們必然會問，這二者有着什麼樣的關係，宇宙對人可有什麼樣的影響，人在宇宙中可以扮演何種角色呢？在這一章裏，我們將試着先闡釋生命精神的意義，然後再來研究天人關係。

無庸諱言的，人是宇宙中的一員，人如何在宇宙的大舞臺中，扮演一個稱職的角色，是相當重要的，因爲生命的精神就在其中。有人說（某些存在主義的學者）人是突然被投擲在時間的洪流中，既不知生命的源頭，也不知生命的歸結，因此，人的荒謬，就由此而產生，更有的人認爲，我們人生在世，從來沒有人問過我們是否同意，就讓我們來到這一個世界，如果這一個世界是一個美好的世界，倒也罷了，偏偏這一個世界却是充滿仇恨、嫉妒、貪婪及荒謬，生命的意義何在呢？爲什麼要強迫我們走向一種非自由的選擇呢？爲什麼我們要被這一些既定的範疇圈定呢？爲什麼我們不能有一個屬於自己心目中的，理想的生命世界呢？在一個美好的生命世界中，我們不是可以活得更快樂嗎？爲什麼要去做那些荒謬而毫無意義的事呢？爲什麼不能忠實的面對自己呢？爲回答這些問題，本章將分成一、生命的意義，二、自由的意義及其目的，三、預定及和諧的意義，四、如何才算是發揚生命精神等四節來討論，希望藉着這幾節的分析與討論，能幫助我們更深刻的看到生命精神的意義及其目的。

第一節　生命的意義

在第二編中，我們曾提到生命的問題，但祇是簡單的敍述生命形成的原因，在本節中，我們將詳細的討論生命的意義。

生命從其組成的因素來說可有二方面，一是無形的，一是有形的。從有形的來說，乃是一個生物的生存實體，當我們看到一個人在走動時，我們會很自然的說某人在動，動就成了有生命的表徵，但生命的外在的，有形的生存，是否祇有動呢？自然不是，凡是生存的條件，在生命的有形實體都應當具有。那麼，什麼是生存的條件呢？從生命的有形意義來說，就是維持個人生存及繁衍種族的基本能力，這種爲維持個人生存及繁衍種族的基本能力，可以適用於所有的生物，凡是生物都必然具有這二個基本條件，但這二個基本條件，從歷史的事實看來，似乎可以解決大多數生物的全部生存條件，但爲人來說，似乎並不能解決全部的生存條件，因爲人除了維持個人的生存及繁衍種族之外，更好積極的設想，如何使人有一個更深刻的非物質生活的領域，這一個領域在某些非人的生物界也存在，但這些生物的非物質生活，如果仔細的觀察，也祇是限於維持繁衍種族生存及個人生存的基本能力而已，例如：螞蟻的羣居生活，野狼的共同攻擊敵人等，他們祇是在維持這二種基本的生存條件，而人就不同了，他祇是在一個過程中才有這二種條件生活的改善，但却並不停留在這一個過程中，人還會不斷的計劃，使自己的生活過得更有意義，更有創造性，因此，人會冒險，也肯冒險，冒險的目的不在維持生存，而在希望找到更好的人生境界，冒險是人的基本渴望，對於那些未知的世界，人總是希望去探索以獲得解答，從這一層意義看來，生命的無形因素就產生了。無形的因素不是具體可見的，但却存在於人身上，這種無形的因素就是人與禽獸的相異處。無形的因素說得具體些就是一種改善生活環境的能力，說得更實際些，就是一種創造的能力，這種創造的能力，就常使人走向更深刻，更有意義的生活。在我們生活的環境中，對生活的瞭解可有下列數種意義：

一、我們祇接受生活，却不瞭解生活。

二、我們不接受生活，也不瞭解生活。

三、我們不接受生活，却瞭解生活。

四、我們既瞭解生活，也接受生活。

以上四種看法，事實上就是對生命意義瞭解的不同層面，我們為了要在生活中有創造，有自己，因此，對生活就應當更仔細的加以辨認及決定。

第一種生活態度的人，就如同許多其他動物一樣，他們祇接受生活的現實問題，他們不想也不會去考慮問題，因此，終生祇有接受生活的考驗及磨鍊，他們的好處是，他們雖抱怨，却也無可奈何，這在許多原始民族及人民身上，仍屢見不鮮，他們並不想改變生活，祇要按照目前的生活方式生活下去，就心滿意足了，這種人的生命，祇是在維持人的最基本的生存而已。

第二種生活態度的人，他們雖不滿意目前的生活方式，但他們並不瞭解生活，因此，祇有抱怨。他們雖然希望能改變生活，但是由於他們不瞭解生活，祇有盲目的亂闖，運氣好，就能替自己闖出了一條生路來，又由於他們不瞭解生活，結果仍會對生活不滿意、不接受。這種人的生命，就在不斷的掙扎中求取生存。運氣不好的，就可能連命也賠上了。不論運氣好與不好，不論是如何掙扎，凡是對生活不瞭解的人，很難能求得到生命的意義。

第三種生活態度的人，就是我們大多數人的生活態度，我們很多人在成長的過程中，努力想獲取對生活的瞭解，事實上也可能獲得某些生活的瞭解，但當我們對生活有些瞭解之後，我們反而不接受我們的生活，我們進而希望能改善我們的生活，但一旦我們在改善之後不久，我們又會不接受我們現在的生活方式，我們又想改變，如此不斷的循環，遂使得我們的生活有了一種週而復始的低潮，而且一旦我們人生奮鬪創業的黃金歲月（多半人都在二十五——五十之間）過去之後，有些人，就不再肯花什麼心血去努力，結果祇有生活在一片空虛之中，但也可以說，那是因為他們對生活並不徹底瞭解的緣故，對這一個問題，我們可以有二方面的解答，一是一個人在徹底的瞭解之後，發覺他還能改變生活，因此就不接受目前的生活，而努力去改善他的生活，持有這種態度的人，乃是瞭解到生命的意義，不祇是接受，也仍有創造，祇有在不斷的創造過程中，人性的光輝（善及努力的一面），生命的意義才能發揚。二是一個人在徹底的瞭解之後，他發覺他沒有什麼能力去改善他的生活，雖然他不接受他的生活，但由於他沒有能力去改變，結果祇有任其蹉跎，也就等於被動的接受了。持有這種生活態度的人，其生命意義祇限於理性的瞭解而已，對於意志的努力及可能有的人性，生命意義的發揮，都沒有獲得良好的發展。

第四種人是瞭解生活，並接受生活的人，這種人，在年青人中相當少見，但對那些歷盡生活歷鍊，並又瞭解人生意義的中年以上的人來說，却是可能的，這種人不但知道生活的意義，也瞭解生活的目的，因為生活的目的必須使人有一方向，方向的結局就是人生的最高表現，所以，瞭解生活而又接受生活的人，在其生命的意義來說，已達到一種成熟的，內發的圓滿境界。

以上所說的四種對生活的態度，就是對生命意義不同層面的瞭解，我們認為，祇有眞正瞭解生活，而努力去改善生活，且滿心喜悅的接納生活的人，才是瞭解生命的意義。孔子說：「生而知之者，上也；學而知之者，次也；困而學之，又其次也；困而不學，民斯爲下也。」（論語季氏）就把我們所列舉的四種生活態度，描繪得相當清楚，生而知之，究竟不是每一個人都可能有的，因爲這是「天之縱聖」的人才可能的，我們雖然大多數人不可能是生而知之，但我們却可以努力於學而知之，使我們每一個人都學到生命的意義。也祇有在瞭解了生命的意義之後，我們才可能找到生命的目的。

生命的意義既是在發揮人的內在能力，去尋求人類知識領域極限以外的意義，因此，生命的目的就在超越我們那些有形的生命，而進入無形的無限的生命領域，但在進入無限、無形的生命領域之前，我們在面對無限的生命時，應有何種態度呢？我們可不可以不選擇進入無限的生命呢？如果我們一定要進入無限的生命，才是生命的目的，那麼要自由又有何用呢？到底我們對自由的瞭解有多少呢？到底我們人能用的自由有多少呢？我們在下一節中將加以分析討論。

第二節　自由的意義及目的

我們一般人對自由的瞭解都祇是限於法律上所謂的自由；以不妨礙他人的自由爲自由，但我們知道，這種解釋祇是在敍述自由的範圍而已，對於自由的意義，並未有任何的闡釋，在哲學上，我們認爲自由二字乃是不受約束的意思（absence of restraint），所謂約束乃是在個人外在的行爲及內在的思慮都受到限制，比如一個小孩子要去游泳，但母親不准，這是一種約束。限制則可舉一例來說明，如一個小孩喜歡吃糖，媽媽爲了愛護小孩的緣故，乃限制小孩每天祇能吃多少，因此，約束和限制與自由是成反比例的，一個人所受的約束與限制愈大，則其自由愈小，相反的，一個人所受的約束與限制愈小，則其自由愈大。

自由從另一個意義來看，乃是一種人性尊嚴及個人力量的發揮，一個人所受的限制愈多，則個人力量能發揮的就愈小，人性尊嚴的獲得，就愈少可能，相反的，個人所受的限制愈小，則個人力量發揮的就可能愈多，人性尊嚴的被保持就可能愈大。我們可以如此舉例來說：俄國小說家索忍尼辛（Alexander Salzhenitsyn）在俄國共產主義者的統治之下，很少有機會表達他對政權的看法及反映社會的心態，因爲這是受到限制的，而索忍尼辛却渴望能表達這種感覺。因此，個人力量就不能發揮，爲了要能發揮個人力量，索忍尼辛乃用各種方法將他的文稿送出國外發表，以表達他對蘇俄政權的看法，但結果，他的人性尊嚴却在俄國統治者的壓迫下受到了傷害，祇有當他在西方自由社會中，個人力量及人性尊嚴，才算獲得保障。由這一個例子我們可以看出，自由的目的，就是在獲得個人力量及人性尊嚴。這種目的，事實上也可以說是自由的積極意義。

歷史上，對自由的運用有過許多看法，大致上來說，可分成二派，一派是主張自由應當有所限制，一派主張自由不應當有所限制。第一派的看法，認爲沒有一個人是可以完全認識人生的意義及目的的，如果由於個人認識不清的緣故，而破壞了全體人類的發展，豈不可惜嗎？因此，主張對個人自由應當有所限制，但第二派却反對，認爲自由如果受到限制，還有什麼自由可言呢？尤其在十七世紀歐洲中產階級抬頭之後以及法國大革命的影響之下，自由就像決了堤的河水一樣，到處氾濫，尤有甚者，如富爾泰、馬克思、史汀諾及尼采等人都一致主張，個人除了爲自己尋求快樂及享受人生外，不應爲他人作任何服務，但在同時期的理性主義者却認爲除了充份發揮個人自由外，並應講求精神滿足與生活保障，至此，自由主義就發展到了最高峯，我們姑不論這些主張的結果如何，我們要先問，自由應當包括那些，不然的話，連自由的內容不都清楚，又如何能討論自由的問題呢？

自由一般可分成內在的自由與外在的自由二種，所謂內在的自由乃是當理智與情感處於對立狀態時，所做的一種選擇，這種選擇又可稱之爲心理方面的自由，當我們選擇理智而捨棄情感或選擇情感而捨棄理智，都是一種心理自由，這種心理自由不但具有選擇，也具有意志的意味，我們現在將內在自由與理智，意志、情感與感官習性等的關係列述於後：

理智的特性是眞，因此，當我們面對事物時，我們願意眞誠的去面對時，這就是一種理智的態度，理智的態度就在告訴我們，根據事實及眞理，客觀的面對事物，作一穩固的選擇，所以理智的態度，有時會給人一種冷峻的感覺，這就好像在我們四週，有些人常用這種態度來處理事物，雖然我們不覺得他們有什麼不對，但我們總覺得他們似乎太嚴酷了，所以這也可以告訴我們，自由在理智的範疇中，有時也會給人一種冷峻的感覺，雖然如此，自由如果沒有理智，就像隻瞎了眼的馬，亂跑亂闖，不能辨別任何事物。理智提高了自由的價值，賦予自由眞的意義。

自由與意志的關係，乃是一種力量的聯繫，因爲意志可以控制人身，我們不管事情的眞相如何，祇要我們選擇了，我們就決定了，這種選擇及決定的能力就是一種意志力的表示，一般來說，意志的表示可分成二種，一種是由意志本身來執行的活動，例如愛、恨，同意不同意等，一種是由意志下達命令，讓官能來執行的活動，例如：聽、看、說、走等的活動。意志既有這二方面的活動，我們就可以知道，意志的目標和自由幾乎是不可分的，我們常說意志自由就是這個意思。意志自由既是一種選擇，就有好壞的區別，因此意志就有善的意思，意志自由也選擇喜不喜歡，因此意志也就有美的意思，善美乃成了意志的特性，但意志如果沒有理智來幫助，其結果就是沒有意義的美善，美善的目的既在改善我們的生活，那麼意志就應要理智合作，共同達到自由的目的。

情感常是介於理智與意志之間的，也可以說是理智與意志的共同產物，例如說，我喜歡買一架彩色電視機，這一個喜歡就是一種意志行爲，但這一個喜歡並沒有客觀的基礎，祇是喜歡而已，到眞正要買時，就要根據價錢、廠牌、機型作一選擇，這些選擇就包含了理智的運用，所以情感是介於理智與意志之間，雖然情感是介於理智與意志之間的，但並不是說，理智與意志各負擔一半，而是情感與意志的關係密切，因爲情感就是表示一種主觀感受上的選擇，因此情感如不與理智合作，情感就容易走上狹路。

以上所述，除了理智、意志、情感與自由的關係最密切之外，還和我們的生活習慣及感官都有關係，也都會影響我們自由運用自由的範圍。

內在的自由乃是一種理智，意志，情感，習慣及感官的混合運用，因此，內在自由的目的就在尋求一個眞善美的境界，能夠有如此的體認，才是內在的眞義。

至於外在自由，就是一種行動自由，例如一個人在小時候，受到父母的限制，不讓他到外面玩，這時候，這一個人，就沒有身體上行動的自由，就失去了外在的自由，後來他長大了，父母放心了，他可以到處走動，他就有了行動上的外在自由，又例如監獄中的犯人，由於犯罪，被法官判了徒刑，限制了他身體上的自由，但一當刑期屆滿，他又有了行動上的自由，所以這種外在的自由就是一種不受外力約束的自由，在現代民主國家中，對外在自由的貢獻很大，一般來說，外在自由包含了言論、出版、結社及信仰等的行動上的自由。

內在與外在自由的比較，乃是一種個人與外在環境的比較情況下產生的，因此，我們在討論前面所說的自由主義時，就可以發現是偏重於外在自由，對於內在自由，就沒有什麼特別的主張，我們有許多人，在爭取自由的過程中，衹會爭取外在的自由，甚至有時爲了爭取外在自由而犧牲了內在的自由。內在的自由才是一個人眞正的自由，因爲一個人既使有了許多外在自由，但內心却受許多限制與約束，又有何意義呢，所以生命與自由的意義聯起來時，就可以看到，人的欲望，常是我們內在自由受限制的結果，老子說：「五色令人目盲，五音令人耳聾，難得之貨令人心發狂。」這種欲望不得滿足，人還有什麼自由可言呢！所以減少欲望，儘量尋求內在生命的自由，才是自由的目的。

第三節 預定及和諧

人的主體在於有生命，生命又有選擇，這種有選擇性的生命，按道理說，可以賦予人更深刻的生活，但有時，我們却會發現，我們所有的努力都是白費，因爲一切都好像已經安排好了，既然如此，我們又有什麼好努力的呢？我們衹要照着已預定的路去走就可以了，更有甚者，反正努力也沒有用，乾脆，今朝有酒今朝醉，莫等無酒空傷悲算了，所以，這裏就引起一些問題：生命的目的及方向都已預定了嗎？如果已預定了，我們還能做什麼呢？如果沒有預定，我們又能做什麼呢？我們現在就分析討論如下：

首先我們要問生命的方向及目的是否已經預定了呢？在討論這個問題之前，我們先要問生命的方向及目的爲何？如果我們討論的結果，是認爲生命沒有方向及目的，我們就不需要討論生命的方向及目的是否有預定了，假設，生命有方向及其目的，那再來討論預定，就可能有意思了。

生命可以分成二種，一是有形的生命，一是無形的生命，我們先討論有形的生命：

所有有形的生命，包括了所有的生物，都有其方向及目的，有形生命的方向就是從小變大，維持生存，但其結局却是悲慘的，就是死亡，死亡可以說是所有有形生命的終局，所有有形生命，都無法突破死亡，死亡從一個消極的意義來看，是一個生命的結束，但從積極的意義來看，似乎又是另一個生命的開始。

任何一個有形生命，都包含了形與體二方面，一個有形生命的形會變，體也會變，例如一個小孩子，在出生時，形體可能祇有長不到一百公分，重不到五公斤，但經過幾十年之後，其形體長可能有一百八十公分，重可能有七十公斤，這一種形體的改變，乃是一種生物生命的生長過程，在這一個過程中的每一個時刻，都在改變，有形生命改變的結束却是走向消失，這一個消失，從物質不滅定律看來，化成許多化學元素分散在空中，但從形體所佔據的時空來說，就已經不再存在了，所以我們可以瞭解，有形生命的方向就是在變化，其結果就是消失，就是死亡。

無形生命和有形生命比起來就有不同，無形生命沒有形體，却有可能，無形生命不成長，却也會變化，無形生命不佔據某些所謂固定的空間與時間，而是一種永恆，永恆不是我們所想像的一種像河流的水流一樣的，而是一種靜止的，却又具有無限可能的狀態，我們舉個例子說，一粒稻穗，從其有形生命來說，當其從發芽長到稻穗的時候，有形的意義就結束了，但在每一粒稻穗中，所隱含的生機（Vital）却有可能產生千萬顆稻粒，這種生機就是無形生命，問題是我們如何能夠發揮無形生命的力量，這就完全要看我們在做選擇時，態度是如何了，有些人把稻穗拿去碾米、煮飯，就成了維持有形生命存在的力量，有些人却把稻穗拿去重新播種，再去產生無數的有形生命。而生命的意義，就在這二種情況之下，有所不同。有些人覺得該盡一己之力，努力爲社會工作，就犧牲一切去做了，有些人却認爲當努力培養更多的人具有服務社會的意識，因此，他也去做了，這二種人都好，但其對生命的預定就可有很好的說明。

生命的方向及目的，如果祇限於有限的生命，那麼其方法及目的，不用多去瞭解，我們每一個人都明白，那是早就預定了的，這一個預定了的方向及目的，自然就是死亡，在如此的意義之下，自然是醉生夢死，也實在沒有什麼好努力的，這就如同許多動物一樣，他們祇要按照大自然的規律，循着這一個進化的過程生活就可以了，別的不用想也不需去想，但無形生命的方向及目的就不同了，由於無形的生命，不佔有任何一個固定的形式，因此，他不受限制，因此，就有可能成爲一切，又由於無形生命是一種永恆，不會死亡，因此其方向，就在使這無形的生命變得更好，當然會有人問，無形生命既是永恆的，爲什麼要努力呢？無形生命，乃是一種和有形生命對稱的，他不祇有生命，且因爲生命的眞正意義不在那些有形上，而在於無形上，所以無形生命的方向，就不是一種爲適應生存而有的結果，更由於生命的本質是一種向上的能力，所以無形的生命，不可能是靜止的，也不可能永遠停留在某一個階段中，所以無形生命，不祇是可以努力，更可以創造。預定之說，在這種意義上，就消失了，代替的就是一種和諧(Harmony)。

和諧在一般人的瞭解，就是人與人，人與環境相處得不錯的意思，但和諧也有另外二層意思：一是各人按照各人的能力，彼此合作而共同創造一個未來，一是根據大局，每一個人根據個人在這一個大環境下能作的工作，而各自盡力，彼此不相妨礙，也可以謂之和諧，根據第一種和諧，是從自我出發，在處事時，如有與他人衝突時，彼此合作，這一種看法，是肯定了人的能力，並肯定了人在大環境下，有能力去處理周遭的事務，根據第二種和諧，就是先假定了一種局面，依據這一局面，分別由不同的人來工作，彼此祇要盡一份自己的能力就夠了，在這二種和諧的意義之下，我們可以看出預定說又出現了，預定在許多有計劃的人來說，不祇是壞事，而且還是好事，問題是做爲人的我們，在預定他種生物的前途時，我們可以不管，但我們是否肯甘於被他人或他物來預定呢？這就牽涉到尊嚴的問題，人性的尊嚴是否允許我們被人訂計劃，如果允許的話，能夠達到一種什麼樣的程度呢？我們先在此討論尊嚴的問題：尊嚴是一種對待的名詞，如果全宇宙祇有一個人，一個生物，那麼我想大概無所謂尊嚴的問題，祇有在人與人，人與物相處時，才有尊嚴，顯然尊嚴乃是要我們合乎人之爲人的原則，合乎人性的原則，既然如此，尊嚴很少是自發的，多半是他發的，既然是他發，那麼如果沒有人際關係，似是人的尊嚴也不用討論了，由此可知，尊嚴乃是一種附加的，這種附加的是因人因事而有不同，但其根源却祇有一個，因爲人之所以爲人的原則，必然不是由人來決定，而是應由一個非屬於人，比人還要有能力的來決定，就如同我們可以決定桌子的原則，椅子的原則一樣，祇有在被決定的情況下，人才會反省尊嚴之爲何物，不然我們也不可能有更多的思考，就如同我們的手，跟我們人一起長大，我們不用想，都可以知道手的用處，因爲這是內在於我的，但尊嚴却不同，因爲古往今來，我們對尊嚴的瞭解都有不同的層次，卽使在今日，由於各民族習性的不同，尊嚴的意義也不一樣，但却從來沒有人懷疑手的功能。也由此可知，尊嚴被預定，並不損害人之所以爲人，相反的，更可以因爲人的反省，而增加人性的意義及價値。所以生命的和諧和預定在某一種意義來說是可以並存的，但和前面所說的內在生命的沒有預定，又有什麼關係？

我們都知道生命是被創造的，就如同人可以造桌子一樣，從某一個意義來說，人的生命是被預定了，但這並不表示人的生命就此完了，沒有可以努力的餘地了。相反的，一個人正因爲有自由，他可以選擇要進入這一種預定，或不要進入這一種預定，因此，從另一個意義來說，人仍然是不被預定的，因爲人的內在生命有一種能力可以去認識及選擇他所要的。和諧的意義也就在此，人的生命已被創造，這是無可諱言的，但人的方向及目的却要人自己去創造，經由和諧，人將生命被創造的意義及生命的方向與目的配合，就可以產生偉大的生命精神，而生命精神的意義也就在此。

第四節　生命精神的意義

我們既瞭解生命的來源不是人自己創造的，而是被創造的，在被創造的過程中，由於無形生命的選擇，我們成了人，因此，人不是荒謬的，人是有意義的，爲什麼人是有意義的呢？爲什麼我們要選擇做人呢？由於人的可能性，所以人可以利用其理智與意志走向一個完全合乎人之所以爲人的目的，這種目的，乃是進入人類生命的奧秘根源，人本來就是一個不可想像的可能性（註一），到現在爲止，人類的科學還不能完全的瞭解人爲什麼會有生命，會有思想，人類截至目前爲止，祇知道人類有形的結構，對於賴以維持這些有形結構的物質也相當清楚，但對於人身上無形生命的結構，自然科學提不出任何解答，也不知道維持無形生命的是什麼，所以我們可以瞭解到自然科學是有其限度的。但奇怪的是，在哲學中所能提出的生機解答，却也不是科學所能獲致的，這就是氣（Breath）（註二），氣在中西方都有相同的看法，中國從孔孟以來到宋明，西方從希臘到現代都認爲人如果沒有這口氣，就不可能活得下去，氣從另一個觀點來說，也是生機論（Vitalism）中最重要的部份，生命藉着氣把有形生命與無形生命加以聯繫起來，因此，在有形與無形之間遂有一個橋樑，生命精神的目的，就在希望超越有形生命到無形生命，我們在第二編中也說過，中國人認爲宇宙是一個充滿生命，生命普遍流行的所在，如何把這些有形生命與這些普遍流行於宇宙間的生命加以連繫，乃構成了中西哲學的大問題。這一個問題事實上也就是天人合一，天人交往的問題。

天人交往從其有形意義來說，乃是如何把一個有形，有限的生命，過渡到無形，無限的生命，從其無形的意義來說，乃是如何發揮無形生命的精神，使進入永恒生命變成可能。生命精神既在於此，生命的意義也就可以肯定。我們人在生活中，要獲得許多考驗，考驗的目的，就是希望我們能獲得更好的生活，而生命也是一樣。如果生命沒有經歷過反省、重估的階段，生命就成了一種膚淺而毫無生命意義的生命，生命既有繁殖人類生命的目的，那麼生命就必然會有開創宇宙新氣象的能力，所以，我們如何在生活中發揮生命精神，實在是相當要緊的。

生命精神的發揮，首重生命的認識，次在瞭解生命的目的，最後就可以進入如何發揮生命精神，在前面，我們已談過生命的意義及目的，我們現在祇談生命精神的發揮。生命精神的發揮，不可能是發揮在物質生活及有形的生活上，因爲如果發揮在有形及物質的生活，那生命精神將是一個相當悲慘的結局，俗語說：「人往高處爬，水往低處流。」根據人性，人是希望不斷的能超越，能超越到超乎人本性的超性事務上去，但由於這一個時代的徵象，認爲某些超性的東西是不可捉摸的，是沒有證據的，是不可信的，影響所及，竟然積非成是，完全違反了人性的原則與目標，我們不妨舉個例子來說：比如愛這一個字，愛可以有本性的愛及超性的愛，如果我們瞭解愛的意義的話，就可以將本性愛和超性愛融爲一體。本性愛是父母、夫婦、兄弟等之愛，但我們也可以推己及人，引伸到對全體人類的愛，因此愛在基本上就有了區別，當然超性之愛也可能是以本性之愛爲基礎，但超性之愛也有可能是自發的，人性嚮往超性之愛，乃是一種人往高處爬的現象，是無法用實證科學來取消的，而發揮生命精神就在使我們在進入天人關係的過程中，得到人性最美滿的解答，中庸說：「天命之謂性，率性之謂道，修道之謂敎。」

如何將天命之性與人命之性結合，常是許多先憂之士所努力的方向，我們在下一章中將討論天人關係的歷史發展，再研究天人關係的目的。

第十五章　天人關係的發展

天人關係的發展在中國及西方有着相當不同的層次，中國人重於實際，對於天人關係也比較看重實際有利於人生的一面，西方人雖也重實際，但在哲學上，却更看重玄思推理，以致在天人交往的關係上，能發展成一套精微細緻的理論，我們在本章中，將先就中國及西方對天人關係的理論加以分別敍述，然後再來比較二者的異同。

第一節　中國的天人關係

一

中國對上帝觀念的形成，相當的早，在今天所能找到的證據中，殷墟甲骨及周朝的金文都可找到類似的痕跡，例如：王國維在解釋天時說：「古文天字本象人形，殷墟卜辭或作吴，盂鼎大豐𣪘作兲，其首獨巨樓，說文天顚也。易睽六三『其人天且劓』，馬融亦釋天爲鑿顚之刑是天，本謂人顚頂，故象人形。卜辭盂鼎之吴兲二字所以獨墳其首者，正特著其所象之處也。殷墟卜辭又作杀，則別以一畫記其所象之處。」（註三）又說：「帝者蒂也，不者柎也，古文或作杀辛朿，辛但象花蕚全形本爲審蒂。故多於首加一作杀辛諸形以別之。杀字於兲上加一正以識其在人之首與上諸字同例。」（註四）

王國維對天與帝的解釋，可以看出在殷墟甲骨及卜辭中，已將天與帝視爲在人之上的東西了，這一個東西是什麼呢？郭某在解釋祖時也解釋帝字時說：「……知帝爲蒂之初字，則帝之用爲天帝義者，亦生殖崇拜之一例也。帝之興必在漁獵牧畜已進展於農業種植以後，蓋其所崇祀之生殖已由人身或動物性之物而輕化為植物。古人固不知有所謂雄雌蕊，然觀花落蒂於蒂熟而為果，果多碩大無明，人畜多賴之以為生，果復含子，子之一粒可化而為億萬無窮之子孫，所謂韡韡鄂不所謂綿綿瓜瓞，天下之神奇更無有過於此者矣。此必至神者之所寄，故宇宙之眞宰卽以帝為尊尊號也。人王乃天帝之替代，而帝號遂通攝天人矣。」(註五)

在漁獵時代，中國人的祖先，已把天與帝當做有威能的人格神，但這一人格神是否如郭某所言由原始人的懼怕觀念中轉化出來的一種想像呢？還是如一般中國人所相信的宇宙間普遍流行的生命，這一個生命乃是上天之神，也就是至上神的生命呢？要證明這一至上神的現實性，有時是相當困難的，因為天或帝或至上神乃是一種無形的生命，很難加以把握，不像人或生物是實際而且具體的，雖然有很大的困難，但仍可證明上帝神的實有：

中國在講到宇宙論時，最早的一本書就是易經，易經的作者在觀察天文地理之後，定了一個太極，並以易為太極變化的原則，我們現在來研究一下太極與易的關係。太極在易的作者心目中，認為是一個統合宇宙萬物的最終原理，這一個原理能生萬物，所以有「太極是生二儀，二儀生四象，四象生八卦……」的話語，在這裡太極的生就是一種變化，變化有一個原則就是易，易這個字極難說得淸楚，易字可有變易，也可有不易的意思，如果拿來做為太極和萬物比較的話；太極是一個不易的，但他本身却又能變易，這就好像太陽一樣，太陽是一恒星，居其位不動，但他所射出的光却可化育萬物，這一個太極既是不易而又能變易，豈不是正好證明了上帝、天或至上神的實有了嗎？因為在易的作者中（到現在為止，雖然傳說是伏犧作八卦，但仍不能肯定為一人所作）(註六)，雖以太極為宇宙的中心，但這一個太極並不是一個物質的太極，而是一個具有精神生命，永恒不易的太極。

第二個證明，我們可以從一些歷史書及詩書中找到證明，在中國最早的歷史書及詩書就是書經及詩經。書經及詩經的成書年代大致在西周以前，所敍述的時代則從西周往前述，包括人所稱道的堯、舜、禹、湯、文、武，及周公等的嘉言懿行，以及桀紂等爲人所詬詈的對象，在這二本書中，對上帝的記載不祇是因爲他們懼怕自然氣候的演變，而是看出人所以向善的原因不是因爲人的能力，可以完全做到，事實上也包括了天地美好及天地的正義，從天地的美好及正義中遂有了上帝的人格義，因此孟子萬章篇中在分述書經太誓中所說的「天視自我民視，天聽自我民聽。」的話語中就明白的指出了天能視，天能聽的天的能力，這種能力雖和人近似，但天聽、天視却也表示了人類對上帝的認識。

對於中國典籍中，證明上帝的實有，我們僅舉此二點以證明，我們的目標，希望先認清天的特性及其在歷史中的演變，再來研究天與人的關係的發展。

天的特性除了在書經及詩經中，證明上帝乃一至上神並有正義、仁慈、全能的特性之外（註七），天還有處所，天堂之義，天既可作爲一專有名詞的至上神，也可以作爲物質名詞的地方義，因此，有的時候，就不容易把天的處所義和天的神性義分得清楚，在歷來研究上帝與天的學者中，大致上都有相同的看法，那就是上帝是商朝以前的用法，由於商朝以前的君王都以帝爲君號之名，因此，對於至上神，就用上帝之名，以表示此一至上神之權威及德能都在帝王之上，但到了周朝，由於帝號已不用，而改用王，所以上帝的名稱，就不適用於周朝，乃以天來替代，但一般說來，天的範圍要比帝用的廣，直至今天，我們所沿用的老天爺、天王、天啊等都是從周而來（註八）。天與帝既是周與商二朝用來稱呼至上神的名號，在用法上有何區別呢？從書經及詩經的考察中，我們可以發現頁多有二義，就是指君王及至上神，而天不但可以指至上神，君王，有時也可用來稱呼一個地方，這個地方就是天堂，我們爲了敍述天人關係的方便，而把天與帝具有相同意義的加以結合起來，然後以天的思想來與人作比較。根據書經及詩經，帝的特性有人格，有意志，是至善，是正義的。而天的特性也有人格，有意志，是至善，是正義的。因此，把天與帝的這些特性聯合起來，我們就可知：

一、帝與天的德性相同。

二、帝與天可以合稱或併稱（註九）。

除了這二點相同之外，中國人對於宇宙還認爲有普遍生命的流行，所謂普遍生命，就是例如：鬼、神、祖先的靈魂等等。中國人不但相信宇宙間有主宰宇宙命運的天帝至上神，也相信在天帝至上神之下有許多鬼神職司各種工作，因此，多神的思想也是中國人對天的看法。

中國人的天既是如此的廣泛，那麼其間的天人關係是如何的發展？中國的天人關係首重天人交往的實質，這種實質是一種圓滿的發展，由於中國人愼終追遠的精神，所以天人感應的事也屢見不鮮，天人既能彼此感應，就可以彼此相容，人人既可以爲堯舜，人人也就可以爲聖賢，爲神人，莊子所提的至人、眞人、神人的境界，實在也就是天人交往的一種境界，在儒家的精神中，認爲祇有至誠的人，才能與天地交往，所以易經有言：

「夫大人者與天地合其德，與日月合其明，與四時合其序。」（文言）

這一段話是易經文言中的一句話，文言是孔子所作十翼之一，所以這一句話，也可以表示孔子的態度，一個大人之所以爲大，就是能與天地合其德，所謂與天地合其德，就是與天覆地載大公無私的精神相合，與日月合其明，就是行爲皎潔光明，能指引人行，與四時合其序，就是行爲處事有條不紊，就如同四時的秩序，在易經中所提出的這一個看法，就是指出，一個大人能與天地往來，又不相衝突，就是深諳天地之性，並以此性爲人努力的目標，所以儒家的思想，事實上就是在研究一個人如何能與天地往來，在禮記中又提供了一個更深刻的思想：

「唯天下至誠，爲能盡其性。能盡其性，則能盡人之性。能盡人之性，則能盡物之性。能盡物之性，則可以贊天地之化育。可以贊天地之化育，則可以與天地參矣。」（中庸）

一個人必須從最基礎的單位開始，就是先盡其性，在禮記以外所說的盡其性，顯然不是盡人之性，因爲在下面有盡人之性，所以從這一段話中，我們可以看到盡性的層次，那就是：先盡天地賦於我的天性，並以此天性與人性相結合，如此就可以瞭解他人、他物，而後進入天心，所以在中庸中所提出的天人關係，乃是一種循環，由天而來，賦於人，由人再回於天。如此的一個循環，就證明了人是由天所生，人盡己之力，努力再回到天心，完成人的目標。因此中庸對至誠的態度是：「誠者天之道，誠之者人之道。」，凡是能「自誠明」的人就算盡性，就是合于天道，天人關係也就在於此，怪不得陸象山要說：「宇宙便是吾心，吾心卽是宇宙。」（註十）至於吾心卽是宇宙，宇宙和吾心是一而二，二而一的嗎？從某一個意義來說，是的，但從另一個意義來說，吾心也有屬於人欲的一面，這人欲的一面，就不能說是宇宙了，宇宙內有衆心，衆心可以合成爲一大心，此一大心乃可分受其心於各個體，各獨立的人身之上，而成爲獨立的人心，但雖爲獨立的人心，並不表示此人心和宇宙大心無關，所以朱熹乃提出理氣論，以解決天人交往中可能有的困難，朱熹主張天地皆有理，此理之總根源乃是天理，人秉此天理而有人理，但人理祇構成人之所以爲人，如無物附着，則此理也空了，因此，在人身上仍有氣，氣乃構成人的生理條件，有理有氣，人才算是完整的，人旣是由理氣所成，而在人理之上，有天理存在，人理由天理而來，所以天人的交往乃以達到天理爲其目標，這種把天理與人理合爲一體的主張，乃構成中國形上學的主要特色。

人雖有人理可以秉受天理，將天人合而爲一，但當人受命於天而爲人時的天命思想，也構成了人的命運觀。天命思想乃是聯繫天人關係的主要因素，然而命之爲物，不祇是單由天發號施令即可，如無物承命，就不行。同樣的，命也不能祇在接受，如無物施之也是空言，所以命之所以爲命，乃是天人感應、天人交往，天人合一中的天人的彼此感應，藉由這個感應，達到天人合一的目的。中國先哲在談命時，最盛於先秦，孔子談知命，墨子談非命，孟子說立命，莊子說安命順命，老子講復命，荀子說制命，易傳，中庸，禮運，樂記談至命，俟命，本命，降命等說法雖不同，但都是根源於書經詩經中的宗教性的天命思想。到了秦漢以後，「學者言命之理論尤繁。然繫領振衣，則能明先秦諸家言命之說，由源溯流，則後併成異或同之論，皆可對較而知。」(註十一) 由此可知，在先秦時期，所有談命的思想，都是本源於書經與詩經中的宗教性的天命思想，那麼書經詩經中的天命思想是什麼呢？可略述如下：

關於書經詩經中天命的來源，韋政通在他的中國哲學思想批判中說：「天命在典籍中的出現，始於詩、書。此外周人得天下，開始建立一個新的國家，爲了鞏固他的統治，於是創造了『天命』，作爲周人得天下的一個宗教式的理由。」(註十二) 韋政通的這一個結論祇是一種假設而已，天命之有無，並不是創造的問題，而是天帝至上神是否有天命的必要，天人之間的聯繫是否實有，所以韋政通又說：「天命之起既緣於周人政治上的需要，所以它一開始就與人事發生密切的關係。天單獨觀察時，特別顯超越義。天命的特性，是既不混同於天，也不偏向於人，它是既在天又在人的『天人之際』。天命的出現，才正式打通了人與天之間內在的關係。因此，它是中國哲學中『天人相與』『天人合一』等思想的根據。」(註十三) 韋政通的看法，在這裡有幾個問題，一是「天單獨觀察時，特別顯超越義」是什麼意思，難道因爲天的超越性，天就不能主動的與人連繫，而祇能靜待人的起意嗎？這是第一個問題，二是天命既是天人之間的橋樑，必然是傳遞雙方消息的橋樑，既然稱之爲天命，自然是偏於天給人訊思的爲多，既然天命偏向於天爲多，則天爲主動的指示人行事的原則，是幾乎確定的。人在接受天的指示行事，並以之回報時，也需要以天命來傳達，天命就如同人間的郵局一樣，必然有其所有權及所有人，不可能「是既不混同於天，也不偏向於人，是既在天也在人的『天人之際』。」因此，天命的思想是一從天而來的主動性傳遞消息的方法，也祇有在這種情況下，才能討論書經及詩經中的天命思想。

天命思想在書經及詩經中的第一個特色就是天命靡常的觀念，所謂天命靡常的意思，就是天命並不固定在某一些人或某一些事上，也就是沒有預定的意思，例如書經及詩經說：

「侯服于周，天命靡常。」（詩經大雅文王）

「周雖舊都，其命維新。」（詩經大雅文王）

「有命自天，命此文王。」（詩經大雅大明）

「天生蒸民，其命匪堪。」（詩經大雅蕩）

「維天之命，於穆不已。」（詩經周頌維天之命）

「邦畿千里，維民行止，肇域彼四海，四海來假，來假祁祁，景員維河，殷受命咸宜，百祿是何。」（詩經商頌玄鳥）

「天命有德，五服五章哉。」（書經虞書皐陶謨）

「天難諶，命靡常。」（書經商書咸有一德）

「其曰，我受天命，不若有夏曆年，式勿替有假曆年。」（書經周書召誥）

「皇天上帝改厥元子，玆大國殷之命。」（書經周書召誥）

「我不敢知曰，有殷受天命，惟有曆年。」（書經周書召誥）

「惟命不於常。」（書經周書康誥）

「皇天改大邦殷之命。」（書經周書康王之誥）

「天命不易，天難諶。」（書經周書君奭）

由這些片段的引述，我們可以知道，天命不是一種靜止，固定不動的，它常是變化的，常因人而改變，至於改變的原則，就是以天的德性爲依歸，天的德性就是愛民、保民、育民，所以有「天佑下民，作之君，作之師。」（孟子引書經周書逸文）「民之所欲，天必從之。」（左傳襄公三十一年引書經大誓文）的精神，由於天愛民、保民、育民，所以承受天命以管理人民的君王就必須努力遵守天命而謹愼從之，不然天就要處罰，也祇有遵守天命並努力實行的人，天帝至上神才會歆享人的祭祀，所以說「黍稷非馨，明德惟馨。」（左傳僖公五年引書經周書逸文）就是這個道理。

天命思想的第二個特色就是天帝並未預定人之未來，完全看人的自由選擇，祇要人努力修德行善，就可獲得天命眷顧，所以周文王之所以能受天命，乃是因爲他「克明德愼罰，不敢侮鰥寡，庸庸祇祇，畏威顯民。聞於上帝，厥德不回，以受天國。」（書經康誥）天命既是一種未預定的狀況，則天命之在於人，乃是一種可以自由決定之事。在書經及詩經的思想中，對於人的選擇是保有相當的自由，雖然如此，選擇的結果却可在書經及詩經的言語中看出。

天命思想的第三個特性就是，當人遵守天命並努力遵行的結果，天帝將會降福於守命之人，所以書經說：「永念則有固命。」（書經周書君奭），又說「惟天之命，於穆不已。」（詩經周頌維天之命）等就是人遵守天命就可以獲得天帝的降福及保佑。

所以從以上三點看來，可以知天命在中國人文思想的發展中，佔了相當重要的地位，尤其在天人關係的發展過程中，天命乃是居於天人之間的橋樑，經由這一座橋樑，人可以獲得上天的旨意，也可以由上天的旨意中看出人修德行善的意義，並由此修德行善而達到人生命的永恒。中國的天人關係就是在表明一個在世之人，如何可以體天心，並以此天心爲個人參於天地造化的目標。

第二節　西方的天人關係

西方的天人關係，從哲學史的層面來考察，可分成希臘的天人關係以及希臘以後的天人關係，我們先從這二方面來研究。

(一) 希臘的天人關係

希臘哲學的發展，奠定了哲學中以理性爲思考方法的根據，但在研究天人關係中，希臘哲學的方法，有時就超越了理性，而邁入直覺及非理性的範疇。

我們都知道，希臘精神就是奧林匹克（Olympic）精神，奧林匹克乃是希臘最古老最有名的運動會名稱，這一個運動會以發揮人性光輝，人類競技能力爲目標，而奧林匹克運動會的精神來源，就是以奧林匹斯山諸神祇的各種傳說爲依歸。因此，希臘哲學，這一個從希臘神話中所孕育出來的思想體系，仍然帶有濃厚的神話，在這些神話中我們不難看出希臘哲學中天人關係的一個層面，我們在批評這一時期的思想時，很難用現代人的眼光來看，誰是迷信，誰是眞理，因爲由於人類知識的不斷累積，後來的人慢慢對宇宙有一個較爲實際的瞭解，但往往却因爲過分偏執於實際的瞭解，反而失去了看起來不實際，却比實際還實際的事實，也就因此，而有許多不合理的、不公平的意見來抹煞了追求眞理的全面性。希臘哲學的天人關係就是以這種整體性的態度，嘗試着來探討天人關係。

希臘哲學，一般公認，以泰勒士(Thales 約624–546 B.C.)爲第一人，他的天人關係，是建基於他的宇宙論上，他認爲萬物皆由水構成，地球是漂浮在水上的物體，水能化生一切，但水如何能化生一切呢？他認爲是神，或說，水中一切都充滿了神明。泰勒士並不瞭解物質和精神的區分，而祇是以觀察所得，視爲其結論，因此，他認爲宇宙中有其靈魂，就好像人一樣，既然宇宙的一切，都是由水構成，水爲宇宙的根源，水中充滿了神明，而這個神明是超越了希臘神話中的具體神明，而是一種超越的、抽象的、象徵性的一切生存的總根源，由這裏也可以看出在宇宙整體的層面之下，人性的意義是如何了，而其天人關係，就是如何以人這一個受造物，能和宇宙一切生的總原理配合。

從泰勒士之後，希臘許多哲學家，都主張宇宙的構成，是以物質爲基礎，這些物質既是具體可見的，就有其限度，從有限爲起點，必然會達成無限的終極，從有限到無限的動力乃是愛(Eros)（註十三），愛是無限的內存力，無限和有限是對比的，無限不死，不會消逝的，有限與無限的來往，就是藉着愛而使二者能夠聯繫在一起。在希臘哲學中的有限就是會死，是具體可見的生物，無限就是希臘哲學意欲擺脫希臘神話的代替品，但由於無限的特性，無限事實上就是希臘神話中的神，因此，其天人關係就是無限與有限的關係，而其關係的基礎，動力就是愛。像這樣以無限來替代神話中神明的思想，除了是亞諾芝曼德(Anaximandros 約 610–546 B.C.)首先主張之外，幾乎已被希臘哲學所接受爲普遍的基礎，至於這個無限的特性，除了不死，不會消逝之外，祂所能顯示的方法是什麼呢？由於希臘哲學以宇宙論爲基礎的思考方法，遂使得無限的具體呈現乃有了氣（Aera）的看法，這個所謂的氣再加上亞諾芝曼德的無限（Apeiron）就成了宇宙中化生一切的根源。

對於氣之爲物，不祇是希臘哲學看重，就是東方諸國也看重，像基督宗教所說的上帝造人，人之所以有生氣，乃是因爲上帝將氣吹在人身上（註十四），而在中國，氣也是形成一個人生存的主要條件（註十五）氣既是如此重要，那麼氣究竟是什麼呢？亞諾西姆內（Anaximenes 約 585-528 B.C.）就認爲氣是充滿神明的、活生生的。亞氏以泰勒士觀察具體事物的方法來研究氣，他認爲充滿神明的氣乃是宇宙的太初，一切都淵源於氣，未來也消融於氣中，人的靈魂也是由氣而來。如此的看法，也就是所謂的天人關係，乃是因人在天，就如靈魂在氣中一樣。

到了畢達哥拉斯學派，其對天人關係的看法就更深刻了，畢達哥拉斯（Pythagoras）認爲宇宙的問題在於一與多上，另一方面畢氏學派也相信輪廻之說，在生活中，看重人生的修養和宗教的淨化，爲了要獲得幸福，達到天人合一，嚴厲的刻苦生活是必須的。由於畢氏學派如此主張生活的態度，就使得希臘哲學又回到了宗教的領域，既是宗教，則天人關係乃成了必然的連接了。

到了畢氏以後的哲學家，就更有人提邏各斯（Logos）的問題，這一個邏各斯在赫拉克利圖斯（Heracitus 約 544-484 B.C.）的觀念中和我國老莊思想中的道極爲相近。在赫氏的看法中，邏各斯是一個思維的主體，是動的，也是靜的，從一方面來說，邏各斯是自然宇宙千變萬化中不變的原理與原則，另一方面邏各斯又是超乎世界，統治人心的邏各斯，因此，我們和邏各斯的關係就是藉着認知的方法而達到的，認知的方法可有二種，一是感官的認知，一是心靈的認知，感官的認知乃是人以感官去認識外在的事物，明悉人與物的關係，及自然萬物不變的原理與原則，而心靈的認知，乃是以超乎世界，統治人心的邏各斯爲對象，藉着心靈的認知，我們就可瞭解天人關係，這一個邏各斯對後世的貢獻很大。

希臘哲學在亞里士多德之前，雖是以宇宙論爲中心，但宇宙論的目的，乃是在探究人與天、人與物的關係，並且希望從天人、人物關係中，找到人生的眞理及價值，但可惜的是，由於這些哲學家們不瞭解精神與物質的雙層關係，而祇以物質來衡量宇宙，自然是很不幸的就進入了機械論的領域，一直到了蘇格拉底，才開始提倡精神世界，這一個精神世界除了主觀的意義之外，也有客觀的價值，這一個客觀的價值除了個人在認知事物之時，能有以接受的感受之外，也可以藉着客觀事物及客觀認知的能力，使我們達到追求眞理的決心，但不幸的是，蘇格拉底（Socrates 470–399 B.C.）這一種追求眞理的態度却被當時人以「褻瀆神明」、「蠱惑青年」、「傳播迷信」等罪行加以戕害，蘇格拉底看起來似乎是一個爲追求眞理而被迷信所犧牲的哲學家，但我們仔細一想，難道眞理的根源不正就是天人關係可以契合的地方嗎？蘇格拉底不正是一個積極追求，並渴望將天人關係合而爲一的人嗎？這一種積極的態度，正好影響了蘇格拉底以後的人，其中最能把蘇格拉底這種將主觀與客觀融合爲一，並以實在世界爲基礎的人就是亞里斯多德。

亞里斯多德（Aristotles 384–322 B.C.）之前雖有柏拉圖（Plato 427–347 B.C.）的觀念論出現，但由於柏拉圖以主觀世界爲其經驗及認知的範疇，雖能引起當時思想界的震撼，但究竟在客觀的世界中，並沒有積極的肯定客觀世界，更因爲柏拉圖對理念能力的完全肯定，遂使得靈魂與肉體的實在性有了距離，到了亞里斯多德才努力的將主觀與客觀結合，這一種實在論的目的，不祇在肯定主、客觀的意義，也是就人生的意義及未來的嚮往，加以融合，在亞里斯多德的形質論中，已經很淸楚的看出，人之有形質與神之有元形，在形式的本質上來說是相同的，但人之形乃是分受神之形，也由此可知亞氏的天人關係，是建基於一種客觀的理性態度，尤其在提出其有名的範疇論（Category）之後，如何給實體一個確定的意義，並以此意義作爲經驗世界與非經驗世界中，共同可通的觀點。亞里斯多德從未寄望於理性世界的完全透徹體會，但他對於宇宙的看法，却改變了後世的哲學歷一、二千年之久。

希臘哲學在亞里斯多德之後，雖還有發展，但由於亞氏學說的深大廣博，幾乎使得後來的學者都以繼承亞氏並闡釋他的學說爲主。所以我們在研究希臘的天人關係時，亞氏幾乎已達到了一種圓滿的程度，這種圓滿的程度，就是以客觀世界爲基礎，深入宇宙內心的方法。天人關係就是有限與無限、形式與元形的實在關係，這一種實在關係不是建立於主從關係，而是有限分受無限的意義，元形既是一個宇宙構成的總原理，那麼一切的有形事物，皆是從元形而來，祇有從元形而來，宇宙的本體才得以顯露，也由此可知，希臘哲學的天人關係，乃是全體與部份的協調及融合關係。

（二）希臘以後的天人關係

希臘哲學以後的哲學，其時代乃是從初世紀一直到今天，在這裏又可以分成二個階段，一是從初世紀到十六世紀爲第一階段，一是從十七世紀到今天爲第二階段，第一階段差不多有一千六、七百年，這一個階段，通常被人稱爲中世紀時代，在中世紀時代，由於基督宗教的興起，及羅馬皇帝君士坦丁的改基督宗教爲國教之後，基督宗教（註十六）乃獨佔了西方世界，在這一個階段中，哲學的討論不祇是繼承了希臘哲學的傳統，更以哲學爲宗教服務的態度，努力於建立教會系統的哲學，並以哲學的努力，逐漸的催生了神學與科學，由於宗教思想的發達，神學在中世紀的發達，就成了一枝獨秀，雖然如此，從哲學孕育出來的科學精神，却逐漸在萌芽、滋長。中世紀哲學的貢獻在於方法的建立和運用。雖然哲學的起源並不是由於方法的選擇，但也有其時代的及思想的背景，在這些背景中，我們可以發覺中世紀哲學的誕生，不是因爲外在要求，而是人內在的需要，這種需要，就是經過亞里斯多德的思想之後，所加以發揚光大所必需，也是不可能不走的內在的需要，我們可以試想，亞里斯多德提出了元形之後，要如何才能達到元形呢？人的形式既然是分受元形，那麼人的形式和元形又有何種關係呢？完全主觀的世界，既已不可能，一個客觀的世界又是如何可能呢？在中世哲學的二大思想主流：敎父哲學及士林哲學的目的就是在硏究人如何利用柏拉圖及亞里斯多德所遺留下來的文化遺產加以發揚光大呢？柏氏及亞氏的學說，仍以知識爲其主要，我們瞭解知識的產生及獲得，不是僅靠外在的經驗及客觀的世界可以完全獲得的，更有甚者，內心的經驗及直覺上的感悟，常是可能超越外在的、感覺的世界，例如我們對愛的感受，就是一個很好的例子，愛人及被愛，常是主觀的內在經驗與外在經驗的交流，而却以內在爲主，我們愛人，及感受到爲人所愛，不祇是因爲愛的事實及行動，而是因爲愛者及被愛者在主觀經驗上所接受的一種態度，如果愛人，而他人却無感受，這祇是限於主觀的、個人的經驗，相反的，在他人並未愛我之時，而我却已有強烈的感受及主觀的認定時，內在的經驗就自然形成，這一種愛的體認乃是一種對自己相信，對他人相信的態度，所以人與人之間必須以愛來聯繫，而愛却應以信爲基礎，信不祇是因爲客觀的事實，也有直覺的認定，小孩愛父母，不祇是因爲父母給小孩食物及溫暖，也是因爲父母與子女之間的一種必然聯繫——血緣，這個血緣在人心中乃是一種完全不能以客觀事實及外在經驗所體會得到的，這一種內在的關係乃是基於一種事實——這一個事實已超越了具體而又實在的事實，就是子女由父母而來的天性連結，因此，在中世哲學中所談到的天人關係，就是根基於這種先天性連繫，而使每一個「信仰」上帝的人，獲得做爲上帝子女的榮耀，並與上帝分享永遠喜樂的機會，這種天人關係，乃構成了中世紀哲學的一大特徵，我們很難從哲學的觀點來批評這一個思想是迷信，因爲哲學的目的，不在批評迷信與否，而是在如何才能達到哲學的目的——萬事萬物的最後原因。既然中世哲學找到了最後的根源，上帝做爲哲學及人生最後目的的解答，似乎哲學的任務就已經大部達到了，現在的問題是，中世紀哲學所達到的上帝的最後結果，是否眞呢？因爲眞也是哲學的特徵之一呀！要回答這一個問題，爲現代人來說，似乎很簡單，因爲我們祇要在實驗室中，把上帝這一名詞及其所可能有的實體，加以檢驗及分析，就可以知道上帝是什麼。因此，有的時候，我們很難理解中世紀哲學所用的方法，甚至我們會遽而批評當時的那一種方法爲毫無根據及毫不足信的結果，但事實呢？眞不祇是一個可以在實驗室中實驗及分析的物體，也是一個可以超越我們人類文明的東西，例如在一八二一年未發現天王星之前，請問又有多少人，眞正瞭解它的位置及特性呢？卽使在今日天文學如此的發達的時刻，也沒有人能告訴我們天王星的完全實際情況，既使窮人類全體的生命也是不可能的，因爲從地球到天王星的距離是幾十萬光年的距離，也因此，眞的全體性，不是人的能力所可能達到的，祇有以思想的方法才有可能接近。中世紀哲學所用的方法，事實上也就是人類自古以來，直至今日所一直不斷使用的最直接方法，這種方法雖一直不斷爲人所非難，但任何人都多多少少使用過這種方法。中世紀採用以「信仰的眞理作爲哲學的答案」（註十七）何嘗不是後來許多哲學的目的呢？祇是中世紀把信仰的最終目的訂在上帝身上而已，這一個超越於人的上帝，如果化成人身的部份，豈不就是亞里斯多德的形式及現代哲學所謂的本質（Essence）嗎？沒有眞正研究中世紀哲學，或對中世紀哲學一知半解的人，常會以爲中世紀哲學是妨害人性發展及人類自求多福的一個不需要的階段，但我們仔細一想，如果沒有中世紀哲學的繼承及發揚，又如何可能有今日的世界呢？野蠻、兇狠豈不仍是西方現實世界的掌握者嗎？更有的人以爲，以信仰爲天人關係的基礎，是侮辱了人性，汨沒了人性尊嚴，但試問如果沒有人，又何人性之有呢？人之所以爲不朽，不是因爲那些會腐朽的物質，而是永恆的精神。這種精神就是哲學所要努力達到的精神。對中世紀哲學誤解的人，常把中世紀的政治混爲一談，這是一個極端危險的態度，哲學本身不祇是不阻止眞的發掘，眞就是哲學的目的，但政治却不一樣，在政治嚮往上來說，可以達到哲學的效果，但從政治應用於當時的社會及政治者個人的觀點，違反哲學的求眞及政治上的嚮往却是屢見不鮮的，所以，如果把政治的現實性與哲學的目的混爲一談，是極端危險的。但中世紀的貢獻，不祇在天人關係的哲學發展上，也在於藉着思想方法的運用，問題的思考及對人生的探索，給後世舖上了一條康莊大道，更因爲中世紀哲學的信仰要求，培養了爲世人所稱道的民族精神及愛國情操，這些都是不可忽略的。在後世所以會對中世紀哲學加上永恆哲學（Philosophy of Permeneut）的稱號，就是因爲以上所述的原因，希望我們在求知的態度上，一如中世紀哲學所要求的嚴謹及認眞，如此才算是在人生中尋求智慧的態度。

第三階段是從十六世紀至今，在這四百多年的時代裏又可分成二個部份，一是從一五一八年文藝復興及宗教改革到一八三一年黑格爾死爲止，一是一八三一年黑格爾死後到今天爲止，在第一部份裏我們稱之爲近代哲學，在第二部份裏我們稱之爲現代哲學，也有人稱之爲當代哲學。第一部份的哲學，乃是在經歷了數千年希臘哲學的發展及定於一尊之後，使得人們覺得人間知識發展的努力不夠，另一方面也因爲宗教事務的腐敗，國家民族主義的興起，使人覺得教會統治世界的必要性有了疑惑，乃產生了文藝復興（Renaissence），文藝復興不祇是一個反抗的問題，而是對古代知識的批評，比較及綜合，因此，有的人在文藝復興時主張復古，有的人則回到神秘思想的領域裏，如積極而衝動的人，就希望將信仰整個推翻，建立以純粹理性爲對象的思想，在這種意義之下，文藝復興不但引起了各種學說的蓬勃發展，也經歷了人生最大的考驗。從宗教改革來說，就是在文藝復興之下，對宗教事務檢討的反動，但一般說來，這一部份的思想，仍舊在努力找尋天人關係，但不是從信仰的基礎出發，而是從理性的觀點出發而已。因此，在文藝復興的衝力之下，理性主義、經驗主義等相對性的看法及綜合性的主張紛紛出籠。在文藝復興時期除了哲學的表現之外，自然科學隨着宗教制度的萎縮也開始發展，先由哥白尼（Nicolaus Kopernicus 1473–1543 A. D.）的地動說及太陽中心說，打破了希臘時期的地球不動中心說，後又有布魯諾（Giordano Bruno 1548–1600 A. D.）的以太陽爲中心說爲基礎，而發展了一套無限宇宙的理論，宇宙雖是無限，却已經不再是神的影像，這就推翻了希臘哲學的看法，可是反過來說，有限與無限，一與多，豈不仍然是希臘哲學的翻版嗎？問題是考察的角度不同而已，布魯諾的主張，直接催生了自然科學，也間接的影響了斯賓諾沙（Spinoza 1632–1677 A. D.），萊比尼玆（Leibniz 1646–1716 A. D)及哈曼(Hammann 1730–1788 A. D.)，雅可俾(Jacobi 1744–1819 A. D.)，謝林(Schelling 1775–1854 A. D.）等人。布魯諾之後，自然科學由理論轉入了實驗，貢獻最大的人就是凱卜勒（Kepler 1571–1630），接着後來的伽俐略（Galileo Galilei 1564–1642. A. D.）的慣性定律，牛頓（Newton 1643–1727 A. D.）的引力發現及培根（Francis Bacon 1561–1626）的科學方法都引起了當時的震撼，這些震撼的原因，不祇是發古人之所未有，更因爲宗教制度的顢頇無能，而使得人們對宗教中所說的那些組織有了極大的反應，因而引起了一連串的反抗與改革，從人的有限來說，宗教制度乃是由人所發明、所組織，因此，其缺失勢所難免，但如果因爲制度之窒礙難行，却硬要維持制度之神聖性，那就醜化了人性，更違反了人性追求眞理的意願，所以在文藝復興之後，宗教改革所以能獲得人們的同情，不是沒有原因的，就在今日，某些宗教的組織，其抹煞了人性的尊嚴，事實上也等於否認了神性，究竟人性乃是由神性而來，更由於人對自己的未來，有着太多的無助，如果不能知人，又如何能知鬼神呢？所以一種人文主義的態度於焉產生，這種人文主義，不祇是要建立人的地位，也希望發現人在自然界，宇宙中的意義究竟爲何，所以，從一個整體性的態度來看這一個時期，毋寧說是人性的自覺，但問題是，有些學派却偏執於某一點，而企圖以一點來包括整體，矛盾也就從中產生了，理性主義與經驗主義之所以不能完全合乎人性的要求，原因在此，究竟人的整體性是很難分割而獨立成一枝的，雖然如此，此時期對後人思想的啓發却有極大的作用，在天人關係上，也走向一個新的境界及理想。這一個理想已經不再是急於從天那裏得到什麼，而是希望藉着人的努力於周圍環境而進入天心，而事實上，當有一天我們能充分瞭解客觀環境時，豈不就是天人合一了嗎？在第一部份裏，雖然和中世紀及希臘哲學在表現上有着極大的不同，但對思想的啓發及人類的貢獻有着莫大的功勞。但如果從十九世紀（一八三一年）以來的思想家，能追隨這種整體性的態度，人類說不定已創造了更好的生存環境。

現代哲學的最大問題就是一些哲學家們提出的問題，雖可顯示出人生的問題，但祇有部份而無整體，尤其馬克思（Karl marx 1818-1883 A. D.）所提出的唯物共產主義更把人性推到了無助的深淵，其實唯物與唯心的二極爭論，並非始於馬克思，在古老的希臘就早已存在了，在歷史上，唯物論一直都未得勢，爲什麼一到了十九、二十世紀反而得到了那麼大的地盤，追述這個問題的原因，就不能不提到自然科學的發展了，我們都知道，知識原來並無所謂界限的，但從文藝復興之後，科學實驗方法，引起人們的問題，那就是，究竟何種知識才是眞的呢？知識的獲得又是如何呢？自然科學的萌芽，讓人驚覺到，人類竟有那麼多的事物是完全不知道，而這些事物竟是隨手可得，祇要我們用對方法，所以，人們就愈來愈相信：科學愈發達，就愈能助人們瞭解事物的眞相，人們愈捉摸不定的，其眞實性就愈不可靠，再加上生存資源的不斷發掘，物質生活的愈來愈改善，就逐漸使人相信現實的經驗比超現實的事物來得更具體，更有效，也就因此而形成了祇有經驗才是眞知的看法，這種看法並不具有任何實質的意義，因爲如果從反經驗的態度來看，經驗如果沒有反省，又何嘗有經驗呢？但反省却不是屬於經驗的。馬克思利用唯物的理論及人們渴望改善物質生活的要求及黑格爾的辯證法，而構成了他的共產主義（Communism），而共產主義的本質就在反擊資本主義，但究其極，不論資本主義或共產主義，豈不都是物質生活的反映嗎？所以在貧富不均的狀況下，而窮人又是大多數的時候，共產主義之能吸引人就在於此，因此，均富主義就成了共產主義的尅星。但由於物質生活的追求，使得天人關係變得相當黯淡，但黯淡儘管黯淡，在當代哲學的衝激下，人性的光輝仍有某種程度的上揚，例如柏格森（H. Bergson 1859-1941 A. D）的生命衝力（élan vital）狄而泰（Wilhelm Dilthey 1833-1911 A. D.）的生命哲學（Philosophy of Life.），斯賓格勒（Oswald Spengler 1880-1936 A. D.）的文化哲學（Philosophy of culture），胡塞爾（Edmund Husserl 1874-1928 A. D.）的現象學（Phenomenology），懷德海（Alfred North Whitehead 1864-1947 A. D.）的歷程哲學（Philosophy of Process），雅斯培（Karl Jaspers 1883-1969 A. D.）的溝通（Communication），馬塞爾（Gabriel Marcel 1889- A. D.）的希望哲學（Philosophy of Hope.）以及德日進（Teilhard de Chardin 1881-1955 A. D.）的以神爲中心的演化論，這些哲學家的主張，處處都顯示了，他們希望從物質超昇入精神的渴望。

從以上所述，西方的天人關係，首先是以一種部份加入整體的態度來知覺天人關係，到了後來，就有部份的對立，及至到了今日，許多的思想家，仍是看到和諧與圓滿的結局，這一種和諧與圓滿的結局也是西方的天人關係所渴望達到的，在宗教領域裏，由於擺脫舊日的制度以適應現代的決心，也使得宗教在人心中逐漸恢復了原先的地位，以宗教的態度來研究天人關係又逐漸的取代了物質的享受。

第三節 中西天人關係的比較

中西的天人關係既皆以圓滿與和諧爲其發展的終極，但彼仍有少些的不同，我們在此稍加敍述。

中國的思想以儒家爲大宗，儒家的天人關係，在中國的歷史上很少遭到強烈的反對，幾乎已成爲人人的人生理想，祇是有時因爲愼終追遠的敬祀祖宗及中國的階級制度，使得人們容易將敬天的思想忽略，其實在儒家的思想中，敬天祭祖是中國歷史上最常見、最重要的二件事。但西方哲學中，對於天人合一的努力，還是較看重於理性的思考，對於經驗的感受，除了宗教界之外，幾乎很少人提及，至於宗教經驗的事實是否是哲學的範疇，哲學的目的，大家都已明白，哲學的方法並不拘限於某一種之上，而祇是在於其比例的問題之上，中國人所謂的知情意常是一個優先順序的考慮範圍。

中西天人關係的第二個歧異點，就是達到天人關係的修養，中國人的修齊治平之理，確實有其獨到之處，修齊治平的基礎，必須要在格物致知之上，而格物致知之目的，就希望能達到率性的目的，中庸上所說的：「天命之謂性，率性之謂道，修道之謂敎。」的天命乃是格物致知的目的，至於天命之爲物，中國思想較爲看重，西方思想除了雅斯培看重溝通之外，幾乎大部份的思想家都以基督宗敎的思想爲其依歸。中國的天命思想，不祇是在於一個橋樑及上帝的意旨，也在於人的回應，西方思想對於天命的看法除見之於宗敎之外，很少見之於思想、哲學的言傳。

中西天人關係的第三個歧異點就是宗敎的問題，中國雖有宗敎情操，却無宗敎形式及組織，儒家雖偶而也被人稱之爲儒敎，但若按宗敎的意義來看，則不能稱其爲宗敎，在這樣一個宗敎思想如此濃厚的學派中，却看不出有成爲一個宗敎組織的理由，最主要的是因爲政治上的關係，由於孔子一生對政治所抱的理想，乃使得儒家在積極入世，參與政治的活動，成了一個相當明顯的記號，但以西方思想來說，宗教的目的，就是尋求天人關係的合一，這種合一由於是出世的，所以現世的政治並沒有什麼意義，但宗教成了國教之後，宗教的原始意義，就逐漸走了樣，而成爲政治的工具，一直到今日，政治與宗教的目的及方法，在某些地方仍是不可分的。

從以上的大略敍述中，我們可以看出天人關係在中西思想中，其目的是一致的，而其表現方法則因民族性及客觀事實的需求，而有差別。但我們不能因爲這些差別，而破壞了整體的和諧，我們體認到中華民族在其思想的根源及歷史的發展上追求天人合一之心是極爲強烈的，而在西方，則因爲宗教與政治在某一個時期的合一，造成了後來對宗教制度的反抗，但現代人也已逐漸瞭解宗教的本質是不能取代的，中國在中古時期（隋唐時代）雖因爲佛教的進入中國，使得儒教受到很大的考驗，但究竟因爲中華文化的眞蹟歷久，遂使得佛學的義理境界，逐漸和儒道二家並立於中國，而使得天人關係有其獨特的一面，在近代更由於人類交通工具的發達，思想傳播的迅速，天人合一的思想，就逐漸在中西方取得了某些協調，那就是圓融而又和諧的天人境界。

第十六章　生命精神與天人關係

生命精神的意義既在達到人生圓滿的解答，而天人關係又在敍述天人之間的和諧與圓融，所以生命精神與天人關係乃有着極爲密切的關係，本章將分別敍述生命精神與天人關係的目的，再研究人的生命精神如何與天人關係和諧。

第一節　生命精神的目的

生命既是一個由形式與質料綜合的物體，則在其形質結合之時，必然已有生命精神，不然不可能產生一種生命力，我們都知道，植物有植物的生命力，動物有動物的生命力，人也有人的生命力。植物的生命力，祇是趨向於一個植物生命的目的，那就是維持其生存，在情緒與感覺之間，卽使有的話，也很難加以安排、處理，所以植物的生命精神祇是如何維持其生存而已。而動物的生命力則不祇是維持一個基本的生存，也期望能把感覺做一個適當的表達，所以一個動物，感覺到生命危險時，很自然的會有一連串的防禦計劃，就許多生物來說，爲維持其生存，並保護種族，遂有各種保護色及防禦武器，所以動物的生命精神就是如何在優勝劣敗的生存競爭中達到生存的目的。而就人來說，由於人的生命力及思考力，爲維持生存已是非常容易的事，問題是，要如何才能使人的生命活得更好，更有意義，所謂活得更好，更有意義，乃是使自己的生命，在人的價值及領域中，經由思想的反省獲得人性的最終肯定，並按照這一個肯定去生活，去與人往來，如此，人就可以活得更好，更有意義。我們不妨擧個例子來說，我們每一個人差不多都經歷了許多考試，在準備考試的過程中，我們先把所有可能考的東西，都加以練習，但在練習的時候，我們常可能會有許多的抱怨，一則可能抱怨天氣不好，使我們準備時，顯得無精打彩，二則可能嫌準備的時間太短，而要考的東西太多，三則也可能嫌考的東西沒有意義，總覺得考試不可能測驗出人的全部能力，既不能達到能力測驗的目的，那又何必要考呢？也可能還有更多的感想。我們從考試的準備過程中，有時很難肯定考試的意義及價值，總覺得考試是在壓迫人，但在另一方面，我們又不能不肯定考試的目的，任何一個考試儘管沒有意義，總有其目的，當我們參加一個考試時，目的常是最重要的，但在達到目的的過程中，我們誰也無法去肯定生命的意義。再舉個考試的例子來說，許多年青人都參加過高中入學考試或大專聯招，我們每一個人都知道考試尤其筆試，並不是一種完全公平的競爭，因爲在這裡面，並無所謂個別差異的考慮，用統一的方法去試驗不同的人，其不公平自可想見，但每一個人也都明白，祇要通過這些考試，就可以實現我的人生目的，準備做科學家、政治家、教育家，甚至希望在社會生活過得好的人，都必須通過一連串的考試，經由這些考試之後，我達到了我所期望的目的，同樣的，在生命精神的領域中，我們有時眞覺得人生是無意義，是荒謬的，是無價值的，因爲所有的人，幾乎都要通過相同的試驗，就是人生的過程，如成長，在社會中生存、結婚、生兒育女，最後死亡，這些幾乎都是永世不變的公式，每一個人一生在人間，就按照這套公式生活，久而久之，自然會覺得生命實在很浪費，也會令人懷疑，爲什麼我們要如此的生活？爲什麼我們不能獲得更有意義的生活呢？對於反叛的人，我們所見都有，但我們却很少見到反叛的生物，這就是人與其他生物的差異，人會用思想來反省他的生活及生命，他也會找出人的意義及目的，所以，生命精神的對人來說，不祇是維持種族的生存與個人的生活，而是在反省的過程中，找出人與人，人與物，人與超自然的關係，並以此關係，改善人的生活，且提昇人的意義及價值，以此意義及價值來建立人的尊嚴及理性。人的尊嚴不是單靠生物的基本慾望就可得到的，相反的，生存的基本慾望不但不能達到人的尊嚴，也不可能激發人的反省，祇有在生存的基本慾望面臨考驗時，經由反省及自衞，人的尊嚴才能獲得，所以，在人的社會中，如何以人的態度，彼此對待，才是最主要的。

在以往的典籍中，由於深切瞭解了這些目的，乃提出了爲人的目標，中國哲學中期望的君子、大人就是這一種生命精神的表露，所以在易經中說：

「夫大人者與天地合其德，與日月合其明，與四時合其序。」

一個大人乃是能以天地萬物爲一體，將自已混同於天地之間，所以大人的生命精神，就是如何能頂天立地，與天地共化生，這一種理想，既爲人生所追求的目的，則人生的遠景，自是可以拭目以待的，人生的荒謬也可以化爲烏有，問題是我們人肯不肯把眼光放遠，把心胸放寬，一個整天營營碌碌於生活的人，又如何能有遠大的眼光及寬廣的胸懷呢？我們很多人都知道司馬遷的故事，他在遭受到皇帝處罰後，還能發奮寫出史記來，這就可以看出，生活儘管無望，生命精神却可無限，所以在日常生活中，我們如何能把生命精神加以發揚，以達到生命精神的目的。

生命精神從人的環境來看，就是如何使生命的意義得到最大的發揮，生命的精神得到最大的價值，如果祇是把生命放置在有限的意義中，人生、生命自然是有限的，其生命精神，自然也是有限而受拘束的，同樣的，如果把生命放置在永恆的意義上，我們就很少會覺得生命的有限，我們必然會感受到人生的方向及目標都很清楚，所以，張橫渠所說的：「爲生民立命，爲天地立心，爲往聖繼絕學，爲萬世開太平。」就是生命精神，無限意義的最好表達。經由這一意義，有限生命才有可能和無限生命合而爲一，也祇有這樣，生命精神才得以發揮。

第二節　天人關係的目的

天人關係的二端是天與人，中間是天命，以天命來聯繫天人之間，所以天命不是天人關係的目的，天人關係的目的乃是人如何達到天，天如何進入人心，這就好像中興橋是連結臺北市與臺北縣，從我們臺北市到臺北縣，可以經過中興橋，同樣的也可以經過臺北橋、華江橋進入臺北縣，或由臺北縣進入臺北市，所以天命祇是天人關係的一個橋樑，但天人關係的必然連接却不一定非用天命不可，天命祇是最方便，最直接的方法而已，歷史的記載告訴我們，天命還可以用許多方式來表達，但大都是天啓示給有賢德的人，並讓有賢德的人轉告我們，這種人，在中國稱之爲聖人或賢人，在西方則稱之爲先知，先知或賢人的任務乃是將天與人之間的訊息加以傳達，我們現在要問的是，在傳達中，天人關係的目的，究竟是什麼呢？

天人關係的起點是天，終點是人，但人也可以回饋（Feed back）於天，這二者的關係，乃是以天爲主，以人爲從，但並不是說人就是天的僕從，人與天的關係事實也是具有某一程度的自主性，這一個自主性，就是人的自由意志，天有其意志，人也有意志，天有其自由，人也有其自由，但天的自由意志與人的自由意志却不同，天的意志乃是朝向一個目標，就是自己，而人的自由意志除了可以向着自己以外，也可以向着他物，這不是因爲天是有限的，相反的，天是無限，在無限的領域裡，方向、目標都是無限，但在有限的意義中，如果仍然向着有限，有限必然會感到空虛，所以有限必須朝外，朝外可以有二種情況，一是朝向其他的有限，一是朝向無限，在朝向其他的有限中，有限可以獲得暫時的滿足，朝向無限時，就可以獲得永恆的滿足，在暫時與永恆之中，天人關係的目的，就非常清楚了，如果生命祇拘限於有限的人與物中，那麼人性的意義就和其他生物差不多，所有的思想的結晶，人類偉大的成就，都沒有什麼意義，因爲這些都是會毀壞的，沒有人會期望我們所用的東西一用就壞，我們總希望用得愈久愈好，尤其對我們所喜歡的人或物，更是希望能有永恆，這種永恆的想望，不就是天人關係的最好寫照嗎？

從另一個角度來探討天人關係，我們可以從我們對生命的珍惜來看，沒有人不珍惜自己的生命，尤其在一些已經成家生子的人來說，子女自己雖不懂生命的意義，但生命的歡愉，却可以振奮父母之心，父母們從子女的笑容中看到人生的美好及生命的意義，父母與子女關係的目的，就在努力使自己的子女獲得快樂、幸福，卽使一個人受苦，也在所不惜，在子女來說，如果夠懂事，子女也會盡力以自己的努力，來使父母獲得快樂及安慰，這一種父母與子女的天倫關係，不是荒謬的，而是具有濃厚人性意義與價值的事，以這一層關係來看天人關係的目的，就可以知道天人關係不是無意義的，而是在天人之間，彼此都可以使彼此滿足或安慰，天與人的關係就如同父與子的關係，上天安排了一切就是爲使得人能過得更快樂，而人也要努力瞭解，回報上天，這一層關係，雖和父母子女一般的預定了，但這一預定却是和諧的，因果律的產生有時可能不是必須的，但却有可能，人在這種因果的關係中，重要的不是反抗甚至揚棄因果律，重要的是如何改善，改善的目的，就在使人更能安心立命。一個積極的天人關係，乃是由人爲起點，以天爲終點的結合過程，無限不會追求有限，但有限追求無限却是必然的，不然，我們又何必努力去改善人的生活呢？

我們再從朋友關係的目的來討論天人關係，我們交朋友的目的可以有如下幾種：一是朋友可以幫助我得到某些利益，不論有形或無形。二是朋友可以幫助我看到自己，瞭解自己。三是朋友可以給我許多警惕。不論這三種目的如何，朋友在我心目中的角色必然是一個積極的，可以助我的，所以我們對朋友的期望會很高，我們希望交到最好的朋友，對我個人也會有最好的助益。同樣的，天人關係從朋友的立場來說，可以有同樣的效果，我們的朋友，有着無限的能力，經由朋友的幫助，使我也可以逐漸達到相當於無限的能力，天人關係之所以能有一個基礎，就是基因於有限追求無限的基本動力，有限的不能自足，乃不斷的追求可以滿足的東西，人類文明的發達，也無非是有限追求無限的結果，希望突破自己的有限，而達到圓滿的境地。

所以，天人關係單從其目的來說，是希望由人入天，達到最圓滿和諧的地步。

第三節　生命精神與天人關係

生命精神的目的就是達到天人關係，天人關係的目的就在發揚生命精神。生命精神從宇宙普遍流行的生命來說，就是如何將這有限的生命加入宇宙普遍流行的生命。生命精神從宇宙整體來說，這有限的生命如何能有無限的意義，而天人關係，乃是就天的無限性來說，如何使人的有限成爲無限，所以，在本節中，我們將談談從有限到無限的方法，這也就是生命精神與天人關係的融合。

民族英雄文天祥，在他的詩詞中，曾有這麼一句：「留取丹心照汗青。」的話語，以赤誠的心，使歷史的光輝能永恆存留，這也就是生命精神的最好寫照，一個典型的中國人，就會明瞭生命的意義不祇是盡一己之力而已，像文天祥生活在如此艱困的環境中，仍然能保持其氣節，就可以知道，氣節、氣魄的培養，爲一個生命精神的養成是相當重要的。

大學中開宗明義的說：「大學之道，在明明德。」這一個大學和我們今天所說的大學是有許多不同，大學中的大學，乃是一個大人之學，學爲大人，而今天的大學乃在學習生活的技能及知識的培養，生活的技能及知識的培養項多祇能給我們的現世生活有一個滿足的境地，但明明德的大人之學却可以助我們達到人性的最高境界。

論語中說：「君子上達，小人下達。」的君子與小人事實上也就是大人與小人之對比，大人可以上達天理，小人祇能下達人事，和「大學之道在明明德」的道理加以比較時，就可以知道，大人之要明瞭的明德就是上達天理，天理正是朱熹及理學家們所說的無形無像，形而上的。因此生命精神的養成，首先在於能夠存心養氣，這一個存心，就是要能夠存個人良善之心，致個人良知。良善之心、良知都是上天所賦與人的，祇要我們常常反求諸已，良善之心、良知，都可以保存，怕的是，良知爲欲所壞，爲了存心，致良知，不使此心爲欲所壞，就要養氣，氣乃支持人之爲人，生命之有活力的東西，而氣又可以流貫於大自然之中，以個人之氣與大自然之氣相結合，就可以有浩然之氣，所以孟子說「吾善養吾浩然之氣。」文天祥說：「天地有浩然之氣。」都是這個意思。

存心養氣之後，就可使自己的行爲有一定的法度，在知的過程中，我們已達到最高的目的，如何使此知能在行中貫徹呢？格物致知的下一步必是修身，而修身就須從最初的工作開始，乃是就個人四周所能做的工作先做好，才能慢慢培養出，知行合一的態度。但由於人性中情欲的作用，使得我們不太容易堅持到底，因此，修身就在培養堅忍的工夫，以堅忍達到修身的目的，所以論語說：「士不可以不弘毅，任重而道遠。」又說：「人能弘道，非道弘人。」就是這個道理。

我們能存心養氣，致良知之後，就能知行合一，知行合一的目的就在於能參天地之化育。所以生命精神的培養就在助我們達到天人合一的地步。

第十七章　生命精神的現世目的

在前面幾章中，我們所瞭解的生命精神，都是從古人古事，古籍古物找到的，在今日科學文明如此的發達，物質生活如此豐富的時代裏，我們如何把生命精神與這些時代的特徵結合起來呢？爲研討這一個問題，本章將分：一、時代的特徵，二、在這一個時代特徵中的人，三、現代生活的目及其意義，四、如何在這一個時代生活等四節來討論。

第一節　時代的特徵

狄更斯（Dickens, Charles 1812-1870 A. D.）在他的雙城記（A Tales of two cities）中一開始就說：「這是一個最黑暗的時代，也是一個最光明的時代。」（註十八）狄更斯把這一個時代的特徵描述得極爲清楚。

這一個時代，從公元一九〇〇年以來，時代的特徵，二分式的對立愈來愈尖銳，我們不妨先從黑暗的一面來說：從一九〇〇年以來，科學的發達，人心的饜求已達到最頂點，某些物質相當發達的國家，不斷以其優越的武器，來逼迫物質落後的國家，同時爲了達成某些帝國主義者及法西斯主義者，擴大領土的要求，竟然發動了人類有史以來最殘酷的，最不人道的二次世界大戰，這二次大戰把人性的欲望暴露無遺，把人的醜惡，刻劃得淋漓盡緻，另一方面共產主義的興起，就是利用了帝國主義者手段，法西斯主義者的口號，用僞善的民族主義姿態出現在世界的舞臺上，共產主義用了各種脅迫、強制的方法，逼使無知的民主主義者，逐漸放棄了一己的權利，而任令共產主義蹂躪，在這樣一個悲慘的時代裏，國家的理想幾乎都不能實現，尤其在第二次世界大戰之後，整個世界形成了民主與極權的對立形態，極權主義者相信，祇要僞裝和平，就必然可以達到吞噬世界的目的，結果很不幸的，全世界超過一半的人，都生活在黑暗裏，更不幸的是，由於科學物質的文明，這一個時代，就一直在物質生活中掙扎，拚命想使這一個地球變得更豐富，但另一方面這一個地球却因爲空氣汚染，通貨膨脹，生活的毫無節制，而變得愈來愈瘋狂。在這樣一個黑暗的時代裏，地球的希望在那裏？宇宙的前途又在何方呢？所幸由於黑暗的太強烈，光明也就露面了。

在這一個二十世紀的時代裏，由於科技的發展，人類對自然宇宙及人本身的瞭解，使得人開了許多眼界，更由於交通工具的發達，人與人的來往縮減了許多距離，時代的進步，人類生活的改善，人類的遠景處處都顯示了時代的意義，這一個時代誠如許多哲學家所說，是一個溝通的時代，是一個希望的時代。其溝通不止於地幅的日漸縮小而是因着交通的發達、人際關係、人與物、而與宇宙的關係更形密切，藉着交通、語言、文化的交流，時代變得更有共通性，科學變得更精細，生活變得更好，這個時代之有希望，就在於因着科技的發達，看到人類的可能性，也因爲這一個可能性，時代變得更具有創發性。生活在一個這樣的時代裏的人，正感受着二面的壓力，一面要嚐人類自種的苦果，一面又要接受往未來發展的棒子，因此，在一個二相夾擊的場面中，人又將如何呢？

第二節　在這樣一個時代特徵中的人

人的生存必須仰賴於團體，沒有團體的生活，不是屬人的生活，人生活在一個充滿希望的時代裏，人容易肯定自己的理想，也容易在理想中找到希望，同樣的，人生活在一個悲慘的時代裏，人的理想就祇有苟活，少有幾個人能矗立挺拔，更難得有人能獨樹一幟，尤其如「天下無道，以身殉道，天下有道，以道殉身。」的氣節，更有多少人能有呢？人生活在這樣的時代裏又能如何呢？

在前一節中，我們已說過這一個時代是一個黑暗的時代，也是一個光明的時代，黑暗是黑暗在人的爭奪、好利，光明是光明在人類的遠景，處在這樣一個時代的人，又是如何呢？首先，我們要看一個二十世紀的人，是接受了怎樣的文化遺產及社會制度，十九世紀是一個工業起步，科技逐漸發展的時代，在那一個時代裏，人們熟悉於生活環境的改善，很少顧及到可能有的後果，在民主制度方面，也正是一個試驗的時代，人們忙着發掘周遭的一切，而很少有時間去理會人的內心，除了少數思想家之外。到了二十世紀，科學的絕對性產生了，人們祇相信科學事實及證據，對於人心，已經鄙棄而不顧了，即使在思想界中，實證主義、實用主義相繼而起，他們渴望把一切的知識都帶入數學的領域，因爲祇有數學的必然性才是絕對的必然性，如此邏輯（Logic）、知識論（Epistemology）等逐漸以符號，以數字來表達那些非具體的概念，將人的概念套入公式之後，所演算的結果就成了必然的結果，在這一個時代裏，人的責任及義務，就是如何盡好這一份符號的責任，更有甚者，自從集體製造（Mass Production）及生產線（Assembly line）產生之後，人就成了那一成不變的螺絲釘，其結果是人怎麼不會覺得無意義呢？一個有理性、會反省的人，却去做一個毫無創造性的工作，人性的價值及意義就消失了，這能怪誰呢？還不是人把自己推向這無底的深淵嗎？

從另一方面來說，物質生活的愈來愈富足，人變得愈來愈被物質所羈，一旦離開了物質，人幾乎不會生活，例如晚上停電，沒有電視，沒有電燈，沒有一切電動的育樂設施，那時人又能如何呢？在依賴物質生活中，人逐漸把自己變成物質的一部份，認爲人就是完全由物質所構成，祇要善盡一個物質的功能，其對社會的報償就算終了，因此，人祇要按照心理學家、社會學家所安排爲適應現世生活的日程表過活就可以了，在這種情況下，人又能如何呢？因爲所謂的合羣，不正是如此嗎？生命成了一堆物質，生活成了一張日程表，人又能如何呢？

幸好，物質科學的發達，有其極限，超過了這一個極限，人就無能爲力，在這時，一切過了頭之後，人再回來看自己，竟然發覺所有的一切物質，不過都是過眼煙雲，那時，人文主義又重新昇起，老莊、孔子的思想又再度在世人面前呈現，這已經不是一種超脫後的重估，而是破碎後的重整，這一個重整，自然比不上創建時的氣魄與膽識，儘管如此，重整仍帶給人生的許多嚮往，生命又顯出其意義，所以，在這一個時代的人，幾乎又是在重作馮婦了。

第三節　現代生活的意義與目的

生活在現代的人類，必須體認現代的生活，才能從現代的生活中，找出其意義及目的。現代的生活既是一個忙碌而又分工極細的生活，每個人在日常生活中，就必須體認到人際關係，思想交流並沒有什麼特別之處，唯一和上一個時代不同的，就是科學主義並沒有那麼猖狂，人文主義既已顯露了曙光，就不可能停止下來。

在現代生活的意義，已經不可能再重拾老莊當時的閒雲野鶴，陶淵明的「採菊東籬下，悠然見南山」的情懷，也實在不太可能，雖然如此，在高樓櫛比，彼鄰不識的情況下，我們仍可看出生活的意義及目的，因爲生活的意義不在於外在的物質生活，而在於內心的平靜及安適，我們看到多少的典範，在他們忙碌的現代生活中，仍然可以享受寧靜的自己，如果我們在現代的生活中，因爲忙碌，而迷失於忙碌之中或迷失於自己，那麼現代生活，也就失去其意義，現代的生活雖是忙碌，但現代的生活是要我們掌握自己，在物質生活中，更能發覺精神生活的需要，同樣的，現代生活的目的，已不再是那種可以有長久時間獨思靜坐，而不從事任何生計的時候，祇有努力工作，才能從工作中找到意義，在一個變動的社會中，思想的適應是相當重要的，由於古籍的影響，我們的思想方式仍是以往士大夫型的，並沒有多大的改變，思想雖然古往今來是一致的，但思想的方法却可以改變，今天再也沒有什麼人可以一邊從事農作，一邊又能長思靜坐，卽使在敎書的工作中，也因爲人際來往的密切及通訊系統設備的優良，不可能也無法閉關自守，中國的社會，在歷史上何嘗未嘗試過閉關自守呢？但在民族主義與商業利益的交迫下，又有那些國家可以完全不與外界來往呢？所以在一個工商業發達，社會變遷極大的社會中，我們的思想方式就須做適度的改變，尤其時間的緊湊，心智的急遽發展，沒有人能做長久的思考，所以，誰能改善生活，誰就能獲得民衆的支持，誰能使人民獲得更合理的待遇，誰就能成爲人民的英雄，但我們要瞭解的是，由於物質生活的富足，正顯出精神生活的貧乏，要使精神生活富足，就要如論語所說：「子適衞，冉有僕。子曰：庶矣哉！冉有曰：既庶矣，又何加焉？曰：富之。曰：既富矣，又何加焉？曰：敎之。」（論語子路）

這一段就是說明，在一個富足的社會中，就是要敎，至於如何敎，孔子並未明言，在春秋時代，要敎的是禮義廉恥。那麼在今天一個富足的社會中，要敎些什麼呢？恐怕仍然是禮義廉恥，但今天的敎法和古時的敎法，顯然有其區別的，古時的敎法不但是大原則，就是連小細目也都要一絲不茍的執行，但在目前這個繁忙而又多樣的社會中，細目如何可能全然執行呢？因此，在現代的生活裏，祇要學會如何利用資源、資料，並掌握住大原則，那麼，在遇到困難時，用大原則去面對，如果仍有力所未逮，則須利用資源，以幫助問題的解答，如果再不行，就要個別請教專家了，現代生活的意義，就是如何在人際關係複雜的社會中仍能堅守為人的原則，而其目的，就在堅守原則之後，如何能夠發揮生命精神。

第四節　如何在這一個時代裏生活

在前面，我們已說過，為了要有一個美好而又充實的生命精神，我們必須學習如何在現世社會中獲得生命的意義及生活的解答。

首先我們要確立生活的原則，這一個原則乃是千古不易，歷久彌新的原則，除了前述的禮義廉恥之外，還有其他的如忠孝仁愛信義和平等，這些德目，乃是人生生活的大原則，這一個大原則是不可能變的，所謂的禮義廉恥就是：「禮是規規矩矩的態度，義是正正當當的行為，廉是清清白白的辨別，恥是切切實實的覺悟。」（註十九）而所謂的忠孝仁愛信義和平乃是民族的根本，所以禮義廉恥在管仲提出時，就以之為國之四維，這四維就好像支撐國家的四根柱子，如果四維不能伸張的話，就會有危險，所以管仲說：「國有四維：一維絕則傾，二維絕則危，三維絕則覆，四維絕則滅。傾可正也，危可安也，覆可起也，滅不可復錯也。何謂四維？一曰禮，二曰義，三曰廉，四曰恥。禮不踰節，義不自進，廉不蔽惡，恥不從枉。故不踰節，則上位安；不自進，則民無巧詐；不蔽惡，則行自全；不從枉，則邪事不生。」（管子牧民）從這裏我們可以看出，禮義廉恥是如何的為大原則，所以管子會說：「四維不張，國乃滅亡。」一個社會要能自治，富強，就必須有此四維，此四維在以前既如管子所解釋的意思，如施之於今日，就要用故　總統　蔣公前面對禮義廉恥的解釋了，這一個解釋不但涵蓋了管子的意思，也賦予時代意義，所以，我們在這一個時代裏，所要確立的原則，就是在生活中如何以禮義廉恥的原則來生活。

有時大原則祇能應付一般情況，爲了生活的特殊化，就會有一些細目，這些細目當是根據每人生活的狀況而分別訂立的，但不是每一個人都能完全明白在何種情況下應用何種細目，如此，資料的運用就成了必須的，資料是繁忙社會中的必需品，一個人若不會運用資料，就等於使一個現代人的生活失色。所謂資料包括一切圖書及非圖書資料，我們不是每一個人都能有足夠的金錢，購買所需的每一本書，利用公衆的力量，結合所有的資料，如此就可以滿足每一個人的需要，另外，在許多國外的大城市中，有所謂諮詢服務的項目，祇要打電話，就可以獲得需要的答案，這種資料的服務，乃是工業社會的必然產物。

如果資料及諮詢服務，仍不能滿足個人的需要，那麼就必須請教專家，由於現代科技的分工極細，所以，在專家方面，也有許多種，因此就可以適合各人的需要，得到必要的服務。

從以上所述，這些方法，無非都是幫助我們在現代生活中，獲得生命精神的發揚，也祇有在生命精神發揚之後，現代的生活才有其意義及其目的，也祇有在目的之中，才能找到幸福，幸福不是一個名詞，而是一個行動，如何在現世生活中，獲得幸福，當是我們每一個人所關心的，而幸福的生活，事實上就是一種道德生活，在下一編中，我們就要討論幸福的問題及道德生活的目的。

註一 見雅斯培著周行之譯智慧之路七十——八四頁。

註二 參閱鄔昆如著西洋哲學史第一部各章。羅光著中國哲學史第一冊各章。

註三 王國維著觀堂集林卷六第十至十一頁。

註四　同右。

註五　郭某著甲骨文字研究釋祖妣十八——十九頁。

註六　易經的出現年代，衆說紛紜。鄭玄說伏羲作八卦，文王作卦爻辭，孔子作十翼。但孔頴達否定文王作卦爻之說，歐陽修又否定孔子作十翼之說。但一般說來，近代學者如余永梁和屈萬里等都認爲周易的卦爻辭的出現時代在周初的說法，大致是被確定的。

註七　見黎建球著先秦天道思想二十——五五頁。

註八　見李杜著先秦時期之天帝觀，新亞書院學術年到第三期二四——二七頁。

註九　見黎建球著先秦天道思想四七——五〇頁。

註一〇　陸象山文集卷二二，雜說。

註一一　以上具見唐君毅著中國哲學原論上册五〇一頁。

註一二　韋政通著中國哲學思想批判十五頁。

註一三　鄔昆如著西洋哲學史三十頁。李震著希臘哲學史四——八頁。

註一四　見思高聖經學會編之聖經創世紀第二章七——八節十一頁。

註一五　中國人所說的氣如孟子所說的浩然之氣，朱熹所說理氣的氣等都是，分別見孟子公孫丑上及朱子語類卷一理氣條。

註一六　基督宗敎乃是指所有信奉基督的人。

註一七　鄔昆如著西洋哲學史二一一頁中語。

註一八　雙城記開頭原文是：It was the best of times, it was the worst of times, it was the age of wisdom, it was the age of foolishness, it was the epoch of belief, it was the epoch of incredulity, it was the season of Light, it was the season of Darkness, it was the spring of hope, it was the winter of despair, we had everything before us, we had nothing before us, we were all going direct to Heaven, we were all going direct the other way.

註一九 蔣總統嘉言錄(一)九五頁。

第五編　道德生活

第十八章　道德生活的意義及目的

道德生活在近年來，似乎有逐漸被人冷却的趨勢，但很奇怪的，却是在人們的言談及行爲中仍流露出道德性的言行，爲什麼人們會在道德意識逐漸淡薄之時，而仍然能有道德言行呢？這就牽涉到人性的問題，我們在前二編中，談到人性時，就很清楚的指出，人性是由二種可能所組成的，這二種可能雖各有其領域，但其根源仍在於人之所秉賦於天的一面，人之情欲所以會影響人的行爲，就是因爲理智運用的問題，我們都記得美國前總統尼克森（Richard Nexion）所以會被迫解職，不就是因爲他的道德意識不夠，可是却又要裝出一付有道德的人的樣子嗎？結果，當醜行被揭露之後，所有的僞裝都沒有了，究其原因，就是權利慾太重了，這種慾望常是會強烈到汩沒了人的理性，而使得道德變得黯淡無光。

在今天來談道德，很多人會覺得可笑，甚至覺得無聊，爲什麼呢？我們可以略微回顧一下中國的近代史及世界近代思想的發展，就可以瞭解這一個思想，對中華民族是多麼大的衝激。

自從十九世紀初葉科技發達以來，人們追求物質文明的慾望愈來愈高，希望得到更好的物質生活的慾望也愈來愈濃厚，在如此的情況下，人們愈來愈感覺物質的實際，容易掌握。精神、理性的抽象性不易瞭解，而又很辛苦，在慾望的需求下，就漸漸離開精神而就物質了，同時爲了使生活更有保障，甚至訂出幾套物質生活的規範。在另一方面，由於努力發展物質生活的結果，不可能永遠不變，因此，變動的社會型態就產生了。一個社會經常在變，一個人自然也會跟着變，在變動的過程中，人心很難定在一個不切實際或超現實的目標上，而總是希望在變動中求出一個變動的通則，如此在變動的時候，就可以依循此一通則來達成物質生活的滿足，因此，人生意義從出生時就被規定了要努力謀求物質生活的改進。

從思想的觀點來研討物質生活，就可以發覺，一旦獲得了令人滿意的生活之後，人仍然不可能安於滿意，而期望更滿意，由是之故，發明、改進乃佔據了人全部的思維中心，也因爲思維的結果可以使生活更好，人們就對能改進他們生活的人愈來愈崇拜，其結果是，大勢所趨，誰也無法阻擋。

其實，我們來檢討，人們追求生活的美滿、幸福，又有什麼不好，祇要我們是以正當方法去獲得，祇要我們能從物質中看到永恒的意義，應該是無可厚非的，我們今天討論道德生活，就是要來研究追求生活的意義及目的。

人生的意義在第一編中已講過，是在實現一個完美的我，而其目的則是追求幸福，爲追求幸福的生活，在生活的過程中，我們可以稱之爲追求的生活，也可以稱之爲道德的生活，因爲在過程中，總是需要一些方法、規則、規範之類的憑藉，不然豈不成了沒有舵的船了嗎?而這些方法、規則或規範，既是我們生活的準則，我們就可以稱之爲道德生活，因此在本章中我們將分：一、爲什麼要有道德，其意義爲何?二、道德是否可以隨時代而變?三、道德可以影響人多少?四、道德的目的爲何等來敍述：

第一節　道德意識

中華民族有一個很好的風俗，就是愼終追遠，每到過年過節，我們都會不自禁的想起那些已故的，可敬的親人，想起他們在生時的種種好處，因此，在活着的人中，就會很容易有效法先人嘉德懿行的渴望，但是我們都知道，在效法先人的過程中，我們祇希望在生活中更充實，更有意義，如果說要把先人所有的行爲方法及思考原則全搬到活人身上，恐怕就沒有人願意了，因爲個別差異，究竟不可能使每一個人的生活方式有所齊一的。像這種行爲的選擇，就是一種道德意識，別人的行爲方式並不一定適合於我，因此我在做行爲選擇時，不願順從別人，就是因爲我心中已有一種標準，卽使七、八個月大的嬰兒，也會作一種有標準的選擇，他們的標準也是一種意識，祇是這種意識有時可能祇是一種人類的本能。

意識之爲物，有時很難加以劃定界限，但擧凡行爲，思考之前的活動，都會有意識，意識不是一種判斷，但却是一種活動，這種活動在把與過去的事實及未來可能的結果相連，提供給理性作決定，並由意志來執行，我們不妨擧一個例子來說，中國古時有一種所謂陪葬的習俗，這一個陪葬的習俗在古時，祇是陪葬一些東西，到後來由於生活習俗的改變，漸漸有所謂由人來陪葬的事情發生，起先開始做的時候，很多人都認爲這是表達愛心及敬意的最好禮物，但行之有日之後，人們就會問以人陪葬的意義何在？是否有必要呢？是不是尊重人性的好方法呢？殘不殘忍？當這些問題提出時，一種意識已開始產生，經由意識的連接提供理性作批判，在這時，就會有人發覺，用人陪葬並沒有什麼意義，也無必要，不但不能顯示對死者的愛與敬意，也剝奪了活人生存的權利，不但是損害了人性尊嚴，也是一種殘忍的行爲，所以有識之士，就開始經由各種方法，提出呼籲，結果經由意志力的堅定主張，人們普遍意識到這個問題的嚴重性，而提出改變，最後終於促使當政者改掉這一種風俗。

從這一個例子中，我們可以看出，意識不但可以有直覺、自覺，也可以教育，經由教育而使意識的覺醒變得清楚而明確。這一種經由意識的覺醒而採取的行爲就是一種道德行爲。所以道德意識就是道德行爲的基礎。那麼我們現在要問的是：道德意識是確定的嗎？爲什麼意識是道德性的呢？難道不可以有非道德性的嗎？爲解答這一個問題，我們首先要反省一下，人有些什麼之後，我們才能瞭解這一個問題。

人的問題，實在是很古老，但由於時代的變化，人總是不斷的希望從幾乎已窮盡的事實中，再找出人的意義，所幸，由於人類不斷的演進，變動社會的特徵，使得人在每一個時代中都有新的解釋，但歸結起來，不外仍是最古老的二個解答，就是靈與肉，靈在今天爲許多人來說就是理智，就是良心；肉爲大多數人來說，就是指那些可見的各部器官，又根據一般的瞭解，幾乎都一致認定，肉是從父母而來，靈却是自有的，這種由靈肉綜合成的人，在處事行爲中，就以良心爲依歸，身體爲執行機關。但良心也可以沒有外在行爲的執行，而仍然可以有內在的思考及意識，所以人是以靈爲基礎，來訂定一切行事爲人的基礎。

既然良心、理智、靈爲行事爲人的基礎，這一種良心是否就是道德心呢？我們每一個人祇要反躬自問，就可以明白良心常是在問問題，在提警告，舉個例子說，當我們穿越馬路時，發覺前面是紅燈，但我們要過去，所以我們就先看看左右是否有來車，再看看是否有執法人員，再衡量一下四周的環境，雖然這種考慮不到一秒鐘，但已夠做決定了，我們發覺一切情況合適，我們就闖紅燈過去了。我們要分析前面所說的三點考慮，良心是否會問問答。

第一，當我們往左右看是否有來車時，我們的良心或理智就在問：一、二邊來車有多少，要不要等車少時再說？二、兩邊來車的距離，是否足夠我過馬路的時間？三、萬一不夠時，要不要在路邊停？如果在路邊停，是否有危險？如果有危險，要不要過去呢？當良心這樣問時，因爲闖紅燈不是一件什麼大不了的事，雖然如此，仍可能有生命危險，這時，良心的問題雖祇是問題，但裏面却隱含着不可以的意思，因爲良心警告了有危險，而行爲主體的人仍然要過去，意志就祇好配合行動，提高警覺，但有些人的警覺性不高，就會產生不幸的事故。所以良心會問問題，並在問題中提出警告，這就是一個證明。

第二：我們所以會看是否有執法人員在旁，是因爲生活習俗已經告訴我們闖紅燈是違法的，良心遵守了社會習俗的規定，因此，當我們準備要闖時，當然會左右看，如發覺有執法人員在，就打消闖紅燈的念頭，如沒有，就要碰上第一個問題，卽使我們闖過去了，我們心裏可能仍然有點緊張，這是良心的警告的問題。

第三：我們有時所以會違背良心去做順從人欲的事，就是因爲人欲已蓋過了良心，道德意識也就不能發揮作用，久而久之，道德意識被痲痺了，很難再醒來，除非有一天，由於軀體或心靈受到傷害時，道德意識才會覺醒。

所以由以上的敍述，我們可以瞭解道德意識之所以能成爲道德意識，不是因爲外在的條約、法律、而是因爲考慮到人的安全、安心。一個人能安心做事，就表示道德意識的活動仍在繼續，不然就表示道德意識需要加強。

第二節　道德是否隨時代而變

我們既然明白，道德意識是一種內在的，先天的能力，但它又能受教育，那麼道德是否會改變呢？

我們看道德意識時，知道教育是幫助我們增加意識的作用，所以教育祇是一種方法，祇是幫助我們在適應現代生活中的一種最好方法，但教育並不能改變人的本性，所以我們常說：「江山易改，本性難移」，用教育的方法，可以改變一個人的氣質，却無法改變人之所以爲人的理由，所以意識的根本是不能變的，因此，道德也不會變，既然如此，那麼爲什麼許多道德問題及道德判斷却常在改變呢？例如離婚，墮胎等問題，我們可以這麼說，道德可以分成二方面，一是道德規範，一是道德問題，道德規範就如同道德意識一樣是不可能變的，但道德問題却可因着時代的不同而有不同的問題，例如陪葬、包小脚等，在以前是一個道德問題，但在今天却不是，所以因着時代的不同，道德問題也不一樣，但另外，在處理道德問題的方法時，有時會令人有一種錯覺，以爲道德規範在改變了，其實，這些都受方法之蒙蔽，我們不妨舉個例子來說，孝道是中國人最看重的，論語說：「事父母幾諫，見志不從，又敬不違。」在這一句話中，有二層意思，一是孝，一是順。對很多人來說，在家孝順父母，孝字比較容易做到，順字就困難了，由於現代分工精細，父母所從事的及喜歡的行業並不一定適合子女，如果子女追隨論語的指示，似乎就會有幾層的問題，一是埋沒子女的才能，二是減少社會能力的發揮。子女在一個面臨抉擇的情況之下，究竟順不順？如果不順「似乎」就是不孝，如果順，似乎犧牲了自己，怎麼辦呢？從這一個問題中，我們可以知道，不是倫理規範的問題，而是方法的問題。規範祇是一種原則，不是細目，孝順父母，乃是在一個原則之下所確定的，那就是在父母的主張是合適子女與家庭的發展時，子女不但要孝而且也要順，但是當父母的看法不能與子女的需要與家庭配合時，子女就應明白父母也會有錯，但我們却應先考慮到父母的意思，爲什麼會有這樣的主張，如果發覺父母的主張雖不能配合子女的能力，但却是從子女性格上着眼的話，那時子女就應小心，這一種順的心理，不是外表的行爲，而是一種心理的適應，因爲有的時候，做子女的人可能會由於父母的異議，而全盤否認父母的價值，這是非常不合於理性的現代人的態度，所以孝順的態度不是一種行爲上的表現，而是一種心理上的接納。

在我們瞭解道德規範是不變的之後，我們就可以明白在任何一個時代中，都有一種客觀標準，這些客觀標準雖然在每一個時代的表現方法，甚至內容都可能不同，但其客觀性却是不變的。爲什麼道德規範是一種客觀標準呢？難道說道德規範不是人訂的嗎？既是人訂的，就是有主觀的成份，不可能是客觀的。對這一個問題的解答，我們不妨看看人的一生，有生有死，不論科學、醫學再發達，都不可能使人不死，即使對人類的遠景來說，在可預見及不可預見的將來，祇要人是有物質的成份，人的肉體就會消亡，不可能永遠具有這一個軀體，所以，死是外在於人的，是一個客觀的，死既是一個客觀的，那麼決定死的因素，是不是都是客觀的呢？那就不一定了，有些是客觀的，有些是主觀的。既然有客觀的因素可以決定死亡，那麼請問這一個客觀的因素又是什麼呢？客觀是絕對的客觀還是部份的客觀呢？

客觀對人來說，不可能有絕對的客觀，因爲思維主體的關係，思維必須有一個主體，主體的思維應用於他物時就是把主觀與客觀合而爲一，例如我們在研究一個人爲什麼會竊盜時，對竊盜的念頭及其行爲，我們就可能有不同層面的瞭解，一般人對小偷這二個字，已有先入爲主的觀念，對於如何成爲小偷可能會同情，但不會有人同意小偷的行爲，所以在觀念及行爲上都有可能是主觀的，或者是主客觀合一的。但就一個不受肉體，時空限制的東西來說，就無所謂主觀，因爲在施之於任何一個時代，任何一個地點都是一樣的標準，這裏面既沒有所謂的情緒問題，也無所謂思維的環境問題，祇要在一個情況之中，就是如此的標準，例如孝，孝不論在三千年前或今天，不論在中國或其他地方，對父母要孝乃是必然的標準，至於孝的方法就有主觀的問題，既然這是一種必然的標準，其必然性如祇施之於一個時代或一個地點，則其必然性就不是普遍的，一個不夠普遍的必然不是眞的必然，祇有可能是偶然，祇有偶然才不會必然，所以一個客觀性，必須具有必然與普遍性，從一個標準來說，祇有普遍必然而又客觀的才是眞正的標準，這一種眞正的標準，就是我們常說的眞理。眞理是不會隨時代改變的，眞理是永恒的。從道德的標準來說，眞理就是道德的標準，道德的標準就是眞理，問題是，我們有太多的人，祇願承認一時的客觀標準，却不願承認永恒的客觀標準，因為在一個多元的社會中，沒有什麼是唯一的，不變的標準，但另一方面，在我們心靈深處，却又渴望藉着從暫時的標準中，找到永恒的標準，這不就是矛盾的時代心理疾病嗎？要解決這樣的困難，我們就必須承認有永恒標準，並以此為目標，就可以達到人生的嚮往——眞理。所以道德規範既是一個標準，而標準的對象又是眞理，眞理却是不變的，由此可知，道德就是不變的。

第三節　道德對人的影響

道德既是不變的，道德對人的影響就很大，在這種影響下我們可分二方面來敍述，一是從道德本身來說，道德如果是一個永恒的、不變的，那麼道德就可以成為一種標準，任何一件事，當它成為標準時，就能對人有影響，我們不妨擧個例子來說，由於科學的發達，鐘錶業也有很大的革命，電子錶、石英錶各種能使錶的準確性達到百分之九十九以上的產品不斷出籠，這種新錶，由於本身的準確性，幾乎已經不太需要去對時，在這時，這種錶就成了一種標準，其他不能達到如此準確的錶，祇好向標準錶對時了，同樣的，道德標準在一個具有道德水準的地方來說，它的存在就不那麼明顯，但在道德水準正在調適的地方就顯得非常重要。為人來說，由於人欲的原因，道德標準在每一個時代都是非常的明顯，渴求道德標準的人也非常的多，道德標準為其本身來說，是對人有很大影響的。

第二，如果我們把道德當做一些規則來看的話，那道德不僅是影響我們，而且根本就是我們生活的一部份，我們在生活中，沒有不需要規則的，學生有學生的規則，老師有老師的規則，公務員有公務員的規則，做父母有做父母的的規則，做子女的也有做子女的規則，處處都有規則，時時都有規則，沒有人可以在規則之外。現在的問題是，道德可以不可以是規則，那麼，我們先看一下道德的起源，然後和規則作一個比較。

道德，很多人以爲都是那些所謂的聖人，賢人想出來「整」人的方法，其實如果沒有這些人搞這些名堂的話，世界就不會有這麼多的規範，也不會這麼亂。好，那麼我們要問道德規範之所以會有，是因爲我們人的內在需要呢？還是因爲聖人賢人爲了要管理人民的方便，而訂出來以後，才被我們認爲是需要呢？一個小孩子從小就懂得要吃東西，這是人的基本渴望，但吃東西時，人知道不知道什麼可以吃，什麼吃了會有危險，不要說人了，就是禽獸也懂得如何分辨何者可吃，何者不可吃，這種辨別的能力，比食的基本欲望，還要先，這種辨別的能力就是一種規範，這一種規範不祇適應於人類，也適應於全體生物界，全體宇宙。我們再舉個例子來說，像「愛」這個東西，就不祇是後天的，也是先天的，我們都知道老虎很兇，但「虎毒不食子」，它對自己的子女就是有一份愛心，像愛，就是一種內在於人的，不是任何聖人賢人可以訂得出來的。道德的起源就是根源於先天的，內在於人的條件，這個條件，說到底，就是宇宙永恒的標準，如用一般人的話來說，就是上帝，天，老天了。

道德標準祇是一種原則，這一個原則運用的範圍極廣，在任何一件事，都可以看出這一個道德標準出來，祇是所顯露的面貌不同而已，在每一件事上所表現的具體方法就是我們所說的規則。例如政府規定人民要納稅，不納稅或逃稅、漏稅的人，就要受到處罰，這是一條規則，祇能用在納稅這一件事上，不可能用在別的方面，但這條規則的眞正目的是什麼呢？當然不可能是希望每個人都受罰，眞正的目的乃是希望每個人都納稅，國家以人民繳的稅，來建設地方，充實國力，使每一個人都能過着快樂的生活。所以從這裏可以看出，眞正的目的乃是要人民幸福，爲了使人民幸福，規則、方法可以很多，納稅祇是其中之一而已。道德和規則比較的時候，我們就可以看出，道德是原則，規則是細目，如果我們把原則當做細目，細目當做原則，就會混淆了道德的目的及其價值。

道德對人的影響既是如此的大，那麼請問，道德是不是可以適用於所有的地方呢？我們常說：「以不變應萬變」，這一個不變從其內在及永恒的方面來說就是道德，萬變從其紛紜複雜，變化多端的性質來看，就是這個世界，這個宇宙。而這個應不祇是有應付、應合之意也有適應的意思，如用應付，有時就顯得對立，如用適應就可以保有人格的特性，所以從這一句話的含義來說，道德可以適用於所有的地方，我們不妨舉幾個極端的例子來看看：在我們的印象中，堯舜時代是中國政治上最清明，最好的時代，孔子在禮運大同中所述的理想，幾乎就是以堯舜的盛世爲模型，在這樣一個講信修睦，處世和平的社會中，人們還是不能避免的有天災人禍，所謂天災就是水患，所謂人禍就是圍繞在國土四周的夷狄的伺機侵略，這種天災人禍，使得堯舜二帝不能不使用道德的力量，來處罰或征討那些無德的人。我們再說，中國歷史上政治最腐敗的，感受最深切的莫過於清末，在那種混亂，貪汚之風四起的時候，似乎道德已無作用了，但儒家的道德力量就在這時發揮了功能，變成局勢動蕩中的一點清流。卽使在今天，全世界的國家，幾乎有一半都在和中共打交道，似乎正義，和平的景象已經消失，但很奇怪的，却是在許多和中共打過交道，而仍然維持其個人獨立思考的人中，却已發覺，中共的謊言，這不正是道德的力量嗎？所以，道德的影響力是極爲廣泛的，道德所以能有如此廣泛的影響力，不祇是因爲其外在的力量，也是因爲人內在的渴望，這種渴望不祇是尋求一時的溫飽，也不祇是尋求一時的安適，而是希望獲得良久的幸福，甚至是永恒的幸福，而這種幸福就是道德所以能影響人的原因，結果也正是道德的目的。

第四節　道德的目的

爲什麼追求幸福，甚至說幸福是道德的目的呢？爲解答這一個問題，我們可以設想一些情況，我們也可以問每一個人，他們的理想，他們的人生目的是什麼，來討論在我個人的經驗中，每一個人都希望過着一個幸福快樂的生活，沒有人會希望過一個悲慘而且痛苦的生活，既然爲了要過幸福快樂的生活，就要想法子去獲得啊！我希望將來能夠成爲一個百萬，千萬富翁，那麼，我現在如果不努力賺錢，我怎麼可能成爲百萬富翁呢？我希望將來能做一位懸壺濟世的醫生，如果我現在不開始學習醫生理論及其技巧，那麼我如何可能成爲一個醫生呢？同樣的，如果我希望成爲一個學富五車，望重士林的學者，而我却每天在外面玩，怎麼有可能成爲學者呢？所以我們由此可以看出，追求幸福，希望獲得幸福快樂的生活，實在是我們人生的目的，這一個人生目的，爲什麼也是道德目的呢？道德如果不和人生聯想，道德就不成其爲道德，人生也不成其爲人生，因爲人生的理想，都是需要原則來達到，這些原則如果違反了達到幸福的目的，自然就不可能是人生的理想了，所以道德的目的和人生的目的，是相同的。

道德的目的，既是在追求獲得幸福，那麼幸福又是什麼呢？幸福不是一種外表或外在的感覺，而應當是一種內在的個人的感覺，我做了百萬富翁，可能我會很快樂，但不一定會幸福，我有那麼多錢，可以買很多東西，但不一定能買到我喜歡的，我願意獲得的，所以有人說：「金錢可以買到房子，却買不到家；金錢可以買到東西，却買不到幸福。」幸福對一個窮光且來說，可以天天享有，對富人來說却可能是一個奢侈品，這就完全看每一個人對幸福的尺度了，一般來說，我們可以把幸福分成二個層面來討論，一個是現世的幸福，一個是超現世的幸福，在現世的幸福中又可分成暫時及永恒的幸福二種，我們現在分別加以敍述：

現世的暫時的幸福，有時我們不能稱之爲幸福，祇能稱之爲一種暫時的心理滿足，以這種滿足爲對象的人，常是對物質有過份的渴望，認爲祇要錢賺「夠」了，就必然會有幸福。我們對物質有一份渴望是難免的，但如果以爲物質、財富可以決定一切，那就未免太依賴物質而小看精神了，我們都知道在物理學雖有物質不滅定律的發現，但這裏所謂的物質是指其元素而言，對於由元素所構成的物質，到現在還沒有人敢說是不滅的，例如一張桌子，不可能在使用了很久之後，仍然是原來的桌子，任何物質都會改變其狀態的，物質生活也是一樣，尤其是有機體的生活更加如此，一個人從出生到長大到死，這一個過程，很明顯的，就是指明附着在形式中的資料，會隨形式改變而改變，所以所有的物質的生活，都不可能長久，都是暫時的，如果我們把幸福放在這一種暫時的物質生活上面，就未免太看輕了人生的意義及價值了。

由於人生的意義與價值，不祇是在現世的暫時的幸福，而是應以現世的永恒的幸福爲目標，那麼，這之間有沒有矛盾呢？因爲人生是有限的，物質會改變的，如何從有限而又會改變的人生中獲得永恒的幸福呢？如果我們祇看重物質，以爲物質決定一切，那當然人生是不可能達到永恒的，但如果人生是包含了物質與精神的話，我們就有可能達到永恒，因爲物質的一面雖是有限，精神却是無限，有限不能到達無限，無限却可以達到有限，我們在前面已說過了。現在的問題是，那些是現世的永恒的幸福呢？答案祇有一個字，就是「愛」，弗洛姆在他的愛的藝術（The art of Loving）中說：「成熟的愛，是因爲我愛你，所以我需要你，不成熟的愛是因爲我需要你，所以我愛你。」(註一)從這一段話中，可以知道從無限到有限，從精神到物質的橋樑就是愛，愛對人來說，不是一個抽象的名詞，而是一個具體的動詞，當我們與人來往時，願不願意，喜不喜歡與他人來往，就是愛不愛的問題，愛可以把有限與無限結合，愛也可以使物質與精神達到完美的境界，所以，現世的永恒的幸福祇有在愛中才能獲得。

愛在現世的主體是人或物，當我愛人時，主體是我或他人，但愛的根源却不在人，我們在前面曾說，虎毒不吃子，人類愛自己的子女，都是因爲愛是一種先天的，先人而存在的，人不能決定愛，愛却可改變一切，所以愛是一個標準，這個標準不是具體的，而是一種抽象的，祇有在抽象的意義中，才能適合一切。所以從現世而又永恆的愛中，可以達到超現世的幸福，超現世的幸福又是一種什麼樣的境界呢？和現世的幸福又有什麼不同呢？我們知道現世生活的幸福，祇能在有生之年享有，例如家庭的溫馨，職業的快樂等等，但是超現世的幸福就可以引伸這些溫馨和快樂，這也就是說，除非我們能對生命有一種嚮往，這種生命的嚮往，當然不是有限的生命，而是一種無限的生命，對無限生命的嚮往，事實上就是對超現世生活幸福的嚮往。我們常說的精神不死，生命永恆的意思就是一種超現世的幸福，除此之外，在無限的生命中，可以從人生的嚮往，靈性的境界中獲得超脫的生命。

從以上各點，我們可以瞭解，道德的目的，就在獲得幸福，幸福的目標可以是短暫的、現世的，也可以是現世而永恆的，更可以是超現世永恆的，在這三種生活中，眞正合乎一個道德生活的乃是在現世或超現世中獲得永恆的幸福，在短暫的現世生活中，同時也可以助我們從中了悟到永恆的意義，但是如果一個人太執迷於物質生活，其結果也將迷失於物質生活中，爲使我們在現實生活中，獲得最深遠而有意義的生活，道德規範是不可缺的，下面，我們就討論道德規範中的標準與價值。

第十九章　道德的價值與標準

在前一章中，我們談到道德生活的意義及目的，我們知道，爲了要使我們達到道德生活的目的，我們必須要有一些基礎，以這些基礎做爲道德生活的標準，並以此標準來衡量道德生活的價值，所以在本章中將分別述及：一、道德的基礎，二、道德價值，三、道德價值的標準。

第一節　道德的基礎

任何東西都必須要有基礎，沒有基礎的東西，是空中樓閣，是虛無的。記得有這麼一首兒歌說：「那個傻瓜把房子建在沙土上，河水上漲，河水下降，房子就塌下來。那個聰明人，把房子建在堅固的磐石上，河水上漲，河水下降，房子不會倒下來。」這首歌就表示了基礎可有二種，一是軟弱的基礎，一是穩固的基礎。在有些事情上，基礎不穩固仍可成功，但有些事情基礎如果不夠穩固，就一定不會成功，爲道德來說，基礎必須是穩固的，如果基礎不穩固，就不可能垂諸久遠。我們拿一個房子的基礎來說，如果祇有一層樓的基礎，却蓋了三層樓，那當然是危險的，但如果祇要蓋四層樓的房子，却有了可以做爲五層樓的基礎，那麼這個房子不祇可以長住久安，甚且還有繼續發展的潛能，道德基礎就是如此，不僅可以適合今日的需要，也可以適合未來的需要，這就好像人從小把身體的基礎打好，不僅可以足夠現今的發展，也足可應付未來的需要一樣。所以道德的基礎就要深要厚，能夠應付永世的需要。既然如此，那麼道德的基礎是什麼呢？

在前面一章中，我們已說過道德不可能是一種暫時的、現世的，必須是一種可以垂諸久遠的，如果以哲學詞彙來說，就是形下與形上的區別，許多規則可以是形下的，但道德的基礎必是形上的，形上的道德基礎可以分權利與義務來敍述：

(一) 權利

我們一般人看到別人阻擋我們的去路時，我們常會說：「走開，不要妨礙我的權利。」這一個權利的意思是什麼呢？一般來說，權利可有三種意思：

一、客觀權利：所謂客觀的權利，就是對於屬於他人所有的東西，如果沒有獲得他人的許可時，就不可持有。從這一個觀點看來，權利和正義是相稱的，也就是說，不要侵犯別人的權利才是正義的，在社會中，我們常會因社會的不公而有言論或行爲表示時，就是因爲希望每一個人在其所應獲的權利中，得到公平而合理的待遇，這一種客觀的權利也常是法律上所說的權利。

二、主觀權利：所謂主觀的權利，就是對於我應有的，或本有的東西，我有權要求，這一種要求，是主觀的，例如我們前面所說的，要人不要擋我的去路，就是在爭取我個人應有的權利。

主觀與客觀的權利，乃是說明，當我個人有某種東西時，對這種東西我有佔有的權利，別人不能侵犯，這就是主觀的權利，至於對別人的權利，我們也不要去侵犯。尊重別人的權利，就是一種客觀權利，所以由主觀與客觀的權利中，我們可以瞭解權利本身還是一種能力，這種能力之在主體或客體身上，就需要有一種標準，所以就有第三種權利。

三、這一種權利乃是一種規定或標準，規定社會的秩序或國家的法律，正義的原則等，一般來說，規定者，常是需要有充分的知識及足夠的能力，才可能決定一個比較好的權利，在我們的經驗中，人所規定的法律或規則，都是經常在變動中，但道德和法律就不同，在道德和法律上所說的權利乃是一種不易的，一種內在的權利，我們最近常聽說的：「道德勇氣」就是內在道德權利的最好說明，這種勇氣是超乎種族、法律甚至風俗之上的，例如中華民國之堅決反共，這不是因爲賭氣，而是因爲眞正瞭解共黨的本質而有的行爲，這一種行爲雖然在擧世都有承認中共的趨勢中，仍能堅守原則，就是道德勇氣的最好說明。

權利之所以爲人爭取，就是因爲其中所包含的正義，也有人把正義說是公道，這些名詞的意思都是要別人尊重我個人的權利，也要我不要侵犯別人的權利。一般來說正義可以有下列幾種：

一、交易的正義：是我做一個工作時，老闆言明每一個月薪水五千元，但當我做了一個月，老闆給我的薪水却祇有四千元，在這種情形下，就是沒有交易的正義，交易的正義就是說，在收支二方必須是公平的。

二、分配的正義：在團體與團體，團體與團員之間，這個人或這個團體所應得的利益，團體必須公正的分配，例如在一個營利機構中，到了年底要分配紅利，其標準的訂定是應按每一個人或每一個單位的工作量，成績或地位來訂定分配的比例，如果不按比例分配就是分配不公。

三、一般的正義：所謂一般的正義乃是和前二者有所區別，前二者都是指私人的權利或福利，這裏所說的一般正義是指社團的權利或公共福利。這種正義有時也稱之爲法律正義，因爲法律的目的，是維持社會的安寧與秩序並增進人民或公共的福利，例如法律所揭櫫的人民所應享有的權利，有的時候人們也把這種權利稱之爲社會正義。

所謂社會正義，不祇是包括個人與個人，個人與團體，團體與團體之間的正義，也包括了個人或團體在社會中所應獲得的地位和尊敬，所以，當我們說社會正義時，事實上就是指一切社會上侵犯他人，團體或全體人民的權利總稱，所以貧富不均，勞力失調等都是和社會正義有關。

正義和權利是彼此相關的，在權利關係之中，主體與客體的彼此關係就是一種正義的運用，所以，權利是不可侵犯的，因爲一旦侵犯到他人的權利，就是不正義，也因此，權利不可能是無限制的，權利必須受限制，因爲權利如果是無限制的話，必然會彼此侵犯，互不相容，也因此，權利就有某一種程度的強迫性，因爲權利爲某人所有時，萬一遭到他人的侵犯，所有人就有權運用他的力量（如法律、輿論、武力……）來奪回他的權利。所以權利的特性有不可侵犯性，有限制性及強迫性三種，用這三種來分析前面所說的三種權利時，可有如下的看法。

一、國家可以強迫人民遵守社會義務，否則社會秩序就不容易維持。但如果國家所訂的法律，很明顯的是違反正義的原則，那當然要另當別論了。

二、一般來說，交換正義中的權利是具有強迫性的，但有的時候因爲個人情緒的原因，可能會破壞社會秩序，所以最好也應該由團體的負責人或委員會來執行。

三、分配正義的權利則是不太具有強迫性的，其理由是：如果大家都用武力來強迫對方，勢必造成一個無政府，無社會秩序的狀態。

所以，從上而論，權利與正義是彼此的緊密相關的，但我們仍然要強調的是：除了這些權利之外，人還有生而具有的權利，這些生而具有的權利，不會因爲社會習俗、法律、社會型態改變而改變，這些權利也就如盧梭（Jean Jaques Rousseau 1712-1778 A.D.）所說的天賦人權，任何政體、制度都不能奪去，也衹有因爲天賦人權，人性才有尊嚴。

(二)義務

義務有的時候，我們也用責任來稱呼。所謂的義務或責任，常是包含了「應該」的意思，做學生的人應該好好唸書，做公務員的應該遵守國家公務員法，這些應該，也就是他們的義務或責任。對一個學生來說，這幾年當學生的時候，他有義務或責任要遵守校規，但他畢了業，離開了學校，他的學生的責任或義務就消失了，代之以另一種義務，所以我們可以知道，義務乃是一種應該或必須做的行爲，或應避免的行爲，既然義務都是和行爲有關，那麼義務本身是不是隨人而變的呢？一般來說，當行爲附有義務時（不是每一個行爲都有義務），在事件中，是常隨行爲的目的及其動機而有不同，但義務本身却是相同的、不變的，這理由和權利的理由是一樣的，因爲如果義務本身都是可變的，那麼也就無所謂應該了，我們不妨這樣說，一個學生在學期間有他的義務，就是遵守校規，盡好他做學生的本份，當他畢業離開學校進入社會之後，學生的義務沒有了，代之而起的是社會義務或責任，從這樣一個外表的觀點看起來，似乎義務是隨着年齡、職業、生活方式而有不同，不錯，義務不祇是有不同，就是在一個人身上，也會有不同，但是儘管有不同，仍然有其基本的義務，那就是做人的義務。這種做人的義務或責任，也是天賦的人權，因爲天賦人權中，就包含了義務，保持人性尊嚴，努力追求眞善美聖就是做人的義務，而義務本身就是永恒。也祇有在這種意義之下，人的生活及方向才有不變的、永恒的標準。

(三)權利與義務的關係

權利既是正義的表示，那麼，權利就有義務，但這不是說所有的義務都有權利，也不是說所有的權利都有義務，例如我們幫助窮人，幫助窮人可以是一種權利，但却不一定是義務，同樣的，爲窮人本身來說，他可以接受（也可以不接受）別人的幫助，但他却沒有權利要求別人幫助，像現在歐美國家的人，他們中了共產黨的陰謀，認爲富人憑什麼可以有那麼多錢，老闆不工作却可以得到比他們多幾十倍錢，這是極不公平，所以就罷工、抗議，要求增加甚至拉平所得差距，認爲這是他們的權利，當然，如果老闆的分配不合理，員工自然有權要求調整，但老闆如果分配（是按工人的品質、等級及其工作能力、職位等爲標準）的是合符正義的原則的話，工人就無權要求，因爲這不是拉平的問題，這是一個社會規範中所必然也必須有的事。

我們瞭解權利與義務是有如此緊密的關係的話，那麼我們就要問是權利先有還是義務先有呢？如果我們從個別的，或單獨的事件來看時，則是先有權利，後有義務，因爲在這種意義之下，義務是由權利來決定的。但是如果我們從人性的普遍意義來看的話，義務就是先於權利，這二件事，我們可作一個比方：例如，我有十塊錢，對這十塊錢，我有佔有的權利，我必須先有這一個權利，別人才有責任，有義務不來侵犯我的權利。但從人性的觀點來看，義務並不因爲權利不在而就消失，相反的，人性在權利之外，仍有其基本的義務，這一個義務就如同我們前面所談的是追求眞善美聖，所以話說回來，我們追求眞善美聖既是一種義務，那麼爲眞善美聖的本體來說，又是什麼呢？眞善美聖的本體是一切權利的本源，所以權利先於義務，由於我們很難瞭解眞善美聖的本體，所以我們如果把眞善美聖本體的權利和人的權利混爲一談，是很不妥當的。

所以由以上所述，我們知道道德的基礎不可能是可變的、短暫的，而應該是永恒的、不變的。在人世間，所有的事物都是可變的、短暫的，所以不能做爲道德的基礎，祇有眞善美聖的本體才能做爲道德的最終基礎。這也就是盧梭天賦人權的本源。

第二節　道德價值

在討論道德價值之前，我們先研究一下，所謂價值，價值按我們一般人所瞭解的，就是一個物品或東西，根據現實環境所定的標準，例如我們買一件短袖襯衫，價值是一百元，這一百元就是根據現實環境所定的一種標準，等到過了幾個月或幾年，因爲社會情況改變了，襯衫的價格也改變了，像這樣的價值常是在變動，這也就是我們一般所瞭解的價值。在另一方面，我們雖也有價值的觀念，就不如前面的價值所說的那麼明確，而是相當的含混，例如我們對人格的評價，就很難下一個標準，中國人常說：「死有重於泰山，輕於鴻毛。」就是在指人格的價值，在這裏所說的泰山、鴻毛，有時很難訂出一個標準來，在什麼樣的程度上是泰山之重，在什麼情況之下是輕於鴻毛，更何況泰山之重與鴻毛之輕祇是二個概論，爲平凡的人來說，其價值又是如何呢？就很難加以斷定了，所以價值從這些觀點看來是很難用「眞」這一個字加以衡量的，同時也因地因時而有不同的意義，比如說，我父親送給我一個手錶，我覺得很有價值，很珍惜，但別人的看法卻不一樣，他們可能會想，這有什麼了不起，又便宜又不好看，所以價值不能用眞的觀念來衡量，因爲當我們用眞的時候，就表示是一個放在那裏都不改變其本質的，例如中國人現在有七億人口，這是一個事實，也是一個眞，放在那裏都不改變其本質，也就是說不管到那裏，祇要跟人說民國六十五年中國的人口有七億，如過幾年來說，人口數可能會有變動，但爲民國六十五年的人口數來說，却是一個眞。同樣的，　國父孫中山先生領導革命，翻推滿淸，在西元一九一一年建立民主共和的政府，這是一個事實，也是一個眞。眞既如此，眞和價值並不一樣，凡是眞的東西，未必都是有價值的，而有價值的也未必都是眞，價值常連帶的是善，善和眞雖有關係，但並不一樣，善的觀念爲一般人來說常是比較抽象而且也比較廣泛，很難給一個明確的意義，但爲嚴格的倫理學家來說，善仍可有其標準，這一個標準和價值是相連的，比如，我們說孝敬父母、友愛兄弟是一種善行，也是一種有價值的行爲，但是不是眞的呢？爲我們中國人來說，自然是眞的，因爲我們的文化背景、生活形式以及家族觀念都是造成我們這種孝道思想的原因，但爲外國人來說，他們會認爲這是善的，是有價值的，但不一定會認爲這是眞的，爲什麼呢？因爲在他們的生活環境，文化背景中，孝並沒有成爲他們家族的中心，所以他們才不會有這樣的感覺，同時，如果他們承認這是眞的，那麼就要遵守這個原則，因爲眞有其絕對性，而善乃是一種相對的，我對你好，你對我好都是相對的，價值也是一種相對的。那麼我們要問，價值有沒有可能成爲眞的呢？當然有可能，祇要這個價值是經過理性的思考及判斷之後，就有可能成爲眞的，所以像前面所說的孝敬父母、友愛兄弟，在這一種意義之下，就有可能成爲眞的。

所以在我們談到價值時，有時也不能不談到目的，價值與目的作比較時，有時也可能顯出二者的異同。我們現在把價值與目的和善來作比較，就可以知道。

善與目的作比較時，可以說二者是名異實同，我們在道德生活中所說的善，常是一種目的，也就是亞里斯多德所說的「目的因」（final cause）是意志追求的對象，其他一切方法都是用來達到這個目的的，例如我們說要愛人，愛人是一種善行，其目的就是要使所愛的人得到溫暖、照顧等，善行就是一種目的。

從另一方面來說，善和價值卻是一種「形式因」（formal cause）愛別人受到讚美，這個讚美就是一種價值，也就是說，其價值值得我們效法，如此，善和價值也是名異實同。

當我們把價值和目的聯在一起時，我們就可發現，祇要有價值的，就可以成爲我們追求的目標或目的，反過來說，一個被追求的目的，必然是有價值的，例如我們追求財富，如果財富沒有價值，不會有人去追求，所以財富是人追求的目的。但是，在追求的目的中，却有不同，有些目的是近的，有些是遠的；價值也有大小之分，近的目的未必有價值，遠的也未必沒有價值，端看價值本身，也由此可知，價值具有一種超越性，這個超越性是超越於現有的一切物體，而追求無限的美善。美善在面對人的實際情況時，雖是相對的，但其內在却是絕對的，例如在我和人來往時，我的態度有時可以是相對的，有時也可以是絕對的，所以價值的超越性是建基聖美善眞之上的。

價值的第二個特性就是前面所說的相對性，也有人說是二極性或對立性，所謂二極性或對立性，就是好與壞，善與惡的相對，對立成二極。

價值的第三個特徵就是現實性，價值如果不存於事物之中，就不能顯出價值的特性，所以價值的特性之一就是現實性，這一個現實性不祇是一種可以實踐的，也可以是一種理想，例如我希望將來能做一位教育家，教育家不祇是可以達到的一種實踐，也可以是一種理想。

所以價值具有這一個特性之後，價值才是眞正的價值。我們現在再看一看價值根據如此的定義，可以有多少種：我們都知道宇宙間可有生物與非生物，同樣的，也可有人與非人二種，爲人性來說，價值可有人性的與非人性的價值，所謂非人性的價值不是單指非屬於人性的問題，也包括了屬於人性，但僅次於人性的價值，例如在理則學的分類表中我們知道生物與非生物的區別是感覺與非感覺，生命與非生命的區別，而這種次於人性的價值也就是感性的與生理的價值，感性的與生理的價值，並不專屬於人，生物中的動物也可以有，但不能說沒有價值。

第二種價值就是屬於人的範圍，但却不是衡量人之所以爲人的價值，例如經濟價值、認識價值、社曾價值等，這些價值雖可助人認識自己，但却不能決定人之所以爲人，所以這些價值祇是一種本性的價值，是一種僅次於道德的價值。

我們認爲人之所以爲人，必須有其一定的價值標準，這個標準就是道德價值。道德價值乃是一種因着主體的自由權而達到的，所謂主體的自由權，乃是一個行爲主體藉着自由意志的選擇，行爲而達到的，這種價值才是眞正的價值，因爲其他的價值都不是人所能運用自由意志的，如生理價值，在我們生病的時候，我們很難脫離這種病痛，同時病痛也常不是我們的自由意志所能選擇的。也由此可知，道德價值常是一種自主的，爲什麼是自主的呢？例如我們決定下週一到高雄去，臨時，我仍然可以不去，這就是一種自主，爲道德價值的自主性來說，我可以選擇做好事或做壞事，做好事就是好人，做壞事就是壞人，要做好人或壞人，完全是自主的。

道德價值的第二個特性就是絕對性，這個絕對性是對道德而說的，而不是對人而說的，例如一個人做好事，這件好事是一件道德事件，值得讚美，我之所以讚美他，不是因爲阿諛或奉承，也不是因爲他能對我有幫助，而是因爲他的行爲在這一件事上所表示的善，是一種絕對的，是值得我們讚美的。

道德價值的第三個特性是優越性，這裏所謂的優越性也是因爲比較的結果，一個人爲了應付考試，拼命讀書，結果把身體搞壞了，在這種情況下，我們都知道健康是一切事業的根本，所以健康的價值就優於念書的價值，同樣的，在支配價值中，最優越的應該是道德價值，祇有以道德價值做爲支配價值的標準，人生才能算是有目標，我們常聽人說：「爲讀書而讀書，爲結婚而結婚。」其實這是有問題的，因爲讀書的目的不是在讀書，而是在於能從讀書中找到做人做事的準則，能使自己成爲有價值的人，同樣的，結婚的目的不是爲結婚，而是爲獲得幸福快樂的人生，並希望從結婚中，獲得人性的完滿。

道德價值的第四個特性是普遍性，道德價值如果祇是局部性的，那麼其價值就不可能做爲標準，既不能做爲標準，也就無所謂普遍了，例如孝敬父母，對我是有價值的，對別人也是有價值的，價值的衡量以其普遍性來說，也祇有道德才具有這種價值。

道德價值的第五個特性是責任，我們所以會有責任，不是因爲外在的需要，而是內在的要求，也祇有內在的要求，才能構成道德的條件，例如我們對國家要忠，這種忠不是因爲政府或國家的需要而要我們愛國，而是因爲我意識到我是國家成員中的一份子，國家的存亡與我息息相關，如果我不愛國，則國家就可能有危難，基於這種內在的需要，我們就會產生愛國的意識，這種意識就是一種責任，當有一天，我的行爲違背了愛國的原則時，我的良心就會受到譴責，這種責任意識就是道德價值的特性。反過來說，一個國家要求人民愛國，而國家却未好好的、仔細的幫助人民，人民如何可能會有愛國的意識呢？而國民自然也不會把愛國當做是一種責任，更有甚者，國家的主政者如剝削人民，像某些極權國家，不但不會使人民有責任心，還更可能會有抗暴的心，反而認爲抗暴才是他們的責任，這種抗暴的責任心，看起來雖是由於外在的刺激，事實上却是因爲內在的反應才有的結果，所以道德價值的第五個特性就是責任。責任的本質就是必需和要求，我對某一個人有責任的意思，就是我要求我自己必需爲某人做些事，才算盡我的責任，例如我們對國家、對父母、對朋友、對家庭有責任，都是這個意思。責任所以有必需性是包括了主觀與客觀的必需性，主觀的認定及客觀的事實都可以使我們得到必需的概念，在要求上來說，就是絕對的要求，也就是無條件的要求，這種無條件的要求，是不包含任何外在因素的，我要求我無條件的爲別人服務，乃是一種高尚的道德價值，如果我有條件的爲別人服務，雖然有可能有價值，但一定不是高尚的道德價值，所以我們在瞭解了道德價值的責任之後，就知道責任乃是一種內在的要求。

從以上所述，道德價值有其絕對性，祇有道德價值才能作爲衡量事物的標準。這一個標準在歷史上有許多不同的看法，我們現在分述於後：

第三節　道德價值的標準

在前一節中，我們敍述了道德價值之後，我們可以發現，道德價值是有其標準的，這種標準在歷史上曾有過不同的看法，我們現在先敍述各種不同的看法，然後再看道德價值的標準應以何者爲準，才算是眞的道德價值標準。一般來說，道德價值的標準可有：一、實證主義（Positivism）的道德價值標準，二、實用主義（Pragmatism）的道德價值標準，三、功利主義（Utilitarianism）的道德價值標準，四、快樂主義（Iedonism）的道德價值標準等四種（註二），現約略分述如下：

（一）實證主義的道德價值標準

實證主義對道德價值標準的先決條件是：一、道德價值標準應以人的主宰——心或意志爲標準，二、所有人的意志的選擇，都不需要先天的道德法則，祇有意志才是最高的道德標準，據此，普羅達哥拉斯（Protagoras of Abdera 480-410 B. C.）主張人爲萬事萬物的權衡或標準。近代德國人尼釆（Friedrich Wilhelm Nietzsche, 1844-1900 A. D.）則認爲不是人去發現道德法則及善惡的標準，而是人去自訂道德法則及善惡標準（註三）。根據如此的看法，人的意志既是道德價值的標準，那麼人的意志究竟指的是什麼呢？有的人認爲是個人意志，有的人認爲是民族意志，也有的人認爲是國家或執政者的意志。我們現分析如下：

一、所謂以個人意志爲道德價值的標準，乃是認爲個人的好惡抉擇才是道德價值標準，這種道德價值標準是以發展個人力量爲主，在這一種主張中，我們可以看到世界的現狀，以強權而不以眞理、正義爲依歸，誰的力量大，誰就有權力，有權力的人就可以決定別人的命運，所以此派會有如此的看法，是因爲大自然生存競爭的結果，我們看動物世界中，弱小的動物爲了求得生存，祇有盡量以保護色，內在的身體分泌物作爲防禦武器，而強大的動物，完全以暴力的體型來攫奪其他弱小動物，在人與人爭的社會中，又何嘗不是如此呢？如果一切以國家、民族的利益爲前提，那麼個人必然會喪失自由及生存的能力，所以，所謂道德，不是來決定人的，而是應由人來決定道德，同樣的，生命應當來決定道德，而不是道德來決定生命，在此意義之下，人與人，人與民族，人與國家都無所謂相對的權利與義務，有的祇是個人的權利，個人的力量，我們不需要盡任何義務，凡我所願意的，所去做的都是好的，也都是道德，祇有強權才是公理，人既不需要道德，同樣的，人也不需要國家，不需要受國家法律的約束，爲了要維持個人的自尊及力量，必須打倒、推翻國家，如此個人權利才能獲得發展，獲得擴張。以這種學說爲主張的人是斯提奈爾（Max Stirner, 1806–1856 A. D. 原名 Johann Kaspar Schmidt）及尼采（Friedrich Wilhelm Nietzsche 1844–1900 A. D.）。

二、以民族意志爲道德價值標準的人有史賓格勒（Oswald Spengler, 1880–1936 A. D.）他說：「有多少文化，就有多少道德，既不多，也不少。在這裡，個人並沒有選擇的餘地。本其原有的文化情操，個人能有合乎道德或相反道德的行爲，善行爲或惡行爲；但其行爲的形式，却都是外來的。每一文化有它自個的，祇爲自己有效的道德標準，並沒有一個普遍的人類道德。」（註四）根據史賓格勒如此的說法，可以看出，所謂道德，乃是根源於社會及所寄生的民族文化上，個人無所謂道德，當一個社會或民族在爭取生存的過程中，爲了生存，必然會有一些適合該社會，該民族生存的方式，這些方式，也就很自然的形成了這一個民族或社會的生活規範，也就是所謂的道德標準，這一個道德標準，不允許任何個人反對或違背，凡不適合於這一個社會或民族道德價值標準的人，都將被這一個社會或民族摒棄、淘汰。所以，個人在民族中是無所謂個人的意志，也無所謂個人的自由，祇有以民族意志爲意志，民族道德爲道德。

三、主張以國家或執政者的意志爲道德價值標準的人是英國哲學家霍布斯(Thomas Hobbes, 1588-1679 A.D.)，他認爲：「人之所好者，卽謂之善；行惡者，卽謂之惡，行蔑視者，卽謂之無味。所謂善也，惡也，無味也，皆因有人，乃有是類稱謂。物之本質，初無善惡，而世間亦無絕對之標準，可據以定其善惡。在無國家之時，人人自定其標準，既有國家，則代表國家者定之，或爭執之雙方，公推一公斷者，而請其判定焉。」(註五)霍布斯否定個人意志，也不承認有一個先天的道德標準，認爲祇有國家或執政者所訂的規定才是眞正的道德價值標準，在沒有國家之前，個人的喜好就是可以做爲一個道德價值標準，但當國家成立之後，個人的權利就消失了，祇有義務了。國家所訂的法律便成了善惡的最高標準，執政者也就成了這一個最高標準的執行人。所以霍布斯的主張，就是前二種的綜合，在個人與國家比較之下，國家先於個人，國家的執政者的意志又先於非執政者的個人意志。

從以上三點的敍述，我們可以發現實證主義乃是現世的人或物或政體爲其最高道德價值標準，但是當個人、社會民族或國家消亡之後，其道德價值標準又何在呢？如果，人與人、民族與民族、國家與國家相處時，彼此有一個對待之道，其標準又在那裡呢？所以由前面的敍述，實證主義可能有某一些價值，但絕不能做爲道德價值的最後標準，因爲如此的話，人與人之間將無所謂友誼，民族與民族之間也無所謂眞誠的交往，國於國之間也更無所謂道義，那時個人處於這樣的局面中將何以堪呢？所以實證主義的道德價值標準不能做爲最後的標準。

(二) 實用主義的道德價值標準

實用主義在一般人的瞭解是，祇要某些東西是合乎實際利益的，就可以拿來利用，無所謂原則不原則，唯一的原則就是實用，事實上，實用主義的觀點也是以此爲基礎，但實用主義有一個基本假設，就是沒有東西是不變的，祇要是在這個世界上的東西，就無所謂永恆，也無所謂眞理，所謂的眞理和價值也祇是人應付環境的方法和工具，所以胡適之先生說：「眞理並不是天上掉下來的，也不是人胎裡帶來的。眞理原來是人造的，是爲了人造的，是人造出來供人用的，是因爲他們大有用處，所以才給他們『眞理』的美名的。我們所謂眞理，原不過是人的一種工具，眞理和我手裡這張紙，這條粉筆，這塊黑板，這把茶壺，是一樣的東西：都是我們的工具。因爲從前這種觀念曾經發生功效，故從前的人叫他做『眞理』；因爲他的用處至今還在，所以我們還叫他做『眞理』。萬一明天發現他種事，從前的觀念不適用了，他就不是『眞理』了，我們該去找別的眞理來代他了。……眞理所以成爲公認的眞理，正因爲他替我們擺過渡，做過媒。擺渡的船破了，再造一個。帆船太慢了，換上一隻汽船。這個媒婆不行，打他一頓媒婆，趕他出去，另外請一位靠得住的朋友做大媒。這便是實驗（實用）主義的眞理論。」（註六）所以，從胡適之先生這一段話中，可以看出，所謂的實用主義，乃是以事實、實際爲基礎。一個東西所以有價值乃是因爲他有實際的效益，一個東西所以稱之爲好，乃是因爲他能在實際的效益中發揮最大的用處，沒有人會把一隻破了的洋傘再拿來當寶貝，也不會有人把那已破的鞋再當新鞋看，因此，其實際利益乃可決定一切的價值，「祇要行得通，就是善，行不通就是惡。」（註七）眞理也是以行不行得通爲依歸。以實用主義爲主張的代表人物就是杜威和胡適之。

從以上所敍述的看來，實用主義似乎是目前社會中最流行的一種看法，尤其在目前的中國社會裡，你問大學生將來希望做什麼？大部份的人都會認爲要找一個好的職業，你問中學生，如果你考大學的話，要考什麼系，他們會有很多人都說，希望能考上一個有用的，可以有穩定職業，生活安定的系，爲什麼這麼多人會有這種看法呢（註八）？這絕不是因爲人性的問題，而是在整個社會中，對物質生活的渴望，已成爲這一個時代的特徵，有人說：「笑貧不笑娼」不就是一個很好的說明嗎？但是我們要問，即使整個社會都走向物質化，是不是表示眞理就在物質中呢？在一個變動的社會中，誰來決定變動的因素呢？誰來操縱、控制變動呢？大自然的生態變化，完全不是人所能完全掌握的，既要有用，請問，如何用呢？按道理說，祇有大自然的變化才是一切物質的決定因素，因爲人類一切的物質文明及享受不論多麼的好，祇要一場地震、大雨，這一切不都毀之於一旦嗎？難道說，人又有何種能力呢？大自然豈不是人類的眞理嗎？因爲它是最有用，也最能決定一切變故的。所以一切的實用主義都不可能做爲道德價值的標準，因爲如此的話，在物質的實用之上還有比物質實用更實用的東西，如此層層相因的往上推，其結果自然是很明顯的知道，實用主義必然不是道德價值的標準。

（三）功利主義的道德價值標準

功利主義一般可分成唯我功利主義、利他功利主義及社會功利主義，現在分段敍述：

一、唯我功利主義的代表人物是亞里斯多德，他認爲祇要是能夠使人達到目的的行爲，就是好行爲，否則就是壞行爲。爲亞里斯多德來說，目的就是道德價值的標準，但是目的有很多種，究竟應該以何種目的爲道德價值的標準呢？讀書的目的是爲求得做人做事的方法，睡眠的目的是爲減輕疲勞恢復健康，那麼道德的目的又是爲了什麼呢？每一種目的既都有其不同的作用，何者可以做爲人生的最終目的呢？亞氏認爲人生的目的是在求得幸福，人生的最後目的，是爲求得永遠的幸福。在現世與永恆的幸福之間，亞氏認爲可以從近目的中求得最終目的，近目的並不是倫理價值的標準，而是達到最終目的的方法。因此亞里斯多德把追求人生幸福的方法分成二種，一是物質的，一是精神的，物質的或肉體快樂雖可以幫助我們達到幸福，究竟不是永恆，祇有精神的、內在的快樂才是一種永恆的快樂，所以爲求得人幸福的行爲，也應當是一種內在的目的，這種內在的目的事實上也就是一種倫理行爲，倫理行爲是以德行爲標準的，祇有有德行的倫理行爲才是道德價值的標準。

從以上的敍述中可以知道，亞里斯多德認爲幸福是道德價值的標準，但請問，是否一切的幸福都應當追求呢？我們當然知道一個人在追求幸福婚姻時，不可能同時得到獨身的快樂；同樣的，一個人在追求知識時，也很難同時兼顧工作及生活經驗，既然不是所有的幸福都要追求，那麼我們就知道，幸福並不需要做爲道德價值的最後標準，我們可以追求幸福，也可以追求一些並不是幸福的事，但並不損害道德價值，所以道德價值的標準，不需要以幸福做爲標準。

二、利他的功利主義，最早的淵源是從基督宗教的教義中得到的，因爲上帝在給梅瑟（Moses）的十條誡命中，第一條就是要人愛上帝在萬有之上，第二條和第一條相似，應當愛人如己。基督宗教這樣一個愛上帝，愛人如己的思想，事實上就是利他的功利主義最早的起源，但是到了十七、八世紀的時候，由於受到科學唯物論及辨證唯物論的影響，這一種純粹的利他的功利主義，就變了質了，一般說來可變成由亞當史密斯（Adam Smith 1723–1790 A. D.）爲代表的同情說及以約翰彌爾（John Stuart Mill, 1773–1838 A. D.）爲代表的聯想說，這二種學說一是以同情心做爲利他功利主義的基礎，一是以聯想的基礎做爲善惡行爲的標準。

1. 同情說，根據史密斯的意見，認爲同情心是人的自然傾向，看到一個人掉到水裡，就會「情不自禁」的去幫忙，看到別人行惡，也會「情不自禁」的討厭或譴責對方，所以同情心可以作爲道德價值的標準，就是因爲同情心可以激發善行，也可以激發惡行，能激發善行的同情心就是好的行爲，能激發嫌惡或討厭的行爲就是壞行爲。世界上如果祇有一個人，就不會有同情心，同情心乃是人與人之間的比較所產生的結果，爲了使他人更好，所以同情心是必須的，也祇有用同情心做爲道德價值的標準，道德才有價值，他人才有價值。

2. 聯想說，則是以行爲的好壞是否能帶給我們幸福做爲標準，凡是可以給我們幸福的就是好行爲，凡是帶給我們痛苦的就是壞行爲，但是彌爾所說的幸福不是一種利己的個別幸福，而是一種利他的普遍幸福。爲什麼會有利他的普遍幸福呢？彌爾用「觀念聯想律」來說明，他分析人類心理現象的結果，發現當二個觀念相互接近的時侯，很自然的彼此就會聯合起來，所以當我們爲別人謀福利時，也正是謀自己福利的聯想，也祇有藉着這種聯想，由於次數的逐漸頻繁，結果這二個觀念就會很強固的聯合起來，而不分彼此，其結果，聯想律就成了一切道德價值的標準了。

以上這二種看法各有利弊，像1.同情說，從主觀的方面來看，如果情感不以理智爲依歸，那麼同情心很容易失去其準繩，從客觀方面來看，同情心並不就等於道德價值，同情心可以是一種道德價值，但絕不是道德價值本身。但另一方面，我們也可發覺，一個人如果沒有同情心就容易變成過份嚴苛的人，一個人如果沒有情感支持的話，不可能度一個長久的道德生活，所以在生活中培養同情心是非常重要的。

聯想說雖然是以最大多數人的最大幸福爲道德標準，但彌爾却否認犧牲的意義，如此，爲別人謀福利，就不一定能夠是道德行為，因為一個道德行為必須是合理的，幸福也應當是合理的，如果所過的生活完全是以個人為主的話，又如何可能是完全合理的呢？再者，如果沒有一個標準，沒有一個共同的標準，為他人謀福利又有什麼用處呢？所以一個客觀的價值標準在聯想說中，才應該是一個基礎。也祇有在這個基礎上，你我他都能兼顧到，也才能有幸福，不然單為別人，而自己毫無幸福，是講不通的。

三、社會功利主義可分成二種，一是從孔德(August Comte 1798-1857 A.D.)而來的實證論，其代表人物是布魯爾（Lévy Bruhl 1857-1939 A.D）及涂爾幹（Emile Durkheim 1858-1917 A. D.）的實證社會主義，一是馬克思（Karl Marx 1818-1883 A. D.）的社會功利主義。

1. 實證社會主義認為所有的學問、科學都是應該以研究社會上所發生的事實為主，對於事實做有系統的觀察與敍述，在此定義之下，倫理學、道德的問題，和其他的科學一樣，都是以研究事實為目的，當事實發生時，倫理學就有其作用，當事實消失時，倫理學也就無用，因此，倫理的標準，不在倫理本身，而在社會的風俗或習慣上，我們可以瞭解當一個人做了違反社會風俗或習慣的事時，就很難在社會上立足，這就表示社會的風俗習慣才是道德價值的標準，沒有人能夠破壞風俗習慣，倫理學祇負責來解釋這些風俗習慣而已，它不能決定風俗習慣。

為這一種實證的社會主義學說，我們可以很容易的批判，因為社會風俗習慣如果能夠決定道德的話，那麼，中國自古以來的那些：祭河神、殉葬等的風俗習慣，為什麼不能存留下來呢？為什麼會被淘汰掉呢？所以實證的社會主義，祇能偶一以風俗習慣做為道德價值標準的說明而已，絕不能做為道德價值的最後標準。

2. 馬克思的社會主義是以為道德就如同其他理想一樣，都是建築在經濟和社會組織上，沒有經濟和社會組織就沒有倫理道德。馬克思把經濟和社會組織定爲下層結構，其他的定爲上層結構，有政治、藝術、道德、宗教等。下層結構決定上層結構，因此要有什麼樣的上層結構，就應當先要有什麼樣的下層結構，所以資本主義有資本主義的道德，共產主義有共產主義的道德，決定道德形式的是下層結構，而下層結構又是以生產力和生產關係爲基礎。爲人類的理想來說，祇有共產主義的無產階級思想才是眞正的自由平等博愛，因爲在這一個制度之下，人人根據其生產力及生產關係來決定他在社會上的價值，而道德價值的標準就是評判個人在社會中的地位及能力。所以道德是爲無產階級社會服務的，是無產階級社會來決定倫理道德，而不是倫理道德來決定無產階級社會。

由馬克思的理論看來，似乎所有均產、共產才是眞正的平等，根據個人的能力及社會關係來決定其地位，這二點是一種矛盾，一方面要均產、共產；一方面又講地位，在一個均產、共產的社會中，如何能有不同的地位及社會關係呢？更何況社會關係及生產力不是一個後天的變動的社會所能決定的，人的幸福很難用分配的原則完全達到，每一個人的能力及對幸福的追求也不是無產階級的共產社會可以提供的，所以道德可以決定生產關係的經濟及社會組織，而不是無產階級社會來決定道德，因爲如果沒有道德價值做爲一個標準，又如何能以資本主義社會及無產階級社會加以比較呢？所以當馬克思提出他的無產階級思想時，就已經先提出了道德價值標準。所以無產階級的社會主義思想絕不能做爲道德價值的標準。

從上所述，功利主義不論是唯我的、利他的或是社會的功利主義都不能做爲道德價值的最後標準，因爲當我們批判一物，並以此物作爲標準時，就早已有了標準，不然我們不能批判一物，也不能定一物爲標準，也由此一標準乃是先天於人的，小嬰兒會要自己的親人抱而不要他人抱，乃是因爲他已有一種標準，以此標準來衡量他周遭的事物及人，所以，道德價值的標準不是外在於人的，而是內在的，這種內在的乃是一種天性，無人能奪去，故可作爲一切事物的準繩。

（四）快樂主義的道德價值標準

快樂主義可以分成一、比較粗俗的快樂主義，二、比較高尙的快樂主義，三、科學化的快樂主義，四、中國的快樂主義等四點來敍述（註九）。

一、比較粗俗的快樂主義，所謂比較粗俗的快樂主義就是以感覺爲道德價值的標準，由於我們對外在世界的瞭解都是依賴於感覺，所以感覺所能帶給我們的都是主觀的，對於事物本身及他人的感覺，我們實在一無所知，因此，感覺可以作爲一切價值及快樂的標準。提倡此說的人是蘇格拉底的弟子亞里士提仆斯（Aristippus 435–350 B. C.），他在古代地中海的施勒尼（Cyrene）地方首先倡導快樂主義，根據他的說法，快樂是一種內在的現實的目標，這種內在的快樂主義和縱慾主義是有其不同的，因爲亞里士提仆斯認爲一個智者會挑選快樂，如果過度的享樂，不祇不是快樂，相反的還是痛苦，所以一個智者的選擇力是很重要的，智者除了選擇之外，還應當有自主的精神，所謂自主的精神，也就是選擇力的另一種說明，能做選擇的快樂，必然是一種淡泊的、知足的生活。雖然亞氏主張以感覺快樂爲道德價值的標準，但他本人卻是一位苦修者，在這二者之間，雖然他能加以綜合，但他的弟子們却力有未逮，就造成了後來的分裂，其中一派就成了極端的快樂主義者，而另一派又成了極端的悲觀主義者。

亞氏的主張，在表面上看起來，相當引人入勝，但實際上，感覺却是一種常變動的，以感覺爲判斷事物的標準是相當危險的，我們都知道，對一個我們所喜愛的人，有的時候，不知道爲什麼，會突然的厭惡。如果以這突然的感覺來判斷，作爲道德價值的標準豈不是可怕嗎？因爲一時的厭惡，並不會影響愛的本質，那祇是個人情緒的問題，祇要等這一段情緒改變之後就好了，另一方面，一種內在的感覺除了和心情的變化有着很大的關係之外，也和個人的年齡及社會背景有着相當的關連，因此，如果祇是以感覺爲主，在年齡改變及社會環境變遷之後，對自己的選擇，又能作如何堅定的態度呢？所以以感覺爲主的快樂主義，不能作爲道德價值的標準。

二、比較高尙的快樂主義，這是以伊壁鳩魯（Epicurus 341–270 B.C.）爲主的一種道德價值標準。他把快樂分成動和靜二種，動的快樂是一種不穩定的快樂，不是他所要追求的，他所要的乃是靜的快樂，靜的快樂是一種靜止的、安定的快樂，這種快樂不摻雜着肉體的憂愁與焦慮，而是一種精神上的快樂，但是這一種精神不是我們所瞭解的無形無像的，而是一種物理與生理的作用，精神的快樂乃是肉體快樂的回憶與等待。我們有了這種認識之後，就知道爲什麼伊氏必須要把快樂分等級，如其不然，快樂就和粗俗的快樂主義差不多了，他把快樂分成 1.是非自然也是非必須的快樂，如名譽。2.是自然但不是必須的快樂，如吃山珍海味，吃是一種自然的，山珍海味却非必須。3.是自然而且又是必須的快樂，例如簡單的飲食等三種，在這三種中，第一種是應該避免的，第二種應當有節制，第三種是應當尋求到的。伊壁鳩魯除了看重自然而且必須的快樂外，他也看重友誼，這友誼和他的第三種看法有些矛盾，因爲友誼並不是自然而且必須的，爲什麼他會看重友誼呢？因爲這些希臘哲學家的共同看法，如柏拉圖和亞里士多德都看重友誼，另一方面友誼也是一種平靜、安定的感覺，祇有友誼才是人生最高的價值。伊氏反對愛情，認爲愛情會擾亂人的平靜及安定。伊氏的出發點雖是粗俗的快樂主義，結果也成了苦修主義者，他把快樂當做所有道德價值的標準就是因爲快樂是一種爲己的，個人的快樂與享受。

伊壁鳩魯的快樂主義所以會比亞里士提仆斯的快樂主義高點，就是因爲伊氏還有友誼的存在，如以快樂做爲道德價值的標準，就應以最終的、永恒的爲基準，如祇以感覺或友誼的或者自然而必須的爲標準，就容易違反個人的良知及社會的規範。因爲究竟能以何種程度做爲自然而必須的標準呢？沒有人可以訂出一個標準，其結果祇有訴諸個人按當時情況來決定了，自私主義就不可能避免，人與人間的衝突也就不可能獲得解決，所以伊壁鳩魯的快樂主義不能做爲道德價值的標準。

三、科學化的快樂主義，主要的流行於十九世紀，其代表人物是英國人邊沁（Jeremy Benthan, 1748-1842 A. D.），他如同伊壁鳩魯一樣，很受弟子及時人的尊敬。邊沁的學說常被人以爲是功利主義，其實却是一位快樂主義者，因爲他認爲追求肉體快樂才是人生的最後目標。爲了要增加人類的幸福，道德必須能教導人如何獲得有利的、有用的學問，這些學問都應當是帶給人快樂，邊沁是一個很實際的快樂主義者，他認爲快樂的泉源是恩情與同情，在恩情與同情之間，明智的選擇是十分重要的，道德就應負有教導人做明智的選擇。既要選擇，就應有其原則，邊氏立了七項原則以計算怎樣在選擇時增加快樂，減少痛苦。這七項原則是：1. 強度性（Intensity），2. 延續性（Duration），3. 確切性（Certainty），4. 切近性（Propinquity），5. 生產力（fecundity），6. 純潔性（Purity），7. 廣袤性（Extention）。根據這七項原則，我們就可以決定何者可以更快樂，何者可以減少更多的痛苦。用這七條原則，也可以做爲道德價值的標準。

邊沁的快樂主義在本質上，和伊壁鳩魯的快樂主義，並沒有甚麼差異，唯一的差別就是方法，伊壁鳩魯的方法是獨善其身，而邊沁的卻是兼善天下。在邊沁的著作中，有許多都是希望建立能爲大衆謀福利的社會及政治制度。雖然邊證與伊壁鳩魯的方法不同，但因其基本觀點相同，我們就可以瞭解，其結果是一樣的，人如果被當動物看待，那麼所有的文明及文化都沒有了，其中賴以維繫的社會標準也將消失，剩下的祇有本能及自私，所以我們不認為邊沁的快樂主義能夠做為道德價值的標準。

四、中國的快樂主義者，首推楊朱，楊朱的學說是以人生的享受及快樂才是人生的眞正目標，楊朱篇說：「人之生也，奚為哉？為美厚爾，為聲色爾。」人的一生，既然祇是為滿足肉體的慾望，那麼所有的禮教都是不需要的，祇要能有達到的慾望就可以了。所以從另一方面來說，楊朱也是一個縱慾主義者。他們的思想和古希臘的縱慾思想，有許多地方雷同。我們就不再多述。

快樂主義的學說，多半是以滿足個人的需要為主，但是我們可以看到快樂主義所以不能成為道德價值的標準，是因為快樂主義不能完全合乎道德意識，為什麼呢？我們在前面研究，道德意識是一種良知、理智，如果否定了良知及理智的存在，那麼人還剩下什麼？人又如何能與其他生物共存於這世界呢？再者，快樂主義認為人的本性是傾向於享樂的，那麼是不是說，快樂主義也默認人性是人享樂的基礎呢？既是如此，人性豈不仍是快樂主義的價值標準嗎？人性既有其本性，人性就有其精神領域，物質是不能遽以決定。所以快樂主義不能做為道德價值的標準。既然我們在前面四點中都已看出，不論是實證主義、實用主義、功利主義或快樂主義都不能做為道德價值的標準，那麼，道德價值的標準究竟是什麼呢？

（五）良知標準說

在前面幾節中，我們已說過，人性的成份不祇是具有人的生物本能，也具有一種人的非生物本能，生物本能，祇是為滿足生存的慾望，如果祇以這一個為標準的話，那麼前面所說的四種道德價值標準就都可以成立了，但是因為他們忽略了人性中非生物的本能，所以他們最終的結果，仍不能做為道德價值的標準。祇有二者兼顧才能算是眞正的標準。王陽明的良知良能正足以解釋道德價值的標準。由於良知的判斷性，不祇是根據於社會環境的問題，也是源於權利及義務的先天性，孟子所說的惻隱之心、是非之心、善惡之心、恭敬之心就是在觀察了良知的能力之後，所發的結論。我們在路上見到一乞丐在乞討，首先我們一定會想助他一臂，但繼則一想這一個乞丐爲什麼不努力找個工作自食其力呢？爲什麼要來伸手乞討，由於這個反省，我們就可能不再幫助他了，在意識的第一個直覺中，那是先於任何社會意識及個人好惡的，這個就是良知，良知既不受社會壓力所約束，也不受人際關係所限定，祇要任何一件事出現，良知就能獨立作判斷，既使在一個小孩子的心目中，他也能有良知的選擇，良知的能力，是超越人的本性能力，它不但可以適合於經驗主體，也可以適合於理性主體，在主客觀之間達到一種完全適合的狀態。

良知的標準，是基於人的整體性，人不祇是一個二足直立會生會吃的動物，也是一個能思想能判斷的動物，這種判斷及思想的根源，乃是基於天性的功能，在宗教界中所說的上帝就是良知的最基礎根源。中國的哲人把參天地化育，與天地參，定爲最高理想，就是想以人性能力中的良知和天地結合，良知的標準不是以人爲依歸，而是以上帝爲依歸，爲許多迷信科學的人，當然以爲科學才是人生的最後目標，但我們仔細考慮的話，如果以科學爲一切人生的、道德的標準的話，豈不是也認爲科學就是上帝嗎？但我們又有誰願意把上帝這一位全能者，放在隨時可能改變的物質上呢？對於非物質的嚮往，爲有理性的人來說，當比物質的嚮往來得更迫切。科學主義所以不能解決人生的最大問題，就是因爲科學歸根究底仍祇是在物質之上，而永遠脫離不了物質能有更大的超昇。

良知的特性，使人瞭解生命中仍有永恒可以追求，不是人死了，就一切結束了，就好像大學生從大學畢業時，並不是表示一切都結束了，而正好表示一切都在開始，人生的物質雖有可能幻滅，但精神却可以永生不朽，如果我們不承認精神的永朽，那麼孔子所說的立德、立言、立功的話語，以及我們對偉大人物的紀念就都是虛僞、無用的，也就是因爲我們基於精神不死的信心，我們才相信故總統　蔣公在天之靈能保佑我們，祖先能庇護我們，也祇有基於如此的信心，良知才能做爲道德價值的標準。

以良知做道德價值的標準，可有許多好處，首先，在任何事上，我們可以輕而易舉的以人性的美善做爲我們的依歸，而不須汲汲於求得科學實證的拖累，因爲科學實證雖然很有用處，却不能做一切的標準，如果萬一碰到一個科學完全不能解釋的現象時，我們就可運用良知，至少在某一個程度上，可以幫助我們獲得心靈的滿足。再者，人生追求幸福常是無止境的，而人的生命却又有限，如何以有限的生命追求無限的幸福呢？良知的學說，就可以幫助我們達到這樣的目的。三者，在有形的行爲中，社會規範雖可以助我們判斷及決定，但當社會環境改變時，我們又如何適應呢？所以以一種不變應萬變的良知做爲社會規範的標準時，卽使社會環境再改變，我們仍然可以良知做爲一切判斷與行爲的最後標準。所以我們認爲祇有良知才是道德價值的標準。

第二十章　道德生活的實踐

我們在明瞭了道德生活的意義及道德的價值和標準之後，我們就要問，這些理論如何應用於日常生活中呢？如何與實際相配合呢？所以本章就要討論如何在實際生活中加以應用。中國人的理想，素以修齊治平爲人生的準則，我們將以這四點分節來敍述。本章將分：一、達德，二、修身，三、齊家，四、社會生活等四節來敍述。

第一節　達　德

在實踐道德生活的過程中，總須要一些原則，這些原則可以是細目，也可以是總則，細目的好處是在每一件事上都可以有一個指導，壞處是不可能適應於每一個人及每一件事上，很容易以偏概全或以全概偏。總則的好處是可以適應於每一種狀況，在每一種狀況下，個人以其自由意志及良知來加以比較選擇，不但可以適應於個人，也可以適用任何時代，壞處是爲誠意不夠的人，或知識未開，獨立思考不夠的人常是一種困擾，在這種情況下，必須先培養一個健全的，具有獨立思考的人格，如此，在運用原則上，才能自如，在本節中所談的達德就是一種原則，這種原則乃是可以周行於天下，獨立而不改的。下面將分中西二方的達德加以分析。

(一) 中國儒家的達德

儒家的代表人物，一是孔子，二是孟子，孔子的達德有三點，就是智仁勇，孔子說：

「天下之達道五，所以行之者三。曰：君臣也，父子也，夫婦也，昆弟也，朋友之交也，五者，天下之達道也。知仁勇三者，天下之達德也。好學近乎知，力行近乎仁，知恥近乎勇。知斯三者，則知所以修身。知所以修身，則知所以治人。知所以治人，則知所以治天下國家矣。」（中庸二十章）在這裏，中庸引述了孔子的話，我們可以分成知與行二點來研究，能夠瞭解知仁勇三點的人，就可修身、齊家、治國、平天下，知是行的動力，行是知的目標，那麼，知仁勇是什麼呢？好學、力行、知恥這三點就是知仁勇的內容，一個知者是不斷的學習，努力愛好學問；一個仁者乃是在生活中努力工作的人；一個勇者乃是行已有恥，知錯能改的人。所以，知者，由於好學，所以不憂；仁者力行，所以能不惑；勇者知恥，所以不懼。孔子說：「子曰：君子道者三，我無能焉。仁者不憂，知者不惑，勇者不懼。」（論語憲問）就是這個意思。孔子爲什麼說「無能焉」呢？像孔子這樣一位天縱之聖的人，怎麼可能無能焉呢？很顯然的，孔子所說的三達德，絕不是一般的三達德，一個知者所以能不惑，乃是能窮究天理，天理不能窮究，惑之終身不解也就無怪了，孔子認爲自己一輩子都達不到窮究天理，完全通曉天地一切事物變化的地步，所以他要說，五十以學易，亦足以觀也。易經這一本書就是在講天地變化的書，如果能瞭解易經的話，也就差不多了，由此，也可知，孔子對易經有多麼推崇了。至於仁，孔子說仁者不憂，一個在生活中力行天理的人，乃是眞正的信服天理，天理能完全滿足仁者的求知慾之後，才不會對天理有所疑惑，孔子不是不瞭解一般人的能力，如果孔子把仁者放在一些小事情上，也就未免太小看仁者了，一個仁者如果不能力行天理，又何以稱之爲仁者呢？仁者之所以爲仁者，就是因爲瞭解、信服天理之後，所有的堅決行動。至於勇者，乃是一種發自於內心，守正不阿的堅決態度，任何一件事，祇要是與天理有關，力行天理，又有何懼之有呢？我們從來沒有聽說過一個有理的人仍會縮頭縮腦的，所謂理直氣壯不正是這個意思嗎？但是當一個人理不直時，如何能有勇氣承認自己的錯誤呢？所謂行己有恥，一個有恥的人，自然會努力改變自己，所以一個最有勇氣的人，就是能承認自己的過錯，並能努力的改過向善，所謂的「有恥且格」正是這個意思，「有恥且格」不是囿於人事，而是以天理爲重，違背他人的善意，自然是容易認錯了，但違背天理，違背自己的良知，就很少有人能有勇氣，承認到底。怪不得孔子要說「勇者不懼」了。孔子的三達德是中國人生活中指針，在任何時候，任何地方都可以應用。

到了孟子，就把孔子三達德的思想擴充成四達德，也就是所謂的仁義禮智，仁義禮智的來源不在外表，而是內在的，這一個內在乃是根源於天理的永遠性，所以孟子說「非由外鑠我也，我固有之耳。」（告子上）孟子所謂仁，大致上和孔子的仁沒有太大的差別，都是以追隨天理，並以此天理的執行，作爲對仁者的考核，仁者，能好人，也能惡人，仁是一個儒者根本，沒有了根本，什麼也沒有了，仁爲孔孟來說，就是道德生活的全部，孔子說：「以文會友，以友輔仁。」就是把仁字作爲一切道德的總稱，以努力去實踐，孔子的「以友輔仁」還有一個很深刻的意思，就是獨善其身不行，必須兼善天下，修身是始，平天下是終，所以必須和朋友一起，不然仁也就無意義了。至於義，按故總統　蔣公的意見是正正當當的行爲，義是一種行爲，任何一個行爲，必須是正當的，才可以做，不然寧願不做，對很多人來說，認爲在現代生活中已失去了正當的意義，幾乎什麼都是可以，無所謂正當不正當，但我們反過來就可以看到如果每一個人的行爲，都無所謂準繩的話，天下豈不是要大亂嗎？而倫理規範之所以需要，就是要維持正當的行爲，祇要是合乎社會秩序、道德規範的行爲，都是正當的行爲，祇要是正當的行爲，才能使人快樂，也才可在道德秩序中力行天理。至於禮，爲儒家的思想，不但可以指外在的禮儀，也可以指具體生活中的道德規範或禮法，所以爲達德中的禮來說，這二者都是孟子所要的，像「不以禮食」，

「不以親迎」之類的違反禮法，祇不過是輕的，像重的，則可有「踰東家牆而摟其處子」之類的事件。

禮既在孟子的心目中，爲達德之一，顯然孟子是以禮做爲人生大倫中的一倫，孟子說：「恭敬之心，禮也。」（告子上）又說：「辭讓之心，禮之端也。」（公孫丑上）就可以知道，辭讓之心，是禮的發端。以辭讓之心，而達到恭敬之心，就是禮，像孔子入大廟，每事問的態度，就是禮，並不是孔子不懂大廟的規矩，而是祭祀，祝告之事是何等的莊嚴，錯了一步，不祇是失禮，也是有違先人之教，所以孔子入大廟，每事問，乃是禮的最好說明。至於智，不祇是指一種知識，也是指的智慧，一個人的聰明才智，雖可由後天的方法幫助達到某一個限度，但究竟不能徹底改變，所以智是一種固有的能力，爲知識來說，一種固有的知識，除了天理，應是再也沒有他物了。智除了從這二個名詞的意義來看之外，還可以用動詞的意義來看，就是求知的熱誠，這種熱誠是我們每一個人都有的，但很多人却因爲後天環境的緣故而逐漸湮沒了。但是求知除了一般的知識之外，也要求達到天理，我們也可以藉着求知的努力而逐漸得到智慧。孟子的仁義禮智乃是根源於人之初性本善的意思，而有的主張。仁義禮智既爲四達德，人生努力的方向，道德的生活就應以此四端爲重要。

中國儒家的達德思想，雖還有其他的看法，但不外仍是以孔孟二位的思想爲基礎而演繹出來的，所以我們瞭解了孔孟二人的達德之後，差不多就可以掌握住道德生活的精髓了。

（二）西方的達德

西方的達德思想可分二方面來敍述，一是以西哲爲傳統創始的希臘哲學，一是承繼希臘哲學，而賦有更深刻意義的基督宗教的達德。

一、西方傳統的達德思想代表人是柏拉圖，亞里斯多德及斯多噶學派三者。

1.柏拉圖的達德：由於柏拉圖的理想國，乃塑造了理想國國民的思想，其達德就是智義勇節。這四個達德乃是理想國中的理想國民所應具備的四項德行。所謂智，就是敏於治事。在國家，智就成了治國的知識。勇就是保存固執之道。在國家來說，為國守衞的兵士就必須有勇，他們應當排除一切困難，克盡保衞國家的天職。節就是要約束一己的慾念及嗜好。在國家，治國的人，除了有智之外，也應當有節制的美德。義就是求得一個公道，在國家來說，如果國家都沒有公道，個人又如何能有公道呢？所以公道也就是正義的原則，必須先在國家中實現，才能施之於個人。柏拉圖處處以其理想國為念，在一個理想的國度中，每一個人都須具有四種達德，就是在一個平常的國度裏，祇要人民有這四達德，理想的國度，早晚也是會來到的。（註十）

2.亞里斯多德的達德：亞里士多德在其尼可馬克倫理學中說：「至若德行……作者有三點必不可少：一當知其所事者為何事，二當審慮抉擇而為之，弗有他望，三當強毅不移。」（註十一）根據這三點：一、人必須要有德行之知，沒有知或智，即使有行，也不能算做有德，二、有了智或智之外，還必須有行，這個行不是藉二脚之行，而是德行之行，但在行之時，如果不能「審慮抉擇」，就容易有錯誤，「審慮抉擇」的行為，一般被稱之為義。三、就是德行乃是一種德，除了知與行，就要使知與行成為一種德，同時在實行時的堅定不移，就是要有勇氣，勇氣在於使人堅守不退，所以為亞氏的達德有三，就是智義勇。在亞氏的倫理學體系中，智最重要。義是一種基本道德，適用於人的社會生活。勇除了強毅不移之外，也包含了節制的意思，為了要達到德行的目的，犧牲一己的利益也就在所不惜了，所以勇中除了勇之外，還有節制的意思。所以亞氏的三達德有時也稱之為四達德就是智義勇節。

3.斯多噶學派的達德：斯多噶派一般來說是接受柏拉圖的四達德之說，但並不固持於柏氏的看法，而是另有新義。斯派大體上說來主張要絕情，而以喜、歡、憂、懼四種情緒爲主要，由於這四種情緒影響人很大，爲了使人更有意義，不是情緒的奴隸，就要努力培養德行來抵禦這四種情緒，這四種德行就是智義勇節，用智義勇節這四種主要的德行來克制喜歡憂懼四種主要的情緒。也就是說，知道何者當懼當忍就是勇，知道何者可取可捨就是節，知道各使得其宜就是義，而勇節義祇不過各代表智的一面而已。所以斯多噶派除了承認四主德可以制四主情之外，還認爲四達德可以各代表道德主體的一種基本態度或形式。

二、基督宗教的達德說：像希臘哲學中所說的智義勇節在基督宗教內的聖經也可屢見不鮮，所以這四達德並不是一種新的概念。例如奧斯定（Augustinus, 354-430 A.D.）在論自由意志（De Libero Arbitrio 388-395 A.D.）中說：「德是宜乎（人之）天性方式及理性的心靈常度（或習）。……其主要部份有四：智義勇節。智是善惡以及不善不惡之知，義是心靈的常度，促人在維護公益的前提下各有其相宜的地位。……勇是審慎的履險赴難。……節是理性對情慾及不當心靈衝動的堅而宜的宰制。」（註十二）

到了多瑪斯也是以智義勇節來概括人之做人或修德，並且以這四個德行做爲倫理哲學或人生哲學體系的四大支柱。多瑪斯討論這四達德雖是以亞里士多德的四達德爲基礎，但其學說則是柏拉圖、亞里士多德、斯多噶派在基督宗教的教義理論的綜合。他以爲智是達到自然道德律的理性之德，義是使意志恆依「使各得其宜」的原則抉擇行事；勇是指心靈的堅定不移，使人不畏任何危難，排除達到修德之路的障礙；節則在於心靈的制約人慾，格外是肉體方面的人慾，使它們合乎正當理性而不淪爲私慾（註十三）。

從上所述，西方的達德思想，雖然在其內容上，有着或多或少的差別，但以德目來說，都是具有同樣的思想，歸納起來，可以有四種基本的態度，可做爲修德行，待人處事的四種基本態度，一是要有能力分辨善惡及給自己一種能力去行善避惡，這就是智。二是會作抉擇，實踐行善避惡的能力，就是義。三是能夠不怕任何困難，努力忠誠堅決的行善避惡。四是能夠控制情慾，以免脫離行善避惡的路子。

從以上所述，我們把中西的達德都加以敍述了，我們可以發覺，中西思想家對道德生活所應堅持的基本態度仍有其差異，中國的思想家以仁義禮智勇爲主要，西方却以智義勇節爲主要，在二相比較時，我們可以發覺，中西方都看重智、義及勇三種德行，這三種德行的共同提出，不祇是表示中西方有相同的看法，也表示中西方在追求人生的目標時，有着相同的態度，在前面敍述西方四達德的四種基本態度時，似乎也可適用於中國的智義勇。中西方的差別乃在中國有仁，西方有節，仁與節的比較之下，我個人覺得，仁可以包含節，節却祇是一種較消極的態度，爲什麼西方會有節的人生態度呢？究其因，可能是因爲西方快樂主義及功利主義的結果，如果祇是任其個人意願，行其所願行，爲其所欲爲，那麼人生及社會也將紊亂不堪，無法有其固定之目標及成果，在西方急欲求功的競爭社會（奧林匹克運動會的影響，就產生了西方競爭的欲望）中，不可能讓每個人爲其所欲爲，並行己有恥的，因此，節制的德行乃是必不可免。但在中國就不是，堯舜禹湯仁君的作風，開啓了仁民愛物的寬宏思想，這一種寬恕的德行奠定了中華民族以仁爲懷的寬大胸襟，凡事考慮再三，務使其周詳完備，利人利己，這種精神是希臘及西方社會中極爲缺乏的，直到耶穌基督（Jesus Christ 3B. C-30 A. D）的來臨，以愛爲人生的標誌，才使一個競爭，逐漸走向獸性的社會，板回到人性的境界上，耶穌基督的愛，是以愛天愛人爲愛的完滿結局，而中國的仁，也是一種「仁人之心與天地萬物爲一體，訢合和暢，原無間隔。」（註十四）的愛，所以中國思想中的仁與基督所說的愛幾乎是一致的。所以爲中西方皆可以適用的，還是仁義禮智爲妥當，義禮智中西皆同，仁可以包括愛，包括節制，也有上達於天的意思。西方以智爲首，所以重視知識的獲得及思索，中國以仁爲達德之首，所以看重行，一個力行實踐的民族和一個求取知識，獲得理性發展的社會，實在是有很大的差別，從這裏我們也可以看出，中西方在後來所以會有鉅大的差異的原因。

第二節　修　身

達德既已如前述，可以做爲實踐道德生活的中心思想及總原則，因此，當其應用於修身、齊家、治國平天下時，又可以各爲其基礎，所以在本節以後所論及的修身、齊家及社會生活中，都是以仁義禮智這四達德爲基礎而有的引申，餘不再多敍述了。

修身，爲一個現代人來說是非常重要的，古時候的修身課是分成大學與小學，所謂大學與小學乃是理論與實際的區分，人在幼年之時，無能力瞭解各種修身的學理，乃應從洒掃應對之禮的各種生活細節開始，俾由力行生活規則中，逐漸瞭解個人修身的重要，慢慢培養之後，就可以進入大學學習明德，親仁，止於至善的道理，以便使個人的操守能與天地合其德，與日月合其明，巍然獨立於天地之間，所以在這時，格物、致知之學就是主要的功課。至於我們現代人，由於社會生活的繁忙，對於生活細節似乎是有愈來愈不講求的趨勢，而祇注重大原則，但我們要問，一個人在平日很少接受訓練，到了眞正需要的時候，又有多少人能應對得了呢？就比如說訓練一個棒球員來說吧，每日的訓練，如速度、臂力、腿力、腰力、投球、跑壘、練打的訓練，每天都要做，似乎是一件相當乏味而不夠刺激的負擔，但是如果這些基礎訓練得不夠，吃苦耐勞的精神不夠的話，又如何能夠在正式的比賽中，獲得良好的成績呢？在每年六月——八月本省的棒球季中，我們不是看到很多秉賦優異的球員，一個個的輸了，究竟是爲什麼呢？究其因，團隊精神不夠，心理壓力太大都是造成失敗的原因，又爲什麼會有這些壓力呢？理由很簡單，就是因爲平日的訓練不夠，付出的努力太少，而又希望收回太多的酬報，其結果，當然是一敗塗地了。

所以，爲一個現代人，修身就是一個基礎的訓練，是非常重要的，可能我們不需要像以往一樣的，祇偏重於祇知其然，而不知其所以然的小節磨練上。在大節的培養上，首先要明瞭，培養一個健全的人格，乃是當務之急，那麼如何培養一個健全的人格呢？可有一、心理學的方法，例如用測量表輔導的方法，瞭解自已及其社會環境，並在如此的環境之中，找到適應之道，能夠勝任適應的人，就能夠有一個健全的人格，二、敎育學的方法，其實心理學和敎育學的方法，有許多地方是重複的，但，根據一套敎育理論，並以此理論發展出來的各種方法，都可以達到此種敎育所期望的健全人格。三、就是用哲學的方法達到健全的人格，由於哲學的範圍極爲廣濶，在其應用的過程中，可有相當的伸縮性，但不外正心誠意、格物致知二種。本章將就這二種來敍述修身的實際應用。

大學中說：「欲修其身者，先正其心，欲正其心者，先誠其意。」（第一章）誠意先於正心，誠什麼意呢？中庸說：「誠者，自誠也。……誠者，非成已而已也，所以成物也。成已，仁也；成物，知也，性之德也。」（二五章）中庸又說：「誠者，天之道也；誠之者，人之道也。」（二十章）誠意既在知其意，知意就在知天意，知已意，所以，修身的第一個要務，就是要能瞭解自已，瞭解他人，甚至於瞭解天意，誠意的目的，不在瞭解而後已，還要能成物，我們常說的「成已成人」就是這個意思，一個人要能瞭解自己，瞭解他人的需要，才能「發而皆中節」，不然，一個不瞭解自己也不瞭解他人的人，就有可能會犯了「過猶不及」的毛病。誠其意的目的，就是要我們明瞭人與物，天與人的關係，能夠知道天與人，人與物的關係，就能把是非常置於心中，就能選擇是而避其非，所以正其心的意思，就是要以心為人身的主宰，此心除了有物質之心外，也有在陽明所說良知良能的良心，良心能斷是非，別善惡，因此，一個人修身的目的，就是要能辨別善惡，決定是非，如何能判定呢？這好像是一件相當困難的事，因為我常看到一些好人，往往成了「濫」好人，好到已經迂了，既不明是非，也不分善惡，又如何能對人羣社會有助呢？所以正心誠意的目的雖在使我們能明是非、辨善惡，仍祇是知其然，要知其所以然，就要格物致知了。

我們往往容易堅持自己的看法，認為祇有自己的看法才是正確的，這有可能是真的正確，但也有可能是因為個人性格的問題，為什麼在有些問題上，人與人之間，往往會有不同的看法，不同的主張呢？除了我們對問題的瞭解有不同的層面之外，有可能是因為問題本身所顯露的眞相，不足以使我們淸楚明白，也有可能是我們對知識的獲得，並沒有領悟其中要點，才會產生誤解或衝突。所以除了誠意和正心之外，格物致知才可以助我們進入問題的核心。

格物致知的目的乃在窮理，所謂窮理乃是窮究天理及人理，天理是人理的基礎，沒有天理也就無所謂人理，所以我們說單指窮究人理應該是可以助我們達到天理，如果祇囿於人理，那麼到頭來，祇能知其然，當然也就無能知其所以然了。格物致知的目的，既在窮究天理，就希望從窮究天理中，找到知識的準則及應物的態度，不能致知，格物也就困難了，所以格物致知的步驟，乃在首先獲得知識的原理及方法，經由這些原理及方法，達到窮究天理的目的。

所以從上所述，修身的方法，首先是要瞭解自己，瞭解自己的目的，就是要從自己着手，使自己成為一個會堅守仁義禮智的人，在對人處事上都做到中和莊重的態度，在這種態度上，才能改善人際關係，也才能使人我之間獲得一種諧調及溝通。溝通不祇是可以從心理學的觀點着眼，也可以從哲學的觀點着手，溝通乃是在致知而後有的行爲，這種行爲就是能知善惡，別是非的行爲，所以孔子說：「己欲立而立人，己欲達而達人。」（論語雍也篇）就是一種致知的結果，能致知，就可以從致知中獲得經驗，進而與物，與天溝通，而達到格物窮理的目的。能格物窮理的人，自然能夠「役物而不役於物」了。修身除了走向洒掃應對的生活細節之外，對於正心誠意，格物致知的修身之法，更可以助我們進入正道，也更能培養我們與人來往的和諧及關注，也祇有身修的人，才能立身處事。當然會有人問，關於待人處事的細節又如何培養呢？這些都在達德中概括的述及了，由於時間、地點及方法個性的異同，祇要掌握住這些原則，就可以應物了。所以中庸說：「修身以道，修道以仁。」（二十章）就是這個道理。

修身的目的既在待人處事上，建立一個健全的人格及人生態度，而齊家的目的，就在使更多因着血緣、喜好而相聚一處的人，能夠羣策羣力達到人生的共同目的。能夠如此，就可以使人類的生命獲得最滿全的發展。

第三節　齊　家

齊家，一般可有下列幾種看法：一是指人由於血緣的關係，被限定在一個團體中的家庭，二是指人成年後，由於個人的喜好所自動組成的家庭，三是指在社會及國家的意義之下，所共同組成的國「家」

四是從人類的命運，共相存亡的關係上，爲了人類的理想，而希望有的「天下一家」。以上這四種家都可以有，由於我們在下一節中將述及社會生活，所以在此先不談國家及天下一家的問題，而祇先從一、二兩點着手。

由於血緣而組成的家庭，在年幼時，父母長輩是主角，我們是配角；到了年長之後，我們又成了主角，我們的子女就成了配角，不論我們是否是子女或家長，在這樣的家中，要齊其家，就必須有孝悌慈敬的精神，所謂孝乃是子女對長輩，所謂悌乃是兄姊對弟妹，所謂慈乃是長輩對晚輩，所謂敬乃是弟妹對兄姊。這四種態度，就構成了血緣關係的家庭，可圖示如左：

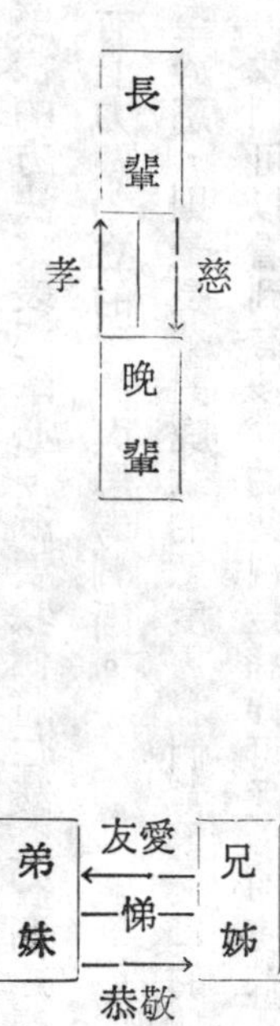

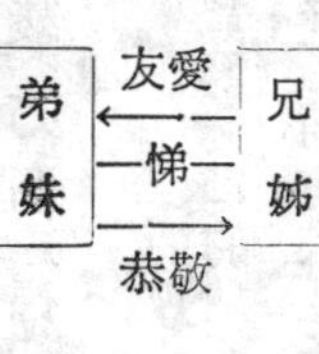

在一個血緣關係的家庭中，對祖先的敬思是非常重要的，祖先的地位又在長輩之上。

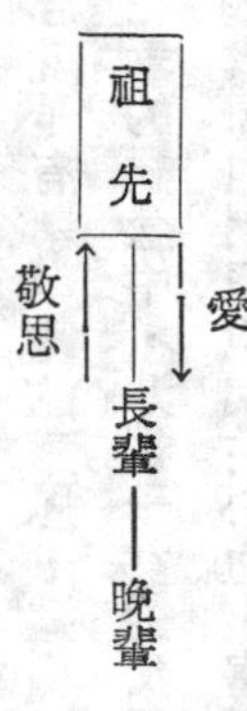

對於孝、敬、慈、悌、友愛，我們可分述如下：

崇拜祖先是中華民族的優良美德，這種美德，在今日的社會中，仍然保存，祇是如何使愼終追遠的精神，更富於意義呢？中國人的拜拜在本省有些地方，已流於一種形式，不但不會給予人一種肅穆敬思的心意，有時還會有喧嘩取樂的意味，更由於物質生活的富足，很容易忘了精神生活的意義，提倡敬祖可以提高我們的精神境界，而另一方面，學祖的目的也就在於法天，敬天學祖常是具有連貫性的。在齊家的過程中，首先要奠定家族的基礎，就是天與祖。由於天與祖的存在，才會有我們每一個人。所以敬的意思就是有孝與愛的意思，這種孝與愛的精神，乃是包含了效法的意思。

在孝的觀念中，乃是子女對父母的一種態度，這種態度不祇是能養，也是能敬，這是因爲父母生我、養我，他們把他們的心血，寄託在子女身上，希望子女能有成人的一天，所以子女對父母的孝愛，不祇是依順的問題，同時也要使父母無憂。孝的表達方式可有許多種，完全要看個人在獨特的環境中，用什麼樣的方法來表達孝心，祇要我們將仁義禮智四達德作爲我們正心誠意，格物致知的修身標準，我們就有能力做獨立的選擇與思考判斷。

至於慈，則是長輩對晚輩的態度，我們常對父母的型態及角色以「嚴父慈母」來表示，其實這是不對的，我們可以看到有多少的父親是慈祥可愛，卽使在孔子身上，也可以看出「望之儼然，卽之也溫」的態度，所以長輩對晚輩的慈愛，完全是合乎中國傳統的長者之風。所謂慈愛，乃是一種細心的照顧，完全的關注，並能以寬大的胸懷，包容子女的過錯，並以身教的態度來做晚輩的表率。

悌乃是兄長與弟妹彼此的態度，悌不是可憐，乃是一種愛護的態度，而弟妹對兄長也要友愛溫順，所謂「兄友弟恭」。如此就可以構成一幅天倫之樂圖。

因爲血緣的關係而構成的家庭，乃是一種天生的，因此其價值，就是善盡各人的角色，要使這樣的「家」齊，則必須在個人修德行善之上，努力培養一個健全的人格，就容易達到了。

至於由嗜好結合的家庭，就是我們一般所習稱的，因婚姻結合的家庭，這種家庭是由於彼此的愛，彼此的選擇而結合的家庭，家庭的功能，不祇是一個練習愛的場所，也是一個培養完整人格的教育地方。

由於兩人的愛而彼此結合的家庭，其基礎不祇是建立在兩性之上，也是建立在永恆的愛的磐石上，所以，家庭中的夫妻，單有性仍然是不夠的，必須和愛結合，才是一個完美的結合，夫妻是家庭的主角，每一個人，祇要願意，都可以成爲家庭中的主角，由於彼此的結合，所生的子女，就構成了一種血緣關係的家庭，如此周而復始，由姻親到血親，又由兼有姻親與血親的重複家庭型態出現之後，就構成了社會的整體。在社會的基礎，家庭中，必須要能有一致的意念和愛心，才能使家庭成爲最溫暖的地方，我們把家庭的彼此關係列表於後：

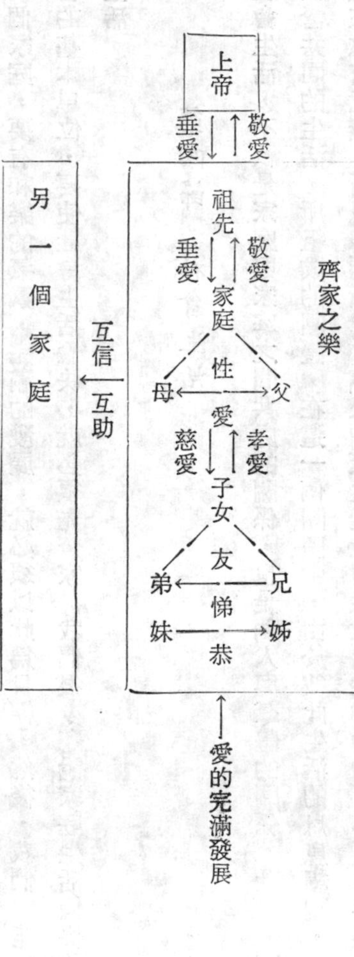

在這一個圖表中，可以給我們許多啓發，首先，一個家庭的和樂，必須是一個愛的完滿發展，愛就是包含了子女、父母、祖先與上帝之間，彼此的一種對待態度，祇要有一方缺乏了這些態度，愛就有了問題，家庭就不和諧，大部份的社會問題也就可從這種態度的缺乏之上，找出其原因。再者，祖先與上帝

所以是必須，乃是一方面因爲敬天祭祖，是中國人的傳統，另一方面，也是從社會方面及哲學的觀察中可以得到的結論，就是任何一個民族，當其敬天祭祖之心消失之時，人心就開始墮落，社會問題就不斷發生，像中國人最崇敬的三代偉大人物，都是敬天祭祖的表率，卽使孔子也是一位懷有恭敬之心的人，所以一個家庭，要有和樂的氣氛，完滿的發展，就必須以此爲目標，然後，我們才能說是齊家。一個家是社會的基本單位，要使社會生活愉快，就必須先齊家，我們很少聽說家庭生活愉快的人，沒有愉快的社會生活。

第四節　社會生活

社會生活，不祇是家庭與家庭之間共處的關係，也是個人與羣體的關係。社會，顧名思義，乃是一羣人經營共同的生活，所組成的團體，在這一個團體中，由於彼此生活的息息相關，結果就使社會生活變得愈來愈有意義，所以多瑪斯說：「人類天生是社會性政治性的動物，必須營共同的社會生活，而社會生活爲謀公共福利及公共安寧秩序，自不能不有政府國家。道德的生活才是國家的目的。」（註十五）多瑪斯的話，講得極爲清楚。人天生是一種合羣的動物，在合羣的意義之下，就有共同可以努力的方向，而其命運也就相同，公共福利及公共安寧秩序乃是社會的責任，個人參與社會生活，必須體認，不祇是一個平面的生活，也是一個具有深度而合一的生活。人與社會，社會與人生活，就應在互信、互助的基礎上共同努力。我們現將這二點簡略的敍述一下：

社會生活不是單獨的生活，是一個全面的、深入的交往，在交往的過程中，如果彼此沒有任何因素作爲交往的基礎，那麼交往將是失敗的。交往基礎的第一個要素就是信，信不祇是信任對方，信任自己，也是一種誠意的表示，中國的商人，在以往一向是以信爲本的，但最近很不幸的，有一部份商人，專以投機取巧，欺詐的方式來獲得不法的利益，由於競爭的關係，竟使這種惡風變得「有些正常」起來了。我們常自詡爲一道德水準極高的民族，但是一個道德水準如果不能與當代社會生活相配合的話，就未免有點曲高和寡了。當然我們可以說，道德水準的原則是應該可以提高所有的社會生活水準的，但另一方面，我們也可以說，道德水準如果是一個眞正的原則的話，那麼它就應該有一個放諸四海而皆準的道理，能夠以不同的方式來適應各個不同的社會，道德原則應該是歷久彌新，永恆不變的，但道德的表現却可因人，因時，因地而有不同。在一個重商主義的社會中，其道德水準就應特別講求信的原則及方式，信的原則，乃是基於人類命運的相同，生活水準的共同開創而具有的信念，爲了全人類的進步，也爲了個人生活的改善，積極參與社會生活，並在人我之間的利害衝突中，以信的原則來解決困難，信不是一種刁難，也不是無能的表示，而是一個現代人絕不可少的基礎。

信的另一個意義就是互助，如果不待人以誠，處事以恭，就不可能互信，既不互信，也就無所謂互助了。互助的理由乃是雖處於競爭的狀態中，仍能保有人類的共同理想，爲了這一個理想，當社會利益與個人利益互相衝突時，不是個人利益犧牲，也不是社會利益犧牲，而是個人是否能在衝突之中找到適應之道，甚至於也可以說社會是否也能找到一個完成個人理想的方式。在重商主義的社會生活中，不能輕言犧牲，因爲犧牲除了有消極的意味之外，有時也可能會有悲觀的態度，所以在現代的生活中，我們要提倡的是合作、互助。錢賺少一點並不是什麼大不了的事，但是一個人爲了賺取更多的金錢、利益，而「犧牲」了家庭的溫暖，甚至國家社會的利益，那恐怕連自己的事業也都保不住了，所謂「覆巢之下，無完卵」就是這個意思。

社會爲了維持人類理想的拓展，生命意義的發揮，自然會有一個方向，這個方向，事實上也就是一種規則，這就好像我們訂了一個方向，要成爲一位傑出的進出口商，在走向這樣一個方向時，很自然的，會有一些規則或原則幫助我們達到這一個方向，用別的原則不是不好，而是很可能事倍功半，甚至半途而廢，所以在維持並堅守人類的方向中，爲了全體人類的益處，社會規範是免不了的，因爲社會規範就是在維持公共安寧秩序及謀社會公共福利，那麼在這樣的一個人類及社會理想中，誰來訂定這一個方向及理想？執政者？社會領導者嗎？可以這麼說，但更堅強的看法是人類自己，人類全體來訂定這一個理想及方向。從上古的人民開始，在每一代的人類生活所走的路程中，就爲人類劃出了一些軌跡，這一個軌跡一直往前延伸，終於到了我們這一代，在我們這一代中，如何努力於這一個軌跡的創造工作，如何使這一個時代的方向能繼往開來，而走向人類的前程，如果我們瞭解人類進化的過程，就知道道德日進(Pierre Teihard de Chardin 1881-1954 A.D.)所提示的人類遠景，將是人類的方向，也祇有這一個方向，才有可能使全體人類在互信互、助的基礎上合作。

所以由上所述，可知社會生活的眞正目的，不祇是要我們每一個人盡好社會一份子的責任，也要我們明白，社會責任及其義務不是橫加在我們身上的，而是由於年齡及社會地位的增長，而逐漸進入人的內心的。社會生活的意義，不祇是做一個人，而是要做一個完人、全人，祇有完人、全人，才能滿足人在社會生活中的要求。

道德生活的實踐，在任何時代，任何環境中，都有其基本的要求，這些要求在人性的圓滿發展上是必不可少的，也祇有以仁義禮智爲基礎的人性事實，才能提高個人的修養，一個人能身修，就有能力負責一個家庭，在家庭中負責任的人，在社會生活中也能盡好一個公民的責任，也有能力教導下一代，而使全人類的努力獲得一些成果，也祇有在這種意義之下，道德生活才是切實而具體的。我們在本章中，列擧了許多德目，這些德目乃是實踐道德生活所必須的，祇要我們努力在心中涵育，就有可能獲得完滿的道德生活及其成就。

第二十一章　道德生活的理想

道德（Moral）和倫理（Ethics）常是互相爲用的二個詞，道德既不偏於人事，也不偏於物理，乃是人生整體的綜合，有的時候，我們會問，人爲什麼要有道德生活呢？祇要率性而爲，不是也就夠了嗎？所以，在這裏也就牽涉到了所謂理想的問題。如果我們希望有理想，那麼道德生活乃是不可缺的，爲什麼呢？我們不妨舉個例子來說吧！

在臺灣，每年有十萬以上的學生，從不同的學校畢業，畢業的時候，大部份的學生都要面臨同樣的問題，（不論是從國中、高中、大學或研究所）就是就業或繼續深造呢？這二個問題，不祇是生活中的問題，也是個人人生方向，人生理想的問題，有的人認爲，讀萬卷書不如一技在身，但又有的人却認爲萬般皆下品唯有讀書高，但，我們加以比較的話，二者眞有那麼大的差別嗎？其實並不然，二者眞正的差別乃是觀點的不同，因爲觀點不同，方法就有差異，方法既有差異，人生態度及準則就有不同，在這二者之間，是否可求其相同呢？我們覺得，單從就業與深造二點來看，是相同的，祇要方法及觀點能求近似就可。如何求其近似呢？這就要看每個人生活中，對生命的體會了，有的人，認爲生命是可喜悅的，有的人却認爲生命是痛苦的，爲什麼會這樣認爲呢？這就是對生命的意義，有着不同的看法。那麼我們現在來看看，在人生觀點上如何求其近似，並以此近似達到生活的理想。

首先，我們可以觀察到一個事實，那就是不論人生的看法有多麼的不同，人都會有原則，原則就是做事的方法，既有原則，就會執着，在執着的過程中，我們可能會因而失去了什麼，但也會因執着而獲得什麼，在失去與獲得之中，我們是否能預知呢？如果能預知，我們就有辦法擇可能之善，避可能之惡，善惡之間，就在於選擇，選擇對一個成人來說，很少有可能祇是一種衝動的行爲，而多半是經過一番深思熟慮，念之再三後，所做的選擇，在選擇上就可顯示出人的自由，自由是天賦的，但也是一種人性上的渴望，在渴望中獲得滿全的發展。所以自由意志的觀察，乃是人生的事實，基於這一個事實，我們就可以在人格的健全、生活的和諧及理想的執着上，達到完滿的道德生活。

道德生活之所以要理想，不是因爲道德生活不理想，而是道德生活有其目標，這一個目標對我們人類來說，就是一種理想，如何達到道德生活的理想呢？我們可以用前面說過的三點：人格的健全、生活的和諧及理想的執着，分別來加以闡述：

所謂人格的健全，不是因爲我們有問題，不健全，而是在一個面對宇宙的整體前，我們常會覺得自己非常渺小，也常覺得，以這樣一個渺小的人，是不可能達到天人合一的地步，因此，就要努力培養一個可以達到天人合一的條件，但一般來說，即使達到這樣的地步，都是非常不可能的，因爲這種人是相當了不起的，有時我們也稱之爲聖人，在一些凡夫俗子，七情六慾的世界中，如何可能有一個健全的人格呢？人生不能沒有希望，我們雖然不能希望我們成爲聖人、完人，但至少我們還希望我們成爲近似聖人的人，並以聖人爲榜樣，而達到另一種生活的典型，所以人格的健全，就是從這種意義來的，這種健全是我們每一個人都可以達到的，祇要我們努力就能夠。那麼如何有一個健全的人格呢？我們首先要瞭解健全的意思，健全乃是條件具備齊全的意思，這個條件當然是指對人格的培養有益的條件，也是指人人可以努力得到的，例如對人生的態度，對自己的態度以及與環境的關係等，在對人生的態度中，又可以包括是否願意選擇幸福作爲人生的積極性，以及不斷的努力學習，把這二點加以配合，就可以明白，人生的態度不在外表的、外在的感覺，而是內在的、主觀性的接納，祇有這樣，人生的態度才能肯定。在肯定了自己的人生態度之後，更積極的去發掘自己的潛能，瞭解自己的能力，並由此達到自重重人的態度，以己立而立人，己達而達人的方式來和社會接觸，就可以有良好的社會關係，健全人格的培養，就是要使我們每一個人有能力和社會接觸，也能爲社會所接納。

我們說到生活的和諧時，就是在人與人，人與物的關係上，達到相合而不衝突的地步，在社會關係中，如果彼此的交往是在不平等的基礎上的話，那麼優勝劣敗的結果不就太不公平嗎？再者，人與人相處時，爲什麼要不公平呢？誰又能判斷誰呢？人判斷人，結果仍然要墜入悲劇性的場面，我們批評一張桌子的好壞，一個人是否能適應社會生活，那是因爲有客觀的標準，但是人與人之間的客觀標準應由誰來定呢？社會價值乃是人與人在接觸中所產生的，所以會有這種價值的存在，乃是因爲組成這一價值的一羣人的需要，但社會價值除了能適應這一羣人之外，又能做什麼呢？如果祇是主觀的標準的話，這些價值將隨這一羣人的死亡而死亡，所以客觀價值之所以需要，就是可以作爲人與人之間，人與社會，社會與社會之間的永恒標準，這種標準就是生活和諧的典型，當然會有人問，爲什麼需要這種標準，是可能的嗎？是必要的嗎？因爲我們要有和諧的生活，所以客觀標準是可能的，也因爲我們希望有更深刻的精神生活，所以客觀標準是必須的，我們不妨這樣來看，有一羣人要登奇萊山，但他們選擇出發的時間却是多天，在多天的氣候中，奇萊山是相當危險的，這時我們就不能不小心聽取前人的經驗，山地氣候的報導及山中的實際情況，這些客觀的條件，就可以幫助我們有一個自在的登山生活，所以客觀條件之所以可能及必須，乃是基於事實的要求，但我們別忘了，客觀的事實不祇是限定於一件具體可見的東西上，爲抽象不可見的也有客觀的可能，例如愛與被愛的經驗就是，在達到生活的和諧時，除了不能忽略人格的健全之外，對於生活中的客觀事實也應努力培養接納的態度，對別人最不公平的事就是不接納別人，會使別人有受辱的感覺，要有和諧的生活，就要能接納別人。祇要在接納別人的經驗中，才能知道，如何能執着於道德生活的理想。

理想的執着不是在於理想的方式，而是在於理想的目的及其精神，有的時候，我們很容易誤解，以爲在執着理想時，連方式也要執着，對現代人來說，這是相當不對的，例如在一個社會生活中，對於親人亡故的守喪，儒家的標準是三年，在這三年中，要結廬於父母墓旁，對一個農業社會來說，當然可以有這種方式，但我們要問守喪三年的眞正精神及其目標何在呢？如果其精神是要我們永遠勿忘慈恩，其目標是要我們正心誠意的話，那麼，在日常的社會生活中，是否也可以做得到呢？如果做得到的話，是否一定要堅守這結廬三年的方法呢？當然，如果有人願意，也不是不可以，但在一個工商業社會中，是否可以有自由選擇其生活方式的權利呢？如果有的話，當然不能說不遵守此禮方式的人爲不孝，相反的，我們還可以說，因爲深刻瞭解守喪的精神及其目的的人，由於瞭解生命繼起的不易，以更大的「化悲哀爲力量」的決心來墨經從戎，不祇是孝，簡直就是大孝了。我們現代社會，所以會如此的紊亂，就是因爲常將目的與過程混爲一談，由於觀念不清，就造成了人生的紊亂及短視。理想的執着，既能執着，就在於其精神與目的。其不能執着，也無法執着的乃在於其形式。雖然孔子在論語中罵他的學生不守三年之禮的不對，孔子並不是堅持其方式，而是堅持其理想。一個人如果連理想都不能堅持，那就沒有什麼不能做的了，所以，我們如果要有一個理想的道德生活，理想的執着是非常重要的。

道德生活既不是懸空的，也不是過於市儈氣的，而是一種安定社會及人心的力量。我們可以看看，當世界局勢紊亂的時候，各種暴亂事件層出不窮，法律及輿論有時也顯得無能爲力，但在一個道德高尚並能堅持理想的民族來說，道德就可以凌駕於法律與輿論之上，而成爲維繫人生的力量。卽使在一個政治清明的社會中，法律及輿論也無法面面俱到，祇有道德才能面面俱到，適應各種不同的階層及各種不同的社會。在一個清明的社會中，我們可以高興；在一個紊亂的社會中，也不要悲傷，因爲道德仍能成爲社會的希望。

道德生活的目的就是在追求完美的人生理想，這一種人生理想是永恒而無止境的。道德生活的實踐，就要以人生永恒的理想爲目標，再根據各個不同的社會環境加以轉化，而成爲人人適合的生活方式。我們如果期望人人能夠有一個理想的道德生活，就要先讓每一個人對道德生活的目的，產生一種嚮往，並經由這一種嚮往而能在生活中力行，所以道德生活的理想就是要使我們每一個人有理想的道德生活，道德生活的目的既在追求完美的、永恒的人生理想，那麼理想的道德生活就在努力經由各種不同的生活方式中，看出道德生活的理想是什麼。

道德生活既要求我們能在生活中力行，那麼正心誠意，格物致知的修身方法乃是首先要被看重的，修身的目的既在培養健全的人格，也就希望以此健全的人格，能和諧的與家庭及社會相處，祇有在和諧及快樂的家庭及社會生活中，才能看出人生的希望及遠景，這一個希望，這一個遠景，乃是讓我們明白如何能有幸福的人生，並從此幸福中，體會出永恒幸福的意義，所以道德生活不祇是一個用理智來研究人類的行爲，並決定其善惡標準的理論，也是一個用實踐力行來達到人生目的的具體方法，惟有知行合一的結果，才能有眞實的道德生活。

註一　弗洛姆著大學雜誌編輯委員會譯「愛」，野人出版社出版。

註二　四種分法依周克勤著道德觀要義爲主。見該書十一頁。

註三　見尼采著雷崧生譯查拉杜斯屈拉如是說八二——八三頁。

註四　見周克勤著道德觀要義十七頁。

註五　霍布斯著朱敏章譯、利維坦第一册三十頁。周克勤著道德觀要義十七頁

註六　見胡適文存第一集七二八頁。

註七　謝扶雅著當代道德哲學一七一——一七四頁。

註八　請參閱教育部印發「如何實施青年報國教育」研究報告第八頁及第二六頁。

註九　這四點是根據袁廷棟編的普通倫理學七〇——八一頁爲準。

註一〇　參閱理想國第四章，八九——一一〇頁。參閱周克勤著道德觀要義二九六——二九八頁。

註一一　見向達譯亞里斯多德倫理學二九頁。

註一二　參閱里斯定著王秀谷譯自由意志四六——五十頁。周克勤著道德觀要義上册三〇〇頁。

註一三　參閱多瑪斯著神學大全第二卷第二部份一二三節周克勤著道德觀要義上册三〇一頁。

註一四　見王陽明與黃勉之第二書，又答顧東橋書亦同。六六——六七頁。

註一五　請參閱光啓出版社出版神學論集第二八集第二五四頁。

第六編　藝術修養

第二十二章　藝術修養的意義與目的

人生的目的，既在求取眞善美聖，所以求眞的目的，在使我們獲得眞理，善的目的在有善行，美的目的在於體驗人生的意境，而聖就在求取人生的終極的完滿結果。在前面幾編中，我們已看過了眞和善的意義及目的。本編就要討論藝術修養。

在本編中所要談的藝術不祇是繪畫、音樂、彫刻……等一般人所稱的藝術，也包括了人生修養的境界，例如陶淵明所說的：「採菊東籬下，悠然見南山。」這悠然二個字就道盡了藝術修養的意境，所以在藝術修養的範疇中，我們不祇是要研究藝術的問題，也要研究修養的問題，然後再加以綜合敍述，所以藝術修養不祇是人生哲學的一部份內容，也是人生哲學的目的之一，因此，在研究藝術修養的時候，我們不但要採用哲學的方法，也要用一般人的感覺來描繪藝術修養，如此，希望能達到較實際的方法。

第一節　藝術修養的意義

有一個人，我們就稱他爲王遠山吧，有一天到日月潭去遊覽，見到了湖光山色的秀麗景象，忍不住，就嘆了一口氣說：「這眞是人間天堂」，王遠山看到了日月潭的湖光山色，會忍不住的嘆氣、讚美，難道說，日月潭的幾泓淺水，幾堆石頭，眞那麼美嗎？如果我們請王遠山先生再到其他的地方去遊覽，會不會也有同樣的讚嘆呢？又比如說，今天早上王遠山先生要出門到澄清湖去遊覽，出門的時候，心情相當興奮，一路上還哼着小調，唱着流行歌曲，覺得能夠有這麼幾天的時間出來遊覽遊覽，實在是很難得，更難得的是，今天的心情還相當愉快呢！所以，在到了澄清湖之後，對於每一樣東西、景色都很有興趣的仔細觀賞，雖然在一天的郊遊中，身體相當的疲倦，但精神却相當的好，所以，從王遠山的郊遊澄清湖，可以給我們一個印象，就是心情。心情好的時候，即使一堆石頭，也是興味盎然。心情不好的時候，即使錦繡山河也是意興索然，爲什麼心情會影響人那麼大呢？在歷史上，常有所謂青山不改，綠水長流的雋永意句，但爲聽者來說，就有不同的感受，又比如杜甫的詩有這麼一句說：「感時花濺淚，恨別鳥驚心」心情有這麼大的差別，那麼，我們可以如何的感受到這種心情呢？

爲藝術修養的意義來說，第一個意義就是一種表情的意義，所謂表情的意思，就是說，在表達情感的過程中，如何能夠眞誠的在面對事物中，有一個眞我的情感。當我們看到我們喜歡的人過來時，不禁會心花怒放。同樣的，當我們看到一個我們討厭的人時，就會有一肚子的氣。所以，心情、表情乃是藝術修養的首要意義的原因，也就是說藝術的目的是在追求美，美有的時候，很難用言詞表示得清楚，一個人的長相，爲很多人來說，可能並不怎麼樣，但爲鍾情的人來說，却有閉月羞花之貌，沉魚落雁之美。所以，藝術修養在一個具體事物上來說，很難有一種所謂客觀的標準，常是依據個人的偏好，而有的選擇，所以，表情的語言及行爲，是不能用眞假來判斷的，但另一方面，我們又希望能有一個標準，使自己心安，使個人生活的境界能有逐步提昇的希望，在主觀中如何能找到此一標準呢？

爲藝術修養來說，如何使情感的表達，能夠達到合乎客觀事物的標準，並以此做爲主觀心態的標準。我們都知道，當我們在欣賞一幅美麗的畫時，雖然每個人的感受不同，但畫面所呈現的形態，卻可有一致的觀點，我們如果能從一致的觀點中，找到修養的客觀價值，就可以認定這些價值具有永恆性的意義，不然藝術修養就祇是人的情緒的產物而已，那麼我們是否有可能從情緒或心情中找到永恆的意義來呢？假如，我們以下的分析是合理的話，那就有可能可以找到永恆的標準。

在前面，我們曾說過；在語言的功用中，可有三種方式；一是報導性（Informative），二是表情性（Expressive），三是導引性(Directive)等三種功能（註一），由於報導性功能是一種事實的報導，所以在理則學，我們可以判斷眞假，表情性的功能祇是表達情感。所以情緒的問題，不能判斷眞假。導引性的功能，祇是在引導一些期望，希望這些期望，能獲得預期的結果，由於也祇是表達個人的感受，所以不能判斷眞假。在以上三種功能中，藝術修養的第一個意義——心情似乎祇是一種表情式的語言功能，但我們如果仔細研究的話，可以發覺，爲藝術修養的心情來說，不祇是一種表情式的語言功能，也是一種報導性的語言功能。因爲在我們面對一物，能對之加以贊嘆之前，首先要有具體事物的呈現，這一個具體事物所呈現的一種意境可以報導出來，也可以加以引伸，同時再根據過去的經驗，加以具體的陳述出來。所謂具體的陳述，不祇是情感的表達，也是一種客觀事物的陳述，例如我們看到一張照片時，可能會被照片中所呈現的景物而生嚮往之情，情感的被引起，自是一種表情的功能，但客觀事物具體的擺在那裡，却能使我們有一客觀的標準，所以，爲藝術修養來說，心情是可以以主觀的形態表示出來，也可以有客觀的描述。

藝術修養的第一個特質既是心情、情緒或情感，那麼這種情緒、心情、情感的功能，又能有些什麼作用呢？我們先舉一句大家都耳熟能詳的詩句來分析一下，就可知心情的作用爲何了。在佛學留傳中國的年代中，發展了一套很特殊的中國佛學，那就是禪宗，禪的六祖慧能（俗姓盧638-713 A.D.）（註二）在受業於弘忍之門時，曾作了一道偈句說：「菩提本無樹，明鏡亦非臺，本來無一物，何處惹塵埃。」在這首偈句中，我們可以看出情感與理智，悟性與事實的交相爲用。此處所指的情感，乃是作者當時在回應神秀和尙的心情；理智，乃是指出神秀和尙的不對（神秀的偈句是說：「身是菩提樹，心如明鏡臺，時時勤拂拭，莫使惹塵埃。」），在情感與理智的交互作用中，事實與心情的表露乃證明了藝術仍可有其客觀的標準，所以，藝術修養的第二個特質就是客觀。

藝術修養的客觀性，不是和心情相對的，乃是和心情併同作用的。在前面我們曾舉杜甫的詩說：「感時花濺淚，恨別鳥驚心。」之語，爲什麼，一個人在感傷或感觸時，會對大自然有那麼多的聯想呢？其實，花、草的客觀存在，並不會因爲我的主觀心態而有所改變，那麼，這首詩的意義，又何在呢？主觀與客觀的聯合作用，不但可以給我們一個明晰的概念，有的時候，也可以給我們一種意境。我們之所以能認識一個人，並不完全是因爲客觀的原因，也是有主觀的因素，在藝術修養的領域中，客觀是相當重要的，不然的話，我們就很難有一種客觀的價值與標準，我們常說，這個人很漂亮，那幅畫很有意境。雖然有可能是主觀的表示，但這種感受所以能和他人聯起來，乃是因爲彼此都有過相同的經驗或相似的感受，經由相同或相似的作用，彼此加以聯繫，就可以傳達，就可以成爲一種客觀的標準，至於標準的程度，就很難說了。又比如說，一位偉人過世，凡是跟隨過他的人，其悲傷的程度，與那些未跟隨過他的人，其悲傷的程度，是不一樣的，所以爲客觀的標準來說，不能以程度來衡量，乃是以這些現象，內涵來衡量，所以我們祇能說，爲這一位偉人的過世，大家都悲傷。這樣的描述，就是一種客觀。

客觀不是一種完全不近人情的作法，有人常喜歡用冷峻來形容客觀，其實這是不對的，冷峻常常並不是客觀，而是一種主觀。倒是冷靜，常是有客觀的可能，但冷靜本身却是一種主觀的心態，我們不要想冷靜是一種冷眼旁觀，冷眼旁觀並沒有親身加入，而祇是以一種旁觀者的態度來看事物，爲藝術修養來說，我們當然不願意用這一種態度來作爲我們人生哲學的目標之一。

在主觀與客觀之間，我們可以用中國的「漁翁垂釣樂」與西方人的「垂釣圖」來作一個比較。中國的「漁翁垂釣樂」常是一種這樣的景象，前有遠山疊翠，近有流水潺潺，旁有楊柳扶蘇，在這樣的景象中，天地一漁翁，祇是一個小點；在這宏大的景象前，巍然獨存，手執一釣竿，垂釣於溪流中，在這樣的景象中，所顯示的，不僅是一個宇宙的和諧，也是一種主觀與客觀緊相接合的偉大奧妙；因爲在這樣的景象中，漁翁垂釣之所以能樂，就不祇是因爲可以垂釣溪中的快樂，也是人與宇宙混然而爲一體的心曠神怡的快樂、舒坦。所以中國人的繪畫，很多時候，不祇是在描繪作者個人的感受，也在使宇宙精神的深義也能顯露出來。但我們如果看西畫，一幅「垂釣圖」常是努力在描繪釣者的心情或動作以及面部的表情；在這些表情中，繪者努力的要告訴我們釣者的心情及其所感受的情緒，這種心情的傳達，可以給我們主觀的視覺及感想，也可以給我們客觀的一種意境，就是這一個釣者的客觀表記，如爲風霜所侵蝕的面頰及爲生活所負載之軀體。所以中畫和西畫有着不同的意境，其藝術修養，也就各自有別，喜歡中畫的人，其所能獲致的心境可能是一種開朗而深遠的意義；喜歡西畫的人，也可以獲得如此的心境，但常常是給觀者一種更深刻的感受，那就是，生命在不同的面貌中，所得到的不同意義。所以爲藝術修養的意義來說，除了能有主觀與客觀之外，還可以有一種創造的第三種意義。

所謂創造，當然不是指具體事物的無中生有，例如，我可以憑空造出一張桌子，而不需任何材料及工具，這爲人來說，是不可能的。但另一方面，在思想上，我們就有創造的可能，思想的創造根源，乃是植因於有形生命的限度及無窮的渴望，由於渴望無限，人的形體是達不到這一種境界的，祇有用思想來達到了。思想是無形無像，而不受時空所限（理由已在前面述及），因此可以有一種亘古未有的動作；例如在上古時期，人們用武器，用火來抵禦猛獸，由於人類的創造力，遂使得工具愈來愈發達；再如許多偉大的音樂家，他們根據個人的思想創造力，而製作出了許多旋律優美，曲調高雅的歌曲，使人進入一種舒適恬暢的意境；再如畫家根據個人的創造力，將觀者帶入一種美妙的境界等都是一種創造力的表示。有人會認爲創造力就是一種想像，其實，我們仔細推敲的話，創造力不祇是一種想像，而是一種爲突破個人限制的一種行爲，由於這種行爲不是一種內在的行爲，所以有的時候容易被人認爲祇是一種想像，不值得現代理性學者的重視，或經驗學派的看重。其實這是一種誤解，創造力既是一種對自身限制的突破，那麼，其本身就具有一種客觀價值，因爲一個人如果不能意識到個別的限制，當然就不能有所解除此種限制的行爲，就是因爲有了客觀的事實及經驗，我們才有可能去瞭解這些客觀事實及經驗的限制，也才有可能去找到解除限制的方法，所以創造力雖有主觀的成份，也有客觀的可能。

我們既瞭解了藝術修養的特性之後，我們就可以問，什麼是藝術。藝術根據阿德勒說，西方在十九世紀以前，一直是廣泛的用來指所有人類的技巧，它包括了每一樣人類有技巧或辦法生產的東西（註三）。這一個對藝術的看法，和我國古代對藝的看法，正相當，中國人所說的六藝，就是一種技巧，一種能力。所謂六藝是指的禮、樂、射、御、書、數，就是一種技巧，能力的具體表現。到了漢朝以後，我們甚至把占卜、醫術、堪輿等也都列入藝術，所以藝術的意義在當時和今日有着不同的看法，我們可以這麼說，藝術可以分成廣義與狹義二種。所謂廣義的，就是指前面所說的意義，所謂狹義的就是今日通所稱的音樂、繪畫、彫刻之類，有的時候也如世說新語中所說的「詩、書、琴、棋、畫。」等(註四)。世說新語中所說的這五種，和今天所稱的狹義藝術相差無幾，意義差不多是一樣的。

我們在對藝術的內含有一個瞭解之後，對於藝術的意義就可以有如下的看法。由於藝術在歷史上有着許多不同的意義及看法，我們先加以列出，再來說明：

亞里斯多德：藝術是自然的模倣。

萊森：藝術是以美爲理想而完成的自然。

席勒：藝術是感情與理智的調和。

謝林：藝術是於有限材料之中，寓以無限的精神。

黑格爾：藝術是把絕對的精神，予以直覺地表現。

叔本華：藝術是使我們忘却現實的苦惱的一種一時的解脫劑。

托爾斯泰：藝術是人間傳達其感情的手段。

居友：藝術是理性的和意識的生活的表現(註五)。

從以上這些人的看法，我們可以瞭解，他們對藝術的解釋雖有不同的層面，但大體上，可以說是一種對藝術的希望。例如托爾斯泰是一位小說家，對於他的作品，他自然認爲小說如果達到傳達情感的目的，那麼小說就可以是一種藝術。同樣的，席勒是一位詩人，爲他來說，情感與理智的調和，就應當是詩人的目的。至於在某些哲學家們，如亞里斯多德、謝林、黑格爾、叔本華等人，所以能對藝術下定義，乃是希望藝術能成爲哲學精神之一，因爲哲學精神的最高境界是和藝術的最終目的是分不開的。在現實的藝術中，是否眞如這些哲學家們所期望的，那就不得而知了。但我們知道，人生哲學所以要對藝術有所瞭解，其目的，並不祇是在一些抽象的知識或想像中，乃是希望藝術的境界及其修養，能夠成爲人生旅途中的調味劑。

我們既瞭解了藝術可有廣義與狹義之分，也可以有現實與抽象之別，因此，在藝術修養的過程中，我們很難一概而論那一種是藝術修養，那一種不是藝術修養，我們祇能說，爲藝術修養來說，那一種較適合那一種人，再根據其適合的程度，而訂出其人生的理想。所以藝術修養，不祇是有其意義，也有其目的。

第二節　藝術修養的目的

藝術修養的意義既在拓寬人生的領域，提昇人生的境界，那麼藝術修養的目的，似乎就可以有一、陶冶性情，二、調和情感與理智，三、達到絕對的美。我們現分別加以敍述：

(一) 陶冶性情變化氣質

性情，照一般人的瞭解，乃是一種個性，一種待人處事的態度，比如說，一個脾氣暴燥的人，我們就會說，他性情不好；相反的，一個個性溫和的人，我們就會說，他是一個好性情的人。因此，性情有的時候可以有氣質的意思，氣質在事實上是和性情有些差別的，尤其在講到脾氣的時候，一個性情好的人和一個氣質好的人，雖然可以有許多相似的特點，但其間仍有些許差別，其差別是：一、性情常是指一種個性，而氣質則可以指一個人的神態、氣度。二、性情和氣質都是可以改變的，但須先改性情，才有氣質變化的可能，所以性情在氣質之先，我們很少聽說小孩子有氣質，我們祇說小孩子有性情、有脾氣。雖然性情和氣質有這二點的差別，但由於二者都可以改變，所以我們願意將之並列。

一個性情很不好，氣質也不行的人，在待人接物時，常會覺得很痛苦，就渴望自己能改變這些性情和氣質，較常用的方法，就是讓一個人去喜歡一種藝術，讓他能在一種藝術中沈潛玩味，如此久而久之，就可以陶冶性情，變化氣質。相傳，李白這位大詩人，小的時候，很愛玩，一直定不下心來讀書。有一天，李白又遊玩到了一個地方，在那裡，他看到一位老婆婆坐在門前，手上拿着一根鐵杵，就着磨刀石上磨呀磨的，李白覺得很訝異，就問老婆婆，磨鐵杵要做什麼呢？老婆婆就回答說：「要磨成綉花針」這一回答，使李白大吃一驚，就對老婆婆說：「這是不可能的，鐵杵那麼粗，綉花針那麼細，要磨到何時才行呢？」老婆婆說：「祇要工夫深，耐力夠，沒有做不到的。」李白聽了之後，大爲感動，就回家苦讀，終於成爲有名的詩人（註六）。對藝術的喜好，如果祇是一曝十寒，自然沒有什麼大用處，如果能持之以恆，終究能陶冶性情，變化氣質的。我們都知道，古時候磨性子最好的方法就是練字，練字不但可以磨性子，也可以創出一種文體，不但可以改變一個人的氣質，甚要還可以悟出修身的道理。所以要能陶冶性情，變化性情，就必須先有耐心，堅持一種工作的鍛鍊。

再說陶冶性情，變化氣質，既可以使一個人改頭換面，更可以使一個人有飛黃騰達之氣，所以能在藝術修養中堅持不斷的人，早晚可以獲得宇宙的眞髓。我們說：「靜觀萬物以自得」的意思，就是說如果能在藝術的陶冶中，修養到一種境界，那麼就很容易心定，心定就可以正心而能對萬物有一個和諧的態度，所以陶冶性情，變化氣質，事實上就是修身的工夫。修身的目的，就在使此身能爲天下用，此身能與天地合爲一，而陶冶性情，變化氣質的目的就在於人生意義的開拓，這一種開拓，就是一種積極而又樂觀的態度。我們很少聽說，一個積極而又樂觀的人，會活得不愉快。所以陶冶性情，變化氣質，不是讓我們走向一種空無、消極的地方，而是一種積極而又樂觀的結果，修身的目的，當然也是爲達到這一個結果，祇有如此，藝術修養，才有可能成爲永恒。我們都知道印度詩人泰戈爾歌頌大自然的美妙，也因此而使他成爲傑出的自然詩人，自由主義的偉大導師，這一個自由主義和目前所流行於西方政客間的自由主義，差別太大了。泰戈爾是以自然爲其依歸，所謂的自由乃是回歸大自然的一種愉悅，所以在他的詩裡面，隨處可見天眞瀾漫，自然而又和諧的場面。例如他在漂鳥集中所說的：「夏天的漂鳥，到我窗前來唱歌，又飛去了，秋天的黃葉，沒有一聲嘆息，就落下了。」（註七）在這一首詩裡面，描繪自然的景色，是多麼的清爽，我們久讀此書，自能變化氣質，改變性情。

(二) 理智與情感的調和

藝術修養的第二個目的，就是要將理智與情感調和，理智的功用，是告訴我們事實，也在告訴我們眞，但在眞、事實的領域中，也可以包括情感。因此，情感如何能與理智達到一種調和的目的呢？理智與情感又如何能成爲藝術修養的目的呢？我們可以這樣分析：

我們每一個人都很愛我們的國家，在研究這一個行爲時，不祇是因爲我們的國家是父母、祖父母、祖先的國家，也是因爲我是這一個國家的一份子，我的生死存亡和這一個國家是息息相關的，另一方面，也因爲我在這一個國家生長，有着血統的聯繫，所以我愛我的國家，我們一分析，就知道愛國家的行爲，不祇是一種發自內心的情感，也是一種經過思考後的理智的行爲，在愛國家，愛父母之類的事情上，我們可以很成功的把情感與理智調和起來，所以，同樣的，在藝術修養的領域中，我們也可以把理智與情感加以調和起來，理由是，藝術修養的選擇，有時比愛國家的行爲，還要來得主動、積極，因爲，國家之所屬，有時因爲血緣的關係，並不是我們可以完全自主的，但藝術却可以完全的自主，自由的選擇，因此，在選擇的過程中，我可以充分的運用理智，來加以思考、判斷及選擇，同時，也可以根據我個人的喜好、能力，對於所選擇的行爲，有一個程度的執着，在執着的過程中，我就將情感與理智加以調和、運用。比如說，我很喜歡繪畫，我可以有很多理由，列擧出我爲什麼喜歡繪畫，在這些理由中，可能全都是情感的話語，也可能祇有部份，不管如何，一個事實，我喜歡繪畫，乃成了唯一的理由，這一個理由既是一個事實，就有可能是一種理智思考的結果，再者，繪畫的選擇，如山水、人物、靜物的選擇，有的時候，不祇是因爲情感的關係，也有理智的結果。現代人在選擇一樣藝術前，常會把興趣、個性及能力三者並列討論，認爲祇有如此，這一個藝術才具有眞正的價值，也才是理智與情感的調和。

理智可以是主觀的，但必須在一個絕對的立場來討論，如果要從相對的立場來討論，則理智將永遠是客觀的，爲什麼呢？如果從絕對的立場來看，絕對不可能是多，而必須是一，祇有一才是絕對，理智從一來說，自然是絕對的，因爲理智就是一，一就是理智。但如果從相對的立場來看，就有主觀、客觀之分，主客觀的因素很多，但把理智與情感拿來比較時，理智顯然在其本質上比情感要來得客觀，因此，要把理智與情感加以綜合的話，就必須把理智與情感的主客形態加以區分，如此才能定出其中的調和點。由於人不可能完全的主觀，也不可能完全的客觀，在這種不可能絕對的情況下，其相對性就成彼此調和的焦距，相對的目的，乃是因爲各有優缺，在優缺互見的情況下，互補就是一個調和的因素，所以我們常聽說，一個外向的人，娶或嫁一個內向的人，這就是一種互補的作用。在藝術修養中，互補是非常要緊的，由於互補才更能顯出其美麗，所以美術中的補色理論是相當重要的，理智與情感的調和，即要依賴於互補角色的扮演，那麼理智與情感，就必有優缺點。而且彼此正好都可以互補。如此才能顯露出一件作品的優美。一般來說，理智的優點是眞，而其缺點就是因爲太眞，有時會因爲太眞反而喪失了人與人之間關係，我們常看到某些正處於青少年階段的人，就是因爲太執意於追求眞，有的反而失去了眞意，所以眞雖是理智的本質，但理智的表現却不可過於固執，否則，當眞失去其意義時，也就徒呼奈何了。至於情感，其優點則是充滿了溫暖、和善及美麗，而其缺點，則常是因爲這些而虛僞矯飾。所以我們常要人表露眞情，其目的，就是要將理智與情感加以綜合，而藝術修養就應當眞情表露的將理智與情感加以綜合，如此的藝術修養才是眞的藝術修養。

（三）達到絕對的美

在前面本篇一開頭，我們就說，藝術是以美爲理想，美的定義很難下，因爲美常是主觀的，很難用客觀的條件一一加以分析。但是，如果前面二段中，所分析的爲有理的話，那麼，美就可能有其標準。

藝術修養的目的，就是要達到這種標準。如何達到呢？我們既知道藝術是以美爲理想，修養是以善爲目的，那麼，短暫的，一時的美善，必然不可能是藝術修養的目的，例如，我們很喜歡某一種人的臉型，認爲這種臉型眞是漂亮，但我們知道，臉型有可能會改變，一旦改變時，似乎標準就喪失了。這就好像，當代有許多年青人以賺錢爲其理想一樣，一旦錢賺不到，或賺到了，似乎人生就再也沒有理想了。所以藝術修養，不能以短暫的美爲目的，必然是以永恒的美爲目的，例如我們在欣賞米開蘭基羅的畫時，我們都情不自禁的會爲他那雋永的意境，美麗的畫面所吸引，其實米開蘭基羅早已作古多年，爲什麼他會爲人如此的欣賞呢？就是因爲他懂得在片刻中捉住永恒，這雖然不是一件簡單的事，却是可以辦到的。所以藝術的目的必須以永恒的美爲目的。

既然藝術修養的目的是永恒的美，那麼，藝術修養的方法，當是如何呢？佛學中常說的：「一花一世界，一葉一如來。」沙士比亞說的：「從一粒細砂中，看到大千世界。」像這類的意境，我們常覺得是可遇而不可求，其實並非如此，問題就在於我們對藝術修養的態度，有的人就喜歡以純技術，或純粹的技巧來表示其對藝術修養的態度，但我們可以問的是，藝術是否眞的祇是一些技巧、技術呢？我們承認，某些技巧或技術的本身，可以是一種藝術，但藝術却不可能都是技術，有些絕不是技術可以表露得盡的。我們不妨舉個例子來看：一位很美麗的女郎，從我們面前經過時，我們每一個人都會情不自禁的多看兩眼，深爲那一種豐采所吸引，我們也會自然的渴望能再見到如此的景象，那麼，這件事，爲藝術修養來說，重要的不是那位女郎的如何如何美麗，而是我個人的反應，這種反應乃是對一件藝術品的欣賞而有的態度，但是我們知道，一個人之所以有如此的豐采，一方面有可能是刻意巧粧，另一方面，也有可能是麗質天生。爲刻意巧粧來說，技巧是很重要的，但爲麗質天生來說，技巧似乎是多餘的。所以藝術的境界及其目的，不是以技術爲第一。我們可以說，技巧的鍛鍊很重要，但更重要的乃是對美的渴望。

對美的渴盼，幾乎是人天生的一種本能，人愛美，追求美，常是人生中許多可歌可泣的事例。各位如果看過儒林外史，就知道，王冕是一位很會畫荷花的畫家，他的荷花，雖祇是淡淡幾筆，却能顯出荷花的眞髓及其精神，所以人人愛買、愛看。王冕的這種本領可能是天生的，也有可能是後天琢磨出來的，更有可能是二者兼有，可是不管如何，這祇是技巧的運用，更重要的是，如果王冕不愛荷花，不覺得荷花好看，他也會索然無味，意興闌珊的了。所以在培養技巧之前，對美的執着及追求是非常重要的。雖然我們每一個人都在追求美，事實上我們並不一定瞭解美，雖然我們愛美，可是我們並不一定認識美。美雖然有其主觀性，但也有其絕對客觀的一面，所以，有的時候很難說出美的意義及其本質爲何，我們常看到一些人在欣賞風景時，總是喊着說，好美啊！但一當你問他何處美時，他可能又說不出個所以然來，所以藝術修養的目的，既要我們追求絕對的美，其目的就是告訴我們，整體性的不可缺乏，我們常會因爲在見到整體的美時，而不自知其爲整體的美，因爲整體的美，才能給人一種整體、絕對的感受，不然，藝術修養的意義也就消失了。

從以上所述，可知藝術修養的意義乃在認識美，藝術修養的目的，則在追求美，並以絕對的美，爲其最終目的，爲了要達到這一個目的，我們必須先研究何謂美之後，然後才能談到美和人生的關係，也才知道如何去獲得美。

第二十三章 何謂美

美和善一樣，是很難下定義的。我們祇知道善的目的是要我們追求幸福快樂的生活，並獲得永恆的意義，但美，有的時候，就會相當的令我們迷惑，因為，似乎美可以在某一種意境之內，達到圓滿和諧的境地就可以了，而這種圓滿和諧似乎就是永恆，而不需要外在的任何意義。但是我們如果再問，美是不是如此就夠了呢？似乎又不行，所以到底美的意義何在呢？美可以如何加以區分，以何種標準來加以區分呢？這些都是本章所希望討論的。我們也將順着這一個方向，對美作一點探索。

第一節 美的意義

美，既然已一再的說過，是很難下定義的名詞，我們又能如何給予意義呢？本節的目的，將不是給予意義，而是從美的現象中，找出可能有的重要因素，加以綜合說明。對於絕對的美，我們的認識乃是個別的美所歸納而來的，而個別的美，也是一種內在美的呈現，所以，要研究美，就祇好從美的現象中去尋找。一般來說，美可以有如下的幾種特性，一、美的價值，二、美的對象。我們現分別加以敍述：

(一) 美的價值

美的價值可以分三方面來敍述，一是美的價值體驗，二是美的精神價值，三是美的本身價值。

我們首先談美的體驗價值，美的體驗價值，不僅限於人，也可及於任何其他東西，美不需要任何實在物來加以烘托，美可以存在於任何可以體驗的東西上，一隻動物奔跑的姿勢，一棵樹的繁花盛開，一座山的雄偉，甚至，一道方程式的排列，都可具有美的價值，這種價值既不限於某些特定物，就有普遍性，所謂美的普遍性，乃是在任何事上，都可見其美，問題是，觀者、受者對美的感受有不同而已。再者，美既有其普遍性，就很難以人為中心來衡量，即使能以人為中心來衡量，人也很難找一個共同的、普遍的，對美的感受，張三看敦煌壁畫和李四看敦煌壁畫，其角度、方式及心境、感受，都會不一樣，所以很難予以一種普遍的統一標準來衡量，唯一能做的，乃是我們對美的共同要求，可以是一種普遍的。這種共同要求，不是像自然科學一樣，要求準確的度數或數字，而是要求一種態度，這種態度可以作為對美的一種體驗的價值標準，例如我們說「好美啊！」這一句話時，可能角度、對象都不同，但對美的體驗却可有相當普遍的結果，在這種定義之下，美才有其價值。也祇有如此，藝術體驗才可以是一種價值體驗，藝術創造才可以是一種價值創造。我們所以如此說，乃是因為事實的顯露，一個人之所以能有體驗，很難是一種想像或幻想，體驗本身需要經驗，如果經驗不足，其結果自然很難會有一個價值。例如我們很少能體驗到小孩的感受，我們祇能根據我們的想像及過去的經驗來加以綜合或歸結，這種價值當然不高，同樣的，我們在臺灣寶島生活久了，在每年的七八九三個月中，都會嚐到颱風的滋味，這種體驗就相當有價值。所以美的體驗價值，乃是根據美的感受及過去的經驗加以綜合。例如黑色會帶給人一種懼怕的意念，所以會有懼怕，乃是因為黑夜、黑點、黑色的東西曾經帶給我們恐懼的感受，根據這些感受所獲得的經驗，就成了一種價值判斷。在藝術修養中，美的感受就可以提供給我們一種價值體驗。

價值體驗除了來自外物，也可以來自本身的價值，美不是依附於他物之後才有價值的，美本身就具有價值，美本身所以能具有價值，乃是因為價值本身的分類，在前一編中，我們曾談過價值的分類，除了可有各形各色的價值之外，價值大則可分爲內在的與外在的價值，外在的又可分成具體的與抽象的，內在的乃是事物價值的本身，所以在美的價值中，美不僅是一種體驗的外在價值，美也可以有內在的本身價值和外在的精神價值。

所謂外在的精神價值，乃是一種直觀性，康德早已看到美不是思維的、概念的，而是一種體驗的直觀，所以他用這樣的直觀來將美和善加以區分。在價值體系中，我們可以用思想的抽象性爲基準，來區分價值爲高級價值及低級價值。所謂高級價值，其特性乃是一種普遍性和必然性，而低級價值則是個別而又偶然的，所以從直觀來說，是一種高級價值，也可以是一種低級價值，也就是說，如果直觀的方向在於具體而偶有的事物上，那麼美就成了低級價值，相反的，如果直觀是面對普遍而又必然性的話，美就是一種高級價值，但不論其爲低級或高級價值，直觀的特性是屬於精神的抽象領域，這種精神的抽象領域，就是美的本質之一。

精神的價值，從一個意義上來說，是美的一種概念，這種概念是抽象的，很難以文字語言來加以描繪，但是，從另一個意義來說，美本身就具有精神價值，就是抽象的，例如我們看畢卡索的抽象畫，沒有人不說他的畫美，但究竟他的畫美在那裡呢？却沒有幾個人能說得出其所以然來，是不是因爲畢氏的畫太抽象，所以說不出呢？還是因爲抽象畫的意義太多，單祇說一種，很難窺其全豹，而要全部說出來，又辦不到，乾脆就不說？但事實上，我們都知道，一幅畫的精神價值是可以適應任何時代的，不管其是抽象畫或是具象畫，所以能認定其價值，乃是因爲直觀的原因。這種直觀就是一種精神作用。

我們再說到美的價值本身，可以不是一種體驗價值，也可以不是一種直觀價值，而是價值本身。美，既可以用體驗來描述，也可用直觀來敍述，同樣的，美也可以以其自身作爲價值的一種，這種價值，我們很難用話語或事實來加以圈定，但其本身之具有價值乃是不容懷疑的事實，這一種價值，超越了時空，超越了有形無形，因此，有的時候，我們也可以說，美是一種絕對的，由於其爲絕對，所以我們不能用價值來衡量。例如老子道德經中第一章所說的：「道可道，非常道，名可名，非常名」就和美的本身具有相當切近的意思，美很難加以描述，祇有在比較中我們可以看出美，但爲美的絕對性來說，並不是和醜對立的，醜也是美的一種，問題是，當我們說到美醜的時候，乃是價值的體驗，而不是價值本身了。所以爲價值本身來說，價值就是美，美就是價值。

從上所述，美的價值可以有普遍性、抽象性及絕對性三個特性。這三個特點，祇是在告知我們美是可以根據這三個特性單獨加以應用，也可以聯合使用。所謂單獨使用，乃是根據事物及對象的特性而具有三種特性的某一點，而事實上是，當一事物具有這三種特性的其中之一，就已具有其他二種特性，所以，所謂的單獨使用，祇是一種現象上的看法，和其本質無關。我們很難想像，一個普遍的事物，能夠沒有抽象的特性，同樣的，也不可能沒有絕對性的特點，所以美的價值就是一種普遍性、抽象性、絕對性的價值。

(二) 美的對象

在前一點中，我們談到美的價值，我們知道，價值如果不在一個標準之下來衡量的話，則價值也就顯不出來了，這就好像今日的貨幣制度一樣，金本位制是可以做爲一切貨幣的標準，因此，金本位制就是一種可以稱之爲絕對的標準，但這種絕對的標準却可更換，所以爲什麼會有人在通貨膨脹的時候，要求用其他的標準，如紙本位制來代替金本位制就是這個道理，所以所謂的人訂的絕對標準仍是可以變換的，祇有宇宙的不變定律的本身，才能作爲眞正的、永恆的、不變的標準。同樣的，在價值對象上來說，除了可以有抽象的對象之外，也可以有具體的對象。爲本點所說的美的對象，也可以有如此的意義。

美的對象，旣可分成具體的及抽象的對象，其意義也就各有不同。我們首先談美的具體對象。

美旣有其具體對象，則一切有形可見之物，都可以是美的具體對象，我們在前面說過，美與醜乃是一種相對的名詞，這一種相對的名詞，祇有在具體事物中可以看到。因爲具體事物的特性就是個別的、具體的、短暫的。例如我們看到一個人，在我個人的價值體驗中，覺得對方眞是美麗，爲什麼我能夠說他美麗呢？就是因爲是個別、具體事物的互相比較之下的結果。如果沒有比較，其結果祇有一個，就是絕對。所以爲具體對象來說，美可以有等級，可以有一個判斷的標準。例如我們去看畫展，在畫展中所展示的畫，都分別標示了價錢，這一個價錢的標準，就是根據畫者或行家根據各種因素所訂下來的。

再說，具體的對象，旣也可以爲美，是否就表示，美也可用價值來衡量呢？這就好像亞里斯多德所說的形式與質料一樣，對於形式是無人可以訂下一個標準的，但對質料，有的時候就有可能會訂下一個標準。我們都知道，時裝的流行，常會帶給今日人類在穿着方面的許多刺激。有些製造商，當設計出了一些新式樣時，雖然所用的布料不怎麼貴，但爲了賣「樣子」就把價錢訂得很高，這好像在說，連形式也可以訂出一個標準，其實這是不對的，因爲卽使對這一些式樣訂了一個標準，仍然是一種主觀的標準，而不如衣料之可能有客觀的標準了。更何況對形式下標準，不祇是對美的不夠尊重，也是一件相當危險的事，因爲對一件事，隨便或根據各種跡象來下標準，仍祇是以管窺天，不能得其全貌。所以在具體的對象中，並不是美被分成等級，而是美所依附的質料被分成等級，美是不可能分成等級的，所以我們不是聽說某些畫家訂其畫價時，是根據畫框、畫布、油彩及所繪的時間的價錢乘上若干倍的結果嗎？雖然，這可能是一種笑話，但美之所能被尊重，就是因爲其本身具有如此的不可測度性。

至於美的抽象的對象，就更不能以具體、現實的標準來加以衡量。抽象的對象，可以有理智，也可以有情感的某些詞彙，這些東西本身是很具體的（這種具體和我們一般人所瞭解的具體有所不同，容後解釋），但因爲我們人本身的限制，祇有用抽象來稱之了。例如我愛你的愛字，當我說我愛你時，因爲有我和你的存在，所以顯得很具體，但，一當祇剩下這個字時，就變得很抽象，似乎什麼也不是，又似乎什麼都是，但爲愛本身來說，却是非常具體的。我們都知道梁山伯與祝英臺這一段哀艷的故事，我們所以會覺得這一個故事感人，乃是因爲這兩個人的身世及遭遇，頗值得我們同情，但眞正讓我們覺得美的，却是這一個愛字，由於愛得如此的淒慘，就使人覺得有一種淒涼的美，其實，這種美是可能的嗎？如果可能的話，就屬於具體的美，如果不可能的話，就是抽象的美。因爲具體的美，是要有對象的，而抽象的美，祇是一種觀念上的問題而已，它本身，並無所謂等級、知覺，所以，抽象的美可以一直上述到絕對體，在絕對體上，美就是絕對的。

法國哲學家馬里旦（Jacquius Maritain 1882-1975 A.D.）在他的知識的等級（The degrees of knowleolge）中（註八），曾將抽象分成三級，那就是物理抽象，數學抽象及形上抽象三種，爲美來說，絕對的美就是一種形上抽象，這種抽象，有時又可稱之爲抽象中的抽象。所以爲什麼美是那麼難以瞭解，其因在此。

從以上所述，可知美是有其對象的，美可以附在具體事物之上，也可以以其本身爲對象。美既不能下定義，似乎很難給美下一個範圍，但人的求知慾，又迫使人們在追尋美的過程中，要對美有所了解，所以，我們在瞭解了美的價值及對象之後，也希望能有一個對美探討，以獲得美的整體意義。

第二節　美的判斷

在前面我們已說過美的意義，是絕對性、普遍性及抽象性的，對這樣的意義，我們能作如何的判斷呢？就好像我們看到一幅畫，一首音樂，我們用什麼標準來加以衡量呢？說得更淸楚一點，就是我們審美的標準何在呢？我們先說，什麼是審美吧！

王冕畫荷花，愈畫愈好，村子裡的人，個個喜歡，都掏出錢來，向他買畫。村裡的人有沒有美的經驗呢？當然有，他們可能認爲荷花畫得愈眞，愈傳神，則愈美，所以村人的審美觀乃是以自然爲主，這一種審美的觀點：事實上也是大多數人的觀點。我們再看畢卡索的抽象畫，我們很多人都看不懂，也沒有興趣，更不會拿錢去買，但是不是就表示這幅畫不值錢，沒人要，所以不美呢？當然不是，因爲畢卡索的抽象畫的目的，並不在直接表達所畫景物的外在眞實性，而是內心片刻的狀態，他就是希望以這種抽象性的態度，表達出人的思想，所以，我們一般人會不懂，乃是因爲在抽象的領域中，並不是每人都會瞭解。所以審美的意義乃是首先要有一種直接性。我們可以再看我們對音樂的態度，我們一般人聽音樂，都是要選一些個人所喜歡的旋律及歌詞，聽久了，涵蘊其中，就會體會到音樂的美，但是一般人並不瞭解，我們現在所說的音樂，祇是一種流行歌曲，但不管是否是流行歌曲，我們所能懂的，也祇有這些，所以在我們心中，我們認爲美的歌曲，就是所謂旋律優美的。但爲音樂家來說，旋律優美，不祇是音樂美的條件，還包括作曲的技巧、對位法的使用以及唱者的唱腔都可以構成音樂美的條件。所以審美的觀點乃是一種對象的直接把握，並由如此的把握中，體驗出美的意義。所以審美的第一個條件就是直接性的價值體驗，爲一般人，爲專家來說，都是一樣，一般人對音樂的直接把握，就是把握住旋律及歌詞，祇要旋律能帶給人一種感受，歌詞可以帶給人一種境界，這就是美了，所以我們一般人的審美觀點就是以這種態度來做價值判斷。但爲音樂家來說，他們的審美觀點就不僅是旋律及歌詞了，還包括我們前面所說的作曲的技巧，唱腔等等所構成的條件，所以爲音樂家來說，其審美的價值判斷，是較一般人來得複雜些，但衡量二者的話，那一種更美呢？這實在很難加以區分，因爲審美的價值，雖是以直接的對象把握爲根據，但也有情感的成份在內，因爲情感的適度表達，事實上也就是一種美。

爲什麼情感的適度表達，可以是一種美呢？因爲情感的適度表達可以把理想與實際聯合在一起，我們常看到一些情感過度表達的人，就不夠實際，容易進入一種空泛的境界中，我們很多人都看過飛越杜鵑窩（One flew over the cuckoo's Nest）這一部電影，在片中所描述的那些病人，都不太會掌握住自己的情感，但在另一方面，那位護士小姐，由於過份控制住自己的情感，一切都要照規則去做，結果不但顯不出其美，相反的還相當的令人嫌惡，這就是爲什麼情感的適度表達可以是一種美了。我們中國人常說的「回眸一笑，百媚生」，這一個回眸就是很適度的表達了她的情感，也祇有在這種情況下，才有美的可能。至於對那些表達過度，或表達不夠的人爲什麼不能構成一種美呢？因爲我們要瞭解，美常是一種成熟的、圓滿的感覺，我們說一位老先生或老太太，在他們的臉上，刻劃出飽經風霜，生活磨鍊的痕跡，我們可以說，他們很美，但同樣的，我們也能說一個小孩童稚的笑臉也是美，因爲在他們的臉上所顯露的純眞、自然，都可以構成一種美。而成熟却可以是一種自然的，也可以是飽經人事滄桑的成熟，祇有在成熟中，才可以看到圓滿，也祇有在成熟中，才能看到情感的適度表達。

情感的適度表達，不但可以把理想具體化起來，也可以賦予實際以高超的境界。我們很多人說童稚依戀父母之情，父母鍾愛子女之情，都是美的，但我們也同樣的可以用美來充實人生，用美來使生活變得更有意義，所以，美的用處眞是極爲廣大。但美中如果沒有情感，則美就沒有什麼意義，我們都記得當羅密歐（Romeo）爲茱麗葉（Julliet）殉情時，那一片刻的美，眞是令人有很多的感受，因爲這是感情的全部付出，所以才是最美的，但當羅密歐殉情之後的軀體，又能如何再表示美呢？除了予人悲傷之外，似乎還透着一些遺憾，這些悲傷，這些遺憾，雖仍然可有美，但這種美却是有缺陷的，不是完整的，用情感所獲得的美，可以是圓滿的，祇有把全部的情感，用成熟的態度付出，才是圓滿的，所以爲什麼我們常說爲國犧牲，爲理想犧牲的人是最可佩的了，因爲他們這種犧牲就是最美的。

審美的第三個特性就是具有客觀性，因爲美必須要有對象，對象可以是主觀的，也可以是客觀的。所謂對象可以是主觀的，乃是以自己爲對象；所謂客觀的對象，乃是有條件，我們在認識論中所談的條件，不是一種現狀，而是一種對象。對象之所以具有客觀性，並不因爲有情感或情緒的作用而消失，相反的，却可以因爲情感的作用，而使得審美的客觀性更具體。

審美的第四個特性就是容他性，所謂容他性，乃是不據爲己有的一種行爲，我們常看到一些小孩子喜歡某些東西時，總要據爲己有，不容許他人插手，例如他們常說的：「這是我的洋娃娃」，「這是我的爸爸」，「這是我的媽媽，不許你們碰」之類的話，並不是一種對美的欣賞。在審美的時候，我們常願與人共享，例如我們在聽到一首美妙的歌曲，看到一幅優美的圖畫時，常會情不自禁的要他人一起欣賞，這種容他性，乃是一種精神性的接受他人，因爲對美的感受，雖是一種情感，但感受是可以傳達的，所以在審美的過程，也可以將美的感受，美的價值體驗，傳達給他人。

審美的第五個特性乃是一種靜觀性的，我們中國人常說：「靜觀萬物以自得」，這種靜觀，乃是在體驗了美的價值之後，以個人平靜的心情從中獲取眞正的助益。靜觀常是一種精神性的修養，一個人必難從物質的靜觀中，獲得美的價值體驗，因爲物質本身是常變動的，祇有精神的靜觀，才有可能獲得整體性的美感。所以靜觀的審美觀乃是一種平靜、安定的力量。

審美的第六個特性就是我們可以從美的體驗中，獲得人生的充實，人性的滿足，這種充實與滿足，乃可提高人的意義與價值，所以，一個人如果沒有美的價值體驗，很難會有一種快樂而充實的生活。

從以上各點的分析，我們可以看出美的判斷—審美的觀點，乃是一個人走向完美、完善所必須的，美可有物質的，也可有精神的，物質的美不夠完全，祇有精神的美才有可能成爲完全的，精神的美可以與眞與善加以連合，當眞善和美聯合起來時，其善美就走向一個終極的目標，那就是聖，也就是說聖是包括了眞善美的整體，努力於美的接受，將可幫助我們，更深刻的體驗到聖的意義，所以在一位對美有極深體驗的人，也會很容易的追尋善和眞。我們常可以看到一位造詣極深的藝術家，常是心地極善良，態度極誠懇，這就是一個追尋美的人，也就是和聖的追尋者一樣。

第三節　美的種類

美的分類，在歷史上有過許多不同的意見，有人認爲可以把美分成精神與物質二大類，也有人主張把美分成先天與後天二大類，更有人認爲美祇有形上的美才是眞美，當然也有人認爲美不過是一種物質的表現而已，沒有物質不可能有美，因爲我們接觸的所謂美的都是物質、山水、人物等等都是，所以看起來，似乎是很困難能將美加以分類，但幸運的是，自從中世紀以來，在追求美的歷史中，人們已經很容易能區劃美的領域，因爲美本身不是物質性的，所以美的精神性乃是唯一無二的，但是儘管如此，由於人的有限，如果不能有具體的、客觀的事物呈現的話，人們將不會得到美的經驗，所以，美可以以其精神性分受（Participate）給物質美的感受。同時，另一方面也由於人的理智，可以具有判斷的能力，可以具有審美的能力，所以美就可以以其形態來加以分類。

既要對美加以分類，就要瞭解美的分類和藝術修養的關係，藝術修養如果不以美爲目的的話，美的分類就沒有什麼意義，美的分類，乃是使我們的藝術修養，由於不同的意義而有不同的方式，所以藝術修養的分類常是和美的種類有着密切的關切。在藝術修養的種類中可有詩詞、音樂、舞蹈、繪畫、建築、雕刻及韻律活動等的類別，同樣的，對美來說，也可以有詩詞之美、音樂舞蹈之美、繪畫之美、建築雕刻之美及韻律活動之美等，既然彼此相同，我們就可以分類來述及：

（一）詩詞之美

詩詞的工具乃是文字，其眞髓乃是「意志」（註九），這是中國人二千年來對詩詞的主要解釋，詩所以能言志，究竟是什麼意思呢？孔穎達的毛詩正義有這樣二種的解釋：

一是：「詩者，人志意之所之適也。雖有所適，猶未發口，蘊藏在心，謂之爲志，發見於言，乃名爲詩。……故虞書謂之詩言志也。」

二是：「包管萬慮，其名曰心，感物而動，乃呼爲志。志之於適，外物感焉。言悅豫之志，則和樂與而頌聲作，憂愁之志，則哀傷起而怨刺生。藍文志云：『哀樂之情感，歌詠之發聲』，此之謂也。」

這二種解釋乃是孔穎達綜合前人之說，其實在詩大序中也說過：「詩者，志之所之也。」志既有所之，請問之往何處呢？孔子說：「志於道」，所以我們很容易的瞭解爲，之是志於道，往道的方向去發展，所以孔穎達所說的「蘊藏於心」的志和「發見於言」的詩，都是指的道，道與詩既不能相離，所以這種觀念就和中國的文學發展，有着密切的關係，道不和詩相離的作用，事實上也就是儒家的倫理作用。所謂儒家的倫理作用，乃是希望對實際人生有所指引，所以孔子曾說：「詩可以興」，「可以怨」就是這個道理。

詩詞在中西方的古代，一向都是以韻文的方式來表達，詩的主要工具雖是文字，但經由文字的排列卻可以達到韻文的效果，有了韻律，就可以產生愉悅或其他的情感，所以詩詞之美乃在於「中聲之所止」，中聲之所止就在於中和之音，中和之音可以動人心胸，發人深思，帶入意境，詩詞之美，就美在可以帶給我們人生的嚮往、倫理的勸導。因此，詩的用處就不在於想像，它可以是寫實敍事的，可以感懷憂傷的，也可以是向壁虛構的。詩詞在藝術修養中可以改變我們的氣質，增進我們的氣魄，中國人原是一個詩的民族，但在工商發達的今天，似乎已經失落了。詩人有其敏銳的觀察力，可以把那些不能分明見之於目的的，羣衆的，潛意識的心理內容，快捷地把握住而表現出來（註十）。所以，有的時候，詩人或詞人被人視爲先知，但我們知道詩人或詞人之所以能被人視爲先知，乃是因爲詩人、詞人所從事的工作，是一種心靈的拓荒者工作，他們敢於表現時代的反叛態度，也能超越傳統的偶像，而能對未來有所啓發，甚至，詩人、詞人可以給當代人一些希望，同時也可以從詩詞中汲取到永恆的水泉。

(二)音樂之美

中國的音樂，在古代，常是和政治與宗教有着密切的關係，西方的音樂和中國的音樂有着近似的功用。中國的音樂很早就是六藝之一，朱熹說：「古者教法，禮、樂、射、御、書、數，不可闕一，就中樂之教尤親切。夔教胄子，只用樂，大司徒之職，也是用樂。」（註十一）所以音樂可以感人，可以激發人的心志。

音樂的功用是應該具有道德教育的功能，像在柏拉圖的理想國裡，他就指出音樂應該具有道德教育的功能，同樣的，孔子也指出：「興于詩，立于禮，成于樂。」（論語泰伯）這種以樂爲教育的功能，乃是以樂爲人生修養的最高境界，這種境界可以達到道德中「有恥且格」的目的，所以音樂在藝術修養中是相當重要的。

音樂既是人生修養的最高境界，那麽音樂可以產生什麽樣的個性呢？這可以分二方面來說，一方面從好的德性來說，可以有優雅、溫和、勇敢等的德性，從另一方面壞的習性來說，則有笨拙、放縱、懦弱等的惡習（註十二），一個謹守優美音樂旋律的人，必然是一位知禮、守禮的人，一個不重視優美音樂的人，就不會知禮、守禮。在中國人的習慣中，常是把禮與樂聯在一起，因爲中國人的祭禮，需要有樂，祭禮本身就是一種禮，所以樂也就有了禮的規矩，同樣的，在西方，音樂一向是情感的表達，頌讚都是用樂，有的時候在把樂唱出時，就可以和詩詞聯用。

不論中西，音樂最早的功用是拿來讚美上主，造物主的，因此，對音樂的規定也就很嚴，到了近代，音樂似乎並不能增進人類的藝術修養，反而減低了藝術修養的目的，音樂之美，就在於遠可以讚美宇宙的主宰，近可以陶冶性情，培養優美氣質，如果不能的話，音樂要之又有何用呢？

（三）舞蹈之美

舞蹈是一種補歌詠之不足而有的動作，詩序中說：「詠歌之不足，不知手之舞之，足之蹈之。蓋樂心內發，感物而動，不覺自運歡之至也。此舞之所由起也。」舞蹈乃是一種不自覺的歡悅動作，在古代，舞蹈都是和宗教、政治有着相當密切的關係，祭神有祭神的舞，戰爭有戰爭的舞，像中國古代的舞有堯的大咸，舜的大韶，禹的大夏，湯的大護，武王的大武等，其中用於祭祀的有大咸舞是用來祭地神的，大韶是用來祭四望的（註十三），大夏是用來祭山川的，大護是用來祭先妣的，大武是用來祭先祖的

（註十四）。這些舞既都是祭祀用的，也就可知，中華民族是一個有信仰的民族。

舞蹈在中西都是一樣，是和歌而舞，舞蹈之美，除了裝束之外，其中所有的幾種精神也是舞蹈中最美的部份。

舞蹈可以培養合羣的精神，像前面所述的這些舞，都是有一定的人員、格式，在舞蹈的時候，各種步伐、舞姿都要彼此配合，像中國很有名的八佾之舞就是。甚至連流傳至今的臺灣山地舞，如祭月舞等都是講求合羣的精神，因此，舞蹈除了一人舞之外，所有的舞蹈都需要有這種精神。再者，舞者和音樂節奏的配合，除了合羣的精神之外，還有和樂、互助的意義在內，所以一個喜歡舞蹈的民族，必然也是一個活潑健康的民族。

舞蹈之美，就美在那一擧手、一投足，充分能表現舞者的精神及舞的內容，至於現代所流行的一些舞，就如同漢代將舞分成雅舞與雜舞二種一樣。所謂雅舞乃是一種本土的舞蹈，適用於宗廟祭祀，因其舞姿典雅莊重，故取名爲雅舞；至於雜舞，則是吸收了外來的舞蹈，祇適用於一般的宴會、娛樂之用，因其娛樂的成分多，且來自於很多地方，故稱之爲雜舞。在今天，我們要瞭解舞蹈之美，就必須先瞭解其義蘊精神，不然光有身子在動，而無其內在的含義，豈不是「行屍走肉」了嗎？

（四）繪畫之美

繪畫在中西也是和音樂舞蹈一樣，和宗敎有着濃厚的關係，在今日所發掘出來的許多古物中，其繪畫的部份都是和宗敎有關，像中國的敦煌壁畫，彩陶時期陶器上的繪畫，埃及金字塔上的壁畫，南美秘魯的許多繪畫都是和宗敎有關，古人繪畫的目的，多半是以實用爲主，或者以宗敎事實爲主，也就是多半是以記事爲主，很少有純粹爲藝術的態度，到了西元後，才漸漸的有了審美藝術的新天地，像西方的米開蘭基羅、達文西等巨匠，雖是爲宗教而繪畫，但畫者的動機和目的，已經漸漸走向審美的藝術。又如中國在南北朝之後，由於佛像、壁畫的新技巧所帶來的新圖畫，遂刺激了中國的畫家，走向了空靈絕美的境地，其中最先受影響的就是人物，而最有成就的就是山水畫。中西畫在人物和山水之間，有着相當大的差別。例如中西畫中的人物畫，西畫刻意的描繪人體的優美，這種畫意很明顯的是受了希臘人物的影響，另一方面，聖經（The Bible）中的啓發，也多少予人感覺裸體的美乃是上帝所賜予的美的影響，但在中畫中，就絕無僅有，不止是看不到裸體的繪畫，就是連人體模型的素描都很少有，中畫所強調的乃是那種含蓄的、內在的境界，這種影響自然是來自於儒家倫理系統的多，但在中國的山水畫中，就很不同了，因爲山水畫在道家之後就有了一種空遠的境界，他們所要描繪的主要不在人物身上，而在人與自然的關係，到了佛敎傳入中國之後，山水畫又更深一層的表達了空自無爲的境界。所以大致上來說，西畫着重於技巧，而中畫却着重於意境的表達。

繪畫之美，就美在其意境，在一個人生所嚮往的地方，雖然實際上得不到，却可以從繪畫中得到滿足，像中畫中的梅、竹、蘭的特性描繪，對花、鳥的喜愛，處處都可以給人深遠的意境，而西畫中的技巧常又可以帶給人一種藝術修養的工夫。所以爲藝術修養來說，意境的培養是非常重要的，我們可能不會畫，但却應能懂得欣賞，如此才能將繪畫之美溶入於人生的修養中。

（五）建築之美

西方的埃及金字塔，巴比倫的空中花園，中國的亭臺樓閣，羅馬希臘的廟宇都是偉大的建築，尤其像中國的亭臺樓閣，正如杜牧阿房宮賦中所說的：「五步一樓，十步一閣，廊腰縵廻，簷牙高啄，各抱地勢，鈎心鬭角。」（註十五）就是建築之美的最佳描述，其中尤以「廊腰縵廻」，「各抱地勢」等語，最能表現中國人的崇尚自然精神，中國古典建築中的飛簷，常能奪天工之妙。

至於西洋的建築，也是極爲壯觀宏偉，像巴比倫神殿、希臘雅典娜女神廟、羅馬的聖彼得大殿、巴黎的聖母聖心大教堂等建築物，都是一時的偉構，擧世的瑰寶。我們在研究中西建築之時，可以找到幾個事實，一就是西洋的古代建築物，大致上仍是和宗敎分不開，而中國的建築物則是以居住爲主，二就是中國的古代建築，木料爲建材的建築物仍然不少，以石爲基的卻不多，像北平的天壇，是到了相當晚期才有的，而西洋的建築物，在很早的時候，就已經有了石頭的建築，像埃及的金字塔，耶路撒冷的聖殿，這可能與地勢及地理環境有關，像聖經中所說的磐石（註十六），似乎在中國很少見到。這就可能是因爲地質的關係。

建築之美，就可以象徵人類能力的表露，藝術修養的目的，就在使我們明瞭人生的意義及其目的。因爲創造性的才能，乃是出自於人的本能，如果我們輕視了個人的創造力，就等於作賤自己。

（六）雕刻之美

雕刻藝術，在西方社會中，從古至今，都受到極大的重視，佔有了極重要的地位，但在中國則沒有那麼重視，這可能是和中國的士大夫的階級觀念有關，在士大夫這一階層中，對雕蟲之術一向視爲小技，士大夫要做的乃是統治天下的大功業，所以揚雄說：「雕蟲小技，壯夫（士大夫）不爲。」這也可能是中西文化差異的一大原因，中國的士大夫由於輕視這一種技巧，遂使得這一技術一直發達不起來。但在西方則不然，由於西方（希臘）尙武的精神，遂使得人人不以雕刻爲小技，也不以爲可恥，相反的，卻以能維妙維肖，而引以自豪，此種重創造的精神，常使得雕刻有了極大的發展，像德國南部，靠近邊界的阿爾卑斯山（Alps）上的許多古堡，其雕刻之精、之細，常令人興巧奪天工之嘆，又比如金宇堵中的雕刻，羅馬彼得大殿的雕刻藝術，更是令人嘆爲觀止，這些雕刻之美，就美在於能將自然塑造得那麼合乎原來的東西，這種傳神的表現就是美的創造力。

雕刻之美爲藝術修養來說，實是涵蘊了人生無窮的智慧與能力，我們如何塑造這些能力，建立我們的智慧，乃是生活於現代的人們所不可缺少的。

（七）韻律之美

韻律不祇限於舞蹈，也包括了體育精神，韻律的目的乃在使人的身體與心智達到平衡的發展，韻律之美，就美在能表現人體力的均衡及能力，這種均衡及能力的活動是一種可以促進新陳代謝，生理機能更新的活動。諸如韻律體操、騎馬、射箭、游泳等都是韻律之美。

一個人要有精深的藝術修養，首先要有平衡的生理機能及健康的身體，如此在藝術修養的過程中，才會有愉快及美的感受。

從上所述，我們可以瞭解美是可以內在於人的主觀感受，也可以是外在於人的客觀經驗，要使美的經驗或感受能和藝術修養相配，首先就要能與人生有着緊密的關係，從人生的經驗中。我們如何獲得美呢？這不祇是歷代的學者所在追問的，也是人在追尋的。要使人生與美結合，就必須使美的經驗能爲人所接受，也祇有美的經驗被人接受後，人生才有可能成爲美。

第二十四章 美與人生的關係

人生的目的，在追求眞善美聖，所以美與人生的關係極爲密切，一般來說，美與人生的關係，可分一、體驗，二、創造，三、絕對精神等三點來敍述美與人生的關係。

第一節 美與人生的體驗

人生在世，體驗人生是相當重要的，一個沒有體驗過人生的各種境遇的人，很少可能會有一個自認完美的人生，在體驗的過程中，我們可以得到一些人事上的經驗，這些經驗可以幫助我們體會到人生的意義及價值。

相信人之所以會墮落，乃是因爲人太想去體驗人生的各個階層，結果就可能是因爲人太貪心了，結果不但不能得到美的人生，相反的，得到了一個醜陋的人的封號。我們最早知道人因爲太禁不住體驗而墮落的故事，是來自於聖經創世紀的記載中，因爲夏娃，這一位人類的始祖，聽信了蛇的誘惑，而禁不住想體會一下智慧的意義，結果吃了禁果之後，人類就開始懂得了羞恥之類的事情。我們如果仔細的分析一下這段聖經的記載，我們可發現罪不在體驗，而在於體驗中的意向。如果我們體驗的目的，祇是希望自己和別人一樣，甚至希望比別人強，那麼自然就會有痛苦了，而痛苦不正是我們人類罪惡的源頭嗎？但如果我們體驗的目的，祇是希望將人的能力，發揮到最高限度的話，那麼這種體驗不祇不是痛苦，不是罪惡，反而是一種美，一種眞，甚至還是聖呢！爲什麼會有這麼大的差別呢？因爲體驗的本質祇是在經歷某些事情，和人心、人性的傾向，並沒有太大的關係，但由於體驗必須附於實體之上，才有事實的可能，而人心、人性在情欲方面，常是傾向於惡的，而人性的人心則是善，當我們的理智被情欲所矇蔽時，我們就很難有一個喜悅的體驗，例如以作弊這件事來看吧！每一個人都知道作弊不是一件好事，但爲什麼會作弊呢？其原因可能有很多，但大致上來說，這件事對個人的物質利益太大，捨不得放棄，但個人能獲得這一個物質利益的條件與能力又不夠，結果就祇有作弊，希望以作弊的方式，達到個人所渴望的目的。在學生時代，許多學生考試作弊，原因不正是如此嗎？希望得到及格或好分數，但本身的能力或條件又不夠，其結果祇好作弊了，像這種作弊的體驗，常會引起一些不愉快的感受或經驗，如果一個人在後來成功了，有時侯常會被這一些不愉快的經驗所困惑住，而覺得痛苦。所以一種痛苦的體驗不但不能賦予人一種美的感受，相反的，常是一種醜陋的、痛苦的經驗。因此，在我們的生活中，如何能夠獲得一些美的感受，美的體驗呢？而能充實及美化我們的人生呢？

美的感受，常和一些修身的基本因素分不開，例如瞭解自己的情緒，眞誠的面對自己及面對他人以及要懷抱有知足常樂的精神，如此，就容易使人生變得美。我們現分述如下：

（一）瞭解自己的情緒

情緒（Emotion）這一個東西，有的時侯，眞是非常奇怪，會突然的，莫名其妙的湧上來，有的時侯又會不知不覺的消失了。像有的人會爲了一些芝麻綠豆的小事，氣個老半天，但有的人却會不管天塌下來的大事，仍然穩如泰山，所以，我們要使我們的人生夠美，就必須先瞭解自己的情緒，因爲一個能瞭解自己情緒，並會排遣自己情緒的人，將會很容易的達到一個快樂的人生。同樣的，一個不瞭解自己情緒的人，又不會排遣自己情緒的人，當然就變成情緒的奴隸而陷於痛苦之中了。

情緒，是一種心理作用，在每一個人心中，都會有一些創傷或難忘的、痛苦的經驗，這些經驗可能來自於童年，可能早已忘掉，但卻仍深埋心底，變成一種意識，也有可能是一種鮮明的，血淋淋的事實，這些事實或經驗，如果別人不提還好，祇要有人一觸及，就會引起一些不愉快的回憶或經驗，在這時，不良的情緒，就發作了，輕的人，淡淡的回掉，而重的人就會莫名其妙的大發脾氣，所以我們如果能瞭解自己的情緒，那麼，在很多事情上，就比較容易給自己一個較安定的環境及處理的方法。在現代心理學上，可以稱之為疏導情緒，為什麼情緒要疏導呢？因為情緒是會積壓的，壓久了，如果不加以疏導，就很難有一個良好的出口，早晚會爆發的。我們不妨舉個例子說，在今日社會中，家庭倫理在工商業時代中遭受到相當的衝激，父母為了生意的競爭，都相當忙碌，就很少有機會能給子女們一個適當的關切與照顧，結果子女們在物質生活上雖然不缺，但精神生活，卻相當苦悶，在家庭，在父母身上，由於找不到可以傾訴個人內心苦悶的機會，結果祇好向家庭以外求助，積極的人，就努力找尋師長、同學、朋友來傾訴，但由於其中部份的人不善於作選擇，結果就變得和社會關係及社會責任離了一個很大的距離，這種孩子，更因為在社會中得不到溫暖，結果就變得我們所謂的「問題人物」，在那些消極的、怕生的、不敢和外人來往的人，就變得自卑、畏縮，永遠長不大的孩子。其實在這些成因中，最幸運的，倒是那些積極尋找朋友、師長去傾訴，而又有良好結果的人，不幸的卻是那些想去找，卻找錯或不敢找的人，他們並不希望自己會得到一些悲慘的結局，但事實是，他們並沒有多大的能力，也沒有多大的經驗，能夠幫助他們解決困難，在這種情形下，他們不瞭解自己的情緒，又不會疏導，這些人怎能不會出問題呢？我們不是譴責重商主義，但事實是，在重商主義的衝激之下，家庭的關係已在日漸消褪，我們相信是有方法補救，但方法儘管有千百種，如果人仍祇顧物質的利益，而忽視努力維繫人生的美學，那麼我們早晚會走向一個悲慘的命運，如果我們希望人生美麗的遠景常能展現在眼前，我們就需要努力去瞭解自己的情緒，疏導自己的情緒。

（二）眞誠的面對自己與他人

一個誠實的人，一個經常眞誠的面對自己與他人的人，其心中必然經常是快樂而沒有什麼見不得人的，這就好像一泓池水，這一泓池水有一個出路，是一泓活水，這池水將經常是瑩潔透明的，如果是一泓死水，早晚蟲蛆生，而充滿臭氣，這個比喻就是說，一個人的情緒，經常能獲得疏導，則在面對自己與他人時，就能夠用開放的態度去面對事物，如果一個情緒不能疏導的人，本身就有問題，而又不知如何面對自己與他人時，那就祇好像一潭死水，發臭而爲人嫌棄了。

眞誠有許多好處，尤其在體驗人生時，更加可以幫助我們眞實的瞭解人生的意義與價值，我們不妨舉個例子來看，在中國及西方都曾流傳過同樣的故事，就是說有一個富翁帶了許多隨從到鄉下去玩，前呼後擁的好不熱鬧，但到了鄉下之後，却不幸的遇到了一夥強人，殺的殺，搶的搶，把富翁的錢財及隨從都弄光了，就祇剩下富翁一個赤身露體的，他好不容易捱到一個鄉村人家，渴望求些解渴解餓的東西，以塡補空虛的胃，但不幸的又遭拒絕，好不容易找到一家貧窮的人家，但却有善心的人，他們不但傾其所有的招待客人，還把自己的臥室讓給客人睡，雖然他們的物質生活很貧窮，但他的精神生活却很富足，第二天客人帶了他們全家的祝福及主人的破衣服，滿心感激的回家去，我們可以想一想，這位富翁回家之後，會做些什麼呢？如果他是一位意境高超，懂得美的人，他不祇是會給這一戶眞誠的人家有一個美好的回憶，他也會給世人一個很好的證明，那就是眞誠的人，將永遠獲得祝福，我們可以瞭解，這一個窮人，並沒有什麼物質的享受，所有的，祇是眞誠的心及滿腔的愛，也祇有眞正懂得藝術修養的入，才會感覺眞誠的態度。

眞誠是一種「仰不愧於天，俯不怍於人」的心境，也是一種「怡然自得」的狀態，所以在體驗人生的過程中，眞誠的面對自己及他人是必要的，也是非常重要的。

（三）知足常樂的精神

美的感受不是永無止境的，美本身是無止境的，但因爲人性的原因，人可能有一種永無止境的美的嚮往，却很難有一種永無止境的感受，如果要使我們對美的感受，永無止境的得到滿足，那麼人將永遠無法得到滿足，這就好像莊子所說的「以有涯求無涯，殆矣」。

我們對物質生活的需求，常是不斷的增加，像幾年前，本省還沒有電視機時，當時的民風還相當的純樸，人們沒有什麼太大的奢望，祇希望全家和樂的在一起，有了電視之後，聲光設備的考究，以及用眼睛看電視的方式，被限定了活動的空間，漸漸的，電視餐，電視家庭聚會等以電視爲中心的生活方式，就成了家庭中不可缺少的一環，更由於電視演藝人員的服裝及姿態，遂使得社會關係，變得相當不單純，我們在此無意批評電視，但是對一些不瞭解自己，不會控制自己的人，不是很容易的就進入電視的生活型態，而被電視中的人物所控制住嗎？雖然電視演藝人員無意標新立異，但他們的生活型態却不能不令人有如此想像。由於物質生活的不斷提高，人的欲望也就不斷的提高，其結果就是如老子所說：「五色令人目盲，五音令人耳聾，難得之貨，令人心發狂。」到了這一個地步，人要把握自己，要創造美好的前程，就相當的困難了。所以知足常樂不是一種事後的補救，而是事前的預防。

所謂知足常樂，並不是對工商社會的反擊，相反的，却是對精神生活的提昇，物質生活的提高，如果不能同時提高精神生活，那麼人就容易失落，像今日在臺灣，還有很多年青人沈迷於頹廢派的存在思想之中，祇知道人生的悲苦、無意義，却不知道人可以去創造意義，去建立歡樂，我們看華德．狄斯耐（Waltler Disney）的影片，那些天眞可愛，知足常樂的角色，不正是一幅美的景像嗎？我們何必苦苦追求那些消極的、無意義的事呢？反正在消極或積極上，所花的心力相等，又何必要逼死自己呢？樂觀的精神，常可以開創更美好的人生，所以知足常樂的態度，可以幫助我們在體驗美的藝術修養中，獲得生活的協調，生命的美麗。

從以上所述，可知體驗對美與人生的關係是非常重要的，沒有體驗，美就顯不出來，沒有美，人生也就沒有什麼意義了，所以要有美麗的人生，就要懂得如何去體驗人生的美。

第二節　美與創造

美的本質是無窮的，在追尋美的過程中，人可以用創造的方式，達到和無限美的結合。同時人生的過程中，也不祇是經歷前人所走過的路而已，也必須有自己的路，所謂自己的路，就是一種創造的路。

所謂創造，可從二方面來看，一是物質的創造，一是精神的創造。物質的創造更好用物質的製造來說明，因爲所有的物質都是具體而又個別的，當我們在創造物質時，事實上却是在組合物質，所謂組合物質乃是根據我們所要創造物質的特性，加以綜合、刪減或增加，例如我在做一張桌子時，如果這一張桌子的材料要用木料的話，我首先必須去找一些木頭來，但這些木頭並不是根根都適合我的桌子，因此我就要鋸，就要刪減，把那些不需要的，粗糙的都刪去，而留下那些適合的東西。可是當我做桌子時，並不表示我所鋸好的木料都足夠我做桌子的需要，這時我就必須再增加一些東西，例如釘子之類的東西，而這些不管是刪是加的東西，都是物質，做桌子，祇不過把物質加以組合而已。所以，所謂物質的創造，並不能增加人生的美的任何本質，祇是因爲重組，而使得物質好像有了新的生命一樣。其實不然，但爲精神創造來說，却具有極大的不同。

精神創造，從精神的本質來看時，精神是一種抽象的、普遍的、永恒的非物質體，所以精神本身可以不受時空的限制，也可以賦予任何形式，因此，精神創造，乃具有眞正的意義與價值。這種精神的創造，乃是指人類心智的活動，人類心智的活動，很少能用物質來表示，多半是一種形上的活動，這種形上的活動，可以走入形下，例如我說我們要愛人，要爲自己的國家而犧牲，在未遇見具體的事物之前，這種愛，就是一種理想，但一旦碰到具體的事實時，理想與實際，形上與形下就結合了，所以愛是最能表達精神創造的意義的。也祇有愛是最美的，本節在講到創造時，將就愛的意義及方式來申論。

（一）愛的意義

根據弗洛姆（G. E. Fromm）這位現代心理學家，在愛的藝術（The Art of Loving）中所說，愛的意義，就是包括了責任、尊重與瞭解三點（註十七）。

所謂責任，乃是當你眞愛一個人時，你會很渴望的去照顧、愛護他，這種照顧與愛護就是一種責任，就好像父母對子女，丈夫對妻子一樣，在彼此的愛中，彼此都有責任，我們常聽到許多子女說，父母不瞭解我，然而我們要問，子女什麼時候對父母負過責任呢？所以責任應當是一個權利義務的主體之間的彼此關係，在關係的二方面中，任何一方面，都不應卸脫責任，說自己沒有責任，祇要有愛，彼此就有責任。

所謂尊重，乃是眞正懂得對方的地位，而從心裏面對之抱有恭敬的態度，在基督宗敎對尊重的看法，乃是因爲人都是上帝的子女，在上帝眼中，其子女都是一律平等受寵的，誰也不比誰差，因此，人的彼此尊重乃是基因於此。至於從哲學的觀點來看，就可以知道人之所以要彼此尊重，不是因爲誰的錢多，權勢大，而是彼此都有無限的潛能，在從潛能到達現實的過程中，誰也不敢說，自己是一定可以成爲某一種現實，在現實與可能的情況中，人就需要彼此尊重。

至於瞭解，我們常是因爲由於不瞭解對方，而產生許多誤解，爲什麼會有這麼多的誤解，起因乃是每一個人的體驗不同，在分享體驗之時，我們每一個人都有不同的角度，因爲角度不同，所以瞭解的方向也有差異，如此就會有誤解，因此在瞭解的過程中，最好能如同前面所說的體驗一樣，能瞭解自己的情緒，眞誠的面對自己及他人之後，就容易將心比心，瞭解別人，愛別人。所以弗洛姆說：「成熟的愛是因爲我愛你，所以我需要你，不成熟的愛則是因爲我需要你，所以我愛你。」在成熟與不成熟之間，瞭解就佔了極大的部份。

愛可以美化人生，愛可以創造一種藝術修養，所以，愛的創造，乃是一種理想的創造，要在人生中獲得美，就要懂得在愛中如何獲得美。也因爲人生際遇的不同，在人生的層面中，人的相遇就有了不同的關係，在不同的關係中，其愛也就不同。

(二) 愛的方法

在論語及孟子二書中所提到的，人與人之間的關係可有五層，那就是：君臣、父子、夫婦、兄弟、朋友等五種關係，而在弗洛姆所提到的愛中，則有對父母，對自己，對朋友，對配偶，對朋友及對神的愛，在二相比較之下，中國的愛的關係，多了君臣，少了對神的愛，而弗洛姆却有對神的愛，却沒有君臣之情，這可能是因爲時代的關係而有的結果，在每一種關係中，其愛的方法都不一樣，我們現綜合敍述如下：

對自己的愛，也就是自愛，要自愛，首先就要瞭解自己，在瞭解自己之後，才會尊重自己，一個不瞭解自己，不尊重自己的人，就容易受到傷害，所以孔子說：「人必自侮而後人侮之，人必自辱而後人辱之。」一個不自侮，不自辱的人，誰又能欺負他呢？所以一個自愛的人，就知道如何使自己的生活變得更好，安排得更有計劃。

對父母的愛，以及父母對子女的愛，都是人間最美的愛之一，我們常可以見到有許多人儘管在婚前宣揚怎麼樣不要子女，但子女一旦來臨時，他們的愛常是超過自己，所以在父母對子女的愛中，一定要有尊重及瞭解，而子女對父母的愛，則除了尊重及瞭解之外，更重要的就是要能有孝的精神及態度。

對兄弟的愛，有時和對朋友的愛有點相似，但其間仍有差別，對兄弟的愛，是由於血緣的關係，彼此之間，在先天上就存有了一份彼此禍福相共的精神與態度，所以在對兄弟的愛中，恭敬與友愛是不可少的。

對朋友的愛，雖也有友愛與恭敬，但究竟有所差別，孟子批評楊墨是無父無君，就是批評他們沒有親疏之別，但我們中國人所標榜的「天下一家」，「四海之內皆兄弟也」的口號中的兄弟又是什麼呢？在此處所謂的兄弟，乃是指着基於人類禍福相共的命運，而彼此必須合作與共同努力，所以合作的精神，在朋友的愛中是不可少的。

夫婦之愛的愛，乃是人間偉大愛之一，他不但意味着二性的結合，也代表了人類命運的患難與共，所以在夫妻之愛中，是包含了兄弟，朋友之愛以及夫妻之間的性愛。中國人常說，夫妻要「相敬如賓」這是指在日常生活上，彼此要尊重，在愛情生活上，却要水乳交融，彼此成為一體，我們常可見到許多令人起敬的老夫婦，洋溢在他們臉上的幸福，眞是人間的美麗圖畫。

君臣之愛在今日，需要有不同的說法，乃是同事之間的相處，長官與屬下之間彼此的對待。中國人常給君臣的關係打比方，好像是父母對子女，在今日，可能父母對子女的態度並不那麼普遍的應用於長官與部屬之間，但至少朋友之愛的情誼，彼此合作的精神，却應保存在二者之間，如此人與人相處才有意義。

最後講到對神的愛，似乎在今日遭遇到很大的問題，很多人以爲科學發達了，宗敎、神就可以丟掉了，但我們忘了神所代表的意義，並不是一個偶像，而是人性超昇的方向及目標，因爲，人生祇營營於物質生活中，對精神生活，一點也不嚮往的話，那又何必要稱之爲人呢？人之所以有理想，不是在有形可見的事物上，而是在無形無像的遠景，這種遠景可以激發人的奮鬪之心，可以賦予人無窮的希望，所以對神的愛，乃是植根於一個理想之上，這一個理想，可以帶給人光明的遠景，所以對神的愛，乃是一種所有愛的總合，也祇有在這種愛之下，人才能獲得完美的意義及解答。

從上所述，在美的創造中，就是要如何能使美達到無限的精神領域，祇有在無限的精神領域中，美才是整體而又完整的，愛的方法，可以幫助我們達到這種完美，完美的終點就是絕對精神的領域，絕對精神領域中的美又是什麼呢？與美的關係爲何呢？我們現在來敍述。

第三節　美與絕對精神

美的本質，既是一種抽象的、絕對的，則美的精神也必然是絕對精神。絕對精神並不是如同黑格爾所說的絕對精神一樣，在此處所說的絕對精神，乃是一種具有客觀性的絕對精神，何謂客觀的絕對精神呢？我們可以先舉個例子來說明：我們每一個人，不論大人或小孩，都有美的經驗，小孩對美的經驗，乃是生活的愉快，吃得飽，喝得足，睡得夠，但對大人來說，除了這些以外，還需要尋求人生更深刻更深遠的意義，這些更深遠、更深刻的意義，如果沒有具體事物的烘托，是很難讓人瞭解的，所以，美爲人來說，是一種具有客觀性的絕對，這種客觀乃是一種具體事物的客觀。但爲絕對本身來說，就無所謂主觀與客觀了，因爲絕對乃是一，一無所謂主觀與客觀。本節將分人的絕對精神與美的絕對精神二點來加以敍述：

(一)人的絕對精神

人的精神，必須是絕對的，不然就很難說明人的意義，人是由靈與肉二者所合成，肉是物質，靈是精神。物質可以是相對的，例如我的左右手，左右眼，左右腿都是相對的，在相對的東西中，就有好與壞的區別，例如，我們很多人都用右手寫字，如用左手就很不習慣，所以我們可以說，右手比左手好用，左手不如右手寫得快，這就是一種比較的意思，但爲人的精神來說，就很難有所謂相對性的態度，一個人無神，就顯得全身無力；一個人有神，就顯得英姿勃發，精神之可以主宰物質是非常明顯的，但一個人的精神，很難能夠是完全或絕對主觀的，比如說，我看到一樣新奇的東西，喜歡得不得了，雖然我沒有能力去購買，但並不減損我喜歡的程度，即使我喜歡得到了發狂的地步，我的喜歡仍是有對象的，這種對象常是外在於我的，又比如說，有人喜歡自己，喜歡得不得了，請問這有沒有客觀性呢？當然有，人可以以自己爲起點，也可以以自己爲終點，但人雖然可以如此的自始至終的以自己爲中心，但仍不能脫離客觀的拘限，因爲所謂的我，並不是一個空架子的我，而是一個有血有肉的我，所以以自己爲起點及終點的自我中心，仍是有對象，有物體，既然有對象，有物體，有具體的存在，我們就沒有辦法達到主觀的絕對精神，而必然是客觀的絕對精神。

從人對美的觀念來看，人對美的嚮往就表示了人本身並不是絕對的美，人是相對的，有限的美，儘管美在人身上，有許多不同的層次，但究竟美是有其限度的，即使在全世界祇剩下一個人，美也仍然有其限度，所以在藝術修養的過程中，如何掌握到美的意義，實在是很要緊的。

我們欣賞一幅畫時，可能體會到美的絕對意義，但這仍是以對象爲基礎所有的構思，所以人與絕對精神，祇有從人的靈性，卽人的精神來觀察，才有關係的可能。當一列火車在行進時，每過一個站時，都有許多轉轍器，把可能與其他列車相撞的軌道分開，並導出目的軌道，而人的精神也常常是扮演如同轉轍器的角色一樣。人的精神可以知道許多事情的前因後果，但却很難加以表達，如果能藉着人的語言功能及行爲功能，或許可以表達到十分之五六的程度，但是人的語言，不論如何發達，仍是有限，因此，人的精神，似乎也受到限制而變得有限了，其實這都是表面的原因，眞正的原因，乃是精神，雖有其無限性，但因其精神爲人的精神，爲相稱於人，所以精神扮演二種角色，一方面是賦予物質以意義，另一方面也在提高人性的價值，從第一方面來說，精神的表達是有其限度的，但從提高人性的價值來看，人的精神是無限的，在有限與無限之間的橋樑就是人，所以人站在有限的極端，無限的開端中，如何能使人的精神達到絕對的美的境地呢？似乎祇有從有限着手，因此，人與絕對精神的關係，乃是從有限美進入無限美的橋樑，人很難超越某一些限度而飛昇到另一個階層，除非本身已具有良好的基礎。爲人來說，達到美的絕對精神就是從人的靈性，卽精神着手，如何着手呢？人性的基本渴望，乃是在一個現實而又具體的事物上，找到永恒的或更有深意的意義在內，而我們的着手處就在人性的基本渴望，祇有從這種基本渴望中，我們才有可能達到絕對的精神。

(二) 美的絕對精神

絕對精神本身是唯一無二的，所以絕對本身不可能有對象，像人的精神，雖有絕對的可能，但爲人來說，由於已習慣於有限的表示方法，就不太容易使人瞭解絕對精神，但爲絕對精神本身來說，我們就容易瞭解多了，反正絕對精神本身，無所謂對象，也無所謂具體、客觀，有限的事物爲其目的，所以我們可以把一切人爲的限制都拋棄，而祇留下唯一的，絕對的精神。在絕對的精神中，是無形無像的，所以可以是一切有形的總合，也可以是無形的表露。爲美來說，美的本質乃是一種不須客體、具體事物來加以表達的觀念，美的觀念可以超越任何時代環境，美不需要任何客觀的、客體的標準，美就是以自己爲標準，這種以自己爲標準的方式和以人爲標準的方式，有着相當大的差異，以人爲標準的方式，終究會毀壞的，但以美自己爲標準的，終將永存不朽，所以美的絕對精神，不是以外在爲基礎的，而是以內在的自我爲基礎的。

美的絕對精神，既在美的本身，那麼美的本身又如何作自我表露呢？這就好像眞理一樣，是一種自明的道理，比如在一個唸過數學的人來說，二加二等於四乃是一種自明的，放諸四海而皆準的道理，這種方式，不論經過如何的演算，如何的證明，在數學上都將是二加二等於四，美就是如此，不論放在何時何地，美本身就是一種自明的標準，這種自明的標準，又好像一個人長大之後，回顧過去一樣，希圖找到人生的軌跡一樣，等到找到時，不由得會嘆口氣說，原來就是如此，這個原來就是如此，就是一種自明的道理。美既是一種自明的道理，美就不需要仰仗他物來加以證明，因此美是「可以獨立而不改」的，這種獨立的特性，正好說明絕對精神的獨立性一樣，絕對精神本身是一種獨立的，自明的，一切主動而不被動的，所以美可以賦予任何事物之上。

當美賦予任何事物之上時，美的限制就產生了，這個限制不是限制美的本身，而是限制美所賦予的物體上，要使所賦予的物體不受限制，就要使物體本身，能具有獨立的精神，但在人世間，似乎並無所謂完全獨立的物體，雖然亞里斯多德的範疇（Category）論中，似乎以自立體（Substance）為獨立活動的物體，但其自立體的範圍仍超越不了限制的意義，所以祇有用絕對的精神賦予人，人才有可能達到絕對美的可能。

由以上所述，絕對精神可分成二大部份，一是人的絕對精神，一是絕對的絕對精神，在人的絕對精神中，祇有那存於人類靈性之中的良知，才有可能達到絕對精神的結果，而為絕對的絕對精神，其本體就是一種絕對，在這種絕對中，其本身是自明而又獨立的，在自明而又獨立的過程中，乃能化成萬物，所以美的絕對精神，才能賦予人間以美，而又不失美的本質。

藝術修養的目的既在追求美，當然不能追求人的美，而必須是絕對的美，所以，人生的目標既在追求絕對的生命，絕對的美與絕對的生命乃是可以合成一體的。在人的生命中，如何獲得美，如同追求眞理一樣，這也好像有一天孔子的學生問孔子如何得仁，孔子回答說：「我欲仁，斯仁至矣。」為孔子來說，經歷了人生那麼多的心路歷程，他已經瞭解仁不是一個輕而易舉的東西，也不是一個遍尋不着的東西，重要的乃是如何以一心之誠去努力修德行善以達到仁的目的，所以在藝術修養中，如何可以獲得美，乃是一個存心的問題，下面就是我們的回答。

第二十五章 如何獲得美

藝術修養的目的，既在達到絕對的美，因此，培養一種態度，以獲得美，乃是不可或缺的。在前一章中我們曾說到要培養美的態度，首先是要有一種存心，這種存心的培養久了之後，就可以達到美的境界，而事實上，藝術修養的目的也是在培養一種達到美的態度，本章將分經驗、創造及和諧與恢宏之氣等四部份來敍述。

第一節 美的經驗

美的經驗的培養，可以分好多方面來討論，例如，存心、養氣、觀察、力行等都可以，我們將這四點加以發揮。

(一)存 心

美的經驗，我們每一個人都有，問題是，有多少人曾經很努力的把美的經驗加以存儲起來，默記於心呢？這就好像孟子所說的，不是我們沒有行善之心，而是我們對行善之事準備得不夠，所以一旦有行善之事來了，我們反而不知如何是好，其實祇要我們經常留意存於心中，我們就有能力行善，同樣的，對美也是一樣，我們每一個人都有美的經驗，但却從來不知如何去找到美，有的時候，我們身處於一大堆美中，却又大叫說找不到美，入寶山而空手回，其責任又能怪誰呢？所以在存心的過程中，我們是否曾注意過美的經驗及感受？而那一種美的經驗可以是我需要的，那一種美可以做爲藝術修養的標準，這些都是我們需要牢記於心的。

存心的目的不在表示什麼特殊的態度，最重要的乃是在保留個人的意義中，看出人的目的，美的經驗，其目的也是在助人達到人生完美的結局，所以在存心之前，首先要學會觀察，觀察不祇是觀察外在的現象，也要觀察內在的意義，不祇要觀察表面的型態，也要觀察內在的特徵。

觀察方法，在理則學的應用上，是屬於歸納的科學方法，它乃是根據一些現象的觀察，而達到一些共同的原則，例如，我們在觀察花時，花的種類、顏色、香味、形狀各有不同，我們在觀察這些花之後，是否能找到一些普遍的原則，作爲我個人賞花的基礎呢？有的時候，我們在觀察一些東西時，往往祇看重一些外表的現象，對於內在的意義卻常常忽略，結果我們祇能得到美的幻象，而不能登堂入室，所以美的經驗，可以幫助我們在存心之前，有一個細緻的觀察，仔細的比較，如此，就可以存於心而永不忘。

觀察而後存心的目的，除了可以瞭解美的意義之外，也可以對人類信心的重估，達到一個能夠信賴的標準。我們中國人常說：「不經一事，不長一智。」事與智是相輔相成的，人在經驗中長大，在長大的過程中又可以培養經驗，而經驗的目標，就在使我們的觀察適切可行。所以觀察之後，不存心的話，就如流沙一樣，將毫無踪影，存心之前如果不觀察仔細，就又如沒頭的蒼蠅，完全不知存心的目標何在。

(二) 養　氣

存心之後，如果不努力培養美的經驗及美的情感，就不容易達到美的境界，這就好像孟子所說：「吾善養吾浩然之氣」。這種氣，不是英雄氣短的氣，不是暴虎馮河的氣，而是一種優美的、深入的，充塞於天地之間的氣，這種氣可化爲人間永恆的志氣，也可化爲永世不滅的天地之氣，在美的培養工夫上，養美之氣也是需要的，在今天也就是所謂的意識的鍛鍊，我們都知道，一個畫家的培養，不但是要培養美的感受，也要培養美的直覺，當一件事一出現在眼前，就能很快的掌握住美的靈感。一個對美存心不夠的人，很難能把捉住美的意識，這也就是爲什麼一般人，祇能是一個凡人，而畫家却能敏銳的掌握那一刹那的美。

養氣還有別的意義，那就是養氣不祇是在意識上培養一種態度，而且也是在行爲上，在思想上達到一種效果。一位烈士或民族英雄，所以能在臨危中仍能受命，就是因爲志氣如虹，同樣的，藝術修養的工夫，乃在培養那蓬勃之氣，這種蓬勃之氣可以給人萬里長空的胸襟，也可以給人一種泰山崩於前而色不變的志節，所以所謂的浩然之氣，也不過是人勇往向前的毅力。我們瞭解養氣的目的之後，就可以明白，在獲得美的努力上，祇有努力培養藝術修養的氣質，才能使我們變成優雅而又優美的人。

(三) 力行

力行乃是一種弘毅的精神，論語上說：「士不可以不弘毅，任重而道遠。」力行於美的路途上，所以需要弘毅的精神，乃是因爲任重而道遠，所謂任重，乃是因爲負責發揚美的責任太重，所謂道遠，乃是因爲追尋完美的路途太遙遠，如果不能弘毅，不能力行的話，將永遠不可能達到美的境界。有一首歌，其中有一句歌詞說：「人生的際遇，稍縱即逝，不要遲疑，不要徬徨。」在追求美的旅途上，也是如此，有的人，刻意的把捉住眼前的花朵，有的人却要捉住永恒的花朵，像泰戈爾所說的就更妙了，他說：「不要採摘眼前的花朵，美麗的花朵，將會沿路爲你開下去。」像他這種一直追求永恒的精神，就值得我們效法，因爲當我們把捉住目前的花朵時，很容易會讓我們自滿，因而停步不前，也有可能是因爲對目前所把捉的不滿意，而期望有更好的，如此，一路摘下去，結果，所有的前程，都將黯然失色，所以，力行美的精神，不是要把捉那有限的美，而是要掌握住永恒的美，也由此可知力行在美的路上，是多麼的艱巨。

力行工夫的培養，可以從好多方面來着手，除了意識的培養之外，在工夫的修練上，也是要講方法的，在中國歷史上，有許多苦讀的人，如用錐刺股，吊髮讀書的人，雖然值得讚美，但在追尋美的工夫上，却不需要那麼辛苦。藝術修養的目的，既在培養一種達到美的意境，因此在修養的工夫上，就要注意到美的感受了。一般來說，祇要我們在生活中力行不輟的努力於各種事上，且積極的去培養藝術氣質，我們就可以達到力行的目的。例如，我以音樂爲培養我氣質的方法，那麼在聽音樂這一件事上，就要力行不輟，儘管聽音樂的形式可以改變，而欣賞音樂的志向却不可變。也祇有如此，才能眞積力久，而改變氣質，變成一個追尋美的勇敢護衞者。

從以上各點的敍述，我們加以綜合起來，可以發現，美的經驗，常可以呈現在我眼前，耳中，腦海裏，我們如果願意使美的經驗變成永恒，我們就須努力在存心、養氣及力行上去努力。美國有名的盲人教育家海倫凱勒（Helen Keller）女士，在她的一生中，從未曾見過一些美麗的景象，也未曾聽說一些美麗的聲音，但她在許多人的心目中，却是美麗的，原因無他，乃是因爲他對美的嚮往，在追求美的過程中，她努力存心、養氣並力行每一件事，這使得她成爲人所景仰的人物，這就是對美的經驗及感受中，最強烈的一個例子。我們希望美的經驗能充實我們的人生，我們也希望美的經驗，能成爲人生永恒不滅的燈塔。

第二節　美的創造

創造可以說是人的一種天賦能力，人可以在自己的經驗世界中，創造出許多美麗的東西，這些美麗的東西，所以能被創造，就是因爲人的思想能力。我們試想，當一個小孩子在沙灘上堆沙時，他豈不是和大人一樣的，有其幻想與目的嗎？甚至因爲個人的喜怒好惡，而使他所塑造的角色，也都賦於人格化的意義，例如在現代兒童行爲治療的過程中，醫生常會給孩子們許多玩具，讓他去創造，去塑造各種角色，醫生可以藉着兒童的反射行爲，而瞭解兒童的行爲動機及其病因，在我們的生活中，也常會有類似的情況發生，當我們創造或塑造一樣東西時，必然有其行爲上的或思想上的動機，例如貝多芬(Beethoven)的英雄交響曲就是獻給拿破崙（Napolean）的，這一類的動機，常是促成美的創造，米開蘭基羅及達文西的畫，巴哈、修伯特等的音樂及希臘羅馬的石雕，何嘗不是有其動機的美的創造呢？但爲我們來說，我們祇不過是一個凡人，如何可以在一個凡人的地位上，達到美的創造呢？沒有人否認母親的偉大，也沒有人不承認母愛的美，但有多少母親是名人呢？大部份的母親既然都是凡人，那麼在他們的生活中，做一個穩健而又踏實的女性，豈不就是在創造美嗎？所以，美是不需要遠求的，祇要我們眞正肯承認自己是一個平凡的人就行了。

如何承認自己是平凡的人呢？如何使自己肯甘於平凡呢？有些人就喜歡好強鬪勝，認爲自己非要扮演那些不凡的角色不可，其結果常是痛苦的結局。要甘於平凡，首先要認識自己的角色及地位，一隻青蛙，祇要扮演青蛙的角色，就已經是稱職的青蛙了，但如果青蛙要扮演人的角色的話，就未免太可笑了。人也是一樣，祇要能扮好人的角色就夠美了，如果人希望更上層樓，要扮演超人的角色，其結果將是非常痛苦，因爲超人乃是需要無限的力量及超乎人肉體限制的精神力量，但當人要做超人時，人不自覺的還是會用那些受限制的肉體來臆度超人，其結果當然是悲哀的，所以做一個超人，不是人人可成的，我們祇要認淸人的限制，努力盡好人的本份，使人的能力能發揮到最高限度，就是值得讚美的。母愛之所以偉大，之所以美，乃是因爲母親的愛是放在子女的身上，而又從未要求回報，母親默默的爲家獻身，從未要求超過一個女人的要求，也因爲如此，母愛才值得讚美。像這樣努力於美的創造中，才是我們每一個人所當刻意追求的。

美的創造既然可以在我們每一個人身上呈現，我們除了努力盡好人的本份之外，我們又如何能把人的能力發揮到最高呢？我們也都瞭解，人雖然有其限度，但人終究還是有許多面的，在不同的層次中，有不同的領會。我們如何能在不同的層次、層面中，獲得美呢？我們也知道，美之所以爲美，就是因爲美可以在許多方面顯露出來，如果美祇有一方面，就未免太單調反而顯不出美來了。所以，在人生的境遇中，我們所能扮演的每一種不同角色，都可以創造美，一個男人，可以是好父親、好丈夫、好國民、好公司員工或主管，也可能是好子女，把這幾方面的本份都盡好之後，就是一個人的整體之美。美從單面去看，是無法見其美的，祇有從整體中着眼，才可見美的廣垠無限。所以美的創造爲藝術修養來說，不祇是生活的歷鍊，也是人生意境的開拓。我們要在生活中獲得美，就必須先去體驗美，然後從體驗中創造美。創造美的歷程，不祇是走向物質的態度，更是精神的意境。所以，爲了使生活得更有意義，藝術之更合乎藝術的目的，對於人的天賦能力，創造的精神是絕對不可以忽略的，也祇有在創造的精神中，人性的意義才能更顯露。

第三節　美的和諧

美的絕對性，常可以提供給我們一種和諧的狀態，所謂和諧，乃是在各方面都很均衡、協調，而彼此並沒有衝突，一個美的生活，就應該能夠提供和諧的生活，而和諧的生活，事實上也就是美的生活。

爲什麼和諧就是美呢？難道不和諧就不能是美嗎？我們有的時候會抱怨大都市的空氣，因爲人、車的混雜，再加上天氣的炎熱，常會使得整個城市的秩序，顯得極爲紊亂。我想身處其中的人，一定很少有人會說這個城市非常的和諧，我們頂多祇會讚美這個城市是一個繁忙的城市。爲什麼呢？因爲和諧能夠帶給人一種寧靜、舒適的生活，而不和諧卻會帶給人紊亂、煩燥的感覺。我想很少會有人在聽了搖滾(Rock)樂或熱門歌曲(HotSong)之後，還會說眞寧靜、眞溫馨，因爲這些歌曲本身就是一種動態的感覺，雖然他們會有美，但一定不是和諧的美。爲什麼我們在聽了一首曲調優美的抒情曲之後，心中會有深遠的寧靜呢？因爲寧靜本身常是一種靜止的，靜止的並不表示不動，而是說寧靜的心態，常可以幫助我們有一個更深刻的思考，更周詳的計劃，也就能做一個更長遠的設計，所以寧靜的心態常是一個人走遠路，負重擔的最大依靠。蔣經國先生常喜歡說的「寧靜致遠」就是這個意思，我們很少看到一個心浮氣燥的人能作什麼大事，祇有心情寧靜的人，才能深謀遠慮。所以一個和諧的美，是可以帶給人一種平靜的心情，也可以給人一種高遠的情操。

另一方面，和諧也可以帶給人一種整體的感覺，我們在社會中與人相處時，有時很容易誤解別人，也會有認識、判斷錯誤的結果，歸結其原因，就可能是因爲我們對人或事，很少有整體性的觀點。和諧所以能讓人有整體的感覺，乃是因爲和諧本身就具有一種整體性的態度，不然，和諧就不能稱之爲和諧，和諧的整體性，也就是因爲能對問題的每一個層面都考慮周詳，如此，在待人處事時，才會面面俱到，不會顧此失彼。和諧不是委曲求全，乃是全中包曲，所以美，就是可以包容偏失的缺點，成就美的整體感受，美的和諧，也是因爲在整體性的過程中，把美作了一個完整的交代，在我們聽巴哈，或舒伯特的聖母頌時，會自然擁有一種和諧、孺慕之情，其因就在於此。

和諧的第二個特性，就是不因爲整體而犧牲部份，美是整體的，祇要部份有瑕疵，美就打了折扣，我們常說的「美中不足」不正是這個意思嗎？美中不足雖然仍有可能是美，但必然不是和諧的美，和諧的美，乃是在各個位置上，都配合得恰到好處。我們有的時候在描述一個人的美時，常會有這樣的形容詞：「加一分嫌多，減一分嫌少」就是表示一個和諧的美，要美得恰到好處，不然就失去了和諧的意義。我們每一個人都會喜歡和諧的生活，因爲和諧的生活，可以使我們有一種充盈的感覺，這種充盈的感覺，就是因爲美的整體性的原因，整體性，不但能使美獲得最大的滿全，也可以使美達到最高最深的發展。所以和諧的整體性，是必須受到注重的。

和諧的第三個特性就是有安全感，安全感不祇是因爲人或事的緣故，最重要的是可靠，一個人可靠，我們就會有信心，覺得很多事可以交給他去做；對事有信心，乃是知道到時候就會有結果，在美的領域中，安全感是非常重要的，美對美者來說，就好像母親與孩子一樣，孩子全心的信託母親，覺得在母親懷中，一點也不可怕，一點也不用擔心，美常給人的感受，就是這樣的安全感，安全感不祇是在信託上，常常也是在一種求助之上。我們每一個人對美來說，都是無助者，祇有在美中才能獲得全盤的、完整的美。一個人去喝水，却不近水源，能有什麼用呢？祇有靠近水源，才能獲得口渴的滿足，愛美的人，如不接近美，又如何能獲得美呢？所以美的安全感特性，乃是在使我們瞭解美是可以完全信託的。

從以上所述，要使美達到和諧的地步，首先就要使我們每一個人都能瞭解寧靜、整體性與安全感。祇有在寧靜中，才能享受到永遠的靜緻；祇有在整體性中，才不會有掛一漏萬的遺憾；也祇有在安全感中，才能全盤的接受和諧的美。

第四節　美與恢宏之氣

氣節是中國人所最講究的，在美的感受中，是否可以培養氣節呢？當然可以，不但可以培養氣節，也可以培養一種恢宏之氣。有的時候，我們會覺得如果每天斤斤計較於蠅頭小利，久而久之就會使人變得眼光如豆，膽小氣狹。中國人最推崇的就是具有恢宏之氣的人，如何培養這種氣節呢？用美的方法，最能達到這種效果，如何達到呢？蔡元培曾經說過要用美育來代替宗教（註十八），由此可知，美的力量有多麼大了，美在培養恢宏之氣時，首先是要奠定人生的基礎及方向，在基礎及方向上，看到人類的遠景，再從遠景回顧人時，人就可以有恢宏之氣。我們不妨這麼說，當一個人站在樓底下往樓上看時，他能看到些什麼呢？他祇能看到一幢幢房子的外表，甚至也祇能看到一、二幢房子。但當一個人從空中鳥瞰時，他不但可以見到每一幢樓房，也可以看到更遠的地方，而美就可以培養我們高瞻遠矚的氣節。因爲美的整體性，使我們在生活的經驗中，看到人類的方向及目標，不會因爲小小的挫折，而喪失了勇氣，他在看到前方時，常是以目標爲務，但是這個目標如果祇限於有限的世界中的話，人的遠景將是相當悲哀的，美不可能是有限的，美是無限的，祇有在無限中，人生的遠景才有光明，所以美不能代替宗教，因爲美本身就是宗教的目的之一。祇有在達到了美的宗教性目的，恢宏之氣，才隨時有可能呈現。

從以上各節所述，藝術修養的目標就在追求美，美的目標就是無限，祇有在無限之中，美才是完美的，藝術修養的目的，既是美，則非達到完美的目標不可，完美的目標，可能在今生今世都求不到，但在人生的路上，祇要努力去追尋，就有可能獲得美。所以藝術修養，也是在幫助我們每一個人，希望藉着藝術的修養，能改變我們的氣質，提高人性的價值，走向無限的美。

註　一　見 Irving M. Copi 著 Introduction to Logic 4th ed. p.44-50.

註　二　吳經熊著，吳怡譯禪學的黃金時代二二一—四三頁。

註　三　阿德勒著周勳男譯西方的智慧二三一頁。

註　四　徐復觀著中國藝術精神四九頁。

註　五　虞君質著藝術概論三五頁。韋政通著中國的智慧二五四頁。

註　六　取材自國民小學二年級下國語課本。

註　七　泰戈爾著，糜文開譯泰戈爾詩集一頁。

註　八　知識的等級現已由趙雅博教授譯出，正中書局出版。

註　九　尙書虞書中說詩言志。

註一〇　韋政通著中國的智慧二六〇頁。

註一一　朱子全書卷三十一、禮一。

註一二　阿德勒著周勳男譯西方的智慧二三八頁。

註一三　周禮大宗伯注引鄭司農云：「四望：日、月、星、海。」公羊傳又有三望之說：「三望者何？望祭也。然則何祭？祭太山、河、海。」見公羊傳僖公三十一年。

註一四　見韋政通著中國文化概論一六七頁。

註一五　秦代的阿房宮在項羽入咸陽時，已被焚毁，杜牧在巡視舊垣之後，所作的一篇臆構之詞。

註一六　聖經中的石有很多意思，但其意則是堅固穩定的意思。

註一七　見弗洛姆著野人出版社出版的愛。

註一八　參看汪孟鄒編科學與人生觀之論戰。

第七編　政治理想

第二十六章　政治的意義及目的

人生的目的在追求眞、善、美，求眞的精神乃是一種科學精神，求善的精神乃是一種倫理生活，而求美則是一種藝術修養的態度，這些個眞善美都在幫助我們走向人生理想的終極目標—聖的精神，聖不祇是要求天人合一的未來理想，也希望建立理想的地上國，要求未來理想的天人合一乃是宗敎情操的表現，而地上理想國的建立，則是依賴於政治理想的實現，所以政治理想可以達到聖的地步。

政治理想的境界以中國禮運大同中所揭櫫的理想，爲最令人嚮往的政治理想，西方柏拉圖的理想國也是一種政治理想，他們二者在主張上雖有出入，但提供人類理想的方式則是同一的，我們旣要在今天這一個時代，實現一個理想的王國，首先就必須先瞭解政治的意義及目的。

第一節　政治的意義

在近代，大家對政治意義的看法，幾乎都是以孫中山先生的主張爲主，他說：「政者，衆人之事；治者，管理。管理衆人的事，叫做政治。」（註一）孫中山先生受了西方民主思潮的影響，而有如此的主張，這一個主張最重要的基礎，和孟子所說的：「民爲貴，社稷次之，君爲輕。」有着很近的關係。他們都是以民主爲基礎，民本爲主要的思想。而事實上，政治確是可以如此廣泛的來解釋，因爲根據孫中山先生的意思，所有管理衆人之事的都可以稱之爲政治的話，則一個社團，一個學校等的行政體系都可以稱之爲政治，也都是政治權力的運用。所以一般的學者都承認政治是一種權力的運用，但是這種權力的運用，所牽涉的範圍，是比較狹窄的，一般都是指國家權力的運用，才是政治的意義。現在我們來研究一下國家與權力的意義。

(一) 國家的意義

我們一般所瞭解的國家，乃是有人民、領土、政府及主權的集合，缺一就不能稱之爲國家，國家的理論包括國家本身的起源、性質、目的和功能等，國家的政府則包括表現和執行國家意志的機關，國家的組織則包括國家組成的要素，就是我們前面所說的人民、領土、政府及主權四種要素，至於國家的實際則包括實際的狀態和運作的情形，經由國家的理論、組織、政府和實際這四方面，國家的意義才顯得完備（註二）。我們現就國家的理論分成四點來加以敍述：

國家起源的理論：國家起源的理論可以分成神造說、社會契約說、武力說、自然說及演化說等五種（註三）。

神造說是最早的國家起源說，此說以爲國家是直接由上帝創造的。像古代東方帝國的統治者，往往以上帝的子孫自命。希伯來人及猶太人都認爲國家是上帝所創造的，上帝創造國家的目的，是要人努力工作，崇敬上帝。由於這個思想的影響，到了中世紀的西方羅馬皇帝，乃以君權神授（Divine right of kings）作爲護身符，以爲君權都是由上帝所授，誰反對皇帝，就是反對上帝。在中國也有類似的看法，例如書經梓材中所說：「皇天旣付中國民，越厥疆土。」就是上天創造國家。因此，皇帝有時又稱之爲天子。這就是神造國家的意思。所以會有這樣的看法，乃是因爲上古時代，神話、宗教與政治是彼此不分的，才會有如此的結果。

社會契約說（Social contract theory）：社會契約說的起源是由於交易行爲的方式，用這種方式達到彼此意見的溝通，所以在契約之前是什麼也沒有。因此所有的社會契約理論，都是假定一個先於國家和無政府的自然狀態的存在。生活在這種狀態的人羣，都佔有從自然法產生的自然權利。爲了解脫此種自然狀態，人們才訂立一種契約或合同，並建立政治組織或國家。社會契約說的代表人物是以霍布斯（Thomas Hobbes 1588-1779 A. D.），洛克（John Locke 1632-1704 A. D.）和盧梭（Jean Jacque Rousseau 1712-1778 A. D.）三位哲學家爲代表人物，他們的主張雖然相同，但他們的內容却大有差異。霍布斯主張在社會契約中，應以君主專制爲主，在這種體系下，朕即國家的觀點也就是必然的。至於洛克，由於他是一位經驗主義者，因此對國家和人民的權益有很大的貢獻，他主張國家與政府應該分開，表決的方式應以多數票爲原則以及治者須得被治者同意，始能治理人民，如果人民不滿意，有革命的權利。盧梭則主張人民有權直接管理國家的直接民主制，因爲天賦人權，主權在民，因此官吏祇是人民的公僕，公僕的所作所爲，人民不滿意時，人民有革命的權利。根據他們三個人的思想，都認爲人民有權，祇有在人民有權之後，彼此才能訂立契約，互相幫助。

武力說（Force thory）則是源於以強併弱的理論基礎，建立國家的過程是用征服的方法，手段則是用武力，方式則是用強制性的。這種用武力建立國家的方法，常是不正義的，所以，在歷史上，批評的人很多，因爲這種方法是最不人道，也最不尊重人性尊嚴及生命的方式。

自然說（Nature theory）的提倡人是亞里斯多德，他認爲人天生下來就是政治動物，即使他們不需要彼此幫助，也希望能生活在一起，生活在一起的目的，乃是爲了追求共同的利益與幸福，而這種爲了追求共同的利益與幸福的方式就是個人和國家的主要目的。這也就是根據人類的本性，爲了生活，聚在一起並維持一個社會的發展，乃是最合乎人性的方向。一個國家的目的，必須是善的，人民爲了追求善，乃以國家的善爲較高善，祇有在國家中生存的人，才能獲得較高善，因此，個人如要實現自我，就必須在國家中實現自我，國家是一種自然的歸趨，在我們的本性上面，都需要有一個社會、國家，做爲依賴，國家乃是出於人性的需要，並非出於創造的本意。所以一個國家的出生與死亡，就和有機體的出生與死亡一樣。

演化說（Evolutional theory）以爲國家是逐步的由家庭演化而來，家庭是國家的起點，人類對國家的需要就如同家庭一樣，人類的要求愈多，則國家的組織愈複雜，我們看現代的國家，比以往的國家要來得複雜，就可以證明國家是逐漸演化而來的。

以上各種學說，乃是對國家起源的看法及主張。一般而論，國家的目的，乃是要幫助人民獲得幸福，如果國家不能達到這個目的，則國家的意義也就消失了。所以，國家的意義，從廣泛的來說，乃是一種最高的社會組織，這種組織是一羣人民在一定的領土中爲法律而組成的。但一般來說，國家是一羣人在一定土地上建立最高權力的政治組合（註四）。

（二）權力的意義

權力是具有控制、命令、支配、指揮、操縱、或影響的一種力量。政治既是管理衆人之事，在運用權力的時候就成了強制管理，強制管理是關係到雙方，一是管理之人，一是被管理之人，管理之人有了強制權卽治權，而被管理之人，就有被強制權，在強制與被強制之間就有權力關係，這種權力關係是緣何而起呢？我們試以古代爲一例來加以說明，在古代，權力的來源乃是來自於臂力，臂力是抵抗猛獸攻擊的唯一武器，及至後來工具發明之後，臂力技巧的運用，就逐漸造成權力的集中，在今天仍存留下來的部落民族中，就常有這種爲權力而爭奪的情況，誰的臂力強，誰就是這一個部落的領導人。到了後來，人類社會逐漸進步，發達起來，權力的集中，就漸漸在財富上顯露出來，財富可以給人一種實用的價值與目的，所以財富逐漸成了權力的象徵。所以有了權力可以滿足財富的需要，而財富也可以滿足權力的需求。權力在歷史上一向都是一種控制的手段。這常是最引人反感的，所以政治的意義絕不在此。

(三) 政治的意義

政治的意義，有的時候很難用一些具體的事實來表示，但一般來說，政治可以分成理想的政治與實際的政治，所謂實際的政治，常是一種權術的運用，其結果有好有壞，壞的禍國殃民，遺害萬世，好的則是可以安一時之樂利，但如要圖百年、千年之功，則非要有理想的政治不可。所謂理想的政治，不管其眞實效果究竟如何，總是以正己愛人，利國福民爲前提的（註五）。如果捨棄了這一個標準，理想政治一定要失去理想，變成實際政治的壞的一面了。希臘大哲學家柏拉圖的看法最可令人佩服，他認爲一個理想國家的政事，應該由哲學家來負責，也就是所謂的哲學王，不得已而求其次的話，就要使掌權者變成哲學家，爲什麼呢？因爲哲學家具有體大思精的理想，高明博厚的人格，又能通天人之際，究古今之變，所以能以忠恕慈愛的美德，以實施修齊治平之遠大計劃。（註六）

所以我們從這裏可以看出，政治的意義，並不祇是一種權力的運用，因爲權力的運用乃是法治的技巧而已。中國人最推崇的政治就是德治，其次是禮治，最後才是法治，以德治天下與以法治天下，眞有霄壤之別，德治乃是一個大哲學家、大政治家在擁有天人合一理想中，所實施的最合乎人性尊嚴的政治理想，而法治祇是一些權術的運用。論語中孔子所說：「爲政以德」的思想，就是德治的說明，德乃是一種仁的表現，所以孔子說：「夫仁者，已欲立而立人，已欲達而達人。」這種立人、達人的思想，就是德治的根本意義，一個爲政者，就要像北極星一樣，居其所，而衆星拱之。德治者乃是以德服人，講權力的，則要以力服人，在孔子的思想中，最反對以力服人的政治，最推崇的就是以德服人的政治，所以孔子祖述堯舜，憲章文武就是以他們的德治思想爲樣本。

由以上所述，可知政治的意義，雖有國家與權力之分，但國家與權力之所以能維持良治久安，其目的並不在以力服人，以力服人乃是一種實際政治的權術運用，不合中國人的傳統思想，因爲實際政治常是殘民以逞，禍國殃民，祇有理想政治，才是我們所要追求的，可能我們在生活中，不容易追求到，但政治的理想，却不可一日稍息，祇要有政治的理想，就可以實現理想的政治。

第二節　政治的目的

孔子說：「爲政以德」，德就是政治的目的，政治既是管理衆人之事，在管理衆人之事時，如果祇是以力、以霸，那麼有時不但不能達到政治的目的，甚至會斷喪了政治的目的，所以，在施政之時，必須以德才能達到政治的目的。

爲政如何以德呢？德的目的爲何呢？第一是要使人民幸福快樂，第二是要達到一種道德生活的目的，第三是使國家、政治有永恆的可能，現我們分這三點來敍述

（一）使人民幸福的政治目的

幸福是人人要追求的，幸福可分成現實的幸福和永恆的幸福，現實的幸福是理想政治的現世目標，

永恆幸福是理想政治的終極目標。

我們每一個人都在追求幸福，我們所要的幸福，多半是與我們生活相關的事物，例如豐衣足食，太平的日子，家庭和樂都可以說是幸福，一個清明的政治，可以提供我們這些要求，一個紊亂的政治，不但不能提供這些，甚至連性命都會不保。

幸福的要求，既然是每一個人都要的，我們如何能從政治中獲得呢？政治的結構如果是符合人民需要，且能幫助我們達到所要的幸福時，政治就是一個可以爲人民謀幸福的政治，但是如果一個政治，處處與民爭利，人民朝不保夕，毫無安全可言，則幸福又從何說起呢？所以要從政治中獲得我們所要的幸福，首先就要使爲政者瞭解我們的需要，如果爲政者不瞭解我們的需要，那麼他又能如何的爲人民謀福利呢？不要說一個國家的爲政者了，就如一個公司的老闆來說吧！如果他每天祇是要提高工廠生產的數量，但却很少顧到公司員工的福利，請問在這一個公司中，又有多少員工肯盡心盡力的拚命幹呢？所以說，政治要爲人民謀幸福，乃是要顧到人民的需要，政治既是管理衆人之事，如果對衆人之事都不瞭解的話，又能如何管理呢？所以在管理之先，先要瞭解衆人的需要，根據衆人的需要，加以分門別類，分成等級，訂成計劃，逐步實施，如此，衆人的幸福就可逐漸達成。

我們知道，人民對幸福的要求並不高，祇是希望生活得富足、快樂就可以了，如果爲政者不以此爲念，人民早晚是會反抗的，因爲追求幸福乃是人生的基本目的，一個人生活在世，如果不曾爲追求幸福而有所希望的話，那簡直是不可能。祇有在完全絕望的情況下，人才會失去追求幸福的希望，而政治的起源，就是爲了能給予人民更多的幸福才組合起來的，如果政治不能達到這種目的，政治的意義及功能也就消失了。我們大家都瞭解，政治的組合，原來是因爲個人的力量太分散，一天辛苦的工作要維持全家的溫飽，實在是相當的困難，我們很難想像一家人又要蓋房子，又要種田，又要弄飯，又要養豬，又要做衣服的日子是如何的可能，政治的組合，就在使我們能減少勞力，分工合作，達到最大的工作效益，如此，每個人都可以最少的勞力，得到最大的效果及幸福的生活，所以政治的目的，就是要使人民獲得幸福的生活。

(二) 政治是道德生活的目的

聖多瑪斯說：「人類天生是社會性、政治性的動物，必須營共同的社會生活，而社會生活為謀公共福利及公共安寧秩序，自不能沒有政府國家。道德生活才是國家的目的。」聖多瑪斯強調道德生活才是國家的目的，也是政治的目的，因為政治通常是要辨明對於治理的方法與目的的某些假定，在大多數的政治哲學目的中，這種辨明都是一種道德的辨明。

道德的目的，就在說明那些是應當做的，那些是不應當做的，在應當與不應當之間，就有所謂的好與壞，好與壞就是道德判斷的結果，所以政治的活動或辨明，事實上就是一種道德的判斷，而政治的生活，也就是一種道德生活。

道德生活的目的，在追求善，而政治生活則在獲得幸福，所以道德生活就是政治的目的。政治除了在這一方面強調之外，對於政治的形式，有時，也是一種道德的判斷，例如就某些特定形式的政府，像民主憲政的政府，在道德上是正當的，也祇有這種形式的政府，才是合於道德的，所以我們看出，政治的目的，不僅在求個人及執政者的生活，要合乎道德生活的判斷，就是連政治的形式也要合乎道德的原則。道德的原則就是善，善有其最後目的，一切行為與善的最後目的相衝突時，這個行為就是不道德的，如果一切行為都與善的最後目的相合時，就是最合乎道德原則的，道德不祇是應用於個人的行為，也適合於整體的思想與行爲，政治的主體，既在於人，人的生活，就要合乎道德生活的原則，政治的結構既在於國家及政府的組織，則這些組織的行爲就要合乎道德的原則。像有些國家爲了達到經商營利的目的，不但讓其人民去從事破壞他國利益的事，甚至還利用國家也來從事這樣的競爭，像這樣的國家，不祇是個人沒有道德原則，就是連國家也沒有道德準據了，如此，這一個國家所運用的權力及組織，當然就不是我們中國人所稱頌的「王道」政治了。

王道政治的目的，就是以德服人，而以德服人，首先就要具有道德的原則與勇氣，不然就會喪失王道政治的特色，道德的理想乃是絕對的、必然的，在爲人民謀福利的過程中，道德可以做爲一切事物的最後依據，如此，生活就可以有原則，政治就可以有目的。道德生活，如果不能成爲政治的目的，那麼政治將變得可怕。

(三) 政治是以永恆爲目的

永恆不是一般人所想像的佔有時空的，人類有形生命的永恆，乃是歷久彌新，永世不替的永恆，這種永恆乃是絕對的。政治的目的如果不以這種永恆爲目的的話，政治將祇是一個騙人的玩意，因爲政治不能祇是解決人一時的問題，而應是替人類開創了永恆的道路。

政治的理想，常是一種悠遠的目標，人類爲了追求這樣的目標，就必須體認到永恆的意義以及人類共同開拓前程的信念，以這種信念奠定人類走向未來的基礎。永恆雖然可能是遙不可及，但政治，也就是一種理想的政治，可以把遙不可及的理想拉到現實裏面來，問題就是如何能利用執政者的方法和政治理想的要素，貫徹於實際的生活中，例如：人民總是要有豐足生活的希望，但不能祇是給豐足的生活就夠了，因爲這祇是物質的利那，不可能滿足人心的需求，因此，如果一個執政者或政府，祇是爲了應付這種局面而去努力，將祇是雕蟲小技而已。在政治謀求實際生活的意義中，必須賦予更深刻的精神意義，祇有這樣，執政者及人民才能瞭解，人類的生活除了物質之外，還可有精神的生活，物質的生活，即使有些匱乏，祇要精神生活能夠得到滿足，也就可以了。所謂的精神生活，在政治活動中，又是具體的指些什麼呢？孔子說：「衣食足，而後知榮辱。」榮辱祇有在衣食足之後，才有可能的說法，在今日是存在若干的問題，因爲人性的尊嚴，即使衣食不足，仍可知榮辱，羅曼羅蘭說：「生命誠可貴，愛情價更高，如爲自由故，二者皆可抛。」生命比衣食更爲可貴，自由的意義，又遠過生命與愛情，所以政治如果祇是限制人的自由，必然不是永恆，當然在這裏我們要瞭解所謂的限制，不是合理的限制。因爲合理的限制，不但可以賦予人自由的意願，更可以賦予永恆的果實。而無理的限制，不但扼殺了自由的意義，更減低了人性的尊嚴，所以政治是應該賦予人類更多的自由，才能達到永恆的目的。但是我們還要瞭解自由的永恆性，不在於外表的言論自由、集會自由等法律上所賦予的外在自由，而是眞正的內在自由，所謂內在自由，在前面我們已說過，在這裏祇簡略的提一下，內在的自由，乃是孔子所謂「行不踰矩」的心靈開放，當他面對天地萬物時，心中毫無偏見，既不覺得天地限制我的自由，也不覺得萬事萬物阻礙我，相反的，却覺得這些都可以幫助我進入更深遠的，更屬於心靈上的開放而不受羈絆。莊子所說的「役物而不役於物」的精神就是一種眞正的心靈自由的永恆意義。所以政治的目的，必須助人達到這一個地步，政治的功能才算眞正達到了。

從以上所述，可知政治的目的，既在追求人生現世的幸福，也要求永恆的心靈自由的目標，由於要追求人生現世的幸福，過一個合理的，合乎人性尊嚴的道德生活，乃是政治的首要目的，經由道德生活的培養，使得人可以逐漸脫離物質的限制，而逐漸進入心靈自由的堂奧，如此政治的目的，才算大功告成，所以我們在講到政治的目的時，不要祇着眼於一時的小利，因爲這樣的斤斤計較，會使人眼光如豆，必須培養一個人遠大的心志與抱負，才能使政治變成眞正的「經世濟民」之學。經世濟民，在首要的目的上，雖是脫人民於一時之困，但其終極目標，仍是永恆生命的喜樂。

第二十七章　中國的政治理想

中國人的政治理想，不祇在於理想的提出，也希望與實際生活加以配合，而在中國的政治歷史上，這種理想，就一再出現過。中國的政治理想，自有其風格，這種風格乃是淵源於固有、特殊的胸懷與志氣，所謂的特殊胸懷，乃是指中華民族五族共和的恢宏之氣，至於特殊的志氣，則可以「威武不能屈，富貴不能淫，貧賤不能移。」的志氣爲代表，這種堅持理想，並肯爲理想而犧牲的決心及勇氣，乃是中華民族傲立於世界的憑藉，中華民族歷史上有多少志士烈婦爲了這一個理想而拋頭顱洒熱血。所以本章先將中國政治理想的特徵及儒、道、法三家的主要政治理想分別敍述之後，再研究其他學派的政治理想。

第一節　中國政治理想的特徵

中國傳統的政治思想，可以儒、道、法三家爲代表，這三家的思想就其內容來看似乎有不同的內容，但大體上來說，他們的政治理想都是相同的，約略說來有：一、無爲而治，二、尊重賢德之人，三、謀求大一統的國家。

(一)、無爲而治。

從無爲而治來說：儒、道、法三家各有不同的主張，我們現並列加以比較一下：

孔子說：「無爲而治者，其舜也與，夫何爲哉？慕己正南面而已矣。」又說：「爲政以德，譬如北辰，居其所，而衆易拱之。」

老子說：「故聖人云：我無爲而民自化，我好靜而民自正，我無事而民自富，我無欲而民自樸。」又說：「民之難治，以其上之有爲，是以難治。」

韓非子主道篇說：「人主之道，靜退以爲寶。不自操，而知拙爲巧；不知計慮，而知福與咎。」又說：「明君之道，使智者盡其慮，而君因以斷事，故君不窮於智。賢者效其材，君因而任之，故君不窮於能。」

在孔子的話中，第一句話是孔子對舜的推崇，在推崇中孔子指出政治領袖，本身應具有德，有了德之後，衆人就會因爲崇敬其德而能自育自化，所以在孔子的無爲思想中，乃是以正己而後才能正人的積極觀點來從事無爲而治。

但爲老子來說，就不一樣了，所謂的無爲而治，不是執政者要做什麼，而是執政者不要做什麼，執政者不做的，人民自然也就不會做了。

而在法家來說，則更主張分工合作的無爲而治，一個執政者，如果什麼都做的話，那麼下面的人，就無所爲了，看起來像是無爲而治，其實却是有爲，但却不一定能治，所以最好的方法，就是執政者把所有的工作都分下去，執政者祇負精神上的領導，如此，下面的人有所爲而爲，而上面的人，則可以無所爲而治了。

孔子與韓非子的主張都是針對執政者而言，而老子的心目中，執政者和被治者都是一樣，無所謂上或下，乃是一種徹頭徹尾的上下無爲。

無爲而治的思想，在中國的政治理想上，不祇是代表一種可以實現的理想，也代表人性的智慧的大放光明，我們在檢討爲什麼儒、道、法三家能產生無爲而治這一種理想的理由，可能一方面是因爲堯舜禹湯文武的政治型態，對後人多少起了濃厚的啓發作用，另一方面也是因爲先民的社會型態的原因，這一個型態的事實，並不需要太多的有爲方法，因爲農業社會的「日出而作，日入而息，帝力於我何有哉」的思想極爲濃厚，即使帝王有所爲而作，也不見得會是件容易的事。第三則是因爲春秋戰國乃是一段相當晦暗、紊亂的政治背景，人們所渴望的，不再是你征我伐的戰鬬場面，而是一種安祥寧靜的局面。所以根據以上三點，可知無爲而治思想的發端，自有其歷史背景與淵源，但這種思想，不論如何却對中華民族的後世政治，有了極大的啓發與嚮往。

(二) 尊重賢人的政治理想

賢德之人，一向是中華民族政治思想上的寶貝，像舜的孝順，大禹的爲公而忘私，商湯的爲民除害，周文王、周武王的長者美德，都是人所稱頌的，賢者之所以爲賢，除可能有先天的因素之外，後天的修養及陶冶更爲重要，儒者所標榜的人人可以爲堯舜，就告訴我們，祇要本着人性爲善的原則，努力修德行善，必然可以成爲有賢德之人。像這種推擧賢人的作風，乃是儒者極力所推崇的，到了二程，這一種理想就完全實現了，在漢代政治中的「選賢良，擧孝廉」乃成了爲政的原則了。這一種理想的基礎乃是「修身、齊家、治國、平天下」理論的實現，一個人身不修，就無以家齊，不能齊家當然就不能治國、平天下了，身修的目的，乃在正心、誠意，格物致知，使個人的品德達到純熟優美的境界，而齊家就是忠信友愛、孝悌仁慈的具體表現，這二方面的美德如果都能具備的話，自然就是一個賢德之人，而這種人，既能把個人及家庭治理好，自然也有能力治國平天下了，所以儒者的這種政治理想，乃成了中華民族政治理想的特徵。

再者，所謂的選賢與能也可以說是使國家長治久安的良法良策，如果一個國家的選拔用人制度，不能從這一個方向發展的話，那麼遲早這一個國家就會遭到覆亡的命運。再說，所以要選拔賢良有德之人也無非是體上天有好生之德的結果，這種悲天憫人的情懷，當然是中華民族政治理想上的優良特徵了。

（三）謀求大一統的國家

中國在周朝前，都是部落聚集，互選部落首長爲王的時代，自然談不上大一統，到了東周以後，交通逐漸發達，人們之間的往來，逐漸頻繁，人們逐漸感受到分國而治的困擾，尤其在春秋五霸、戰國七雄的互爭短長之中，人們更強烈的覺得，一統國家的需要，因爲一統的國家可有許多好處，例如彼此的交易制度可以劃一，對國家的負擔也可以減輕，人們之間的來往也可以沒有什麼太大的限制，至於對土地的利用，富國強民也都是可以顧到的，所以春秋五霸中的齊桓公，首先就由其宰相提出「尊王攘夷」的口號，所謂「九合諸侯，一匡天下」就正是這個意思。在春秋公羊傳中說：「何言乎王正月？大一統也。」在漢書王陽傳中王陽解釋這一段話說：「春秋所以大一統者，六合同風，九州共貫也。」董仲舒說：「春秋大一統者，天地之常經，古今之通誼也。」大一統的思想乃經由如此的思路，而獲得政治上的認同。

雖然秦始皇首先統一中國，但由於以力，以霸得天下，民心就失散，人民就暴亂，到了兩漢，董仲舒建議：「罷黜百家，獨尊儒術」的思想出來之後，大一統的局面就由此而底定，尤其在張騫、班超出使西域之後，五族共和，天下一家的大一統政治理想，更加堅定了人民的信心。雖然在中國的歷史上，有過幾次的分裂及割據，但並不影響大一統局面的維持。如果不是因爲有儒家思想通貫的話，這一個大一統就很難維持。

從上各點看起來，中國政治理想的特徵，乃是以無爲而治，崇賢敬德，維持大一統爲其要點，中國的政治理想，不僅是在維持一人、一家、一國的安定局面，更希望世界大同的理想能早日實現，中國儒者們利用王道政治的精神，在中國成功的把五族共和了，環顧今日的世界，求王道思想，乃是急切的需要。因爲憑武力攫奪天下，並不能達成統一天下的眞正優良結果，但是如果能以正義、和平、仁愛、忠恕之心，行之於天下的話，天下遲早會長治久安的，而今日的世界，所需要的不正是這些嗎？今日世界所流行的欺詐、背信，沒有道德勇氣，祇顧享受而不重責任的態度，不正是一步步將人類帶向分裂及死亡嗎？人生的意義何在呢？人生的目的又爲何？期於賢人再現的世界，是迫不及待的。

第二節 儒家的政治理想

儒家的政治理想，可以分成四個層次來敍述，一是孔子的政治理想，二是孟子的政治理想，三是荀子的理想，四是孔門諸子的政治理想。我們分成四點，乃是因爲孔孟荀三人在人性上的主張各有其差別，就是在方法上也有不同，但是儘管如此，以孔子爲宗的結論却是非常明顯的。

(一) 孔子的政治理想

孔子的政治理想是以德治爲其根本，而德治就成了儒家與其他各家的基本主張上的差異。

孔子雖說：「爲政以德，譬如北辰，居其所而衆星拱之。」但在孔子的基本思想上，德的根源乃是仁與恕，仁恕的思想，不祇是因爲親民而愛物，也是因爲天人合一的精神所在。所以孔子才會說：「政者正也，子帥以正，孰敢不正？」（顏淵）又說：「其身正，不令而行；其身不正，雖令不從。」（子路）更說：「苟正其身矣，於從政乎何有？不能正其身，如正人何？」（子路）爲政既要正，正應當從何者先入手呢？孔子說：「名不正，則言不順；言不順，則事不成；事不成，則禮樂不興；禮樂不興，則刑罰不中；刑罰不中，則民無所措手足。」（子路）因此孔子的政治的理想，可以歸納爲三點：一是正名主義，二是爲政以德，三是以禮治國。現分述如下：

一、正名主義：孔子的正名主義，乃是以爲一切的文物制度都須有其名，根據其名而去行其實，如此才能名實相符。

孔子所以主張正名主義，乃是因爲當時，世衰道微，諸侯放恣，處士橫議，所謂：「臣弒其君者有之，子弒其父者有之。」弄得亂七八糟，所以，爲了整頓當時的政治風氣，孔子乃提出：「君君、臣臣、父父、子子」的正名主義，這一個主張，不但在維繫當時的宗法社會，也在提倡人與己同的正名思想，所以孔子說：「名不正，則言不順；言不順，則事不成；事不成，則禮樂不興；禮樂不興，則刑罰不中；刑罰不中，則民無所措手足。」這樣的主張，其目的，就在使人民可以有一個依循的法則，所以孔子的正名主義，究其實，還是以人民的意見爲依歸，所以今日的共產主義批評孔子的思想，實在荒謬之至。

二、爲政以德：孔子主張正名，以拯救當時的人民，但正名首先要從執政者開始，如果執政者無德的話，那麼老百姓也就無以生活了，君子有德的好處是什麼呢？孔子說：「道之以政，齊之以刑，民免而無恥。道之以德，齊之以禮，有恥且格。」（爲政）德的功用，就在使人民能有自覺之心，一個有自覺的人，即使沒有刑罰，也能遵禮行事。所以禮記有這樣的說法：「夫民敎之以德，齊之以禮，則民有格心；敎之以政，齊之以刑，則民有遯心。」（緇衣）由此可知，孔子並不主張以嚴刑峻法來處罰人民，相反的，却要用德來感化人民，使人民能自動自發，心悅誠服的服從國家法律。既然要用德來感化人民，爲政者首先就應有德，有德才能使人民效法，所謂：「君子之德風，小人之德草，草上之風必偃。」就是這個意思，所以論語又說：「上好禮則民莫敢不敬。上好義則民莫敢不服。上好信，則民莫敢不用情。」所以根據這個思想，祇有聖賢在位，才能移風易俗。德治主義和人治主義太不一樣了。人治主義乃是：「其人存，則其政擧；其人亡，則其政息。」（中庸）而德治主義乃是眞正的一種王道政治，不會因爲人亡而政息。

三、以禮治國：孔子說：「能以禮讓爲國，何有？不能以禮讓爲國，如禮何！」（論語里仁）又說：「上好禮，則民易使也。」（憲問）這些都說明以禮治國的功用，孔子所以主張以禮治國，乃是達到德治的目的，所以德治是目的，禮治是方法，這種禮治的方法，就要比法好得多。孔子說：「克己復禮」其目的就在達到道德的目的，所謂「道之以德，齊之以禮，有恥且格。」（爲政）就是這個意思。孔子所謂的禮，當然不是指繁文縟節，而是指社會秩序之禮。所以禮治的主要精神，在於規範個人的行爲與社會安定的秩序。

從上所論，孔子的政治理想，乃是以德治爲其目的，禮治爲其方法，爲了解救春秋當時的弊端，乃要用正名主義，正名乃是決定社會秩序之重要因素，能使社會秩序安定，個人安其所分，禮治的方法就可實施，德治的目標就可以達到，所以孔子在晚年所主張的大同理想，似乎也就可以有一個軌跡可以追尋得到，這樣的政治理想，自然有其意義。

(二) 孟子的政治理想

孟子的政治理想，除追隨孔子的德治思想而外，更提倡仁政與民權二種主張。

一、孟子的仁政：孟子的仁政思想是由其性善論而來，性善乃因心善，所以說：「惻隱之心，仁之端也。」以仁治國，可以所向無敵（離婁上），所以，當梁惠王問孟子說：「叟不遠千里而來，亦將有利於吾國乎？」孟子說：「王何必曰利，亦有仁義而已矣。」（梁惠王上）仁能怎麼樣呢？孟子說「君行仁政，斯民親其上，死其長矣。」（梁惠王下）孟子又對齊宣王說：「今王發政施仁，使天下仕者皆欲立於王之朝；耕者皆欲耕於王之野；商賈皆欲藏於王之市；行旅皆欲出於王之塗；天下之欲疾其君者，皆欲赴愬於王；其若是，孰能禦之？」（梁惠王上）可見仁是治國的要務，有仁者，天下歸心；不仁者將失天下。所以孟子又說：「三代之得天下也，以仁；其失天下也，以不仁。國之所以廢興存亡者亦然。天子不仁，不保四海；諸侯不仁，不保社稷；卿大夫不仁，不保宗廟；士庶人不仁，不保四體。」（離婁上）所以孟子結論說：「不仁而得國者，有之；不仁而得天下者，未之有也。」仁政之爲仁政，就在使人民各有所依，各有所養。至於行仁政的方法，則如孔子一樣，先富而教，如此方是仁者之所爲。

二、民權思想：孟子的民權思想，乃是以人民爲本的思想，這一個思想，乃是發前人之所未發，石破天驚的看法，這是因爲在戰國時代，羣雄並起，他們所想到的祇是逞英雄好漢，誰也沒有想到老百姓的權利，其實孟子的民權思想，在書經及詩經中就已有了，「民之所欲，天必從之。」（左傳哀公三十一年引書經大誓文）就是以人民爲本的思想，加以引伸，他說：「民爲貴，社稷次之，君爲輕。是故，得乎丘民而爲天子，得乎天子爲諸侯，得乎諸侯爲大夫。諸侯危社稷，則變置。犧牲既成，粢盛既潔，祭祀以時；然而旱乾水溢，則變置社稷。」（盡心下）這就是孟子的民權思想，一國之君，必須得到老百姓的信託，才能爲天子。不得人民的信託，不能爲天子，這種重民輕君的思想和孔子的尊君思想，是有相當的差異。由於孟子的民貴君輕說，乃奠定了君王德治的方向，就是以仁爲本，以民爲要的德治主張。孟子並未特別強調君王的修齊之法，但一個爲德行仁的君王，必然是一個已具有如此美德之人。經由如此的方法，人民才能獲得適當的地位及尊重。

荀子的中心學說是性惡論，已如前述，由於人性本惡，乃要借重後天的教育，所以荀子的政治理想乃是要人治與法治並重，他說：「有亂君，無亂國，有治人，無治法；羿之法非亡也，而羿之世不中；禹之法猶存，而夏不世王。故法不能獨立，類不能自行；得其人則存，失其人則亡。」（君道篇）這一個思想乃是傳統的儒家思想。荀子又說：「法者，治之端也；君子者，法之原也。故有君子法雖省足以徧矣；無君子，則法雖具，失先後之施，不能應事之變，足以亂矣；不知法之義而正法之數者，雖博，臨事必亂，故明主急得其人，而闇主急得其勢。」（君道篇）這就是荀子主張任用賢人的目的，任用賢人就可㢮法、用法，而其政治理想，就是要人治與法治並重，所以荀子又說：「賞不行，則賢者不可得而進也；罰不行，則不肖者不可得而退也；賢者不可得而進也，不肖者不可得而退也，則能不能不可得而官也。若是，則萬物失宜，事變失應，上失天利，下失地利，中失人和，天下敖然，若燒若焦。」（富國篇）所以賢人臨政，賞罰就能嚴明，法治的重要也就在此了。爲荀子來說，賢人之治加上法治乃成了最理想的政治制度。荀子的這一個思想，不但有儒家的正統，也有法家的影響。

（四）孔門弟子的政治理想

孔子門人雖有三千，但眞能傳孔子思想的人，究竟不多，大體上來說，可以以禮與孝二大觀念來包括，另外還有仁的理想政治，現在分類來敍述：

一、孝的理想政治：這派是以孝經爲主，由孔子所創，曾子所承繼的一種理想政治，乃是以孝爲立國之大本，像舜的孝，就是最爲孔子所推崇。孝經說：「孝始於事親，中於事君，終於立身。」就是以孝治國的最好說明，所以孝經開宗明義就說：「天之經也，地之義也，民之行也。」孝乃是一切德行的根本，對於不孝的人，最爲社會所排斥。所謂的「五刑之屬三千，罪莫大於不孝。」所以君王治理天下，必須以孝爲本，這也是爲什麼，到了漢代有舉孝廉之事，就是以孝治國的理想實現。

二、禮的理想政治：禮記曲禮說：「道德仁義，非禮不成。教訓正俗，非禮不備。分爭辨訟，非禮不決。君臣上下，父子兄弟，非禮不定。宦學事師，非禮不親。班朝治軍，涖官行法，非禮威儀不行。禱祠祭祀，供給鬼神，非禮不誠不莊。是以君子恭敬撙節退讓以明禮。」仲尼燕居篇又說：「射鄉之禮，所以仁鄉黨也。」時義篇又說：「燕禮者，所以明君臣之義也。鄉飮酒之禮，所以明長幼之序也。」從這些古禮中，我們可以看到，社會中的安定秩序，就是可以以禮來維持，所以大學說：「自天子以至於庶人，壹是皆以修身爲本。」身如何修，就要遵禮而行。最終目的，就是大同社會。

從上所述，可知儒家的政治理想，乃是以德爲根本，而德就是仁的表現，以仁德的政治，就可以施之於天下，而成就禮運大同中所稱的理想世界，這個理想世界乃是：「大道之行也：天下爲公，選賢與能，講信修睦。故人不獨親其親，不獨子其子；使老有所終，壯有所用，幼有所長，鰥寡孤獨廢疾者，皆有所養；男有分，女有歸。貨惡其棄於地也，不必藏諸己；力惡其不出於身也，不必爲己。是故謀閉而不興，盜竊亂賊而不作，故外戶而不閉，是謂大同。」這樣一個理想社會的實現，就有賴於德治思想的發揚，禮治思想的節制。儒家的德治，所以能垂諸久遠，爲歷代所嚮往的，乃是出於這樣一個體大思精，具體而完備的思想基礎及內容。

第三節　道家的政治理想

道家的自然主義，久爲人所嚮往，但道家的思想，有些却不太能施之於現世社會，爲大部份的人來說，道家的思想可以帶給人一種意境，道家的代表人物，老子及莊子的思想，就是常給人一種高深莫測的玄機。我們現就他們二人的思想加以敍述：

（一）老子的政治理想

由於老子是一位自然主義者，一切都主張無爲，更因爲他生當一個戰亂頻繁的時代，眼見生民彫壁，因此，他大部份的主張，都在反對賢者，有德者之治，而主張無爲而治。總括起來．老子反對賢者之治的理由．所有下述幾點：

一、他反戰：老子說：「夫佳兵者不詳之器，物或惡之，故有道者不處。君子居則貴左，用兵則貴右。兵者不祥之器，非君子之器，不得已而用之。」（三十一章）又說：「以道佐人主者，不以兵強天下。其事好還。師之所處，荆棘生焉。大軍之後，必有凶年。」（三十章）老子反對用兵，最大的原因，乃是用兵之時，人民一方面不得休息，要加倍的辛苦工作，另一方面，也是因爲祇要有戰事，就會有殺生，如此殘害天下生靈，當然不是一個自然主義者所樂見，三者，用兵之爭又爲了什麼呢？一個人如果能夠知足常樂，豈不是最好了嗎？所以老子又說：「知足不辱，知止不殆，可以長久。」（四四章）又說：「罪莫大於可欲，禍莫大於不知足，咎莫大於欲得，故知足之足，常足矣。」（四六章）可欲及不知足、欲得，都是引起戰爭的原因。所以他反戰。

二、主張尚儉：人類爲什麼會有戰爭，會有爭端呢？就是因爲太奢侈，由於慾望無窮，在慾望得不到滿足時，自然會想方法，用巧取或用豪奪得之以滿足個人的慾望，被奪之人，又何能甘心呢？爭端之必起，乃是不爭之事實。所以老子主張尚儉。老子說：「我有三寶，持而保之。一曰慈，二曰儉，三曰不敢爲天下先。……儉故能廣。」（六七章）要讓自己的心胸廣濶，就要儉，不儉，就會每天在那裏計算，結果不是害人就是不利己。所以他要我們有儉的精神，他說：「天之道，其猶張弓與！高者抑之，下者舉之；有餘者損之，不足者補之。」（七七章）爲了要過一個節儉的生活，一切奢侈逸樂的享受都要放棄，因爲這種奢侈的東西害人太大。所以老子說：「五色令人目盲，五音令人耳聾，五味令人口爽，馳騁畋獵，令人心發狂，難得之貨，令人行妨。是以聖人爲腹不爲目，故去彼取此。」（十二章）所謂節儉的生活，乃是就人生活之所必需者可以取而用之，其他一切都應該放棄，如此，才能順天應人。所以老子說：「治人，事天，莫若嗇。夫唯嗇，是以早服；早服謂之重積德，重積德則無不克；無不克則莫知其極，莫知其極，可以有國；有國之母，可以長久。是謂生根固柢，長生久視之道」（五九章）老子尚儉到了這種地步，就可知其自然主義的精神。

三、反智慧主張愚民政策：老子反對智慧，認爲智慧愈多，人的渴望就愈大，因爲智慧就在使人瞭解一切人爲的東西，他說：「智慧出，有大僞。」（十八章）智慧的出現，原來是爲幫助人們生活之不足，結果却成了妨礙人們生活的東西。「民之難治，以其智多；故以智治國，國之賊，不以智治國，國之福。」（六五章）老子主張去掉智慧，以自求多福。智慧可以產生知識，而知識却是一切罪惡的根源，所以說：「絕聖棄智，民利百倍；絕仁棄義，民復孝慈；絕巧棄利，盜賊無有。」（十九章）在老子的心目中，所謂的理想政治，就是愚人政治，人民愈鄙陋，愈會快樂，最好是渾渾沌沌，什麼都不是最好。他說：「我獨泊兮其未兆，如嬰兒之未孩。儽儽兮者無所歸，衆人皆有餘，而我獨若遺。我愚人之心也哉。沌沌兮！俗人昭昭，我獨昏昏。俗人察察，我獨悶悶。澹苦海其兮，飂兮若無止。衆人皆有以，而我獨頑似鄙。我獨異於人而貴食母。」（二十章）老子在這裏所形容的，乃欲使天下人皆如此，所以老子說：「古之善爲者道者，非以明民，將以愚之。」（六五章）不用智來治國而以愚來治國就是這個意思。

四、無爲的政治理想：老子所有主張的目的，就是要達到無爲的目的，他說：「天下萬物生於有，有生於無。」（四十章）無可以變化，生成一切，所以又說：「道生一，一生二，二生三，三生萬物。」（四二章）老子所說萬物既由道所生，而萬物也生於無，所以無與道乃爲異名同詞，所以他說：「有物混成，先天地生。寂兮寥兮，獨立不改，周行而不殆，可以爲天下母。吾不知其名，字之曰道。」（二五章）這個道乃是萬事萬物最後的根源，他說：「人法地，地法天，天法道，道法自然。」（二五章）道就是自然，自然就是道，因此老子的理想政治，就是自然的制度，一切都以自然爲本，所有的典章文物，祇要有不合乎自然的，就通統删去。所以他說：「天下多忌諱，而民彌貧；朝多利器，國家滋昏；人多伎巧，奇物滋起；法令滋彰，盜賊多有。」（五七章）無爲而治，就是要捨棄這些法令規章，因爲這些法令規章，不但不能幫助人們恢復自然，相反的還會產生盜賊來遺害人類，祇有無爲，人民才能獲得最好的生活。所以老子說：「我無爲而民自化，我好靜而民自正，我無事而民自富，我無欲而民自樸。」就是這種無爲的政治理想，才是我們所應當追求的政治理想。

老子要求的無爲，不祇是政治上的無爲，就是在人際關係間，也要儘量減少來往，如此，每一個人才更容易與天地往來。老子在道德經八十章中說：「小國寡民，使有什佰之器而不用。使民重死而不遠徙。雖有舟輿，無所乘之；雖有甲兵，無所陳之。使民復結繩而用之。甘其食，美其服，安其居，樂其俗。鄰國相聞，鷄犬之聲相聲，民至老死不相往來。」老子的理想社會，完全是以上古社會爲其典型，如此的故步自封，結果當然是民無所欲了。這種道家的根本主張，就在於「見素抱樸，少私寡欲」的道家基本主張。

（二）莊子的政治理想

莊子的思想，大不經，一向喜用寓言來表示，他在對政治的理想，一向以平等及自然爲其根本，自然之說乃是根源於老子，而平等之義，乃是出於天地造化，自然平等的主張，現分而述之：

一、平等論：莊子的平等論，都可以在齊物論中見到。莊子說：「莊周夢爲蝴蝶，栩栩然蝴蝶也，自喩適志與！不知周也。俄然覺，則蘧蘧然周也。不知周之夢爲蝴蝶與？蝴蝶之夢爲周與？」。這一篇莊周夢蝴蝶的寓言中，乃是闡發，物我平等的思想。所謂平等，乃是因爲本性上的緣故，所以莊子又說：「是亦彼也，彼亦是也；彼亦一是非，此亦一是非；果且有彼是乎哉？果且無彼是乎哉？彼是莫得其偶，謂之道樞，樞始得其環中，以應無窮。是亦一無窮，非亦一無窮也。」這就是指明是非平等之義。他又說：「其分也，成也；其成也，毁也。凡物無成與毁，復通爲一。唯達者知通爲一，爲是不用而寓諸庸。」這乃是成毁齊一之說。莊子又說：「天下莫大於秋毫之末，而泰山爲小；莫壽於殤子，而彭祖爲夭；天地與我並生，萬物與我爲一。」這就是大小壽夭物我爲一之說。莊子又說：「民食芻豢，麋食薦，蝍蛆甘帶，鴟鴉耆鼠，四者孰知正味？猨猵狙以爲雌，麋與鹿交，鰌與魚游。毛嬙麗姬，人之所美也，魚見之深入，鳥見之高飛，麋鹿見之決驟。四者孰知天下之正色哉？」這乃是美惡平等之義。在秋水篇中又有：「以道觀之，物無貴賤。」

從上所述，可知爲莊子來說，平等之義，相當廣泛，計有：物我平等，是非平等，成毁齊一，大小壽夭，物我爲一及美惡平等之說，從這裏，也可看出，莊子的平等思想，乃是根源於老子的自然主義學說，所以他說：「彼正正者，不失其性命之情。故合者不爲駢，而枝者不爲跂；長者不爲有餘，短者不爲不足。是故鳧脛雖短，續之則憂，鶴脛雖長，斷之則悲，故性長非所斷，性短非所續，無所去憂也。」（駢拇篇）莊子的平等思想，乃是要每一個人盡其性而加以發揮，才能獲得眞平等。

二、自然主義的政治理想：莊子的自然主義，大部份都是從老子的思想而來，莊子對國家的主張，就同老子對國家的主張一樣，希望是一個極端放任的機構，因爲天地無爲而任物自然的思想，乃是宇宙的秩序，並無人操作，而能顯其秩序，所以國家的一切制度，也都要效法自然的無爲，尤其在效法自然無爲之後，就可以如同自然一樣，恆古長存，而永不毀滅了。所以莊子說：「天無爲以之淸，地無爲以之寧。」又說：「天地雖大，其化均也。萬物雖多，其治一也。」（天地篇）天道無爲，而人道也是如同天道一樣，是無爲的。所以莊子主張，一切要順其自然，如此，人就可以各盡其性，各盡其分。每人能各盡其性，各盡其分，則天下就可以安寧和祥了。

莊子除了崇尙平等，效法自然之外，如同老子一樣，反對聖智，否認固有社會的價値及意義，他說：「聖人不死，大盜不止，雖重聖人而治天下，則是重利盜跖也。……彼竊鉤者誅，竊國者爲諸侯。……故絕聖棄知，大盜乃止。」（胠篋）莊子如此激烈的批評聖人之治，就是因爲莊子反對聖人之所爲。他在胠篋篇中，更指出政府是盜賊，知識份子是盜賊的護身符。他說：「田成子一旦殺齊君而盜其國，所盜者豈獨其國耶？並與其聖知之法而盜之，故田成子有乎盜賊之名，而身處堯舜之安；小國不敢非，大國不敢誅，十二世有齊國，則是不乃竊齊國，並與其聖知之法以守其盜賊之身乎？」所以莊子反對聖智，反對政府，在這裏表現得最露骨。

莊子和老子一樣，其理想國乃是小國寡民之理想，莊子說：「子獨不知至德之世乎？昔者容成氏、大庭氏、伯皇氏、中央氏，……當是時也，民結繩而用之，甘其食，美其服，樂其俗，安其居，鄰國相望，鷄犬之音相聞，民至老死不相往來，若此之時，則至治已。今遂至使民延頸擧踵，曰：『某所有賢者，贏糧而趨之，則內異其親，而外去其主之事，足跡接乎諸侯之境，車軌結乎千里之外。則是上好知之過也。』」這就是要人退回軒轅氏以前的時代，去過那種毫無知識，毫無理想的社會時代。

從上所論，道家的政治理想，就是要崇尙自然，無爲而治，在老莊的思想中，反對一切人事規章制度，結果似乎連人性的意義也沒有了，如果人性中有尊嚴的話，也將因爲老莊的思想，而蕩然無存。老莊的思想，在承平的時代，還可以用用，在兵荒馬亂之時，如果祇靠一、二人來提倡，那是根本不可能的，西漢之時的文景之治，內用儒術，外用黃老，就是明白道家者流，祇能一時的予人以消極的意義，而沒有產生積極思想及作爲的可能。

第四節　法家的政治理想

法家的政治理想完全在講究治術、治方。而在一個紊亂、變動的時代中，常有顯著的功效，像孔子稱讚管子說：「微管仲，吾其被髮左衽矣。」這是一種何等的溢美之辭呀！也就可以看出，中國先秦及以後的時代中，如果沒有法家的思想，中國不可能再擁有大一統的國家。一般來說先秦的法家有三大派，一是重勢，一是重術，一是重法。重勢的代表人物是慎到，重術的代表人物則是申不害，重法的代表人物則是以商鞅爲宗。管仲又是此三派的開創者，韓非又是三派的綜合者，所以本節將以這五人的思想敍述爲主。

(一)管仲的政治理想

管仲的思想，有很多是以荀子爲宗，荀子主張人治法治並重，管仲非常贊成，因此，管仲的主張是以法爲治道之本，但其目的則在富國強兵。並以尊王攘夷爲口號。而倡霸道主義。管仲說：「化民以道，自然而治者爲帝道。始有制度文明，不用之者爲王道。爲以自貴而不伐者重霸道。」「強國衆，合強以攻弱，以圖霸。強國少，合小以攻大，以圖王。強國衆而言王勢者，愚人之智也。強國少而言霸勢者，敗事之謀也。夫神聖視天下之形，知輕重之時，知先後之稱，知禍福之門。強國衆，先擧則危，後擧則利。強國少，先擧者王，後擧者亡。」（霸言篇）管仲以霸術治天下，乃能九合諸侯，一匡天下。

管仲的政治理想，雖在求霸業，但也看重人民的教育事業，認爲人民的教育如果成功，就可以幫助君王獲得霸業，所以他要求：「國多財則遠者來，地辟擧則民留處。倉廩實則知禮節，衣食足則知榮辱。」（牧民篇）教育人民，使人民努力爲國生產，如此才能富國強兵，謀求擧世的霸業，因此在教育人民的時候，就以國家主義爲其前提，他說：「國有四維。四維不張，國乃滅亡。四維既張，國乃復興。」這四維據管仲之意乃是：「禮義廉恥，國之四維，四維不張，國乃滅亡。」（牧民篇）

富國強民除首重教育外，還要看重「三本」，「四固」，「五事」。何謂三本呢？

「凡有地牧民者，務在四時，守在倉廩，國多財，則遠者來；地辟擧，則民留處；倉廩實，則知禮節；衣食足，則知榮辱；上服度，則六親固；四維張，則君令行。故省刑之要，在禁文巧；守國之度，在飾四經；順民之經，在明鬼神，祇山川，敬宗廟恭祖舊。」（牧民）管仲所謂的三本就是一要富民，二要敬民，三要敬神明。這三本在國家，就如同鼎的三足一樣，缺一不可。能達到三本，則四固與五事就容易做到。

從以上所述，管仲的政治理想乃在富國強民，圖與霸業。這一個思想就使得齊桓公成了春秋五霸之一。

(二) 商鞅的政治理想

商鞅的政治主張，是以嚴法治國，他說：「古者未有君臣上下之時，民亂而不治，是以聖人列貴賤，制節爵位，立名號，以別君臣上下之義。地廣民衆，萬物多，故分五官而守之，民衆而姦邪生，故立法制爲度量以禁之。」（君臣）商鞅根據這一個見解，主張以嚴刑峻法來處罰人民，以防民之奸邪，所謂「民本法也」（劃策）就是他的主張。既然商鞅的法治主義是以嚴刑峻法爲主，則人民的一切行爲，生活規範都要受法的節制，如此，就可以訂定富國強兵之策。商鞅的富國強兵政策之一就是農本主義，所謂農本主義，就是農戰政策，這種農戰政策和今日的以色列國有點相近，就是在無戰事之時，每人在家耕作，農暇之時，就要接受訓練，一有戰事，農民就可以自動編組，爲國而戰，如此就全民皆兵。由於這個原因，商鞅就反對一切的詩書禮樂，他說：「詩、書、禮、樂、善、修、仁、廉、辨、慧、十事，有之則其國必弱。」又說：「農戰民千人，而有詩書辨慧者一人焉，千人皆怠於農戰矣；農戰之民百人，而有技藝一人焉，百人皆怠於農戰矣。國待農戰而安，主待農戰而尊。夫民之不農戰也，上好言而官失之也。」（農戰）商鞅如此的看重農戰，而不要技藝詩書之徒，就是要使人民能安心於農事及組訓爭戰二事。如此人民就可努力於富國強兵之上。

商鞅的政策，雖使得秦國在後來統一天下，但由於如此重視嚴刑峻法，漠視人性的要求，當然，在不到幾年的工夫，秦帝國就被推翻了。

（三）愼到的政治理想

愼到重勢，乃是以純粹的法治主義，除去利己累人的思想。所以莊子說他是：「棄知去己，而緣不得已。」根據這一個觀點，愼到純粹以客觀的態度，主張法治。他說：「君人者舍法而以身治，則誅賞予奪從君心出。然者受賞者雖當，望多無窮；受罰雖當，望輕無已。君舍法以心裁輕重，則同功殊賞，同罪殊罰矣，怨之所由生也。是以分馬之用策，分田之用鉤，非以策鉤爲過於人智，所以去私塞怨也。故曰：大君任法而弗躬，則事斷於法。法之所加，各以分蒙賞罰，而無望於君。是以怨不生而上下和矣。」（愼子佚文）從這一段話中，可以看出，愼到所以主張以客觀的法律爲主，乃是因爲由人施法，難免失之偏頗，尤其，君王本身的喜怒好惡，常是很難加以揣測的，因此，如果能做到，君不在，而法仍能行，則法才有意義，如此：「君任法而不任智。」「使人臣雖有智能不得背法而專制，雖有賢行不得踰功而失勞；雖有忠信，不得釋法而不禁。」如此，愼到就以爲法治乃可以成爲絕對客觀的標準，人治根本就不需要，當然他也反對「尙賢」，他以爲「立君而尊賢，是賢與君爭，其亂甚於無君。」但他也反對尊君，因爲：「君之智未必最賢於衆也。以未最賢而欲善盡彼下，則下不贍矣。若君之智最賢，以一君而盡贍下則勞，勞則有倦，倦則衰，衰則復返於人不贍之道也。」這就在說明：「恃賢爲治必敗」的道理。因此以法律爲客觀的標準，乃是最合乎人性意義的，如此，法律之前，人人平等，誰也不吃虧，也祇有以法治的觀念來治理國家，國家才能達到長治久安的目的。當然愼到過份尊視法律的客觀性，而忘了法律也是人訂的，如何又能平呢？除非能有一個先於人的客觀標準，也就是所謂的先天標準，那時，我們才能說，法律之前，人人平等。

（四）申不害的政治理想

申不害的重術，乃是看重君主統御臣下的方法。韓非子在定法篇中說：「申不害不擅用法，不一其憲令，則姦多，雖使昭侯用術，而姦臣猶有所譎其辭。」申不害以術爲宗，乃是偏執於權術的運用，所以不能成王伯大業，雖然如此，申不害所相之國，終其一生，國富兵強，無人敢於侵韓國，這就是申不害實行的結果。申不害的學術，是以黃老爲其本，而以刑名爲其用。其主張，一是以虛靜無爲爲君術，申子說：「上明見，人備之，其不明見，人惑之。其知見，人飾之；不知見，人匿之。其無欲見，人伺之；其有欲見，人餌之。故曰：吾無從知之，惟無爲可以規之。」（韓非子外儲學右上）申不害的第二點主張乃是明法察令，主張見功給賞，依能授官，人君不可自恣視聽，不可自恃知力，不可爲私情所左右，宜靜無爲，而任之於公法（註七）。申不害的第三點主張就是重農，重農的思想，在春秋戰國時期相當的濃厚，因爲當時，就是一個農業社會，民以食爲天，不重可以嗎？申不害的思想祇是一種權術的運用而已，還不能算是一種政治理想。

（五）韓非的政治理想

韓非乃是集法家思想的大成，綜合勢、術、法三派的統治方法，以推翻封建政治，建立君主政治。韓非以唯物論爲其根本思想，他認爲人類行爲完全爲物質環境所支配，人類之鬬爭也是完全爲物質而鬬爭。他在王蠹篇中說：「古者丈夫不耕，草木之實足食也；婦人不織，禽獸之皮足衣也。不事力而養足，人民少而財有餘，故民不爭。是以厚賞而不行，重罰不用，而民自治。今人有五子，不爲多，子又有五子，大父未死，而有二十五孫。是以人民衆而貨財寡，事力勞而供養薄，故民爭。雖倍賞累罰，而免於亂。……故饑歲之春，幼弟不饟。穰歲之秋，疏客必食。非疏骨肉愛過客也，多少之心異也。是以古之易財，非仁也，財多也。今之爭奪，非鄙也，財寡也。」在這一段話中的「不事力而養足，人民少而財有餘，故民不爭。」以及「人民衆而貨財寡，事力勞而供養薄，故民爭」這二段，都是從唯物思想出發。韓非根據這一個思想，就反對德化政治，而主張要有法治，法治的基礎就是理，韓非說：「凡理者，方圓短長麤靡堅脆之分也。故理定而後可得道也。」其實韓非的這個理就是仁義禮智，他爲了反對德教政治，乃用理來代替而已。

韓非雖然主張法治，但須有法術二者共用，單用一種都不可以。如何使用呢？韓非曾在難三篇及定法篇中把法術二者加以區分，大意是法是用來統制人民。術則是用來駕馭官吏的，如果單有法而無術來駕馭官吏，早晚是會失敗的。在用法的過程中，韓非也主張要用嚴刑峻法，以達到平治的目的，而執行賞罰的標準，必然是：「功當其言則賞，不當則誅。」（難二篇）韓非的思想，雖然相當完備，但由於曾受業於荀子之門，並接受其思想，結果韓非的法治思想，在基本上就走錯了，因爲政治首先要尊重人性爲善的目的，而後才能有一套較合乎人性要求的學說及法則。韓非未見及此，乃有如此的差異。

第五節　墨家的政治理想

墨家的代表人物是墨子。墨子的生時，正逢貴族封建制度的破產，舊社會已無法應付新環境，於是提倡兼愛大同的理想，以謀求根本的解決。墨子反對儒家，乃是批評儒家的觀點不切實際。墨子的批評有四個要點：「儒之道足以喪天下者四政焉：儒以天爲不明，以鬼爲不神，天鬼不說，此足以喪天下。又厚葬久喪，重爲棺槨，多爲衣衾，送死若徙，三年哭泣，扶然後起，杖然後行，耳無聞，目無見，此足以喪天下。又強歌鼓舞，習爲聲樂，此足以喪天下。又以命爲有，貧富、壽夭、治亂、安危，有極矣，不可損益也。爲上者行之，必不聽治矣，爲下者行之，必不從事矣，此足以喪天下。」（墨子公孟篇）這四點對儒者的批評，乃激起墨子的四點主張。因儒者不說鬼神，所以主張「天志」「明鬼」。因儒者厚葬久喪，所以主張「節葬」。因儒者看重音樂，所以要「非樂」。因儒者信運命，所以要「非命」，這四點都是針對儒家的學說，加以反對而有的主張。另外墨子和老子也不一樣，老子要絕對的自由放任，墨子就要干涉。所以有「無爲而治」，「不尙賢使民不爭」與「有爲而治」，「尊尙賢而任使能」的差別。墨子既有自己的主張，因此，在政治理想上也有其主張，一般來說，可有如下數項：

一、兼愛主義：墨子以爲儒家的仁愛，是一種有差等的愛，這種不是眞正的仁愛，是會引起紛爭與紊亂，他說：「亂何自起，起不相愛。臣子之不孝君父，所謂亂也。子自愛不愛父，故虧父而自利。弟自愛不愛兄，故虧兄而自利。臣自愛不愛君，故虧君而自利，此所謂亂也。雖父之不慈子，兄之不慈弟，君之不慈臣，此亦天下所謂亂也。父自愛也不愛子，故虧子而自利。……是何也，皆起不相愛，雖至天下之爲盜賊者亦然。盜愛其室，不愛異室，故竊異室以利其室。賊愛其身不愛人，故賊人以利其身。此何也，皆起不相愛。雖至大夫之相亂家，諸侯之相攻國者亦然。……天下之亂物，具此而已矣。察此何自起，皆起不相愛。」（兼愛上）彼此不相愛，結果必然會引起戰爭、篡奪、乖忤、盜竊、詐欺等事，所以墨子認爲要解決這些紊亂的現象，就要兼相愛，他說：「視人之室若其室，誰竊？視人之身若己身，誰賊？視人之家若其家，誰亂？視人之國若其國，誰攻？」（兼愛上）這一種理想如果能實現，則理想的國都也就實現了。爲了實現這樣的社會，就必須尙同、非攻，因爲祇有尙同、非攻、兼愛主義，才得以實現。

二、非攻主義：非攻乃是針對當時的社會環境，而主張彼此應友愛，而不可彼此攻擊，因爲攻擊不論結果如何，雙方都必然會有損失，他說：「大國之攻小國，譬猶童子之爲馬，童子之爲馬，足用而勞。今大國之攻小國，攻者農夫不得耕，婦人不得織，以守爲事。攻人者，亦農夫不得耕，婦人不得織，以攻爲事。」（非攻上）戰爭既爲雙方都不利，就是不義，不義不利是沒有人願爲的。墨子的非攻，完全是在反對私人的侵奪。攻擊的對象又常是強凌弱，衆暴寡。所以爲弱爲寡之國，必須要有嚴密之守備，才能抵擋不義的侵略行爲，所以墨子說：「凡大國之所以不攻小國者，積委多，城廓修，上下調和，是故大國不者攻之。」（節用）小國爲了抵擋大國，本身的防備是非常要緊的，如此才能防制大國的侵略，而達到非攻的目的。

三、實用主義：墨子看重實利，他說：「義、利也。」（經上）他認爲此利非私利，乃是社會大多數人之利，墨子說：「仁人之所以爲事者，必與天下之利，除天下之害。」這種興天下之利，就是一種利他主義的表示，墨子除了利他之外，還認爲利人也就在利己，他說：「夫愛人者，人必從而愛之。利人者人必從而利之。惡人者人必從而惡之。害人者，人必從而害之。」（兼愛中）利既要爲人，就要實用，而實用乃是以節用爲中心，節用的基礎，就是墨子所說的三表。墨子說：「有本之者，有原之者，有用之者。於何本之？上本之於古者聖王之事。於何原之，下原察百姓耳目之實。於何用之？發爲刑政，觀其中國家百姓人民之利。此所謂言有三表也。」（非命上）以百姓國家之利爲利，則個人就要節用，就要非樂。所謂節用乃是用其所當用，而去其所不當用的意思。凡是對國家百姓無用的都要删去，對國家百姓有用的，都要小心使用，不要流於奢侈。非樂則是要忽略精神上的享受，以百姓國家之利爲前提。所以墨子的實用主義又可發展爲節用及非樂的思想。

四、政治思想：墨子的政治思想，首在國家的起源，在原始時代的社會乃是「人是其義，以非人之義」（尚同上）的自由狀態，所以要有一個同天下之義的人來主持政事，這一個人就是天子，而天子的產生乃是由人民的意思，人民不同意，就不得立爲天子，墨子說：「明乎民之無正長，以一同天下之義，而天下亂也。是故選擇天下賢良聖知辯慧之人，立以爲天子，使從事乎一同天下之義。」（尚同中）天子一方面由人民所同意，但另一方面，墨子又認爲君權神聖，以爲爲了防止天子專橫自恣，使人民莫可奈何，乃以天統君。所以天志上篇中說：「天子未得恣已而爲政，有天正之。」所以天子雖有專制的權威，但須對天負責。墨子除了以天子統天下之外，還主張賢人政治，這是因為實利主義的原因，賢人的出掌政治，可以興天下之大利，所以不能不看重。

墨子的精神乃是一種宗教精神，能夠犧牲自己而利於天下，孟子說他：「摩頂放踵，利天下為之。」就是因為他的宗教精神。由他的宗教精神中，發展了他的政治理想，奠定了他自己的社會目標。

從上所述，在中國的政治理想中，是有其目標，中國人的政治理想，乃是在謀求大一統的國家中，也希望能起用賢人，使國家達到長治久安的目標，更因為長治久安的需要，所以無為而治的理想，最能合乎中國人的政治要求，雖然在後來，有許多人提出有為而治的思想，如墨子、王安石等人，他們之所以失敗，一方面是因為不能滿足人性的基本需求，另一方面也不合乎中國政治型態的特性，所以要使中國人能有安居樂業，長享太平的話，就首先要瞭解這些意義。

第二十八章　西方的政治理想

西方的政治理想，不如中國的政治理想，是以德治，尊賢人的君主政治爲目標。西方的政治理想，一開始就是以發揮個人能力、自由、議會政治，爲其開端，演變到後來，由於軍人專政的結果，漸漸就演變成了君主專政，以至於極權統制，直到文藝復興，民主、自由才又恢復了他原有的地位，在西方數千年來的政治理想中，其中最能代表西方精神的幾個時代都有不朽的政治理想，在本章中，將分成希臘的政治理想，中世紀的政治理想及文藝復興後的政治理想三節來敍述，希望藉着這三個時代的描繪，能幫助我們，在今日的世界中，看到人類政治理想的目標與歸趨

第一節　希臘的政治理想

希臘的政治理想首見之於雅典議會的民主政治及斯巴達的軍事武力，但就理想來說，則是以柏拉圖的理想國及亞里斯多德的最佳可能國家的理論爲最高理想。我們現分段述之。

(一) 柏拉圖的理想國

柏拉圖（Plato 427–347 B. C.）是西方最偉大哲學家蘇格拉底（Socrater 469–399 B. C.）的學生，柏拉圖的著作，大都是以他的老師一蘇格拉底的對話爲主。柏拉圖除了二次短時間參與實際政治之外，一生都在從事哲學工作，他對政治的理想，都見之於他所寫的理想國一書，在這本書中，他的目的，就在探討好的本質，以及用什麼樣的方法才能得到它。因此，柏拉圖的理想國，有時又可稱之爲國家或正

義論（The state or concering justice）。

一、正義的定義：柏拉圖在他的理想國中說：一位富有的退休商人塞法流士（Cephalus）認為，正義就是給神與人以其所應得的東西。由於柏拉圖的記載及蘇格拉底的講學方式，所以理想國還是以對話的方式來表達，塞法流士對正義的看法，為蘇格拉底來說，蘇氏能很快的就指出，這樣的定義是一種循環式的定義，因為「應得」一詞的界說與正義的界說，所引起的問題，都是相同的。蘇格拉底接着就討論其他的人所提的各色各樣的界說，其中包括司洛辛馬克斯（Thrasymachus）的正義的定義：正義祇是強者的利益，這一個定義當然引起了蘇格拉底的反駁，因為強者或統治者，祇是一種技工，就如同醫生或船長一樣，他們所使用的技術，祇是為達其目的而已，就是要照管那些被照管人的福利，就如同醫生要照顧病人，船長要照顧乘客一樣，照蘇格拉底所說：「沒有任何一種技術或權威祇是為自己的利益打算，他總是研究並列出對臣民有益的事情──即弱者的利益。」（註八）雖然蘇格拉底及柏拉圖未能完全推翻司氏的理論，但却因而產生更積極的對正義的看法，那就是柏拉圖的三階級說。

二、三階級說：柏拉圖的三階級說是認為一個社會必須有一個控制體來決定國家大計和各階級間的正當關係。這種正當關係乃是社會公民的需要，所謂社會公民的需要，就是社會需要這三種階級，以彼此互助。

1.生產者（Producers）即從事供應社會物質需要和創造財富的人，包括雇主和雇工。

2.輔助者（Auxilaries）即軍警，維持法律和秩序，消滅內外敵人。

3.護國者（Guardians）即負責制訂並執行國家政策的人，也就是我們現在簡單稱作「政府」的。

蘇格拉底認為，在理想國中，這三個階級，各有其特性，生產者的特性是節制（temperance），意思就是安於承認護國者的權威。輔助者的特性就是勇氣（courage），意思就是在面對危險時，能勇於作戰以克服危險，而護國者的的特性則是智慧（wisdom），其意義就是具有判斷眞假的能力，尤其對事物的道德價值。

這三個階級的各別特性既是節制、勇氣與智慧，那麼他們彼此之間又如何能連起來呢？蘇格拉底認爲是正義，以正義來維持各階級間的正當關係，因爲一個國家如要維持自然的和諧，使所有各部分都能發揮正當的功能時，正義乃是必須的，這就好像人的身體一樣，人體的健康完全依賴各器官間的彼此協調及和諧。這種和諧的力量既是正義的本質，就可以知道存在於三個階級中的個人行爲的主要動機，那就分別是：慾望、精神和理智。生產者的慾望乃是創造財富，這種創造財富的慾望乃是出於人性的基本物質慾望，輔助者所以能勇於面對並克服危險，當歸因於他們的情緒，而護國者的智慧則是理性判斷的能力，因此，蘇格拉底對正義下結論說：國家的正義，在於三階級間關係的正當維持，因此，個人的德性也在於人性的貪得慾望、尙義精神及理性力量三者間正確關係的維持。

經由如此的認定，在理想國的第五篇中就認爲，護國者應有最高的權利，因爲他們主要的能力就是理智，因此對於對與錯的分辨，都可以信賴他們。國家政策的道德性，祇有讓那些以理智決定行動的人來指導，才能確保。輔助者和生產者，以其爲他種特性所支配，不應准其參加政策的控制。基於這一個原則，政策的制訂必須合乎道德的原則，道德的原則不是以個人而是以國家爲依歸，因此，掌權者，乃是一個能夠判斷眞假的人。如何使護國者能判斷眞假呢？柏拉圖認爲需要教育，教育可以使人成爲專家，每個人都要接受教育，祇要其合乎護國者的條件即可。

三、護國者的教育：柏拉圖建議，在實施護國者的教育之前，先舉行一個初選，參加的人，都是二十歲的青年，同時已完成了一般公民所共有的普通教育，即1.文法（包括讀和寫），2.音樂（學詩、誦詩、彈奏七弦琴，演唱抒情詩及學習初級算學和幾何）3.體育。這種教育，在十八歲結束，然後有二年的軍事教育。二十歲參加護國者初選的人，要接受「勞役和痛苦」的考驗，而且要不斷的暴露在恐怖和誘惑之中，祇有經過這種考驗，而仍不違背早年教育的準則的人，才能被接受爲護國工作的見習員，這樣試驗的目的，乃在遴選適合擔任護國者人選的品格。至於如何訓練他們能夠辨認「好」的本質，蘇格拉底認爲，最有效的訓練就是長期學習數學和哲學，因爲這會把「心靈從千變萬化的世界拖到實在」。（註九）他說數學「用純粹思想的練習，使人的心智獲得純粹的眞理」（註十）。

準護國者從二十歲到三十歲學習數學。三十到三十五歲則學習辯證法，以研求「好」本質的討論。三十五歲以後，並不能立刻就擔任完全的責任，要先擔任「適合於年青人的軍職或其他公職，以免在經驗上比一般國人落後」。這種工作要持續十五年之久，在這十五年之中，工作令人滿意的準護國者，才能被選爲擔負國家政治的最高責任。如此，柏拉圖的理想國乃因而完成。

柏拉圖的理想國，看起來似乎是窒礙難行，而事實上却是一個很高的理想，這種理想是有可能達成的，那就是祇有把人訓練成哲學家，或哲學家本身去當國王，這一個國家才有可能是一個理想的王國，因爲國家的目的，就是要達到道德的理想，而祇有哲學家，才有能力判斷道德原則，因此也祇有哲學家才能當國王。

（二）亞里斯多德的最佳可能國家說

亞里斯多德（Aristotle 384–322 B.C.）的政治理想，大部份可見之於他所著的政治論中，他的著作都是論文性的，而不是對話性的。

亞里斯多德偏愛描述理想國家，而不問其形式爲何。（註十一）亞里斯多德的政治論中的理論，相當不一致，在二、三、七、八篇中，亞里斯多德偏愛描述理想國家，而四、五、六篇中則主張政府的責任在於儘量實現該國的政治理想，而不問其形式爲何。（註十一）所以在本節中，我們也將分這二點來敍述：

一、本質概念及道德標準：亞里斯多德認爲本質是目的，他說：「一物之本質卽其目的。因爲一物充分發展後成爲某物，我們就稱之爲它的本質，不管說的是一個人，一匹馬，或一個家庭。」（註十二）本質旣是目的，因此「一物的終極因和目的是最佳的。」（註十三）如此，他就認爲「國家顯然是自然的產物，而人照本質是政治的動物」。因爲「國家是自然的產物，且優於個人，其證據是：如果個人遺世獨立，便無法自給自足，因之個人有如整體的一部分。」（註十四）亞氏把國家當做有機體來看，因此，有機體的利益不可能和其眞正的利益相衝突，因此，最好的國家並不一定需要像柏拉圖那樣，祇有一個理想國家，而是可以有許多不同的形式，那麼，在這許多不同的形式中，我們如何判斷何者爲好的政體，何者爲壞的政體呢？

二、好與壞政體之分：亞里斯多德根據政體之行使歸於一人，或少數人或多數人，並根據政府（不論是如何構成的）的目的是在促進公共利益（在此情形下是好政體），還是在增進統治階級的特殊利益（在此情形下卽爲壞政體），而把各種可能的政體型態分類如左：

	由一人統治	由少數人統治	由多數人統治
好：	君主政體	貴族政體	立憲政體（註十五）
壞：	暴君政體	寡頭政體	民主政體

亞里斯多德指出壞政體的缺點是：「暴君政體就是祇圖君主私利的君主政體，寡頭政體祇顧富有者

的利益，民主政體祇追求貧苦者的利益，三者都不是全體的利益。」（註十六）因爲「國家的存在是爲了好的生活，而不僅是爲了生活。」因此，亞氏的結論是：以政治權利賦予人民，應根據其對國家道德目標所做貢獻的多少爲準，而國家道德目標之一就是：共同利益（以別於局部利益）應該是一切的政治行爲的目的。

至於究竟是少數人還是多數人才是國家較佳的統治者呢？他承認少數具有趨向的能力的可能性較大，但又說，多數統治，也有其利，因爲可以集合各種觀點以影響政策問題，因此同意多數統治政策錯誤的可能性，比少數統治爲少，但這並不是說在立憲政體中的專家就毫無地位，而是說，在這種政體中，專家不是其工作的最後判斷者。在政策的製訂和運用上，專家是必要的，但人民却比他更能斷定政策的好壞。他說：

「有些藝術品，並非全由藝術家自己來判斷，也不是以他們的判斷爲最好，……房屋的使用者或房東比建築者更能評判房屋的好壞，正如駕駛員比木匠更能判斷方向舵是否管用，而客人對筵席的判斷也比厨子爲佳。」（註十七）

基於這個原則，區別政體的好壞，就是根據「同意統治」，凡是一個好的政府，企圖促進整個社會的利益，便會獲得全體人民的欣然同意，也祇有在這種情形下，理想國家才有可能。

三、理想國家：亞氏認爲一個理想國家應該小到足夠獨立即可。最重要的就是獨立，否則就要依賴對外貿易，對外貿易就須依賴軍隊來保護，如此，就要耗費大量的人力和財富。就不會有理想國家的可能。

亞里斯多德的政治理想，就是要達到最能合乎大多數人利益的政治目標，這一個目標不祇是要合乎全體或大多數人的利益，也要合乎道德原則。祇有道德原則才是國家或政治的眞正理想。

第二節　中世紀的政治理想

中世紀是一個宗教與政治最發達的時代，在這一個時代中，政治上的大一統，使得整個歐洲成爲一個國家，更由於宗教的原因，使得這一個大一統的國家中，政權更爲集中，有很多人也認爲，在這一個時代中，是相當黑暗的，這就是因爲極權統治的結果，這種結果的原因，一方面是由於君權神授的誤用，另一方面也是因爲享樂主義的原因，如此的誤用及享樂主義的結果，遂使得政治成了爲人所詬病的東西，連帶的宗教也受其果，我們如果仔細反省一下，中世紀的混亂，並不是因爲宗教的本質的原因，而是因爲執政者妄用政治的力量，並假藉宗教理由而遂行其個人政治的利益，結果，當然使人詬病。但從另一個角度來研究時，則可以發現，由於大一統的原因，學術的穩定發展，民主思想的蘊育以及學校制度，重技藝的精神，又使得中世紀成爲最光輝的時代，在這一個時代中，多瑪斯阿奎那的思想以及馬基雅維利的政治哲學，使得西方世界有了一個光輝的前途和基礎。在本節中，我們就敍述這二位哲學家的政治理想。

（一）多瑪斯的政治理想

多瑪斯（Thomas Aquinas 1227-1274 A. D.）的哲學乃是要把啓示的教義和哲學與科學的討論聯合起來，並加以融合。多瑪斯的這種探討，乃是基於十三世紀初期亞里斯多德作品的發現。以及約當一二六〇年時亞氏政治論由希臘文本的翻譯問世而產生的結果。亞氏的理論乃是根據一項假定出發，就是人的理智是眞理的最後裁決者，而各門科學的發現，是由哲學所提供的最後綜合，來予聯結以與調和。多瑪斯並不反對科學與哲學原則的正確性，但他認爲如要使宇宙不再成爲一個謎，則這些原則還應該再加上聖神（Holy Spirit）的啓示。但啓示所發現與科學及哲學原則並不牴觸。要完全瞭解宇宙，得其要領，和人在其中的地位，則這三項知識的來源都是必需的。

宇宙和知識一樣，其本身也是由高至上帝低至下等生物所構成一個體系，全都有其自然的目的或功能，而且每一生物均致力於達成其自然的目的，在實現宇宙的目標上，都多少有其貢獻。人類的地位所以特別重要，是因爲他在肉體上接近動物，在靈魂上却又接近上帝。這種雙重身份，才創造了道德生活的要件，並且促成了道德律所藉以表現的法律和制度。

但是，由人類社會所構成的宇宙，也是一種某一層次的體系，因爲它是由不同目的和功能的各種階級所組成，其安排的方式是在下者服侍在上者，而在上者指揮在下者。所謂共同利益就是在說明和確定二者間的權利和義務，特別是統治者對其屬民的權威並不是專斷的，其存在是爲了增進整個社會的利益，實際就是上帝所委託的義務。法律權威和任意行使權力，意義大不相同，可能有的時候，人民反抗統治者是正當的，祇要所反抗的暴政對共同利益所加的損害較小時，反抗就是正當的。

多瑪斯很花了一番工夫，來解釋法律的概念，而他所想出的四分法，更在闡明他那「法律權威」的理論。他區別這一名詞的四種意義有：

1.永恆法是上帝理智的表徵，而體現於決定整個宇宙之本質的法律中。

2.自然法是永恆法的一部份。它決定了生物的本質，可以避免死亡，生養後代，趨善避惡及達成該族類所自然而有的命運等自然趨勢爲例證，在人類中自然法特別表現在企求道德的理性的生活上。

3.上帝法是由啓示而使人們明白的各種道德原則。（如十誡或基督宗教中的道德規律等）

4. 人類法是由人類權威爲指導人民而制定的各種法律。

自然法與人類法的關係決定了政治權威之合法與否。人類法如果祇是爲其所根據的自然法的忠實表現，才是正當的，而自然法又是上帝理智的表現，而且由於自然法適用於一切理性動物，所以統治者和屬民都必須服從。

多瑪斯相信，上帝已在人心中植下了自然法的知識和服從自然法的意向。由於這種知識和意向，才有道德的行爲，但人的那種不可靠的判斷可能錯誤，所以使自然法在人類法中，權威的表示出來，是很重要的，它可以保證其爲人民所明白的知道，並限制莠民的爲非作歹。但在自然法中有那些是，那些不是自然法的忠實表現？多瑪斯並沒有提出客觀的標準，當然這也可能是基於信仰上的理由，因爲信仰是已經假設了這一個客觀標準，而信仰在當時又是普遍爲人所接受，這一個客觀標準，自然就成了自明而又顯然的了。

多瑪斯的法律理論之所以受到重視，不祇是因爲他能成功的將前人的學說加以敍述及綜合，更因爲他企圖將哲學和宗教調和成功而有的結果。多瑪斯認爲教會與科學不但可以並存，而且也可以彼此幫助，所以當科學的發現與聖經的字面解釋牴觸時，便應視那種字面解釋爲假而予以推翻，而這種推翻並不損害宗教上的基本信念，因爲宗教與科學究竟有不同的領域，在宗教的領域中，科學不但不能推翻，甚且也不能證明宗教上的基本信念，這種態度就成了羅馬公教（卽天主教）對待科學發現的正式態度，由此而使其教徒無需像新教徒一樣，隨時要爲調整信仰而受害。特別是在羅馬公教爲調整其神學以適應達爾文的學說上，感到輕而易舉，而達爾文的學說在新教徒間却引起了普遍的驚惶失措。

多瑪斯作品的影響，乃是使羅馬公教逐漸放棄了應當經由國家的機構控制科學和哲學的說法，在政治方面，敎宗（Pope）要求任免國王之權也日益削弱，和民族意識取代敎會權威，而成爲政府背後的支配力量，都表現此種趨勢。所以在現代民族國家多建於平凡基礎的事實上，多瑪斯的貢獻確實很大。（註十八）

(二)馬基雅維利的政治理想

馬基雅維利（Niccolo Machiavelli 1469-1527 A. D.）希望以純科學的立場來解決政治問題。他把道德信念當作一種心理力量，連同其他影響力，以形成民族的歷史。他否認這些道德信念有任何客觀性的基礎，或提供任何理性原則，遽以批評人類行爲的好壞。作爲一個政治科學家，他不關心人之應當如何，在他看來，這種問題是不會有什麼客觀的或理性的答案的。他祇注意於人類實際上是如何，這當然也包括人們所實際持有的道德信念的本質。

因此，馬氏以一個科學硏究者的超然態度來硏究政治現象。由於他沒有什麼道德信念，因此，對於替政府應有的目的尋求道德一事，他毫不關心。他認爲政府應該做其最後所不得不做的事，因爲人們之所以會接受政府所加在他們身上的一切義務和責任，都是有目的的，因此，政府必須達到這種目的。他認爲政治科學家的任務就是要發現並界定這些目的，然後根據經驗，進而設想如何以最好的方法，達到這些目的。

馬氏的學說和一世紀後霍布斯的理論極爲相似。按馬氏的看法，人是「忘恩負義、三心二意、欺騙、懦弱而貪婪的」。他們的社會性是自私自利僞裝後的表現，是由計算有組織的社會生活利多於弊的結果而來的。政府所加以各種禁制和限制的存在，這是唯一可能的理由。限制本身並無價値，不能認爲爲任何一類的「自然法」的表現而有其存在的理由。

依照馬基雅維利的觀點，人類所最需要的就是身體與財產的安全，這個需要滿足之後，個人才可能再進一步要求名利。經驗告訴我們，安全與名利的享受，有賴於個人以此爲目的而與他人合作，事實上，如果沒有國家安全，就沒有個人安全。道德所以區分爲善與惡、義與不義就是因爲這個原因。所以根據這個意義，爲了國家的利益偶而犧牲個人的利益是可以的，因爲就整體或長遠的眼光來看，凡是有利於國家的，也有利於個人。

根據這一個觀點，國家的成立在於滿足個人的需要，那麼，國家的主權乃在於人民身上，主權的行使，可能委託一羣人，但如果人民的需要是國家存在的理由，那麼主權的最後來源必然是全體人民。馬氏在這一個理由上，非常贊成亞里斯多德的看法，並指出祇有把政府建立在民主基礎上的國家，我們才能斷定政府的權力不會濫用。但他又承認君權有限政體，有時在一段時期內也許是必要的。但他堅持祇有在最後責任由人民自行負擔時，政府才有健全的基礎。

另外馬基雅維利，還主張霸權，他認爲一個國家要得到人人所渴望的優勢地位時，如果需要犧牲他國時，就犧牲，以達到優勢國家的目的。但雖然馬基雅維利主張用霸權來獲得一個優勢國的地位，但他却不主張用暴政，用極權統治，他不認爲獨裁政體是最好的政體，祇能作爲非常時期的一種權宜之計，如果把極權統治，當作是正常，就錯用了馬氏的理論，雖然有些極權國家在今日已用了馬氏的理論，但馬氏並不是爲此而主張的。

從上所論，中世紀以來的政治理想，乃是建立在個人理想的基礎上，一切的個人都應享有其基本的精神與權利，如果任何人抹殺了這種權利，就等於違反了國家的最高利益，而國家的最高利益，乃是爲了道德生活的目的，道德生活的目的，就是要達到美善的生活，美善的結局，就是上帝所賜予人民的，在政治的理想上，就是要使人瞭解上帝的眞正意向，並爲了尋求眞理而不惜犧牲一切，祇有這樣，才算是眞正的政治理想。

第三節　近代的政治理想

中世紀以後的時代，人們經由科學的逐步發展及人類世界的逐漸開拓，以致於激起了思想上的大革命，在這一場革命中，民主，自由的理想不斷提示爲人性的最高天賦，爲了追求民主，自由的政府，各種試驗紛紛出籠，在這個試驗的舞臺上，有些經不起考驗就倒下了，有些仍在被考驗中，但有些已很確定的被看出是人類的理想，也是人類的目標，不論這些是什麼，至少曾爲人類的理想所提供的思想，是值得我們來討論的，一般來說，霍布斯的理性國家說、洛克的道德國家說、盧梭的共同意志說、黑格爾的唯心國家說及馬克斯的社會主義說等，都在我們討論之列，我們現簡單的加以分析：

(一) 霍布斯的理性國家說

霍布斯（Thomas Hobbes 1588–1679 A. D.）在他的主要著作利維坦（Leviathan 1651 ed）中，主張，不管什麼政府，祇要當權，就應有絕對的勢力。這種主張，不但和當時盛行的君權神授說相抵觸，也得罪了英國國敎和羅馬敎皇，因爲他的無政府主義主張中，並不承認權力以外的事實，因此，經驗才是最重要的，因爲權力是從經驗中獲得的慾望，慾望乃是志願行爲的普遍的原因，因此，每個人都會自然地尋求個人的利益，沒有任何人絕對優於他人。由這個前提，霍布斯認爲：沒有中央政府的強制力，人們便生活於戰爭狀態中——人與人爲敵。他的意思不是說人會不斷的戰爭，而是人有被攻擊的危險，除了以自己的體力和機智保護自己以外，人毫無安全可言，人要如何脫離這種狀態呢？必須使用理智才行。理智並不能選擇行爲的目的，但却可以考慮行爲的後果，由這種考慮而得的一般原則，就是自然法的運用。根據自然法就產生社會契約，所謂社會契約，乃是一種權利的移轉，他說：「我放棄管理自己的權力，而授權給這一個人或這一羣人，條件是你也要同樣放棄這種權力給他，並同樣授權給他。」(註十九) 這就是霍布斯的社會契約，它是全國一致團結的起源。受讓統治權的人，稱之爲主權者，他說：「一個人，由廣大的羣衆彼此相互約定，對該人所行均認係每人所制定，因此，他爲了他們的和平與共同防衞，可以照他所認爲合宜的方式，使用他們全體的力量和工具。」(註二十) 在一國之內，除主權者外，其餘份子，都稱之爲臣屬，如此就建立他的理想國家，這一個理想國家乃是基於理性的目標，所以霍布斯的理論，一般來說，祇是一種經驗主義的國家論，對於人生的無限嚮往，則祇有付之闕如了。

(二) 洛克的道德國家說

洛克 (John Locke 1632-1704 A. D.) 的政治學說，與霍布斯一樣，都是時代背景的反映，霍布斯生活於顚沛流離的內戰時期，因而急於證明一個具體絕對權力的強大政府爲正當，而洛克則備受史徒亞特 (Stuarts) 各王所迫害，但各王爲革命所廢，因此亟欲證明革命的正當。他這種革命論，在一六八八年以前就已定型，他辯稱，政府可由革命予以推翻，而不致使社會解體，如何能夠呢？就是根源於洛克的道德學說，這也就是他和霍布斯不同的地方，霍布斯認爲理想國家之所以爲理想，是就理性上說，而洛克則認爲國家之所以爲理想，乃是就道德上說的。他的理論是基於一項假定，卽自然法是有的，但因爲其性質特殊，是道德的，所以自然法也是一種道德的自然法，而其理想國也是一種道德的理想國。到後來他把自然法稱之爲「上帝的意志」(註二一)，他說：

「一個人在自然狀態下，沒有對其他人之生命，自由或財產的專斷權力，而僅有自然法所給予他的權力，使足以自保及保存其他人類，因之他所與，或能與國家，由此而與立法權者，僅此而已，所以立法權之所有者不超乎此。其權力之極限還是以社會公益爲限。」（註二三）

由此，國家及個人的力量都要受到道德的限制，如果政府的行爲與道德標準相抵觸，則是政府措施錯誤。就他看，沒有任何政府具有一種絕對的權利，可以憑其好惡來統治，與個人之無絕對的權力以爲所欲爲，洛克所以如此堅決主張，乃是主要在反對「君權神授」之說，卽因國王不能爲非，因爲其權威得自上帝，而其行爲是上帝意志的表示。洛克認爲君王也是會犯錯的常人，其行爲受道德律的支配，並且他很可能違反道德律。因此，一個理想的國家，乃是經由道德律而來的國家。

洛克的學說，認爲政府的基本目的在保障個人的財產，卽人的生命，自由和所有。人民以這種責任委託政府，如果政府不能善盡其責，則撤換政府自有充分的理由。因此，洛克主張，最高價值的客體是個人而非國家，國家祇是促進個人利益而設立的工具。在這裏，我們可以看出洛克對於事實的分析和道德理想的闡揚二點，並沒有明顯的區則，他的分析，就當時的情況來說，都是眞的，但爲以後呢？所以在道德理想上所定的標準，不祇是爲應付當時的環境，也要合乎長久的目標，這也是因爲人在有限中對無限渴望所作的要求，而洛克在這裏並沒有給我們一個明顯的答覆。從另一方面來說，政府是否能完全滿足人民的所有要求呢？如果不可能，就遽此以爲違反道德原則，就顯得未免和事實混淆了，所以洛克的貢獻雖可稱之爲對政府的道德責任作了界定，但另一方面，並未把道德責任的最後目的標示出來，似乎有點美中不足。

（三）盧梭的共同意志說

盧梭（Jean Jacques Rousseau 1712-1778 A.D.）是繼啓蒙時代（Age of Enlightment）之後的所

謂浪漫反動（Romantic Reaction）的領導人物。啓蒙時代指的是大約一六五〇到十八世紀末葉的一段時期，在這一段時期中，英法的主要思想家都對人類理智的能力具有信心，認爲它能使人獲得宇宙的最後瞭解，並提供人類行爲的理性指導，其他能力，如感情與直覺，就不能達到這種目的。然而十八世紀中葉以後，對於這種理智的信心產生了反動，因其基本上認爲眞理要靠感情和直覺，而非理智，於是被稱爲浪漫反動。

從某種觀點來說，盧梭是浪漫反動的主要代表人物，他的作品處處顯現他對他所宣揚的原則有激情似的信仰。這種特性使得他的作品具有很高的宣傳性，雖說缺乏理性主義者的愼密邏輯體系，但一般都同意，法國革命起於人民不滿情緒的各種原因中，社約論（Social contract or principles of political right）的論點——即人在近代國家中喪失了他天然的自由——的煽動這種情緒，功不在小。

社約論雖不是盧梭關於政治哲學的唯一著作，但却代表他最成熟的觀點，因此，我們在下面解釋他的理論時，將以之作爲例證和說明。社約論的出版時間，和他論教育的愛彌兒（Emile）都同在一七六二年出版。

盧梭認爲現行政治社會的最顯著的缺點，就是它限制了人在自然狀態下所能享有的自由，這種自然狀態就是霍布斯，洛克所說的不受任何政府的支配時所生活的狀態。他以爲理想國家是有法律和秩序之利，而無自然自由喪失之弊。他敍述政治的基本問題時說：

「問題在發現一種結合的形式，在此形式下，可由全體共同力量來保護結合者的身體和利益，個人雖與整體聯合，仍祇須服從其自己，與以前一樣的自由。」（註一三）

盧梭認爲社會契約可以對這一個基本問題提供解決之道，他的意思是，一個政治社會建立在他所說的社會契約之上，就會使該社會的份子既可有自然狀態下的自由，又可有法律與秩序的好處。在他的社會契約中，他祇着重理想國家的起源和建構，同時對理想國家的有機性，就視爲是這一個理想國的特徵，所謂有機性，乃是一種共同意志的發揮，這種共同意志存在於個人和國家之間，個人意志如果能與國家意志相一致，那麼這一個集合體的國家，就可以非常理想。

盧梭的共同意志說，就是建構於這樣的理論上，但他自己也承認，這祇是一種理想，很少有實現的可能。

（四）黑格爾的唯心主義國家說

黑格爾（Georg Wilhelm Friderich Hegel 1770-1831 A. D.）的唯心主義，基本上是康德（Immanuel Kant）範疇學說的邏輯發展，所以黑格爾反對一般人把知識與實在予以分開，他認爲知識就是實在，實在就是知識（Knowledge is reality and reality is knowledge），因爲二者如果相離，那麼實在便不可知，而知識便是幻象。基於如此的唯心論，黑格爾就認爲國家也是一個經由辯證過程而達到的國家體系。

如果把黑格爾的邏輯界定爲「凡存在卽合理」的原則，那麼他的政治哲學就可以說是：「凡對的皆合理」（The right is the rational）的原則。根據黑格爾的意思，如果個人的行爲不能依照個別的衝動和慾望，而是依照普遍的理智的話，那麼我們就可以找到行爲的要素。所以黑格爾認爲所有的功利國家理論，都是錯誤的，因爲他們都是以個人的慾望和利益作爲政策的最後依據。依黑格爾的看法認爲，國家意志代表了個人的眞正意志，祇有國家與個人的意志相合時，個人的行爲才是道德的。

黑格爾又把民衆社會（civil society）與國家嚴加區別。因爲孩子長大變成獨立的人之後，家庭就解體，自然就形成一種政治組織的形式，這就是民衆社會。在這一階級中，人們的各種需要都要依靠別人，因此就要接受一種組織形式，以適當的方式彼此互相支持瞭解。但是黑格爾却認爲沒有任何有理性的人會滿意這種政治組織形式，因爲它假定人人追求自己的目的，而把他人當做是達成目的的手段。最後能令他滿意的，就是祇有稱爲國家的更高一級的組織形式，因爲它表現了國家之內所有個人的理性意志，個人祇有替國家服務，才能實現個人的眞正意志。

黑格爾的唯心主義國家說，事實上也就是國家意志說，在這一個主張下，個人的意志被抹煞了，人性的自由也被淹沒了，一切都是爲國家，怪不得馬克斯的社會主義國家說，能因緣附會，攀枝而上了。

(五)馬克斯主義國家說

馬克斯（Heinrich Karl Marx 1818-1883 A. D.）是今日共產唯物主義的創始人，他的思想在今日處處受到遵奉，但他的思想，却破壞了千年不墜的社會道德科學，其中影響最大的就是他的共產黨宣言（Manifesto of the Communist Party 1848 ed）以及資本論（Capital 1867 ed）這二本書。馬克斯的理論基礎，乃是把黑格爾的辯證論加以篡改，而變成辯證唯物論。他認爲辨證的歷程不是思想歷程，而是思想所反映的物質實在的歷程。馬克斯的唯物思想，就是根據這個理論，否認思想至上說，而相信思想的本質係由它所反映的物質實在所決定。他稱這個實在爲物質的，並不意謂它是「物理的」而非「精神的」。他的物質實在，體現於所謂「物理」和「精神」歷程的整個宇宙，其所以稱爲物質實在，目的在強調思想如要具有效率，便須與物質實在相應。在此，馬克斯與黑格爾的思想開始分家，黑格爾的理論具有一個邏輯系統，而馬克斯的學識祇是一個因果系統，在這一個系統上，是根據純粹經驗的定律而發展的系統。因此，馬克斯的學說，嚴格來說，不是一個哲學理論，唯一具有哲學意味的是：

哲學（除純分析意義而外）是做不到的一門學問，而科學則提供了解決之道，藉此可以瞭解自然與人——包括人們時常相信的各種道德系統和哲學系統。因此馬克斯學說的效率必定得由科學的標準來判斷，尤其要看它所描述的社會和政治進化的事實，是否屬實。

馬克斯在共產黨宣言中，以民衆叛亂爲形式的革命，必然會是資產階級和無產階級衝突的頂點，而他認爲，這是每一個資本主義社會遲早要遭到的命運，可是這項結論並不是由他的辯證唯物論而來，因爲它並不意含一切社會都必須用同一方式來解決這項衝突。如果資產階級不肯妥協，祇顧自己的特權而不理無產階級的利益，暴力革命就極其可能。在共產黨宣言中，馬克斯列擧了共產黨政策的具體目標：

1. 廢止土地私有，並將地租用之於公共目的。
2. 稅率甚高的累進或分級所得稅。
3. 取消一切繼承權。
4. 沒收所有外來移民和反革命份子的財產。
5. 信用集中於國家，由國有資本的及絕對獨占的國家銀行爲之。
6. 交通和運輸工具集中於國家。
7. 工廠和生產工具國有；開墾荒蕪土地，並依共同計劃普遍改良土壤。
8. 人人同有工作之義務。設立產業軍隊，尤以農業爲最。
9. 農業與製造工業聯合，較公平的分佈人口於全國，逐漸廢除城市與鄉村的區別。
10. 所有兒童均於公立學校自由受教育，完全免費，廢除現在方式的工廠產工。教育與工業生產聯合，等等。（註二四）

這些目標，在十九世紀中葉看來，不管多麼富有革命性，但都可由議會民主政治的普通程序達成，至少達成一部份（即使在今日的中國大陸，一個最徹底的馬克斯主義地區，也沒有完全實現）。所以馬克斯的理論在基本上不應該是暴力，而應當是革命的，但馬克斯錯懂了革命，以爲革命非用暴力不可，這種偏執的想法，遂使得人性尊嚴及個人自由受到極大的傷害。

馬克斯相信經由暴力革命所達到的無產階級專政祇是一個過渡的性質，其最終目的乃是一個無產階級的社會。在其中「一切生產皆已集中於整個國家的大結合」，一旦這樣，則「公共權力將失去它的政治性。」如此，無產階級的社會來臨，人們就可以有完全的自由，在這種意義之下，政府的功能就是：「祇有當生產置於社會之有意的和預先安排的控制之下，生產一定產品所用的社會工時量，和社會對這種產品的需要之間，才能由社會建立一種直接關係。」（註二五）結果，似乎在無產階級社會之中，仍有中央政府的極權統治，如此，無產階級社會又如何可能呢？所以，資本主義在個人雖然消失了，但國家仍是一個資本主義的國家，資產階級雖然沒有了，但國家却成了一個大資產階級，如此，又有什麼可能說馬克斯主義是一個無產階級的主義呢？

從人性的意義來看，馬克斯主義必然不可行，因爲人性不論從精神或物質上來看，都是希望愈來愈多，愈來愈好，不可能大家一齊拉平，通統變成無，同時在另一方面，一個人天賦所有的權利，也不是無產階級所可以經由後天來加以抹殺的，再說，人類的發展，是愈來愈走向天下一家，世界大同的理想，這一個理想的實現，如果用暴力就破壞了其價值，因爲仁愛的特性，乃是人所天賦而來的，不能經由任何方式加以改變，例如親子之愛、情愛之類，是無法用物質來加以衡量的。基於以上的觀點，馬克斯的主張並不是一個今日人類所要的政治理想。

從以上所論，在西方的許多政治理想中，仍然是以道德價值爲依歸，這一個道德的目標，就在使人走向眞善美，使人民能有幸福、快樂、自由的生活，這種生活，不但可以提昇人的價值及意義，也可以帶向人類走向至善的地步。在今日的世界社會中，一個政治理想，不祇是一個口號，也應該是一個實際可行的理想，這一個理想不但可以帶給人幸福快樂、自由、平等的生活，也可以帶給人高超的理想，經由這一個理想，人們才有能力完成中國先哲所要的與天地參的理想。

第二十九章 今日可能有的政治理想

今日的世界已不再是一個封閉的世界，人與人之間，民族與民族之間的來往，愈來愈密切，在今日的世界中，我們如果要達到每一個人都能有心靈的自由，生活的安定，生命的保障的話，在今日實現一個完美的政治理想，乃是理所當然的。政治的目標既在幫助人民獲得幸福，人民不祇是個人的權利得以獲得保障，就是人民所依附的國家社會的權利，也同樣能在民族與民族，國家與國家，社會與社會之間獲得保障，所以，在今日要講政治理想，首先要看人民的福利及人民的意願，再看社會與國家的權利及義務，所以本章將先從個人的權利及義務，論及國家的權利及義務，最後論及人類的權利及義務，如此，就構成一個在今日世界中的政治理想。

第一節 個人的權利及義務

政治的主體，不祇是在於主權之上，在人民的成份上要來得更大，一個政治或政體如果沒有人民，將都是空架子，所以人民的權利及義務看清楚了，我們才能訂出人民可以爲國家社會做什麼。

人民的權利及義務可以好幾方面來看，一是祇看重其現象上的權利及義務，一是祇看重其內在的權利義務，第三種乃是不但看重外表的權利及義務，也看重內在的權利及義務，我們在這裡所採的態度，乃是第三種態度，我們現就分別敍述：

(一) 外在的個人權利及義務

個人之所以有權利及義務，從外在的意義來看，乃是一種相對的名詞，也就是在個人之前，必須有一對象，在和這對象之間的關係，乃構成了權利與義務的關係，爲一個人民來說，和他發生權利義務關係的，就是國家，當國家與人相對時，人民可以向國家要求什麼權利及應負何種義務呢？在中華民國憲法上從第七條到第十八條都是敍述人民之權利：

第七條：中華民國人民，無分男女、宗教、種族、階級、黨派。在法律上一律平等。

第八條：人民身體之自由應予保障（下從略）

第九條：人民除現役軍人外，不受軍事審判。

第十條：人民有居住及遷徙之自由。

第十一條：人民有言論、講學、著作及出版之自由。

第十二條：人民有秘密通訊之自由。

第十三條：人民有信仰宗教之自由。

第十四條：人民有集會及結社之自由。

第十五條：人民之生存權、工作權、財產權，應予保障。

第十六條：人民有請願、訴願及訴訟之權。

第十七條：人民有選舉、罷免、創制、複決之權。

第十八條：人民有應考試、服公職之權。

除了這幾條之外，關於人民的權利還有：

第二十一條：人民有受國民敎育之權利及義務。

第二十二條：凡人民之其他自由及權利，不妨害社會秩序公共利益者，均受憲法之保障。

第二十三條：以上各條列舉之自由權利，除為防止妨礙他人自由，避免緊急危難，維持社會秩序，或增進公共利益所需要者外，不得以法律限制之。

第二十四條：凡公務員違法侵害人民之自由或權利者，除依法律受懲戒外。應負刑事及民事責任。被害人民就其所受損害。並得依法律向國家請求賠償。

除以上所列舉的這些條文中，我們可以看到人民的權利有三點值得研究：

一、人民的權利和自由是彼此相聯的，這種自由的行使也就是權利的伸張，美國總統威爾遜在第一次大戰時所揭櫫的自由，乃是今日人民權利的基礎，這個基礎就是天賦人權的意義，在這個意義之下，任何人，任何政體，都不得破壞、損害，所以人民的權利有其適當的地位與被尊重的條件。

二、在權利與法律之中，如果引起爭執，祇要人民的行為正當，法律不但不能損害人民的權利，相反的還應當保障人民的權利，法律的目的就是保障人民的權利。所以中華民國憲法開宗明義就說：

「中華民國國民大會受全體國民之付託，依據孫中山先生創立中華民國之遺教，為鞏固國權，保障民權，奠定社會安寧，增進人民福利，制定本憲法，頒行全國，永矢咸遵。」

為增進人民之福利，所訂定之法律，當然不能違反人民之權利。所以人民的外在權利是可以藉行動而達到的。

三、人民的權利和法律衝突，而執法的人損害了人民的權利時，人民有權要求賠償，這一個精神乃在說明人的權利是最重要的。

從上所述，人民的權利不但有其基礎，甚且還能有其堅定不移的優先權。

從人民的義務來看，人民和國家之間的義務，乃是訂於一種關係上，這種關係，就是當我們接受他人幫助時，我們也應當幫助他人，這種基於互利、互助的關係，乃是人與人之間的基本義務。憲法上說：

「第十九條：人民有依法律納稅之義務。

第二十條：人民有依法律服兵役之義務。

第二十一條：人民有受國民教育之權利及義務。」

人民的義務，不祇是在得到別人的幫助，也要有責任幫助別人，所以對國家這一個對象來說，人民的義務就是要納稅、服兵役，如此，國家才有可能盡好責任來保障人民的權利。

所以從外在的權利及義務來看，一方面我們承認天賦人權，另一方面爲了要使這一個權利受到最好的保障，人民也有責任來維持社會的秩序及安寧。

(二) 內在的個人權利及義務

外在的權利及義務，乃是可以從外在的行動中所看出，而內在的權利及義務，就不是那麼容易看出，因爲內在的權利及義務，乃是根源於人性的內在性的思維及特質而後有的權利及義務。我們先談個人的內在權利。

一、內在的個人權利：內在的個人權利，有時也可稱之爲選擇的權利，這種選擇的權利，乃是根源於理智與意志的行爲，也就是我們一般人所說的自由意志，自由意志不是一種虛無縹緲的東西，而是實有而又內在於人的自由意志及權利。

在道德生活篇中，我們曾說過，自由意志是一種天賦的，爲人所內有的一種權利，這種權利，乃是使人可以在善與惡，是與非中作選擇，尤其在判斷外在的權利時，如果沒有以內在的權利爲基礎時，外在的權利就常會錯誤。例如我們在實施言論自由時，如果我們事先不經過理智的思考，自由意志的選擇，那麼我們很可能就會口不擇言了，口不擇言的結果，不但妨害了他人的自由，也危害了個人的自由，所以內在的權利必須是外在權利的基礎，而內在的權利，必須有其更穩定的基礎，人民才有眞正的權利。所以要使權利達其目標，就必須先要有內在的權利。

二、內在的個人義務：既然我們瞭解個人的權利是在作選擇，那麼內在的個人義務又是什麼呢？那就是面對眞善美的意願的堅定行爲表示。也就是必須要努力達到眞善美的目的。眞善美是人人所願追求的，在追尋的過程中，我們如果不瞭解眞善美的意義及其目的，我們就無所謂外在的個人義務；所以，內在的個人義務必須是外在的個人義務的基礎，祇有如此，外在的義務才有方向，才有目標。

從上所論，人民的權利及義務，乃是在面對人與人，人與社會國家時，人所有的權利與義務，在所有的外在權利及義務中，必須要有一客觀的、內在的基礎，這些才有價值，所以「天賦人權」的意義就在於此。

第三節　國家的權利及義務

國家的權利及義務，乃是在面對國家、人民時所有的權利及義務。

當國家面對人民時的權利，乃是國家有權利向人民徵稅，及要求人民服兵役來保護國家，這一種權利，乃是因爲基於人民的委託，如果人民不委託，也是無用的，國家的基礎，乃是由人民所組成，人民組成之後，根據一定的目標，乃賦予國家的權利，在這個權利之下，祇要國家不違反天賦人權，國家就有權向人民要求。

至於國家對人民的義務，乃是在保護人民，使人民獲得幸福、快樂而安定的生活，如果一個國家不能達到如此的目的，國家就疏忽了他的責任，那麼人民也就無義務對國家了。所以國家必須先有照顧人民之實，才能有權要求人民，不然，人民可以經由合法的權利，達到政權的轉移。

在國家與國家之間的權利義務，就如同人民與國家之間的權利與義務一樣，每一個國家都享有獨立、主權的權利，這一種權利，不允許他民族來干涉，例如在西方世界中，所提倡的「民族自決」就是一種方式，在國家與國家之間，每一個國家都可保有其領土完整，主權獨立的權利。所謂的領土完整，乃是根據民族自決的原則，該民族所生存的土地，卽爲該民族成立國家時的領土，這一個領土完整，不受他國的侵害。像以色列民族所組成的以色列國，當她在二次大戰後所獨立的國家領土中，雖曾是她的生存土地，但四週的人及國家，都是回敎國家及人民，乃受到相當大的迫害，這一個迫害使得她們爲保衞自己的領土而戰。所以以色列人事實上就是在爲自己國家的生存權利而戰。一個國家的生存權利，事實上也就是所有強國人民的生存權利，如果這一個生存權利，受到侵害，人民當然會起而反抗了。

在講到國家與國家的義務時，不但是一種實質上的義務，也包括了道德的義務，例如中共侵略中國大陸，破壞人民的權利，不祇是中華民國的政府對他們這一羣受苦的大陸同胞有責任，就是世界上所有國家，都對他們這一羣受苦難的人有義務、有責任，但是，享樂及唯物思想的橫行，不祇是其他國家的人民故意要忽視這一份責任，就是有些自己中國的人民，有時也故意不理會這些，這樣的行爲，不祇是忽略了國際間的彼此責任，甚且也沒有道德感，這種結果，如果持之以久，世界人類遲早會在這種不信、不義的情況下毀滅的。

從前面二節中，我們可以作一個結論，那就是在今日的政治理想中，在人與人，人與國家，國家與國家之間乃是一種民生、民權、民族的關係，民生不祇是人對人，也人對國家，國家對人的一種權利義務，而民權乃是國家對人民的一種權利義務，而民族乃是國與國之間的權利與義務關係。所以　國父孫中山先生所倡導的三民主義，是最能解決今日世界的問題，也最能提昇人類的理想，也祇有民族、民權、民生這三個主義都實現時，我們才能談人類的權利及義務。

第三節　人類的權利及義務

在此處所說的人類，不是指個別的人，而是指全體的人類，當這一個集合體提出時，就是人類在面對自然時所有的權利及義務。

人類的理想，不祇是一種醉生夢死，祇求一己人類的福利就夠的，人類的理想乃是以人類全體的目標，爲我們努力的方向。在今天我們所能看到的人類生活，似乎祇有背信、不義、貪婪、搶奪、殘殺等，這些怎麼能做爲人類的目標呢？因爲如果要以這個做人類的目標的話，那麼人類可能祇有一個目標——就是走向死亡，但事實上，據總統　蔣公的意思：「生命的意義乃是創造宇宙繼起的生命」，似乎，人不是爲着那些貪婪、殘殺而活，而是爲一個更高、更遠的目標生活、生存，這一個人類命運相同的體認，可以使我們瞭解人類有其權利及義務。

人類的權利，乃是可以根據自由意志，自由的選擇去追尋無限的美善，在這一個選擇及追尋上，不祇是一個人的問題，而是全體人類的結果，如果我們祇認爲個人就可以決定人類命運的話，那是妄用了個人的權利，因爲個人的權利，不經由全體是毫無意義的，請問一個人在孤島上，他有什麼人權，有什麼權利呢？人類的權利，乃是全體人類，而不是個人的權利的運用，經由這個權利，全體人類的命運可以定在一個無限的目標上，經由這一個無限的目標，人類的命運才有意義。所以，人類的權利，不祇是在於追求之上，也可以放在一種責任上，這種責任就是我們人類爲這一個權利付出代價。

追求無限美善既是我們的權利，也是我們的責任，祇有在無限、永恒的定義下，權利與義務才可以合而爲一。人類如何去追尋這一個無限的美善呢？藉着共同的政治理想，經由共同的努力，我們可以很快的達到這種目的，但另一方面，如果在全體人類之下的每一個人仍是營營於利碌，那麼，人類全體不可能是健全的，所以在求人類的理想有可能達到時，先要求個人的理想得以完成，這一種完成，不祇是眞善美的完成，也是中國人的理想——聖的完成，所以，個人的修養，情操的培養乃是極爲需要的，這種情操，乃是中國人渴望天人合一的宗教情操。

本篇中所敍述的政治理想，從一個角度來看，乃是如何在地上實現一個理想的國家，經由這一個國家，每一個人都可以得到豐足的物質生活及愉快的精神生活，從另一個角度來看，如何能夠使這一種愉快的精神生活，能夠提昇到永恒的精神境界？精神生活的鍛鍊及培養，不但可以鍛鍊堅毅耐勞的意志，更可以培養永恒向上的決心，柏拉圖之所以主張哲學家爲國王，中國人之所以要有聖王、哲人的目的，無非都是希望在人世間中，給我們一個理想的王國，經由這一個理想的王國，逐漸提昇人性的意義及人類的境界，也祇有如此，以哲學家爲王，才能達到這個目的，因爲哲學家可以「究天人之際，通古今之變」，同時也可以帶給每一個人崇高的宗教情操，而進入永恒。所以政治理想乃是眞善美的最後一步——聖的起步，經由這一步，我們就可進入宗教的境界——聖的結果。也祇有如此，我們的人生哲學才有意義與目的。

註一　民國十二年十一月三日孫中山先生北上時在黃埔軍校的告別詞中所說的。

註二　E. C. Smith and A. J. Eurcher, New dictionary of American Politics. p. 293.
馬起華著政治學精義一——二頁。

註三　見馬起華著政治學精義一二五——一三八頁。

註四　同右四六頁。

註五　方東美著中國人生哲學概要七六頁。

註六　同右七七頁。

註七　楊幼冏著中國政治思想史一四三頁。

註八　見柏拉圖著理想國三四六頁。

註九　同右五二一頁。

註一〇　同右五二五頁。

註一一　見 Sabine 著 Aristotle 1923.
Jaeger 著 A History of Political Theory. p. 90. A. R. M. Moree 著 An Introduction to political philosophy

註一二　Aristotle Political, translated by Jowett. V. I. ch. 2.

註一三　同右。

註一四　同右 V. II. ch. 2.

註一五　立憲 Polity 這個字是從希臘字來的，意卽憲政政府。

註一六　同註十三 V. III. ch. 8.

註一七　同右 V. Ⅲ. ch. 11.

註一八　本節是由 A. R. M. M 著 An introduction to political philosophy 翻譯而來。並參考王兆荃，廖中和合譯的政治哲學，幼獅版。

註一九　利維坦十七章八九頁。人人文庫譯成巨靈篇。

註二十　同右九十頁。

註二一　Locke, of Civil Government. Book Ⅱ Part 6.

註二二　同右 Pera 135.

註二三　Social Contruct, Book I Chap. 6.

註二四　共產黨宣言一五二頁。

A. R. M. M, Anintruduction to Poiltical Philosophy 王兆荃，廖中和合譯政治哲學二三一——二三二頁，幼獅版。

註二五　Capital, Ⅲ tr, by E. Unterman P. 221. A. R. R.M, An introduction to poilitcal philosophy

第八編　宗教情操

第三十章　宗教情操的意義與目的

宗教在今日這個時代，似乎常有許多誤解，有人認爲宗教是迷信，因爲今日的科學文明告訴我們，有許多信仰宗教的人，在他們生活中所執迷的東西，似乎是不可能的，例如一個人生病，信宗教的人，拼命祈禱，希望病能痊癒，而不需任何的現代醫藥治療，這看起來似乎很可笑；但有些人却又認爲，宗教是人生所不可缺的，因爲宗教如果不存在的話，人就不可能會有超越的理想，也不可能會有信仰的具體表示。所以，宗教，從其本身來說，並沒有什麼意義，但爲人來說，却是可以寄託人類心靈的方法。但是，我們今天在這裏所要研究的，不是宗教的本身問題，而是要研究，在人生哲學的前提下，我們如何能夠獲得宗教的意義，帶給我們人生的目標。人生哲學本身不是虛無，宗教也同樣的是一種具體而可把捉的東西，所以在人生哲學中研究宗教的目的，就在獲得宗教的精神，作爲改進我們人生的目標。

宗教雖然在今日的社會中，常被人故意忽略，但宗教的心，却在每一個人心中都存在，我們今天所要研究的，乃是希望先研究一些宗教的現象，及歷代先聖先賢的宗教情操，最後我們在歸納這些意見之後，再看是否有可能獲得宗教的情操，作爲改進我們人生的目標，也使人生哲學可以成爲人生追求的目標之一。

情操這二個字，乃是一種優美的情感表示及操守，在宗教情操的意義之下，乃是如何能夠有宗教本質的優美操守。宗教的本質，常容易令人迷惑，我們先研究宗教的一些問題之後，再來看宗教情操的意義。

第一節 宗教情操的意義

(一) 宗教是否迷信

宗教就好像人一樣，有人有優美、善良的品德，而有的人却沒有。在宗教的領域中，有的時候也是如此，問題是我們常常喜歡用一視同仁的方法來對待宗教，但在對人時，却又故意把現象與本質加以分離，這是相當矛盾的事。例如某一教派的人拒服國家的兵役，這時我們就可能會有一種聯想，所有的宗教徒都是不愛國的，又例如某一宗教團體出國朝聖，結果有些人沒有回來，我們就會想這一個宗教團體眞不行，故意違犯國家法律，但我們對國家的政黨及政府機構中的某一公務員有貪汚行爲時，我們就會很快的想到這是個人的行爲，和某一政黨，某一政府機構無關，而不會聯想到這一個政黨，這一個機構，鼓勵他的黨員或職員在貪汚呢？這就是因爲宗教在歷史上所曾給人的印象和政府、政黨給人的印象不同。因爲一個政黨、一個政府在經過幾十年、幾百年之後，不但是其中的人，就是連同組織型態，都有可能改變，改變的原因及理由，乃是爲了適應人民的需要及當時的時代潮流。但爲宗教來說，却不是如此，這一個宗教所崇奉的對象却一直未曾改變，也不可能改變，在整個宗教的儀式中一直是以這位對象爲中心，幾千年來，儀式的方式可能有些改變，但儀式及崇敬的對象却從未變過，在如此的情況下，宗教如何能滿足各個不同時代的需要呢？因此，當宗教和政治相提並論時，政治的時代適應力就可能要比宗教來得強多了。

在宗教中所尊奉的儀式裏，有些並不合乎人心當時的要求，例如基督宗教的彌撒（Mass），佛教的梵文經典等等，常令人覺得和時代脫節，又加上科學的進步，人們有了一個新的價值體系時，就會去研究及比較和以前有什麼不同，在不同的過程中，人們會用什麼的標準來衡量新的以及舊的價值系統呢？當然是要有最合乎人心需求的標準才行，但爲一般人來說，他們會如此的明理嗎？當然不可能，因此把宗教現象及宗教本質混爲一談，結果，迷信就產生了。誤解當然也跟着而來了。

我們對迷信的看法，一般都堅持於宗教及民風民俗上，因爲這二者，有太密切的關係，同時另一方面，也因爲宗教本身適應力的問題，常是一種不夠進步，甚至阻礙進步的原因。例如哥白尼及伽俐略對物理世界的新發現，在當時人來說眞是石破天驚，如果當時的宗教接受了這一個觀點，並採取寬容的態度，人類文明的進步及價值系統的維繫似乎會比今天更有效，但可惜的是，他們的發現並未獲得適當的寬容，更不幸的是，後來的許多事實，證明了哥白尼及伽俐略發現的正確，這就更引起後人對宗教的攻擊，但我們如果仔細研究這些歷史，可以發現他們所攻擊的都是當時的制度及掌權者，而不是宗教本身，可是對有些人來說，就會誤解以爲宗教的本質就是如此。這當然是一件非常不幸的事，即使在今日，宗教制度所引起的問題仍是層出不窮，這就會引起很多人的疑問：「宗教爲什麼要堅持這些呢？如果這些事實和宗教本質並沒有衝突，相反還有可能配合的話，爲什麼要因爲人，而妨礙了人類的進步呢？」對這樣的問題，我們所能瞭解的，乃是人所組成的教會和教會本身的存在理由，很可能會有衝突，問題是人如何去解決這些問題。如果這些問題不能解決，當然容易被他人誤解爲是一迷信的機構了。

對於人們，以爲宗教是迷信的最大理由，就是前面所說的，有些制度，已成爲人民的風俗，這一個風俗變成傳統之後，自然會逐漸變質，成爲人們所詬病的對象，例如在臺灣所流行的拜拜，本來這一個拜拜具有很良好的意義，但到了後來却成了吃喝玩樂，胡作非爲的場所，又例如中國人常有的廟會，又何嘗不是如此呢？但當我們去探詢這些宗教領導者的意見時，他們竟然大多數都不贊成人們狂歡的方式，也由此可知，宗教本身和迷信，是有着一段很大的距離。

我們要探究宗教是否迷信，必須要先探討宗教的起源及本質之後，才有可能瞭解。

（二）宗教的起源及本質

有很多人認爲宗教的起源，是因爲先民對天地莫明其妙的懼怕之情，因爲感受到天地是如此的偉大，結果，就很自然的加以膜拜、崇敬，最後，就奉之爲神明，認爲具有一切的能力，所以在這一些人的意見中，就認爲宗教是人造出來的。

但在另一些也同樣認爲宗教是人造出來的意見，則是認爲古時的統治者，爲了堅定及穩固自己的地位乃造出了一個神，並以這一個神的全能作爲人所能有權力的理由，結果在這種君權神授的情況下，宗教就產生了。

但在我們仔細研究宗教之後，我們可以發現，宗教並不如此單純。

首先，我們要說的是，對大自然的畏懼而生的崇敬之心，是可能的，但因爲這種崇敬之心而有的宗教態度，則是不可能的，有誰會因爲父母大發脾氣，而會對父母有崇敬之情呢？如果父母不愛我們，不照顧我們，不爲我們而犧牲，而每天不是打，就是駡我們，我們有可能會愛我們的父母嗎？有可能會在他們百年之後，還追念他們嗎？如果說，宗教祇是因爲懼怕之情，而有宗教信仰，那是不可信的，但是如果我們說，因爲先民在外在抵抗世界的有限能力中，特別體會出心靈的深邃，因此而看出天地的偉大，同時也因爲人心的個別需求，再配合上天地的精神，如此而產生一個宗教崇拜，則是有可能的，但並不是說，宗教是因人的需要而產生的。天地並不因人而產生，人不斷的生生死死，但天地却仍可存在，這種先於人而存在的精神，才是宗教的眞正對象。

再者，我們常想到的是，宗教祇是看重人的一面，我們却忽略，宗教的另一面，就是天的需要，這也就是自然宗教與啓示宗教的差別。所謂自然宗教，乃是以自然物爲對象而崇拜的宗教，這一種宗教在生活上，常是受制於自然物，例如月蝕的問題，在以前，我們中國人的看法就是天狗吞月，那時人要做的就是收集各種鍋碗瓢盆，盡情的敲打，以使天狗趕快離開，同時，中國的皇曆上也說。這一天是主凶，任何人不得行旅，做買賣。但在今天，科學的證據告訴我們，月蝕是一個自然現象，用不着大驚小怪，敲敲打打，這種現象，自然就會過去，但在當時的人，却不瞭解這種現象，那麼我們在今天說他們迷信，就可能不夠公平了，因爲，誰又敢說，我們今天所確信的一些科學事實，在未來可能不是迷信呢？所以迷信的定義，有的時候不能做爲一種判斷的標準，就如自然宗教一樣，他們所信的石頭、樹木，如果眞能帶給他們一些事實及經驗，那當然不能用迷信來加之於他們了。但是如果他們所信的石頭、樹木事實上，並不能帶給他們任何的福利，而在當時的人也看出這一現象，如果仍然堅持的話，那麼當然是迷信了。

我們現在要看一看自然宗教，是否是眞的，是否不迷信？

自然宗教所崇拜的對象，是一種自然物，這些自然物本身的能力有時比人還弱，甚至於根本沒有能力，在這種情況下，人如果去崇敬一個比人還低等的對象，則是完全不合乎人的本性；再加上，人的向上的追求的理性的思考及能力，遂使人的渴望，不止於自然宗教的對象，不可能是人所要追求的，也不可能是眞的，當然也就是迷信了。

在這裏，我們先要解釋一下迷信，我們才能瞭解爲什麼我們要說自然宗教是迷信。迷信，從字面上來看，乃是一種沉迷的信仰，這種沉迷的信仰，完全沒有理智的成份，而祇有感情的成份，在這種感情的作用之下，我們就稱之爲迷信。從另一個觀點來說，由於人不可能完全的理智，因此，祇要情感的運用不超過理智的限度，就稱之爲不迷信。例如我們對科學的信仰，如果我們承認科學可以適當地解釋一些事實現象，那麼這種態度就是合理的，但是如果我們認爲科學萬能，可以解決一切人類的困難，那麼這種態度，就是迷信。同樣的，在宗教上，我們的態度就是如果認爲一切東西都是有能力，可以決定人類命運的話，那麼，這種態度就是迷信，甚至於更迷信的，乃是不但認爲一切東西可以解決人類的問題，甚至於連這一切儀式都堅持是解決問題的唯一方法，那就不祇是迷信，而且還是愚蠢了。

在這一個意義之下，自然宗教爲迷信，是不待言的，當然會有一些自然宗教者會說：「我們不祇是信自然物，我們也信超自然物，難道說，這也是迷信嗎？」問題不是自然物或超自然物的問題，而是態度的問題，如果信仰的對象，情感的作用完全把理智淹沒了，不管是什麼宗教，都是迷信的。

那麼我們現在要問，理智至少要達到何種程度，才不算被情感汩沒了呢？我們知道，人的理智也有其限度，祇要理智是合乎人性尊嚴及人性本質的，就可以了，這一種合乎人性尊嚴及人性本質的態度，乃是以理智作爲衡量的最好標準，如果超過了人性尊嚴及人性本質的態度，就不是理智的態度，我們不妨舉個例子說，在一場戰爭中，必然有人贏，有人輸，輸的被贏的俘虜了，如果俘虜人的，對被俘虜的，用了許多不合人道原則的刑罰，那麼，我們就稱這種人爲暴虐，但從另一個角度來看，一個人爲了他所愛的國家、社會而犧牲時，我們就稱之爲有理性的、有理智的、合乎人性尊嚴的死法，這種死法，就是一種不迷信的死法。所以，當一個人爲信仰而堅持時，祇要所堅持的信仰是合乎人性的原則，就是一種理智的運用。又例如，我們常看到某些教派，要他的教友拒服兵役，像這種就不是一種合理的態度，因爲在權利與義務的關係中，我們人必須二者皆付，因爲上帝所給人的，不是祇要享權利，也有勞苦工作的義務和責任。所以服兵役，甚至爲國而戰，祇要是合乎正義的原則，不但不應逃避，相反的，還應積極響應。所有的教會如：佛教、回教及基督宗教等，在其教義上都是和今天氾濫的共產主義在本質上是相對的，所以，凡是虔誠的這三派教徒，反對共產主義乃是必然的，如果藉口不盡義務，那麼，就是迷信而且愚蠢了。

我們瞭解了這個意義之後，就可以發覺，在一定的意義之下，宗教可有其不迷信的一面。那就是所謂的啓示宗教。

啓示，我們一般所瞭解的，乃是人對人的啓發，例如，今天我在臺上說的一些話，可能就對某些人有種啓發；但還有一種啓發，就是當我徜徉於山水之間時，山水的靈秀之氣，也可以給我一些啓發，這些啓發不但可以在思想上，也可以在行爲上有所幫助。那麼爲一個啓示宗教來說，他不但應有一種啓示的態度，而且還應有下列幾種條件：

一、從人的本性來看，人性雖有情慾的一面，但人也可以有仁義禮智的一面，這一種仁義禮智之心，乃時時要求人們向上、向善，這一種向上、向善的心，乃是人在追求至善、至美的一種條件，有了這個條件，人可以對無限有所嚮往；同時，另一方面也因爲人的有限，人渴望在自己身上實行無限的慾望，但人的情慾及肉體不但不能達到無限的地步，有時，反而會妨礙我們對無限的追求，所以祇有仁義禮智之心，才能助我們達到無限，因此存心的重要在此可知。

二、人對無限的要求，不祇是存在一種虛空、把捉不住的幻象裏，而是要掌握一種實在的、具體的東西，這一種具體的東西，很難從物質的具體上得到滿足，而是要有一種非物質的具體東西，才能適合各種情況，這種非物質的具體東西，乃是一種精神體，我們如果把我們人的物質和精神分開的話，我們可以發現，物質的有限自不用說，但精神的無限却可以使我們獲得很大的滿足，因為無限的精神體，乃是一種自主的，具有我們人所有一切的意志及人格的精神體。這種精神體，在人身上，可以作為行為的指導，思想的內容，所以精神體的無限本質，就造成了人對無限的渴望。

三、人與人的溝通，不祇是因為我們每一個人內心的基本需求，也是因為一些事實，這些事實，給予我們一些更大的渴望，就是在人中活得更有意義，但在人中，活得更好，活得更有意義，祇能有其限度，而不能達到無限美好，也祇能活得更有意義，但却很難有無限意義，所以人與人之間的來往，是有其限度的。既然如此，每一個人對另一個人的意義就是完全主動的、自立的個體，這一個個體，不因為我的存在與否而決定他的存在與否。相反的，却可因為整個社會的存在與否，而決定我個人的存在與否，這不是因為我的存在的問題，而是社會的意義本身就是如此。

四、既然我們瞭解社會可以決定我們的存在與否，那麼是否有什麼可以決定社會的存在呢？胡適之強調的大我，是否在大我之上，還有一個我呢？這一個我就必須是主動、自上的，可以決定一切，而又不被決定，祇有在這種情況之下。宗教才能有其意義。

啓示宗教的最後對象祇有一個，這一個是萬事萬物的最後根源，也是眞善美的最後結果，也祇有啓示宗教的對象才是人性的最終渴望，在今天我們喜歡用理智來硏究宗教的問題，現在我們就用理智的科學方法來研究啓示宗教是否迷信。

啓示宗教的對象乃是一位全能、慈善、正義而又有位格的主宰者，這一個主宰的可能性，可以用理智獲得嗎？答案是肯定的，因爲人的理智本身不是一件虛無的東西，而是人行爲思考、判斷的標準，既然人可以根據判斷事物時的態度，而肯定人的理智，那麼當然人也可能根據理智來判斷理智了，理智既可以作爲人行爲的主宰，那麼無限的理智豈不是也可以作爲全體人類的主宰嗎？再說理智既附於人身，又可以脫離人身而永存不朽，那麼全體人類的主宰，豈不是也可以具有人的意志、人的人格，超然於人而仍爲人的主宰嗎？所以，理智不是一個物質性的東西；而宗教的對象—上帝，也不是物質的，如果是物質的，就是有限，有限就不能做爲人類行爲的準則。所以在人心上要求一位全能、慈善、正義而又有人格的主宰，乃是必然的。

至於這一個主宰，是否是因爲人的需要而才具有存在的意義呢？當然不是，我們在我們所生存的世界中，早就瞭解，美洲在幾十萬年以前，就已經有了，絕不會因爲那時沒有美國人，就沒有存在的意義。同樣的，也不會因爲人的存在，而給予它多少的意義，這樣一種客觀的存在，在我們的世界中所在多有，在一個物質世界尙且如此，在一個精神世界又豈能因爲人的原因而具有或沒有存在的意義呢？這種存在是超乎人的存在意義的，也先於人的存在意義的，這就好像老子所說的：「道可道，非常道。」的精神一樣，在宇宙間所流行的生命，不是因爲人的存在與否而能決定宇宙生命的流行。相反的，却是宇宙生命的流行，反而可以決定人的生命。

從上所述，可知啓示宗教所要求的對象，不祇是因爲內在於人的需要，也是因爲外在的事實，這一個事實，有時超乎人的理智，人反而會認爲是不可信，這就好像我們對宇宙的瞭解一樣，宇宙的廣大無限，我們很難用理智的態度去獲得，去瞭解全般眞像。在這時，我們就可能接受一個可信的意見，亦卽相信就可以了，這並不是違反理智的原則，因爲如果什麼事都要用經驗、用理智去獲得的話，可能窮我們，甚至全人類的一生都不可能，我們可以這麼說，我們對我們所生存的環境，單靠一個人的努力是不可能完全瞭解的，這時，我們就要相信人類分工的可行性，因爲這一個基本態度，我們不接受的話，甚至於可能連我們自己也不相信。分工不是分離我自己，乃是把我所有的能力和別人一樣，做一個專門的研究，如此，人類的成就才有可能愈來愈大。所以，祇要我們接受這一個基本觀點，我們就可以接受哲學家的理論、化學家的實驗、太空科學家的發現、以及哲學的研究成果、宗教的目標等。既然每一個學問都有其既定的內容與方向，如果以其所不知，而欲論究知，豈不是眞正的迷信嗎？所以自然科學的發現，很難來論斷詩詞的意境，同樣的，我們人類對科學的發現，却可以做爲追求人類方向的一個里程碑，但是如果以爲自然科學的發現是人類的目標的話，就犯了極大的謬誤，因爲人類的目標不是一個學科可以奏其功的，而是一個整體的合作，所以在追求宗教的領域中，祇有宗教學才是眞正合乎理智的原則，如果用科學來論宗教，就好像用化學來實驗愛情一樣的荒謬。

我們既然瞭解了啓示宗教的意義，我們就可以回頭來看，宗教是否迷信了。

如果我們承認宗教可分成自然宗教與啓示宗教的話，那麼迷信就有可能（不是一定）存在於自然宗教中，而啓示宗教乃是根據天地的精神的獨立性，往往是超乎我們人類所能理解的範圍，所以，就不能用理智來論究其是否迷信了，因此，也就無所謂迷信了。

在一個啓示宗教的如此意義下，我們才能研究宗教情操的意義，不然的話，宗教如果是迷信的話，宗教本身就缺乏意義，又如何需要有宗教情操呢？所以宗教必須先被肯定，才能談宗教情操。

宗教情操乃是一種修養，這種修養就好像藝術修養一樣，不祇是一種外在的品德，而是一種內在人性的提昇。

(三) 宗教情操的意義

宗教情操的意義乃是在追求眞善美的本體，在這一個本體上，我們能夠瞭解宗教的本質，同時，能進而把這種本質變成我們人生追求的目標。

宗教的本質乃是眞善美的本體，這一個本體是萬事萬物的根源，人對這種本質所產生的一種嚮往，乃促使人努力於各項品德的改進及修養，所以，宗教情操，事實上就是人的整個綜合的具體表現。我們每一個人都希望追求美善的生活，而宗教情操就在達到這種美善的修養，我們又希望有快樂幸福，宗教情操的目的，就在幫助我們達到這種快樂幸福。我們每一個人都希望自己的一生，不會在人世間白白的走一遭，那麼宗教情操的目的，就在幫助我們達到充實而豐盈的生活。

宗教情操旣是一個眞善美的綜合，宗教情操當然就是人生意義的完美解答。所以，任何人，當他對人生的美善有所執着時，他就會努力於宗教情操的培養；宗教情操，不祇是一個人生品德的修養，更是人生目標的信仰。所以我們在談到宗教情操時，首先就要瞭解，我們不一定每一個人（當然是最好）都會有宗教信仰，但宗教情操却是我們在一生奮鬪中所不可或缺的，如果我們缺少了宗教情操，那一切的道德目標都將失去其原則。同樣的，如果我們不談宗教情操，一切的眞和美的感受，也將付之闕如，因爲宗教情操不祇是一個宗教追求上的意義，也是一個人生哲學，而這二者，原本是不可分的，但爲我們今天的人類，如果沒有宗教情操方面的人生哲學，那就更談不上一個宗教信仰了。我們看那麼多人迷於金錢，迷於名望，迷於地位，但是想一想，這一切，在我們死了之後，又有什麼用呢？如果我們的目的不在立德、立功、立言這三不朽上，人生又有何意義呢？我們雖然都貪生怕死，但是貪生怕死如果祇是爲苟延性命，其貪生怕死，也就太微不足道了。但是，如果我們瞭解人生的意義不是在這一個有限生命的結束就結束的話，那麼，我們就很有可能知道死有重於泰山輕於鴻毛，也知道死得其所的意義。所以，宗教情操的意義，就是要我們瞭解生命的意義及人生在世的目標，祇有在這種情況下，我們才會知道宗教情操的目的。

第二節　宗教情操的目的

宗教情操的目的，可以從二方面來看，一是爲己，一是爲人，這二種目的，都是我們每一個人所要努力達到的，因爲宗教如果祇是一個自私的爲己的宗教的話，就看不出宗教的價值，同樣的，宗教如果祇是一個完全爲人，一點也不爲己的話，也不合乎人性追求美善，渴望眞善美的意義。

從爲己的宗教情操的目的來說，沒有一個人不希望獲得永恆的幸福與快樂，這一個永恆的幸福與快樂，是必須要自己努力去爭取的。如果依賴別人，得不到美善的話，又能怨誰呢？中國古代的「父母之命，媒妁之言」的婚姻制度，並不是一種合乎「個人自決」的原則，因爲如果得到一位好的伴侶，自然是「前世修來的福」，但萬一正好相反的話，大部份的人祇有怨命了，怨天尤人不祇不是宗教的目的，也不合乎人性的原則。祇有個人自決，個人負責的方式，才是眞正合乎宗教情操的目的。

個人的決定，是以自由意志爲前提，但自由的意志却包含了權利及義務，所以，我的決定不是無限制的完全自由的決定，因爲這種限制，乃是被我個人的責任所限，例如我決定去做醫生，不錯，在我做決定時，我是完全的自由，我可以充份的考慮各種情況，我也可以分析各種利害得失，但是，一當我做了決定之後，我就必須爲各種情況及各種利害得失，負其責任，我不可能祇要好的，祇要有利於我的，而不要那些附帶而來的別的後果，在這種情形之下，一個人的自由當然是受限制的。所以我們說我們是一個自由的人，乃是經由這層意義而獲得的。

爲己的宗教情操，乃是要培養一種自由選擇的能力及能爲其後果負責任的態度，所以爲己的情操，既一方面要尋求幸福快樂，另一方面却也要接受人的責任，這一種態度不是消極悲觀的，相反的，却是一種積極而又樂觀的態度。所謂積極而又樂觀的意思乃是既不忽略爲人的責任，也不放棄爲人的權利。爲人的責任就是克盡己責，扮好每一個角色，爲人的權利，就是努力爭取可以使人獲得更有生活意義及目標的東西。

宗教情操就可以幫助我們在這二方面，獲得一個滿意而肯定的答覆，宗教情操在助人瞭解人的責任時，可以使人知道，人的責任不祇是因爲後天的原因，也有與生俱來的責任。人生後天的責任，乃是我生於人間之後的身份，生在中國，就有做爲一個中國人的責任，生在一個家庭就有做爲該家庭子女及未來爲人父母的責任，在社會中也有做爲社會人的責任，這些責任交相重疊，常會使人以爲這些就是人悲劇性的全部責任，其實不是，因爲這些責任都沒有出頭的一天，如果祇以這些責任爲人的唯一責任，那當然是可悲的，也就因爲如此，人有與生俱來的責任，這一個責任，乃是一種主動催迫的力量，使得人不能不正視及面對人的前途，可是當人一展視前程之時，就可以在人的與生俱來的責任中，看到人生的遠景，激起人的鬪志，結果人生反而是光明的，這不是因爲責任的本身，而是責任所包含的無限意義，如果責任祇在我們有限的被限定的身份上的話，那麼人當然會苦悶得不得了，就是因爲有另一方面的責任，所以才能使這種苦悶轉化爲一種快樂及光明。

至於從人的權利來看，宗教情操更可以助我們，而且其本身就是一種快樂而且光明的意義。因爲人從其後天所限定的意義來看，人可以享受這一個家，這一個社會，這一個國家甚至於這一個世界所應當賦予我們的權利，我們在享受的過程中，自然可以體會到做人，被限定在一個意義中的快樂及充實感，這就好像我們做子女、或做父母的，常會「甘」於做子女、做父母，因爲這就是我們的權利，例如做子女的人，他們知道父母愛他們，會給他們一切，因此，他們在做子女的過程中，無牽無掛，盡情的享受做子女的權利。另一方面，從做父母的權利來看，享受子女在自己照顧下長大，成人的樂趣，又何嘗不是一種權利呢？所以從後天的權利來看，人已經可以享受很大的樂趣了。再從先天的權利來看，人巍然獨立於天地間，與天地一體，盡情的能和宇宙精神往來，這何止是一種權利，簡直就是一種享受，因爲人與宇宙精神相比時，人就是一個子女，而宇宙精神乃是父母，子女對父母的權利，就是享受父母所賜的一切，這就是人的權利。

在人的先天權利與義務共同來衡量時，人一方面要去享受天地之所賜，另一方面也有義務要加入天地之間，而成爲其中的一員，祇有如此，宗教情操的爲己意義才能顯露。

我們再從宗教情操的爲人意義來看時，我們也可以發覺，爲人的宗教情操，不祇是一種犧牲，也是一種成全，犧牲和成全之間，有着相當大的差別，犧牲是有一方面的結果得不到，而成全則是二方面都可以得到。例如：一對父母對子女的要求常是拒絕，父母總是勝利，子女總是失敗，其結果似乎是子女總是要犧牲。但是聰明的父母，就不會使自己的子女有一種受挫感，他們雖然明知子女的要求是不合理，但他們總是想盡辦法，使子女瞭解這一種情況，其結果當然是在父母與子女之間，彼此都能達到一種和樂的境地，這一種和樂，是彼此瞭解的成全方法，而沒有使任何人有挫折或輸的感覺。這種成全就是宗教情操爲人的一方面。

再說宗教情操既是爲人，旣是成全，那麼宗教情操就是一種上昇的情操，所謂上昇不祇是情緒的問題，也是境界的問題。所謂上昇的境界，我們可以如此的說明：我們每一個人都喜歡吃自己喜歡吃的東西，例如我喜歡吃牛肉，如果偶而讓我吃牛肉吃個飽，我會很舒服，但是如果你天天讓我吃，頓頓讓我吃，那不祇是倒胃口，甚至於到後來，還會討厭牛肉，爲什麼呢？因爲人的慾望，不是天天、時時都在要的，例如，這一個慾望在達到之時，一定會停一下，過了一段時間之後再說，而人的無窮慾望，也是因爲如此，才能繼續下去，但是如果天天、時時刻刻都在要求或獲得這些慾望，結果這些慾望祇有愈來愈下降，愈來愈沒有興趣。但是人如果在宗教上所培養的情操卻是一種上昇的趨勢，我們有了之後就希望愈有，我們本來好就希望愈好，這一種愈的精神，就是一種上昇的趨勢，在上昇中我們可以獲得宗教情操的完全發揮，也可以達到無窮的美善。

我們再從爲人的宗教情操的第三個意義來看，爲人的宗教情操乃是一種無遠弗屆的關愛，憐憫之情，我們每一個人都有其所愛，也都有其所不愛，在愛與不愛之間，就有了限制，這種限制就不是無遠弗屆的關係，而是二分法的對立關係，但在宗教情操的培養中，其目的不在達到一種對立，而是一種一視同仁的方法及態度，爲人的目的，如果祇能及其所視而不能止於他人之所視，那麼，宗教情操又有何意義呢？所以宗教情操，就是要能愛人如己。這種愛人如己的爲人態度，不是把自己當別人一樣看待，而是把別人當自己一樣看待。愛自己比愛別人容易，如果要把愛自己的心情和愛別人一樣來對待，有時，當然會很困難，但是我們如果瞭解他人與自我的命運常是繫於同一路程上時，我們自然不會忽略爲人的重要性了。

宗教情操的為己為人態度，都不是一種空言的理想，都是一種可以具體實現的方法，問題就是我們如何去培養這種宗教情操。有的時候，靠個人的反省，可以有相當的好處，但有時，也需要依賴別人的幫助，汲取前人的經驗，也或許可以使我們看出宗教情操培養的方法。

宗教情操的培養，如果單從個人的反省，我們可以得到一些神秘的經驗，這些經驗可以幫助我們在達到深刻的宗教感應上，獲得最好的生活方式。反省的方式可以有很多，完全看個人的需要，但最重要的就是如何能在「靜觀萬物中以自得」，這種靜觀的工夫，不但是心境的培養，也是意志的鍛鍊。我們每一個人在反省的工夫上，都需要脚踏實地的去踐行。如此才能獲得深刻的宗教情操。

至於從他人的經驗中，獲得宗教情操的方法，就是經由書籍及思想的傳遞，使我們可以很快的瞭解前人用什麼方法得到最深刻的宗教情操，經由借用他們的方法，我們也可以很快的獲得個人的宗教情操。

在反省與他人經驗中，反省很難予以傳送，因為一傳送，就成了他人的經驗，所以反省祇能用之於個人一己之妙了。至於他人的經驗及方法，就是一種比較容易的方法，我們祇要引述前人的意見，並從其中的意見中找到個人的方法就可以了。所以我們在尋找宗教情操的方法中，也將利用這一種型態，達到我們培養宗教情操的目的。

第三十一章 中國人的宗教情操

中國人的宗教情操，並不是表現在一種宗教儀式上，而是中國人有一種宗教情感，經由這種宗教情感，中國人達到了可以與天地往來的意義及方法。

雖然有可能從許多證據中，證明中國人是一個有宗教情感的民族，但似乎，還未能有人找出宗教的要素，宗教的要素，雖然在漢以後，有被人神化的許多古聖先賢，但究竟爲他們本身來說，並沒有如此明顯的意思要建立一個宗教，像道教之奉黃帝及老子，爲他們二人來說，並沒有那麼清楚的意思在建立一個宗教。同時爲許多人所聽慣的儒教，也不過是民國以後的產品，爲孔子來說，他更大的興趣是在改革當時的政治，而不是在創立一個宗教，倒是墨子却是一個相當有心要建立一個宗教制度的人，但可惜的是他的努力功敗垂成。所以我們說，中國人沒有意思要建立一個宗教。而却有濃厚的宗教情感及情操，這又是什麼原因呢？

中國人在世界生物史上，佔了一個不算輕的地位，這一個悠久的歷史，是否說明了所有上古的人類都有宗教情感呢？似乎很難在現存的史料中發現，但是可以知道，許多開天闢地的神話，却是相當的濃厚，這些神話，是不是告訴我們，中國人的宗教情感是由此而生的呢？如果是的話，中國人如何把這些宗教情感應用到日常生活呢？如果不是的話，中國人又如何找到人性的解答呢？

中國的易經，相傳是伏羲作八卦，文王作爻詞，孔子作十翼。八卦的內容乃是占卜吉凶，占卜吉凶，必然有一套方式，也就是所謂的儀式，不可能是隨便拿來占卜，既有儀式，就必然有人代代相傳，代代主持這些儀式，既有人主持，是不是就表示這些類似宗教的行爲，已經具有某些初步的宗教雛型呢？在所有研究中國宗教的人中，都可以發現，在周朝以前，中國人已發展了一套非常完善的宗教儀式，這一套宗教儀式，不但有其方法，也有其目的，同時在約束人的行爲上，也有很大的效果，所以我們沒有理由不相信，中國人不祇是一個有宗教情感的民族，也是一個具有宗教型態的民族。

但我們現在的問題是，宗教情感和宗教情操，仍然有其程度上的差別，我們如何從宗教情感中，找出他們的宗教情操呢？這就得歸功於思想家的能力了。思想家不祇是一個深自於內在自我反省的人，也是一個時代的先知，他們瞭解，某些自然崇拜是不能解決人的問題，更不能幫助人達到永遠的目標，所以他們利用思想的能力，激起當時人的意識，使當時人瞭解，宗教的本質不在偶像崇拜，也不在迷信的行爲，而是在於其本質的永恆性，如此一來，中國的先哲，就把中國人帶向一個更實際的宗教型態上去。這一個實際的宗教型態，就是說人先瞭解個人的處境，再去考慮宇宙的問題，這種「不知人，焉知鬼神」的態度，就逐漸成了一般人對超自然的態度。但是這種態度，在基本上，並沒有解決人的基本渴望，即使人可以在外表上不信，不管鬼神，但在內心中，人永遠不能脫離鬼神的困惑。所以，更積極的態度就產生了，這種更積極的態度，乃是要我們從理性的態度上，積極去發掘宗教的本質及意義，能夠瞭解這個本質及意義之後，我們就可以憑着個人的信心及努力，去達到這種意義及目的，但是，基本上這種以理性態度來研究宗教的態度，雖可以使人瞭解宗教的目的，但是並不能使人「安心」，而安心的最主要就是一種情操的表現。

所以，我們在講到中國人的宗教情操時，將特別就中國的儒、道、墨三家及爾後發揚先秦儒家精神的宋明理學來探究，這一種宗教情操的培養及發育何在。我們也希望從其中所找到的意義，能夠作爲我們今日青年一個追求眞理的楷模。

第一節　儒家的宗教情操

儒家的宗教情操，可分別由孔、孟、荀作代表。我們現就敍述這三位的宗教情操。

(一)孔子的宗教情操

很多人，都以爲孔子是一位沒有宗教情操的人，其實不然，孔子的宗教情操，乃是上承書經詩經的精神。孔子的宗教情操相當的深刻，在孔子所述的論語中，凡是和宗教情操有關的，因爲不太多，所以我們全列之後，以便分析、研究。

一、論語中言天的地方有十七處，如：

「子曰：……五十而知天命。」（爲政）

「天將以夫子爲木鐸。」（八佾）

「獲罪於天，無所禱也。」（八佾）

「子見南子，子路不說。夫子矢之曰：子所否者，天厭之，天厭之。」（雍也）

「子貢曰：夫子之文章可得而聞也，夫子之言性與天道，不可得而聞也。」（公冶長）

「子曰：天生德於予，桓魋其如予何。」（述而）

「子畏於匡，曰：文王既沒，文不在玆乎，天之將喪斯文也，後死者，不得與於斯也。天之未喪斯文也，匡人其如予何。」（子罕）

「子曰：吾誰欺，欺天乎。」（子罕）

「大宰問於子貢曰：夫子聖者與，何其多能也。子貢曰：固天縱之將聖，又多能也。」（子罕）

「顏淵死，子曰：噫，天喪予，天喪予。」（先進）

「子夏曰：商聞之矣，死生有命，富貴在天。」（顏淵）

「子曰：不怨天，不尤人，下學而上達，知我者，其天乎。」（憲問）

「孔子曰：君子有三畏：畏天命，畏大人，畏聖人之言。小人不知天命而不畏也，狎大人，侮聖人之言。」（季氏）

「子曰：予欲無言。子貢曰：子如不言，則小子何述焉。子曰：天何言哉，四時行焉，百物生焉，天何言哉。」（陽貨）

「子曰：大哉堯之爲君也，巍巍乎，唯天爲大，唯堯則之。」（泰伯）

「陳子禽謂子貢曰：子爲恭也，仲尼豈賢於子乎？子貢曰：君子一言以爲知，一言以爲不知，言不可不愼也。夫子之不可及也，猶天之不可階而升也。」（子張）

「堯曰：咨！爾舜！天之曆數在爾躬，允執其中！四海困窮，天祿永終。」（堯曰）

在上面所述的十七條中，有十一條是孔子自己言天的記述，其餘六條，則爲孔門弟子與他人之言。

二、論語中論及鬼神及祭禮的有十處：

「子曰：非其鬼而祭之，諂也。」（爲政）

「子曰：祭如在，祭神如神在。」（八佾）

「子謂仲弓曰：犁牛之子，騂且角，雖欲勿用，山川其舍諸。」（雍也）

「樊遲問知。子曰：務民之義，敬鬼神而遠之。」（雍也）

「子曰：禹無閒然矣。菲飲食而致孝乎鬼神。惡衣服而致美乎黻冕。卑宮室而盡力乎溝洫，禹無閒然矣。」（泰伯）

「季路問事鬼神。子曰：未能事人，焉能事鬼。敢問死。曰：未知生，焉知死。」（先進）

「子不語：怪、力、亂、神。」（述而）

「子疾病，子路請禱，子曰：有諸。子路曰：有之。誄曰：禱爾于上下神祇。子曰：丘之禱久矣。」（述而）

「祭於公，不宿肉，不出三日，不食之矣。」（鄉黨）

「雖疏食菜羹，瓜祭，必齊如也。」（鄉黨）

三、論語中論及命的有三：

「子罕言利與命與仁。」（子罕）

「子曰：道之將行也與，命也。道之將廢也與，命也。公伯寮其如命何。」（憲問）

「子曰：不知命，無以爲君子也。」（堯曰）

除了以上三條外，如果加上前面所說的天中有命的話，則又有：

「子曰：……五十而知天命。」（爲政）

「子夏曰：商聞之矣，死生有命，富貴在天。」（顏淵）

「孔子曰：君子有三畏，畏天命，畏大人，畏聖人之言。」（季氏）

等三條，共計六條。

從以上所引論語言天，言鬼神，祭禮與言命中，我們可以發現幾個事實第一：孔子信神、信天。不祇是相信一個無可奈何的天，而是相信一有位格的神，更不祇是信一有位格的神，而是具有多神的信仰的人。論語八佾篇說：「獲罪於天，無所禱也。」（朱熹註天爲理，但錢大昕則不同意朱說，在其養新錄卷三中天即理條說：獲罪於天，無所禱也，謂禱於天，其禱於理乎。義大利人利瑪竇在天主實義中也反對天即理說。細察此說，可知孔子所言之天絕非理，乃是具有意志，位格的天帝至上神）以及述而篇中所說：「天生德於予，桓魋其如予何。」就是孔子相信一個有位格的天的最好證明。

孔子也像春秋時代許多人一樣，不但承繼了周代以來的傳統思想，而且還涵蓋了春秋時人所具有的多神信仰的氣質。在雍也篇中說：「犁牛之子，騂且角，雖欲勿用，山川其舍諸。」（這個山川就是春秋時人所信奉的山川之神）。雖然孔子罕言「怪力亂神」（述而）但孔子心中仍信奉鬼神是毫無疑問的。不然他也不用讚美比擬仲弓可作山川之神的祭品了。再說，孔子對當時人所崇拜的祖先神也同樣有虔敬之心。因此，從這一點來說，孔子不但具有深刻的宗教情操，也具有相當程度的宗教信仰。

第二：從孔子對命的態度來說，孔子似乎並不像前人所敬畏的外在天命，而是直接體會出上天所賦與人的使命，以及人可以上達於天的直接宗教經驗，所以孔子在憲問篇中說：「君子上達，小人下達。」這種上達的精神，根據朱熹的註解說：「君子循天理，故日進乎高明。小人殉人欲，故日究乎汙下。」因此，孔子對命的態度，並不是那種安於天命的定命說，而是希望能深究天命的終極奧義，可是孔子自己也清楚，要深極天命的奧義是如何的困難，所以很少說命，以免說錯了，後人走錯了，這也就是孔子「知之爲知之，不知爲不知，是知也」的精神。但是當孔子在五十歲時，深切體會到天命於人的不僅是前人所云，而且個人還可以上達於天時，孔子豁然了悟天命周行於天下，隨時可悟，隨處可行。

但也因天命之隨時可悟，隨處可行而害怕天命不能爲人所用，反被人誤用，因此寧願採取「存而不論」的態度，以保持住個人的良知，這種態度，卽使在今日，也是可以爲人所瞭解的。

第三：孔子和當時人有些不同的是：孔子雖有相當程度的宗教信仰，但却不像當時人那樣事事求神，處處問神。因爲孔子覺得如果事事依賴於天，而個人不做絲毫努力，這和欺天又有什麼區別呢？因此，孔子培養自己具有那種「不怨天，不尤人」的盡其在我的精神，遂成了儒家的人生態度。這種盡人事而後聽天命的態度，對當時人可說是一記當頭棒喝，可惜當時人迷於無知的求神問卜，而不做絲毫的努力，自然會爲人所非議了。至於孔子是否也有那種對天的無可奈何的情緒呢？我們相信是有的。例如：顏淵死，子曰：「噫！天喪予，天喪予。」（先進）又如：子路死，子曰：「噫！天祝予。」（公羊傳哀公十四年）就可以看出孔子對自己所心愛的門人逝世，心中有着無限的哀傷，傷痛之餘，不禁呼天，就是對天有一種莫可奈何的心情。因此，我們從孔子的心情中可知，宗教情緒，常在他的心中廻蕩。

第四：孔子旣有其政治理想，自也有其人生態度。這種人生態度，一以貫之於他的生活行爲中，如果不能有效地實行於日常生活中，又如何能常使人景仰而跟隨他呢？因此，孔子在當時人心目中的地位，必然是具有一個劃時代的意義，這劃時代的意義，如過份屈從於當時人的環境與信仰，則不能引起時人的注意，如果又過份曲高和寡，恐怕也無法引起時人的共鳴，而使當時人能隨侍左右。因此，孔子的態度必然有部份是隨和着時人的態度，又有部份是使人走向一個新的境界。這種隨和着時人的態度又能帶着時人走向一個新境界的方法，引人重視人的努力；人能上達於上天，能直接與天交往的天人關係上去。這種新的天人關係，解答了詩書及春秋時的迷惘，而有了一個劃時代的意義。

從上所論，孔子的宗教情操，乃是植根於他對天的理想，這種理想乃是能與天地合而為一，參天地化育的精神，這種情操，也可以幫助我們瞭解具有宗教情操，乃是一種極高尚的修養。經由這一個修養，可以使人生美化，而有意義。人生哲學的目的，也就在於此，孔子的精神就是一種宗教情操，宗教修養的精神。

(二)孟子的宗教情操

孟子的時代，比孔子來得晚，但孟子的宗教情操，卻不遜於孔子。孔子的宗教情操大抵是繼承了詩書中的及周人的精神。而孟子則是由孔子的天與個人關係的層面，進而認為人性本於天，人性本善的主張。孔子與孟子之間的一大差別乃是：孔子仍然偏重於有人格，具有主宰性的天，根據這一個認識，孔子談他的宗教情操。而孟子則是運命的天來研究他的立命說(註一)。

(一) 盡性以知天說

孟子在盡心上一開頭就說：「盡其心者，知其性，知其性，則知天矣。」這就是說要能知天，先要從盡心上努力。而盡心和盡性在本質上是相同的，中庸上所說的：「天命之謂性」的天性和盡心的心是一樣嗎？他在反駁告子的話上說：「告子曰：生之謂性。孟子曰：生之謂性也，猶白之謂白與？曰：然。白羽之白也，猶白雪之白，白雪之白，猶白玉之白與？曰：然。然則犬之性，猶牛之性，牛之性猶人之性與？」(告子上)

孟子在駁斥告子的性論中就可以看出，生與性是有其區別的。生乃是動物之生，而性乃是天性，盡天之性的盡性，而不是盡人之性。所以孟子要說，盡心知性以知天了。

至於天又是什麼呢？在孟子萬章上，孟子答萬章的話說：

「萬章問曰：人有言，至於禹而德衰，不傳於賢，而傳於子，有諸。孟子曰：否。不然也，天與賢，則與賢；天與子，則與子。昔者，舜薦禹於天。十有七年，舜崩。三年之喪畢。禹避舜之子於陽城，天下之民從之。若堯崩之後，不從堯之子而從舜也。禹薦益於天。七年，禹崩。三年之喪畢。益避禹之子於箕山之陰。朝覲訟獄者，不之益而之啓。曰：吾君之子也。謳歌者，不謳歌益而謳歌啓。曰：吾君之子也。丹朱之不肖，舜之子亦不肖。舜之相堯，禹之相舜也，歷年多，施澤於民久。啓賢，能敬承繼禹之道。益之相禹也，歷年少，施澤於民未久。舜、禹、益相去久遠。其子之不肖，皆天也。非人之所能爲也。莫之爲而爲者，天也；莫之致而至者，命也。」

從這一段話，孟子對於天與命，講得夠清楚了，上天要給的，誰也不能奪去，上天不給的，要之無用，所以，孟子用「莫之爲而爲者」來說天，用「莫之致而至者」來說命，就是不但涵括了詩書中的天與命之說，更甚者，還有命運的天的意思。

孟子既要盡性以知天，而天又是一個運命的天，二者如何能有一個協調呢？孟子很簡單的把宗教行爲導入哲學思想，而得到一個協調。這種協調，並不表示孟子不信天，而是表示孟子的信仰已成爲一種理性的態度，所以他才會有後來的「天視自我民視，天聽自我民聽」的看法，並更一步主張「民爲貴，社稷次之，君爲輕」的主張了。

(二) 天人關係

孟子的天人關係，乃是建基於孟子看重個人的責任，強調每一個人都必須負起上天所賦予的使命，也祇有盡心之後，才能知天。所以孟子的立命論和以前的定命論，是有不同的看法。尤其在天人關係上，這一種天人關係就是要每一個人先做努力，如此天才會助，所謂「自助而後天助」就是這個道理。

孟子說：

「天下有道，小德役大德，小賢役大賢。天下無道，小役大，弱役強。斯二者天也。順天者昌，逆天者亡。」（離婁上）

「以大事小者，樂天者也。以小事大者，畏天者也。樂天者保天下，畏天者保其國。」（梁惠王下）

天人關係不祇是繫於上帝一方，而是要彼此合作，彼此努力，而這種努力的基礎，必須建基於仁義禮智之上，祇有仁義禮智才有可能是盡心以知天的基礎。

所以，從上所述，孟子的宗教情操，在基本上是相信上帝，但却主張，人必須先努力，而後，上帝才會降福，保祐人民，這一種宗教情操，就是要人記住，每一個人都可以成爲堯舜，但要成爲堯舜之前，必須要先能於接受上帝的考驗，所以孟子說：

「天將降大任於斯人也，必先苦其心志，勞其筋骨，餓其體膚，空乏其身，行拂亂其所爲。所以動心忍性，曾益其所不能。」（告子下）

能接受上帝考驗的人，就可以承擔天下之大任，行天下之正路，所以孟子說：「仁、人心，義人路也。」祇取本身具有仁義禮智之心的人，才能獲得最好的重任，孟子的宗教情操也就在於此。

（三）荀子的宗教情操

荀子的宗教情操，和前人有着相當大的差別，一方面是因爲荀子主張性惡論，一方面也是因爲荀子受了老莊的影響，結果在他的宗教情操上就和孔孟的思想，有了些許的不同，但在本質上，荀子本心的希望，可能是希望從老莊的方法帶入儒家的精神，但又因爲性善論的主張，使得當時人，都不太努力於人事上的工作，因此，乃創性惡論，俾使當時人瞭解，性不是可以不勞而獲的，必須經過努力，人才有能力，可以與天齊平，可以優遊於天地之間，所以荀子的宗教情操，乃是把敬天之心，變而爲制天之情，以使人瞭解天之本質雖不可透，但人的努力，仍可使人與天有着同等的效果。

荀子說：

「天行有常，不爲堯存，不爲桀亡。應之以治則吉，應之以亂則凶。」（天論）

「天有其時，地有其財，人有其治。」（天論）

荀子祇看重天的常軌，對於天的本體，荀子並未論及，所以荀子的宗教情操，祇能達到一種現象上的平衡。像前面所說的，荀子祇看到天行的軌道，至於天爲什麼，則無法了然。荀子又說：

「天能生物，不能辨物也；地能載人，不能治人也。」（禮論）

「天不爲人之惡寒也輟冬。」（天論）

「皆知其所以成，莫知其無形，夫是之謂天。」（天論）

「故大巧在所不爲；大智在所不慮。所志於天者，已其見象之可以期者矣。」（天論）

荀子的宗教思想，既不能認清天地的本體，祇有從現象上去觀察，從現象上觀察的結果，似乎就可以發現人可以制天，但人眞的能制天嗎？似乎又不可能，因此，荀子的刺激人心的方法，就是要人注意生活中的問題，以及人所能接受的秉賦，如此，才有可能知天參天了。荀子說：

「水至平，端不傾，心術如此象聖人，而有執，直而用拙必參天。」（成相）

「其行曲治，其養曲適，其生不傷，夫是之謂知天。」（天論）

「上取象於天，下取象於地，中取象於人。」（禮論）

能夠如此，我們就可以與天齊，所以荀子的制天思想並不是眞的說是要制天，而是要人瞭解，人可以有能力參天。所以荀子說：

「故明於天人之分，可謂至人矣。不爲而成，不求而得，夫是之謂天職。如是者，雖深，其人不加慮焉；雖大，不加能焉；雖精，不加察焉。夫是之謂不與天爭職。天有其時，地有其財，人有其治，夫是之謂能參。舍其所以參，而願其所參，則惑矣。」（天論）

荀子的宗敎情操，其最終目的，乃是要我們達到參天的目的，但在努力上，却先要建立人的工作及本份，如此人才有資格和天齊並，不然，人事事依賴於天，又如何稱得上是「天地人三材」之一呢？

第二節　道家的宗教情操

道家是以崇尚虛無爲目標，在道家的精神中，不承認有人格、有意志的主宰性的天，而祇承認自然的天，這種自然的天，運行於天地間，周行而不殆，在萬物之先，而爲天下母。所以，道家看起來，好像是一個沒有宗敎感的派別，而事實上，道家的宗敎情操，可能比儒家還有過之而無不及。因爲在道家的心目中，自然乃是化生一切的根源，如果沒有自然，則一切都沒有，自然雖然看起來好像無所謂意志，但事實上，自然却有化生一切的能力，自然看起來好像無所謂主宰的意思，但事實上，自然却爲天下母，應之則吉，不應之則凶，在這樣一個運行的軌道上，自然就有其宗敎上的意味。所以道家在實際上，雖然沒有什麼特別強調儒家所謂意志的天，但思想中却蘊含着宗敎上帝的意思。

道家的代表人物是老子和莊子，老莊的思想，在前面我們已經敍述過很多次了，在這裏，我們祇就其宗敎情操來討論。

（一）老子的宗敎情操

老子的思想大部份見之於道德經，或稱之爲老子的這一本書上。老子一書中，最關心的就是道與德的問題。老子所謂的道德是分立的，沒有倫理學上的意味，老子的道乃是在敍述天地構成的原理，而老子的德則在講道的內含，所以如果單靠老子的道，則祇有其宇宙論及一部份的形上學，加上德之後，不但形上學完備，就是宗敎情操也可以顯露出來了。

老子的道雖有形上學的意味，但在老子一書中，却祇是提到一些天地構成的原理，例如老子二十五章中所說：

「有物混成，先天地生，寂兮寥兮，獨立而不改，周行而不殆，可以爲天下母，吾不知其名，字之曰道，強爲之名曰大。」

道不祇是一個無形無像的東西，有時也可以是一個有形有像的東西，這一個有形有像的東西，乃是先天地而生，至於其內含，老子沒有說。又例如他在六十二章中說：

「道者，萬物之奧。」

仍然未說明道是什麼，由此可知，老子雖然一直在敍述道，而事實上，道祇是就其現象能爲人瞭於其眞正的內含，却無人可以體會瞭解。近人唐君毅先生在他的原道論中分析，認爲道有六義，這六義解，至乃是一、虛理之道，二、形上之道，三、道相之道，四、同德之道，五、修德之道及其他生活之道，六爲事物及心境人格狀態之道（註三）這六個對道解釋的意義，雖然說得差不多了，但在老子的思想中，似未淸楚標明這六種義蘊。

其實爲老子來說，道雖然重要，但道仍在自然之下。他在二十五章說：

「人法地，地法天，天法道，道法自然。」

道和自然相比，道祇是自然的一部份，自然才是整個宇宙的本體，但我們一般人所瞭解的道，並不如此簡單。老子在四十二章說：

「道生一，一生二，二生三，三生萬物，萬物負陰而抱陽，冲氣以爲和。」

這個道就是我們一般人所瞭解的道，既能攻又能守，既能生又能致中和。道的能力在此，既已可知，所以他在三十四章中就可以說：

「大道氾兮，其可左右，萬物恃之而生而不辭，功成而不名有，衣養萬物而不爲主。」

大道既有如此的能力，所以我們要守道，但守道之前却要貴德，所以他在五十一章中說：

「道生之，德畜之，物形之，勢成之，是以萬物莫不尊道而貴德。」

尊道貴德的精神就是老子的宗教情操，如果我們以爲老子的尊道貴德就是我們在儒家中所看到的作名詞用的道德，那就錯了，因爲老子的道與德不祇是可以作名詞（專有名詞），也可以作動詞用。祇有名詞而不能同時作動詞，道與德的價值就削半了。所以老子的宗教情操，就是如何在生活中體現人類最終的理想，達到與道合一的精神與目標，這一個目標，在老子一書中，雖未明確的提出，但至少已開了一條路。

(二) 莊子的宗教情操

莊子的思想，雖然閎大不經，但在其閎大中却有至理，像他所提出的至人、神人、聖人、眞人的意境，就是宗教情操的最好說明。他在比較這四種人時說：

「若夫乘天地之正，而御六氣之辯，以遊無窮者，彼且惡乎待哉。故曰：至人無已，神人無功，聖

人無名。」(逍遙遊)

根據郭象注解這至人、聖人、神人的特性時說:

「至言其體,神言其用,聖言其名。故就體語,至;就用語,神;就名語,聖;其實一也。詣於靈極故謂之至,陰陽不測故謂之神,正名百物故謂之聖。一人之上,其有此三,欲顯功用名殊,故有三人之別。」(逍遙遊)

既然至人、神人、聖人其實一也,爲什麼又要加以分別呢?乃是表示此三者有程度上的不同,一個人的修養,達到了最高峯之後,就容易將三者溶爲一體,此時出神入化,也就無以言之了。

莊子的宗教情操,雖然跟隨老子,但却也有自己的意見。在老子的宗教情操中,我們曾經說過,道是道體的表現,德是道體的內含,莊子也是有如此的看法。他說:

「道者,德之欽也。」(庚桑楚)

據郭象注乃是:「所以生者爲德,而陳列之卽爲道。」(庚桑楚)郭象又說:「道是所修之法,德是臨人之法,重人情法,故欽仰於道。」(庚桑楚)

道與德的分野,其實很小,最主要的就是用法上的問題。他說:

「形非道不生,生非德不明。」(天地)

道與德實爲表裏,道如果沒有德,道就顯不出,德如果沒有道,也就無所謂架子。那麼這樣的道與德與前面所說的道與德(道爲表現,德爲內含)有什麼區別呢?其實一也。莊子說:

「故曰:失道而後德,失德而後仁,失仁而後義,失義而後禮,禮者,道之華而亂之首也。」(知北遊)

又說：

「執道者德全，德全者形全，形全者神全，神全者，聖人之道也。」（天地）

道與德既然互爲表裏，那麼我們如何稱之呢？莊子說：

「无爲言之之謂德。」（天地）

所以如果要把道描述出來，最好就是用德字來表示。但是我們如果把道與德運用的時候，道德就成了人世間遵循的法則。

道與德，既爲莊子的中心思想，那麼，莊子的宗教情操，將要如何表示呢？

莊子最崇奉自然，乃是以自然爲心，自然爲神。所謂以自然爲心，就是從其可以把握的心來說，所謂以自然爲神，乃是從其至大無限來說，莊子把這二點分開來說，一方面是強調，我們每一個人都有自然之心，問題是如何能夠復其本心，不受世俗的污染。而從可把握的人心來看，人所遵循的法則，也就成了人道精神，所以莊子說：

「何謂道：有天道，有人道，無爲而尊者，天道也；有爲而累者，人道也。主者，天道也；臣者，人道也。天道之與人道也，相去遠矣，不可不察也。」（在宥）

天道與人道相去太遠，我們每一個人所要立志的，乃是如何捨人道而就天道，祇有執天道之人，才能爲天下之主。由此可知莊子的精神及目標就在如何掌握天道。

莊子的宗教情操，既在修其天道，而天道乃自然，因此效法自然之心，爲莊子來說，從未曾稍減。天道精神的宗教精神，可以從儒家的有爲爲之的角度來考察，也可以從道家的無爲爲之的精神來研究，二者並不相悖，因爲這個道，其所能應用之廣，就是孔子所說的：「天何言哉，四時行焉，百物生焉，天何言哉。」（論語陽貨）一樣。爲道的精神，我們絕不可以爲祇有一面的解釋，因其意義太廣太深，如果我們不瞭解，就不能把握住莊子的精神及宗教情操。

老莊的宗教情操，都是以道及自然爲宗，而其道與自然乃是天道之道與自然之天，二者加以結合，就可知，宗教情操，仍是根源於對自然的渴望。

第三節　墨家的宗教情操

墨家的代表人物，我們都知道是墨子，墨家的精神就是我們都熟知的節用愛人，尙鬼非攻。所以他們的主張是以天志爲本，以兼愛、節用、節葬、非攻、尙賢、非樂、非命、尙鬼等爲用。

墨子是中國第一個有心建立一個宗教制度的人，所以在講墨子的宗教情操時，都是以天志爲其背學，根據天志的要求，而逐漸達到情操修養的目標。

墨子的宗教思想，旣是以天志爲本，我們就先敍述墨子的天志，他在天志上中說：

「我有天志，譬若輪人之有規，匠人之有矩，輪匠執其規矩，以度天下之方員。曰：中者是也，不中者非也。今天下之士君子之書，不可勝載，言語不可盡計；上說諸侯，下說列士。其於仁義，則大相遠也。何以知之？曰我得天下之明法以度之。」

天志乃是天地間的大法，這一個大法，乃是一種自明的道理，是由天行定，任何人必須遵從之。墨子又說：

「帝謂文王，予懷明德，毋大聲以色，毋長夏以革，不識不知，順帝之則。此誥文王之以天志爲法也，而順帝之則也。且今天下之士君子，中實將欲爲仁義，求爲上士。上欲中聖王之道，下欲中國家百

姓之利者，當天之志，而不可不察也。天之志者，義之經也。」（天志下）

墨子的宗教情操，不祇是在於天有其大志，而實際上却還是爲經國利民之大道。所以爲經國利民，也是因爲天命的原因，墨子說：

「予既受命于天」（非攻）

「當天有命者，不可不疾非也。」（非命下）

「天有酷命。」（非攻下）

「薦算天命。」（非攻下）

在墨子的心目中，天命乃是溝通天人之際的橋樑，這一個思想，和詩經及書經的思想，幾乎一樣。所以會有天命，乃是人在世行事立身之時，所有的憑藉。如果我們的憑藉在人身上的話，那麼，我們就容易違反天志，但是如果我們的憑藉在於天志之上時，我們就可以有完全的依靠，因爲天志乃天下之大法，世界如果沒有天志，也就無所謂正義及眞理了。

墨子的宗教思想，不但繼承了詩書以來的精神，甚至更發揚光大，成爲一個系列的宗教制度。所以爲墨子的宗教情操，我們可以這樣說，他不但有一個意志上或意識上的上帝意念，甚至於在生活中，也希望能身體力行。他是一位苦修主義者， 又是一位眞愛人的宗教家， 記得雷鳴遠神父在中國時，常說的：「眞愛人，全犧牲」見之於墨子，可以說幾乎都能夠在他的言行上看到。墨子不祇是一個一般的功利主義，他更是一個懷抱有世界大同理想的眞正苦幹者。墨子摩頂放踵利天下而爲之的精神，實在是我們這一個時代所需要去追尋的。這個時代的貧乏，和缺乏這種精神，實在大有關係。

第四節　宋明理學的宗教情操

宋明理學的產生，乃是有三種背景：

一是玄學：魏晉之時，老莊思想的研究，極為興盛，當時的何晏、王弼，以及解莊的向秀、郭象等人可爲代表，他們講學的宗旨以虛無爲主，後人就稱之爲玄學，玄學的目標乃是從老莊的自然主義精神，以進入虛無的境界，這種境界和老莊的道相對待，因此，玄學時期的宗教情操就是以道爲萬物之始，而道又從無而來，太極與無的思想乃是從其本質而來，因此，玄學的注重本體論，乃是不待言的，經由本體，他們就進入宗教的深義，而有其宗教情操。

二是佛學：佛學在南北朝時，就已非常盛與，佛學的要旨到了宋明，可歸納爲下面三點：

1.是主觀的觀念論。

2.是帶泛神論色彩的一元論。

3.是佛學中八識中的前六識具有了別性，開宋理學論心性的先河。

這三點的佛學要旨，使得佛學的宗教意識進入宋理學而成爲宋理學宗教情操的來源之一。

三是經學：經學從漢代以來即有今文經學與古文經學的區分，經學的分野，不論如何，終究是儒家立場，所以，經學之被宋理學看重乃是必然的。一般而言，宋明理學看重的經籍，是以周易及四子書爲主：

1.周易：周易是以乾坤之德，陰陽之氣，六十四卦，三百八十四爻的錯綜變化，講求天人之故，變易之義，具有形上學的色彩，是儒家的純正哲學。

2.四書：朱熹承程子之說，取小戴禮中的大學、中庸，以與論語、孟子合爲四書，凡道德實踐，治學方法，王政設施，天人性命之理，都有精微的敍述，宋明以後的實踐哲學、治學方法論及政治哲學等等，都可以從裏面找到。（註三）

宋明理學的背景可有這三種，而從宋到明這一個漫長的時代中，理學約可分爲三個趨勢：

一是象數：是以周易象數爲本，以道教圖書爲傳，而衍譯發揮，其目的就在瞭解天人之際的關係。代表人物如周敦頤的太極圖說，邵雍的先天易都是。至於張橫渠的正蒙，更是以天道陰陽之說，來論究人生本義，所以在這一派的宗教情操中，就是進入形上學的方法，以理智的態度來找尋天人合一的方法。

二是理氣：理爲形式法則，氣爲實質內容，將理氣之治，從人而演繹到天，這種學說和西哲亞里斯多德的形質論有太多的貼合外，此派代表人物是程朱，他們的宗教情操，就是用理氣之說，以設法達到天人合一的目的。

三是心性：探討主觀之心，闡發天賦之性，以自我爲主宰，外物爲隨從，宇宙吾心，合而爲一，良知所明，境從心生，宋有陸九淵，明有王守仁，這就是有名的心學，他們的宗教情操，就是將宇宙與我合而爲一，以此心體天心。此心能體天心之後，知行就可以合一。

宋明理學，我們很難將每一個人的宗教情操都加以敍述，因爲這要花太多的篇幅來敍述，同時，事實上也是不可能的。但至少我們從上面極簡單的歸納中，可以知道宋明理學的宗教情操，不祇是一種玄思上的理性問題，而是一個實際的力行問題，在理論上的研究，我們每人都已經耳熟能詳，但如何能實現呢？所以，宋明學院之制就應運而生，每一個學院都有其學規，每一個學規，訂立的目的，都是要我們瞭解，如何從正心誠意開始，而達到天人合一的地步，而事實上，如果宋明理學不能達到天人合一的目的，那麼，所有的象數、理氣、心性的研究，都將是白費的。

中國人的宗教情操，從某一個意義來說，就是體天地之心，而成爲天地之人，但中國哲學的眞正目標，却是要建立一個在世可以實行，來世可以嚮往的宇宙精神與實體。宗教的目的，本來就是要我們在思想行爲中，立意爲世人做一個更好的服務，而中國的哲學，在這方面，已可完全做到，問題是，在中國的宗教哲學中，是否包含有啓示的意味，因爲我們如果去研究中國的宗教思想，多神信仰到處泛濫，似乎在多神信仰中，找不到一個中國人的中心，但是在詩經及書經中所提出的上帝及天，似乎又是那麼的親切，好像就在眼前似的，這種親切感，有時却有點像聖經舊約中的上帝一樣，但時間隔了那麼久，我們在研究他們的思想時，是否仍能覺察出這一個親切感呢？

中國人所要的宗教情操，不是流於形式的一些文字記載，而是那些曾活生生生活於人民心中的仰慕及孝愛之情，中國人的愼終追遠正可以表示在人們的心中，仍有如此的思想體認，但是，我們是否仍能瞭解這種意義的深刻價值呢？拜拜已被民間所誤用，甚至於逐漸的連愼終追遠之風也淡薄了，在這世風日下的時代裏，現代的中國人，要如何才能做好一個「無匱爾思」的孝子賢孫呢？當然，也可能甚至於有許多人連做爲中國人也不願，我們當然不用提他們。爲一個中國人，在生活中力行，努力培養優美的情操，實在是當務之急，如果我們祇知祭祖之然，而不知祭祖之所以然的最後目標，那麼，這一些愼終追遠的目標，又有何意義呢？所以，在發揚提倡中國人的宗教情操時，必須要明白中國的人文精神不是建築在科藝技術上，而是建築在愼終追遠以及更上的敬天的宗教情操之上。

第三十二章 西方人的宗教情操

西方人的宗教情操和中國人的宗教情操極不相同。西方文明的發源有二，一是埃及文明，一是希臘。在埃及文明中，他們信仰的對象，非常確定，乃是太陽，這一個太陽神的獨一無二，乃構成了一神教的信仰，及至後來，希伯萊人的一神教，也未嘗不受影響，但在希伯萊文化中，和埃及文明又有不同，埃及雖然遵奉太陽神，但是埃及人從太陽神下所衍化出來的許多小神祇，就不可計數了。而希伯萊人的一神教，則是自始至終，祇遵奉一人，卽雅威（又譯成耶和華），這一個雅威，也就是今日我們所稱的上帝，立了一些誡命，不許人信仰其他的神祇，不然將受天譴，這一個思想遂使得希伯萊人自始至終都是一神教徒，甚至在後來繼希伯萊人的猶太人的猶太教和基督宗教（Christian）都是遵奉此一系統。

至於希臘人，則奧林西斯山的諸神祇，實在是主宰了希臘人的思想及生活，他們的宙斯神，以及諸神祇的分工授職，似乎和中國民間傳說的玉皇大帝及其臣子們有太多的類似。

但是我們在本章中，所要討論的，不是諸神祇的問題，而是要討論宗教的情操，因爲西方人，有的地區，雖然可能有神的信仰，但却不一定有宗教情操，因爲宗教情操乃是一個人經由理智的態度，在面對天地及人時，所可能有的一種修養，這種修養既不是迷信的偶像崇拜，也不是夢幻的自我迷戀。而是一個合乎人性尊嚴及人性力量的方法及目標。

中國人的宗教情操到後來發展成爲一種盡人事而後聽天命的態度；和西方人的從眞理中找到上帝的

態度，幾乎一無二致。中國古代，在科技上雖然沒有今日如此的發達，但在思想的運用，及人格的培養上，却比今日有過之而無不及，他們的許多思考及主張，在今日仍不斷的被證明爲有效及可行。因此，他們在宗教情操上的態度，也有許多值得我們效法。

西方人的宗教情操，在本性是屬於一種思想的沈思及行爲上的鍛鍊，這沈思及鍛鍊，逐漸培養了一套精緻的理論體系，根據這一個理論體系，他們發展出了穩固的哲學及科學思想。經由這一個哲學及科學思想，西方人遂把他們的精神文明，完全投放在人事上如何達到完美人生的目的上去。這一種完美的人生，如果能夠達到，也就是天國的來臨。所以，西方人的宗教情操，着重於哲理的沈思及經驗的獲得，希望經由此而達到天人合一的目的。

中國人把宇宙當做有情世界，而西方人，却將物理世界拿來分析研究，這也就是爲什麼東方人的科技發展要比西方人落後的原因，但西方人的急於獲得物理世界的知識，使人生喪失不少樂趣，也是不爭的事實。

西方人的宗教情操，我們可以分成幾個階段來研究，第一是希臘時期，在這一個時期中，我們將以希臘三哲之蘇格拉底、柏拉圖及亞里斯多德爲主，這一個哲學源流的宗教情操，乃是從奧林匹斯山諸神祇的行爲上所作的反省而有的態度。第二我們將討論基督宗教的宗教情操，基督宗教雖以耶穌基督（Jesus Christ 3B. C. -30 A. D.）爲創始人，但基督宗敎的催生者却是猶太敎，基督的思想充盈於今天的世界，如果我們忽略了這一個哲學上的體系，在討論西方的宗教情操上，將是一個極大的損失。基督宗敎最盛行的時代就是十三世紀以後到十六世紀的這一個我們所稱之爲的中世紀，在這一世紀中，敎父哲學及士林哲學是我們研究的中心。第三就是反敎運動，經由文藝復興到黑格爾死（一八八三年）爲止的一段時期。第四個時期就是從十九世紀到今天的一段日子中，我們所能看到的宗教情操。希望經由如此的分析，使我們能對西方的宗教情操有一個概括性的瞭解。

第一節　希臘的宗教情操

西方哲學源於希臘，希臘哲學眞正發展了西方人類對智慧探討的深度。在希臘的時代，所有哲學家所關心的，都是宇宙與人生的問題，及至今日，西方哲學，仍是以宇宙及人生爲主。我們在探討希臘所以會探討宇宙及人生的問題，不外是感應到宇宙的無限的偉大，及人生的有限渺小，在一個渺小的人中，仍要努力研究宇宙的問題，雖明知其不可爲而仍然爲之，這就是奧林匹斯精神的根本意義之一。

但奧林匹斯精神，雖帶給希臘人不少智慧的泉源，但希臘人却也受到偶像崇拜及人物迷信的羈絆，使得人在追求眞理及智慧的道路上有了障礙，其中有些人意識到如此的問題，乃起而面對事實，希望超越現狀達到自己所渴望的理想，其中最著者就是蘇格拉底、柏拉圖及亞里斯多德三人。

(一)蘇格拉底的宗敎情操

蘇格拉底的時代，是一個崇拜奧林匹斯山中諸神祇最熱烈的時代，蘇格拉底看到當時人如此的迷信於神明，乃提出知與行的問題。

在蘇格拉底以前的人，他們所注重的、所分析、觀察的，都是知識客體的問題、知識對象的問題。至於知識本身或重視知識主體的問題，則是從蘇格拉底開始。

蘇格拉底對知識產生的方法，首先提出消極的和積極的方法。在消極方面，用的是諷刺法，所謂諷刺法，乃是針對當時的社會，詭辯學派的對知識的否定，對客觀眞理的漠視，因此，蘇格拉底就用雄辯的方法，與詭辯學派的人起了爭執，蘇格拉底用最簡單的，日常通用的話語，來詢問詭辯學派，結果，詭辯學派在蘇格拉底面前，不得不承認自己是無知，這種迫使對方承認自己無知的方法，蘇格拉底本人就稱之爲諷刺法。

至於蘇格拉底所用的積極方法，就是催生法，這種方法的來源，乃是因爲他的母親的原因。蘇格拉底的母親是一位接生婆，蘇格拉底在觀察了接生的方法之後，終於找到了他帶領學生的方法，所謂：「老師帶進門，學成由自己」的方法，就是一種催生法，這種方法，就是利用各種可能的方法，告訴學生們如何去獲得客觀眞理。並經由學生個人的體會，逐漸瞭解到自己的天賦及能力，並藉由這個能力，而逐漸創造知識。

蘇格拉底的這種對知識的追求，遂使得他在理論的架構上，有了一套完整的體系，但是知識不僅是有形式，還應當有其內容，知識的內容，有時，不僅是靠理智的思考就夠的，還要加上具體的力行才能獲得眞知。所以，爲蘇格拉底行的知，就是做人的道理。蘇格拉底在做人的道理方面偏重於倫理的實踐，這種倫理的實踐，和當時人，所謂神話式的，以及在蘇格拉底以前的人所用的單純的實踐，都不一樣，蘇格拉底的道德實踐，乃是透過理智的了悟以後，用自己清晰明瞭的道德理念來實踐。這也就是說，蘇格拉底相信，祇要我們在客觀眞理上面，獲得一個確切不移的對象之後，我們就有能力有道德行爲，因爲一個人如果不瞭解道德行爲知的意義時，又如何能有效的實踐道德理想呢？蘇格拉底的方法就是要一個人，先承認自己不知，如此才有能力接受知，接受知之後，也才能達到行的目的。這樣的一個人，才有可能是表裏如一的。

蘇格拉底的一生，不但是努力的去追求客觀眞理的知，也拼命努力的去實踐這些知，蘇格拉底的行爲，自然會不見容於當時的社會，因爲當時的社會是一個以主觀知爲對象的社會，他們自然不肯承認自己爲無知，另一方面，蘇格拉底提倡理智的思考，似乎又在打擊傳統的宗敎，使雅典的青年人，不再熱心於雅典神廟的祭祀，結果，蘇格拉底終於遭到一如他自己所想的結局。蘇格拉底爲了自己的理想，終於犧牲了自己，但是蘇格拉底所追求的人生至極——至善，似乎也就出現了。

蘇格拉底的宗敎情操，乃是在於他對客觀眞理的追求及執着，同時願爲自己所追求的犧牲一切。這種精神，可以說是最高的情操了。

(二) 柏拉圖的宗敎情操

柏拉圖的宗敎情操，就是一種追求眞、善、美的生活方式，我們每一個人對於自己從何而來，往何而去，如何行事，都有很大的疑惑，但人的知識領域，如果完全用理智的方法，有時並不能幫我們解決這些疑惑，祇有用宗敎的方法，才能幫我們解答。因爲宗敎不僅是一個對人類未來嚮往的解答，也是倫理、知識、宇宙觀的大結合。所以柏拉圖對宗敎的架構，就是基於如此的方法及態度。

柏拉圖的思想主流，乃是「觀念」，觀念在人身上有，在神身上也有，我們每一人的觀念，都是一種和神一樣的觀念，我們所以在現世會有和神不一樣的形式，乃是因爲人的觀念「降到肉體」來受罪，一旦肉體消亡之後，我們的觀念又可以回到神明界。

所以，當我們的觀念降到肉體上時，我們是否就和神明完全失去了聯繫呢？沒有，因爲人可以用祈禱和默觀的方式，把人的觀念和神明相聯繫。

柏拉圖的觀念論，解決了前面所提的三個問題，就是我們從何而來呢？柏拉圖的答案是從觀念界，從神明處而來。往何而去呢？乃是又要回到神明界，觀念界而去。在現世要做何事呢？就是要儘量的用祈禱和默觀的方式，使自己進入神明的世界，如此，人就能獲得永生。

旣然，柏拉圖對觀念及神明的看法是如此，當柏拉圖的弟子詢問他，關於神明的特性等等是怎樣表示時，柏拉圖直截了當的要他的學生不要問也不用問，爲什麼呢？理由很簡單，因爲在柏拉圖以前的人，尤其是在荷馬詩篇中的神話，把神明說得那麼壞，那麼在大家已有主觀的意見之時，如何可以說得清楚呢？再者，柏拉圖還認爲年青人不太能體會得出神明的意義，等年紀再長一點，能夠瞭解神明的意義時再說吧！但事實是，柏拉圖對神明的問題，自己也弄得不太清楚，一方面他分不清，善和創化宇宙的神明有什麼不同，另一方面我們每一個人所擁有的觀念，在成爲神明，以及未成爲神明時，和善的關係又是如何呢？

由於柏拉圖的理想國的目的，在追求眞善美，按道理說，眞善美的根源不就是宇宙本體的眞相嗎？這一個眞相乃是宇宙創化的本源，所以柏拉圖如果需要堅持其觀念論的話，對於創造的概念，必須先有一番明確的證明才行。但是，柏拉圖自己又以爲神明是人的靈魂從前的朋友，在這種情況之下，如何能加以區分呢？柏拉圖就不能不重新考慮這些問題，而提出了神存在的論證。柏拉圖所以提出如此的證明，乃是基於這個世界必須有一個「上帝」，「神明的最高層，已被後人所錯用，非柏拉圖本意」來維持宇宙的秩序。當然柏拉圖提出了一些論證來證明上帝的確實存在。但是，我們在這裏研究柏拉圖的宗教情操時，我們的態度，不在證明上帝的存在與否，而在找出他對上帝及神明的態度，以這種態度作爲我們宗教情操的參考。

柏拉圖既已認清楚觀念有可能在人所寄存的肉體死後，仍能成爲神明，那麼，爲維持這一個道德生活，宗教嚮往，那麼我們在世時，努力的祈禱及默觀，乃是最能保存宗教心的方法。我們瞭解宗教的目的，不祇是尋求人死後的去處，也在找尋在世時如何能與死後的世界相聯繫，如果我們不能回到內心，祇是用外在的方法，那麼我們將永遠不能和神明有所接觸，祇有回到人的內心，和觀念的世界打成一片，我們才有可能進入神明世界。

柏拉圖的宗教情操不是一個外表的，或祇是一種理智的思考，也和蘇格拉底一樣，含有力行的意思，祇是爲柏拉圖的力行，就不是蘇格拉底式的行爲方式，而是力行祈禱和默觀，似乎又回到觀念界去，其實，柏拉圖的力行思想，就是如何從一個觀念了悟到另一個觀念的過程及方法。如果掌握不住觀念，那麼人將永遠不能進入神明的世界，因此，柏拉圖要求在知人與知物方面，應該齊頭並進，如此，才有可能知天，因爲觀念的世界本身，也有心、物二者的分別，如果不能參透心物二者的話，要進入神明的世界就非常困難。再者，人所生存的世界，從觀念論的眼光來看，乃是生活於過去、現在、未來的三度時間之中，也唯有知人、知物，並瞭解三度時間的意義之後，人才有可能進入未來的知天境界中。柏拉圖的宗教情操就是要我們瞭解這一層意義。

(三) 亞里斯多德的宗教情操

亞里斯多德的哲學之不同於柏拉圖，乃是因爲柏拉圖是一個觀念論者，而亞里斯多德却是一個實在論者，觀念論與實在論的區別，乃在於觀念論祇從觀念的理路上去思考，對於客觀的實在世界，有時並不那麼看重。至於實在論，則不祇是重於理智的思考，也看重實際的、客觀的世界。

亞里斯多德的宗教情操就是從柏拉圖的神明存在開始，指出人對未來世界的嚮往，可以有何種的態度。亞里斯多德的宗教情操所用的理性的態度，乃是借重於客觀世界的實有物以爲證明。亞里斯多德的第一個方法就是利用運動的方法來證明神的存在。

關於運動，我們都知道如果運動本身不能自動，就要爲他物所動，如果是爲他物所動的話，一直往前推，就可以推到推動一切的不動者，這一個不動者，就是神。但是，這個論證，却有一些問題，那就是一、憑什麼說一個動的東西，一直往前推，就會推到一個不動的東西上呢？按理說，一直往前推的話，應該是所有的東西都在動，沒有什麼是不動的才對呀！二、這種運動，既然是不斷的動下去，結果就成了循環式的，一直往前動，結果，不是永無止境嗎？

亞里斯多德針對第一個問題，把整個運動的秩序分爲三段，第一段是被動，第二段是被動而又能主動，第三段是自動的。在第一段中，我們可以看到有許多東西，本身不能主動，完全是被動的，如果沒有物來推動的話，就永遠在那裏，例如我們說石頭，如果沒有人，沒有動物等來推動的話，石頭就永遠停留在那裏。從第二段來說，像人或動物，既能自動，而又能被動，我們每一個人都有此一經驗，可以瞭解這種被動而又主動的意思。第三段就不是人可以做到的，祇有神才能完全的主動。因此，亞里斯多德對第一個問題答覆的結論是：凡運動，皆有第一個不動者來推動。

至於第二個問題，亞里斯多德指出，我們不是在循環系列中找不動者，而是在循環系列之外，去找不動者，如果我們在循環系列之內去找不動，將永遠找不到，現在的問題是，如果每一個動者，皆有其循環系列，如何能夠在這些循環系列中找到自動者呢？循環系列本身就是一種被動者，如果它被其他循環系列所動，則最後必然有一個不動者來推動第一個循環系列，不然循環系列將永遠不停的往前推，事實上，從宇宙的有限來看，這是不可能的。

亞里斯多德用這樣的方法，來證明他對神存在的看法，除了運動證明之外，亞里斯多德還用了因果的方法來證明。

亞里斯多德認爲，所有的東西，祇要是存在於世界的東西，都是果，每一個果都必須有原因，不然不可能有果，所有原因的最後原因，就是神明，我們在證明了運動之後，再證明因果，就顯得比較容易，因爲在世界之物，有些是完全的果，本身不可能成爲因，但有些本身既可成爲果，也可成爲因，但要有完全的却必須是一個超乎物理世界的東西才行。所以由此，亞里斯多德證明了神的存在。

在證明了神的存在之後，亞里斯多德就提出神的性質，神的性質，就是我們在宇宙觀中所提到的純現實、純形式，這一個純形式、純現實就是神的本質，在前面我們已說過就不再重複了。

亞里斯多德的宗教情操，就在證明了神的存在之後，讓我們瞭解，我們可以分享神的存在，分享的精神，不祇是可以適用於人的世界，也可以適用於人與神的來往中，這是由於人的現實性及他的形式，乃是神的純現實、純形式的反映，我們在分享了之後，就可以使自己成爲具有更深信仰的人。

第二節　中世紀的宗教情操

中世紀可說是一個信仰的世紀，自從君士坦丁大帝准許基督教成爲國教之後，基督宗教的勢力遂開始蓬勃發展，沒有多久，整個歐洲大陸，就都成了基督宗教的天下，在這一個時期裏，所有的文物制度，都顯示出宗教的影響，因此，我們要談論這一個時期的宗教情操，反而不知從何談起，因爲可以談的東西太多了，尤其在他們經由個人的沉思默想之後，所具備的宗教態度，事實上，就是情操的表示，例如十字軍的東征、騎士精神以及發現新大陸的決心等等，可以說，都是爲了讚美上帝而有的行爲表示，這些也都是宗教情操的具體實現。但是，我們從人生哲學的觀點來看，宗教情操仍可以有其更積極的一面，那就是在維護宗教精神，提昇人性境界的一面所，以本節將就教父哲學及士林哲學二點來略加敍述：

（一）教父哲學時期的宗教情操

教父哲學的主要目的是，以當時羅馬修辭的方式，以及希臘辯證的法則，來說明自己的信仰，一方面是對外來的攻擊加以反駁，另一方面也是對教會本身的不同意見加以修正及調和。

耶穌在建立天國的時候，雖然並沒有創立哲學體系，但是當基督徒向羅馬發展時，在接觸到羅馬文化中發現了人存在的基礎還可以用知識的層面來表達時，基督徒的信仰就開始和知識融合，這一種融合就產生了用知識來補信仰的表達方式，同時也用信仰來充實知識。

教父哲學就是一種貫通了希伯萊的信仰、羅馬的修辭及希臘的辯證法的產物。在這裏，所謂的希伯萊的信仰，就是耶穌基督從希伯萊人的信仰中所發展出來的一種體系，根據這一個體系，人可以脫離了希伯萊信仰的許多桎梏，而走入新天新地，所謂的羅馬的修辭就是指用希臘文或拉丁文所寫成的辯論形式。至於希臘的辯證則是指希臘哲學家所用的形上方法。教父哲學根據了這三種成份，就合成了維護基督宗教的體系。

教父哲學的宗教情操的最大表現就在於他們對信仰的執着，在這一個執着點上，根據耶穌基督的教訓，相信祇有在信仰中，才能獲得永生，信仰之外，是無法得到的，但是基督的教訓要如何才能完整無缺的加以記載及描繪呢？這就成了教父哲學的大問題。因爲教父哲學時代的西方世界，並不是一個文明很高的社會，幾乎是一個野蠻的社會，在這一個野蠻的社會中，如何使這些野蠻人能逐漸的接受基督的信仰，當然就成了教父們的職責了。

再其次，教父哲學的目的，既然都是要達到完美的耶穌基督及天父的世界裏，那麼如何來表示呢？愛的哲學又是如何加以力行呢？對於罪惡，又當如何避免呢？一個具有宗教情操的基督徒，就必須首先克服這些問題，但由於人的關係，對於善惡的靈魂與肉體的看法，彼此之間就有相當的出入，甚至引起很大的爭執，像摩尼（Mani 216-276 A. D.）對善惡、靈肉的看法，就影響了奧斯丁達十年之久，另外在教父時期的知識主義，就有很大的影響。

教父哲學的第三個宗教情操，就是用什麼方法可以達到與天合而爲一的地步，柏拉圖的祈禱和默觀，自然是影響深遠，但祈禱和默觀的目的又是爲什麼？如果祇是純粹的爲了上帝，那麼人的意義及價值何在？在今天我們看來，會以爲信仰和理智相矛盾，其實這是一個錯誤的觀念，因爲如果沒有信仰的話，我們又何必合理化呢？合理不正是理智的運用嗎？就是在今日，教父哲學所努力於把信仰和理智相接合的態度，也是所在多有，大家現在所喜歡強調的科際整合正是希望用人的理智和信心來達到這一個目標。教父哲學把信仰和理性統一的方法，就是神學與哲學的結合。本來爲基督的信仰來說，根本不需要什麼理論體系，所以教父哲學們所作的嚐試乃是一種大膽的嚐試，幸好有了這一嚐試，遂使得哲學的發展有了更深更遠的目標。

教父哲學的第四個宗教情操，就是爲基督信仰作證的熱誠，這種熱誠，當然是出於基督所說的愛，但是耶穌的教訓：「一粒麥子，如果不掉在地下死了、壞了，仍舊是一粒，但若掉在地下死了、壞了，就會結出百倍的果實來。」其結果當然是可以激起當時人對天堂的嚮往及對信仰的執着，我們很難批評這種爲信仰作證，甚至犧牲的精神有什麼不好，問題是，我們今天還有多少人，仍具有這種精神。

教父哲學的宗教情操既如上述，其目的在爲信仰作證，因此利用羅馬的修辭學及希臘的辯證法，終於可以達到與信仰結合的目標，但是由於這是一種新的嚐試，在理論的架構上，仍不夠完備，直到士林哲學之後，才算完備了。

(二) 士林哲學的宗敎情操

士林哲學的發展比敎父哲學幾乎要長了一倍（敎父哲學從初世紀到西元七世紀，士林哲學則是從八世紀到十六、十七世紀），但士林哲學却是經由敎父哲學而來。

士林哲學和敎父哲學的最大差別，就在於敎父哲學的目的在於護敎，而士林哲學的目的則在建立體系，所以一個被動，一個主動，但是我們也知道，祇有在被動的被攻擊之後，才知道建立體系的需要，也祇有如此，才有主動攻擊異端，保護自己的能力。

敎父哲學的時代，乃是在一個敎會尙未安定，外在的政治和哲學攻擊敎會的信仰，內在的聖經解釋的錯誤，處處的困難都需要他們努力澄淸，但又要努力溝通希臘和羅馬的思想，所以士林哲學如果沒有敎父哲學爲其基礎，那麼士林哲學可能要重新再來敎父哲學所曾努力過的。

士林哲學發展的時期，已經沒有敎父時期的那些困難，在政治安定，敎會統一的情況下，士林哲學家們就安心的發展他們的敎會體系，在這一個時期中，他們的宗敎情操，特別見之於他們對宗敎的熱愛，對人生的嚮往。歸納起來約可有下列數點：

一、士林哲學不是一個人的哲學，而是那時期通力合作的結晶，雖然聖多瑪斯是這一時期內，最偉大的神學家及哲學家，但是如果沒有亞里斯多德，敎父哲學及在他之前的諸士林哲學家，他不可能有如此輝煌的成就，這種通力合作，將亞里斯多德哲學轉化爲士林哲學的精神，就在表示敎會本身是一個可以合作，有能力吸收外來思想的結構，這也正顯示了，敎會整體的合作，以達到天國理想的具體呈現。

二、士林哲學的傳授方法，大致上是跟隨敎父哲學的方法，是用破和立二種方法，所謂破就是反對當時的違反敎會的理論，破斥之。而立則是保護自己，建立自己的體系的方法，這種有破有立，破中有立，立中有破的方法，就是中世紀哲學的極大特色，這除了表示學術上運用的手法之外，更可以表示他們對維護信仰的精神。

三、知識主義的發展，常會偏向理性的態度，結果，柏拉圖的觀念論甚至還成爲當時的主流，但當時的有識之士已看出，如果祇用柏拉圖的觀念論，將跳出自我幻想的限制，其結果就可能連上帝的存在都有了問題，士林哲學爲了積極的證明理想與實在之間，乃是可以調和的，就採用了亞里斯多德的思想，亞里斯多德的著作遂成了當時士林哲學的研究中心，聖多瑪斯就利用了亞里斯多德證明上帝存在的方法，發展了他有名的五路說（Five Ways）來證明上帝的存在。這五路是：

1. 發展了亞里斯多德的「第一原動者」或不動者說，把運動看成是由潛能到現實的過程。用「從無不能生有」的理論，推出被動的理由是現實，不是潛能，如此，一直往前推，達到最後的或第一原動者，就是上帝。

2. 說明了因果律的形成原因，以爲在現象界中有形成與生長的事實，這些事實說明了「事物不能是自己的原因」，而應當有別的原因作爲事物的原因，也就是由外在的原因來推動，如此往前推，推到第一個形成原因，就是神。

3. 提出「可能性」與「必須性」二概念，所謂「可能性」必須由必須性來支持其存在的理由，不然可能性就成爲不可能，那麼最後的必須者，當然也就是神了。

4. 用存在的等級來說明宇宙的問題，因爲感官界的存在有高低等級之分。高等級的是低等級的原因，如此往前推，最高等級的本體，就是神。

5. 討論秩序的問題，宇宙的秩序，井然有條，尤其是那些無靈之物的次序，說明了宇宙有一個主宰，而這一切都在「目的因」之中而存在。這個目的因就是神。

多瑪斯的五路，用了二個哲學上的基本假定，一是柏拉圖的分系理論，一是亞里斯多德的因果原則。這二個方法的配合，遂造成了多瑪斯的五路說，在這五路說中所表現的宗敎情操，就是人可以用理智來證明上帝的存在。

四、士林哲學的宗敎情操基礎，仍建立在愛上，愛人如己的思想仍主宰着所有基督徒，但愛的表現方式，却可不同。如此，敎會本身帶領人們走向天堂，乃是一個理所當然的結果，但是解釋愛的不同，遂使得情操的修養，有着很大的不同。

就上所論，中世紀的宗敎情操，乃是世界學術的動力，根據士林哲學所定出的理論，人遂成了具有充分理智發展，期望尋求合理人生觀的目的。

第三節　近代哲學的宗教情操

對希臘，尤其對中世哲學而言，近代哲學的方法乃是以新的面貌出現，新的問題，新的解決方法。這些新的問題雖在近代哲學中提出，但却孕育於中世哲學之中。這些新的東西包含了：

一、自由：人的自由可以使我們不需跟隨前人的脚步，可以自由的開創自己所要的東西，這種自由乃是一種學術的自由，因爲經由馬丁路德的反敎運動及文藝復興的理性抬頭以來，人更可以意識到自由的可貴。在這一個時期，學說之多，派系之繁，眞是應接不暇。這種自由風氣的影響，遂產生了幾個結果：

1. 近代哲學逐漸脫離了希臘哲學及中世哲學的範圍而進入人的研究。

2.從希臘哲學中的懞懂無知，逐漸近入自然科學的領域。

3.教會的束縛，愈來愈小，尤其反教運動之後，宗教的制度漸遠了，但宗教的信仰，仍然深植人心。

4.大一統的思想，逐漸分立，國家主義開始逐漸抬頭。

從以上這個特點就可知近代哲學應用自由所造成的結果。

二、理性抬頭：在中世哲學中，一切爲信仰服務的觀念，也逐漸可以允許爲個人服務的趨勢，這一個趨勢，使得當時的思想家，都可以有自己的學說，如此一來，思想、學派自然就紛繁了。

三、經驗的要求：一個學說之所以能垂諸久遠，不祇是因爲理論體系的完備，也在經驗之恰當，如果沒有經驗，則人性的發展就會受到挫折。

四、人文主義的趨向，以人爲本位的結果，人可以利用個人天賦的優良，儘量的發揮，以合乎人爲天地萬物之靈的主張。

根據以上的分析，近代哲學的宗教情操是：

一、不注重外在的形式。教會的權威、制度，在文藝復興之下，紛紛解體，制度與形式不能約束人讚美上帝的自由。

二、看重內在的經驗及體驗，這和中世紀一樣，每人內在的和上帝來往，是可以根據個人的差異而有不同的方式，於是禁慾主義一變而成爲根據個人良知的判斷。

三、理性的思考：對宗教的經驗，及對上帝的信仰，必須每一個人都經由理性的思考，達到和諧的地步，如此，人就可以獲得對人性尊嚴毫無損傷的地位。

近代哲學的宗教情操，不祇是一個對中世哲學的反省，還是一個對自我世界認識的起點，由於將近一千年的時間，人的心智完全沈浸於上帝的規律之中，人爲了獲得更深刻的價值肯定，自然會有適度的自由要求，這種自由與其說對教會的打擊，不如說是獲得個人信仰與上帝契合的最佳方式。在這一個時期中，護教者有之，反教者有之，但似乎可以看出，每人爲了追求眞理的固執態度，這種態度就構成了近代哲學的特徵。

從以上所論，我們可知近代哲學的宗教情操，不是建立在有形教會的制度及形式上，而是立於個人及求眞理的執着態度上，眞理祇有一個，祇要方向對，任何方法都可以達到眞理。但在近代哲學，有些哲學的方向可能就有問題，因爲眞理的方向必須是朝向眞理才行，如果背道而馳，那是永遠也達不到目的的，所謂正對方向，乃是合乎人性及其內在天性的方向，如果是走向縱慾主義，就是所謂的背道而馳，又如所謂的純客觀主義、純主觀主義，都是方向有偏。在追尋眞理的方法中，我們可以用理性的方法，也可以用經驗的方法，也可以二者併用，但方向錯誤的話，則儘管方法有上千種，仍然無法達其目的。所以，近代哲學的宗教情操就是在確立追尋眞理的方向。

第四節　當代哲學的宗教情操

到了當代哲學，情勢就更爲紊亂，在十九世紀，客觀主義、主觀主義及實在論（Objectivism, Subjectivism and Realism）的交互爲用，幾乎使得哲學成了分裂的狀態，到了二十世紀，則分成二派，一派專注重內在經驗，從個人經驗着手，不走傳統的路子，不把一切變作原理原則，也就是說不用公式去討論宇宙和人生的問題。另一派則用邏輯的方法想要找到一條適用全體學問的原理原則。第一派的主張是一般存在主義者和具體的唯物論者，第二派則是現象學及邏輯實證論者。

當代哲學從如此的型態來看，似乎不再可能有宗教情操，事實上正好相反，宗教情操的追求在這一個時代，可能比任何時代都要來得熱烈，這可能是一方面人脫離了宗教制度及形式之後，反而捉不到一個可以作爲原理原則的架子，因此，渴望尋到原理原則來作事物的準據及最後原理。再者，自然科學的發展，常使人覺得相當的空虛，因爲自然科學的對象，祇是一些具體的、有限的事物，將全付精力投之於上，久而久之，就有空虛的感覺，三者過份挖掘自我，使得自我變得慘不忍睹，又在沒有原則的情況之下，人自然更容易失落了。

根據這些原因，人開始意識到不是一個純理性的思考，也不是一個純經驗的方法可以得到永恒的究竟，哲學的目的，還是在找尋永恒的眞理，不然哲學也就不成其爲哲學了。

在當代哲學中的宗教情操，可以分下列幾點來敍述；可能這幾點並不是每一學派都明顯表示出來的，但至少在他們的學說中，曾暗示過的。

一、求眞的精神：當代哲學的求眞精神是不容置疑的，問題是，有些哲學家的求眞精神祇是止於一己，最多達到全人類而已，至於從一己達到全人類的必然方向，却沒有談到，有的可能是因爲故意標榜不走向終點，也有的可能忙自己都忙不過來，自然無暇顧及了，也有的是雖然看見，却心有餘而力不足。這種求眞的精神，不論如何，至少是一種宗教情操，祇要在後來發現了求眞的目的，不是祇在一己及人類身上，那時宗教情操就算完美了。

二、求善的態度，所有哲學的目的，都在爲自己尋求一些可以依循的方法及原則，並根據這些原則及方法，走向自己所稱爲的完善生活，可能有的哲學在走到後來，發現用純經驗的方法達不到善，也有的可能發覺用分析的方法也得不到結果，更有的人會發覺唯物的態度是大錯特錯，會使心空虛得不得了，這時再回頭去尋找那些，既不偏向於物質世界，也不過偏於個人主觀心態的方法，就可以使我們達到完善的地步，這種態度當然在目前是不多見，但却已可看出曙光了。

三、求美的方法：美的生活及修養，乃是人人所渴求的，用什麼樣的方法達到，得到些什麼，都可以有不同的方法，在今日，所謂印象主義、普普藝術等差不多都是受了哲學思潮的影響，美的表現方法，可以把眞美顯露出來，也可以掩蓋住人性的美善，在今日的求美方法中，有些是以刻劃內心的感受，如同存在主義的表達自我一樣，也有的以現象的解析，來顯露人性的問題，這些無非都是想經由美的原理達到宗教情操的目的。

在當代哲學中，求眞、求善、求美的方法，就是宗教情操的具體表示，我們認識了當代哲學的特質之後，就更可以明白爲什麼今日的宗教情操，可以容許我們有那麼多的方法。經歷了二次大戰之後，人們已發現，戰爭是可怕的，爲了個人、國家的貪戀，犧牲了多少人的性命，生活在這一個時代的人們，比以前任何時代的人們，更懂得愛惜生命，這本來是一件很好的事，但不幸的，却有些思想腐化了愛惜生命的意義，使得人們化愛惜爲偸生，化勇敢爲怯懦，這一個時代，最需要的宗教情操，就是懂得如何能爲眞理而不顧一切的犧牲奮鬪。

從上所論，西方人的宗教情操，乃是以追求眞、善、美爲其終極目的，儘管追求至眞、至善、至美的精神，已被物慾所矇蔽，但我們漸漸可以看出，對眞理的呼籲，仍在不停的增長。在今天的中國人，要如何才能使自己獲得最穩妥的地位呢？我們要使自己安心，就必須從宗教情操中着手，如何獲得宗教情操呢？這就是我們下一章中所要討論的。

第三十三章 如何培養宗教情操

宗教情操的培養，爲今日來說，可能有下列幾個困難：

一、唯物共產思想的泛濫，共產思想在今日的世界，幾乎佔據了一半以上的人心，每個人都在想如何的均富，但事實上，我們知道，有許多國家在實驗的過程中，不但未能達到均富的目的，甚至使人民成了均貧，這一種渴望的原因，乃是因爲物質生活的立刻可以使人解除生活上的困境，而不須依賴苦心思索。其結果，當然使人人願意追求物質生活，在追求不到時，就儘量的要用革命、暴力的方法去爭奪，結果人間地獄的慘象，充塞了世界各地。

二、自然科學的發達及物質生活水準的提高：自然科學發達的目的，本來是提醒人類可以進步的方向及目標，但自然科學發展的副產品，却是物質生活水準的提高，本來物質生活水準的提高也沒有什麼不好，祇要人能持盈保泰就可以了，但是人心的渴望並不如此滿足，結果科學進步的結果，反而成了人墮落的原因，這當然不能怪科學，要怪的乃是誤用科學的人，如果要使我們每一個人都能以科學的精神，進入人類文明的發展，可能能更快速的將人帶向更深厚的精神文明。

三、精神文明的表達方式仍是我們所熟知的那一套，科學的進步，雖帶給我們方法上的鉅大改變，但是在精神文明上面，却未達成這種效果，雖有人努力用科學的數值方法帶入哲學，但領域不同，自然會有牛頭不對馬嘴之憾，對於哲學，這一個曾爲前人所致力發展到登峯造極的學術，在今日似乎反而成了人所詬病的對象，這能怪哲學嗎？當然不能，要怪的仍然是人自己。因爲所有哲學的發展，都必須有人來從事，如果大部份的人把注意力轉向於物質文明，那麼又有多少人能再回顧哲學呢？如果最聰明的人都投向賺錢，那人類的命脈又要靠什麼樣的人來維繫呢？

四、哲學本身的不可知性，也常是使許多人畏縮的原因，哲學其實眞是那麼黯淡嗎？當然不是，而是那些在敍述哲學的人中，對於哲學的本質在完全沒有把握之前，就遽然表示出來，結果就使得哲學愈來愈暗淡，但爲哲學本身來說，却是非常簡單明瞭的，如果我們明白：哲學的目的乃是在追求無限的智慧，則眞善美的意境，不就是可以完全擁有嗎？問題是有多少人願意擁有眞善美？

五、眞善美的目標是聖，而聖的本源乃是宗教的最後目的，但宗教的特性，在今天常被人誤解，常被那些外在的形式、制度所誤解，因爲這些人，這些屋子，這些組織就是宗教，其實都錯了，這些人都是宗教的跟隨者，跟隨者常是盲目的，跟隨者也會誤用宗教，所以跟隨者不是宗教，宗教的特性是吸引人來跟隨他。房子也不是宗教，我們常看到許多美麗的房子做爲宗教的居留所，但這些房子可能會垮，會消失，會毀壞，宗教的目的，乃是利用所有的一切，來顯示宗教的特性，而不祇限於房子。制度是最破壞宗教的，任何宗教，一有了組織，宗教的特性，就開始逐漸消退，我們在歷史上，甚至今日，可以看到多少因爲組織而破壞了人接近宗教的渴望，所以制度不能代表宗教。但是宗教又必須有這些人、房子及組織才能使人接近宗教，彼此又如何調和呢？有許多人迷惑了，不知如何是好，爲了避免感情及理智上的困擾，乾脆不要，這種態度，當然不合乎一個現代人的精神，也不合乎爲人的權利及義務。

六、人的權利就是能自由的去追隨自己所熱愛的信仰，人的義務就是要去找到這一個信仰，並維護它，信仰的形式可有許多種，不要爲其形式所惑，重要的是要認出何者是眞善美聖的信仰，何者不是；何者是眞正對人性尊嚴有所保持，又有所發展的，而何者不是；更有甚者，希望去發現有那些是眞正的啓示宗教，而何者不是，這一個啓示宗教乃是根據不動而又主動的上帝所定的，而不是爲人所造的。去發現這樣的宗教，有時可能會有些困難，但有時，也是相當的簡單，因爲啓示就是一種很難說得出的思許，這就好像我們所說的緣份，你不知道什麼時候會遇到你夢寐以求的對象，所以祇有努力的修養自己，使自己配當成爲一個對方合意的人選，在啓示的意義之下，我們就是要利用修德行善的方法及祈禱、默觀的精神，幫助我們獲得宗教的意蘊。也祇有如此，宗教情操，才能顯出其意義。

在本章中，我們將分成四節來研究，如何幫助我們達到宗教的目標，首先我們就要研究個人如何在修養及追求眞理上入手，再我們就要研究如何在善及美的方法上進入宗教情操，最後就是如何達到聖的地步。

究竟宗教是屬於個人的事，宗教情操也是個人的修養的問題，如果我們每一個人努力在眞善美的路上盡本份，就有可能達到聖的境地。如果我們仍然被物慾所蔽，那我們早晚就會爲物所役了。

宗教情操，雖可以很快的幫助我們瞭解宗教本質，但宗教情操的培養，却可以使我們在知人、知物、知天三方面有所進展，知識的領域究竟有限，但祇要合乎我們所使用的原則就可以了，所以不是有人說：「儘管有弱水三千，我祇取一瓢飲」，我們不可能用盡天下之知，祇要這些知，可以合乎人的能力，合乎個人的本性，就可以達到宗教情操的目的，所謂的盡己之力就是了。

第一節　宗教情操的真

眞可以從四方面來研究，一是對己，二是對人，三是對物，四是對天。

(一) 對己之眞

對己之眞，首在認識自己，然後才能對己誠，如何認識自己呢？可以有許多方法。一種方法是用心理學的方法，你可以到心理中心，做一些測驗，這些測驗，雖然可以告訴你一個大概情形，但大部份仍然要靠你自己。

第二種方法就是用反省法，這是從古以來就用的，所謂反省法，乃是依據個人的行爲表現，反省這些行爲與個人的喜怒哀樂的配合，一般來說，雖然沒有心理學那樣的程度表示，但至少對個人在某些個性上的特性能夠根據行爲的表示而顯示出來。

第三種就是哲學方法，哲學方法不但有反省方法，也可以利用心理學的目標，但却不是應用量表的方法，而是根據哲學上對人的分析，歸納出個人的發展方向，這一種發展方向，不但可以有一個程度上的瞭解，一種反省之法，也可以知道在未來的生活中，可以以何者爲之。

瞭解自己，就可以面對自己，如要使自己成爲一個具有良好宗敎情操的人，首先就要具有對自己之誠，對己之誠，乃是可以作爲瞭解萬物之前的一種準備，沒有人敢說，可以完全瞭解自己，但也沒有人能說完全不瞭解自己，祇要瞭解得恰到好處，能配合個人思想的發展，就可以永遠對自己眞了。

(二) 對人之眞

正心誠意，致知格物，不祇是一個對己的問題，也是一個待人之道，宗敎情操的培養就在培養對人之眞的情感。對人之眞的基礎，乃在對己之眞，一個對己不眞的人，自然無法待人眞了。

待人之眞，首在誠，誠乃是一種愛心、仁道與恕道的並用，對弱小之人有仁，對非我之人有恕，仁恕之間就是愛，愛不祇是包容，也是一種求全，我們要使自己快樂，首先就要待人以誠。

現代的工業社會中，人與人的往來相當淡薄，我們如何能夠在日漸疏遠的人際關係中，仍保持誠心呢？每一個人都希望有朋友，但朋友必須待之有道，如果不待之有道，就不會再有朋友，待之有道首在誠，次在敬。

中國人常說的，相敬如賓的道理，不祇是在描述夫婦之間的相處之道，就是朋友本身也是如此。誠與敬二者，可以交互爲用，一則以誠，一則以敬，相輔而行，待人之眞就可顯露了。

誠中有信，如果不信，就無法以誠了。敬中有愛，愛如果狎了，就不是敬了，愛中有敬，乃是一種分寸，在我們心中，如何使愛敬、誠信成爲待人之質是非常重要的。

當然在待人之中，學習的成份也是非常重要的，其實學習在人的過程中，都是需要的，不祇是在待人之道上。待人既要眞，那就是要看重自己的態度，自己的態度夠誠、夠敬，他人就能以你爲友了。

（三）待物之眞

宗教情操的待物方法，不是把物當成一種被造的東西來看，而是把物當成與人一樣，同爲天地所化，所以當我們待物之時，仁愛之心不可少。

所謂仁民而愛物，乃是基於萬物與我一體，天地與我並生的意境才有的。如果我們待人不夠誠的話，我們自然不能愛物，同樣的，如果我們不能愛物，也不會仁民，所謂的仁民而愛物，乃是基於人與物爲一體的精神，我們祇有深刻的體會到天地的本心及本質之後，我們才有辦法待物。事實上待物也是一種對待的態度，大地所顯示的精神，就可以幫助我們達到這一種情操的培養。

培養的方法，可以從正己誠人方面入手，也可以從格物致知上下工夫。

所謂正己誠人，乃是以一種個人修身的方法，來達到與物合一。個人修身的目的，不祇是使一己達到正心誠意的目標，也希望能有以己心體天心的修養，這種方法，就是在待物之時，也能與物有一體的感受。

所謂格物致知，雖然也是從物入手，希望能瞭解物，但其目的，却是希望能從物中獲得知識，我們每一個人在生活中，如果沒有客觀事物做爲個人經驗的憑藉，那麼，我們就不可能有致知的可能。

在宗敎情操方面，對事物的瞭解，常可以幫助我們在提高人生意義，獲得人生哲學時，有很高的意義。

(四) 待天之眞

知人、知物、知天，雖是中國人的理想，但是，知人、知物易，而知天難，如何能知天呢？在中國的先哲們常有的方法，就是以此心體天心，由於生活的經驗，使我們瞭解，要達到天心，首先，就要能使此心覺天心，何謂天心呢？在宗敎情操中，當然是指的眞善美的根源。但是如果不能首先有眞，則不可能會有善及美的呈現。

眞所以能是善與美的基礎，就是因爲善如果不眞，就是假善，美如果不眞就是不美。所以在尋求眞善美時，首先就是要有眞，所謂眞，就是正心誠意的工夫，眞到極處就是天眞，天眞不是幼稚，而是純樸，社會之心已經汚染了人心，雖有天眞之心而不敢表示的大有人在，如何保有天眞之心呢？就是在一切事上都要瞭解，在作心的判斷時，首先要摒除一切社會利祿及雜念，一個人不能摒除這些，就無法保有天眞之心，另一方面，在保有之時，也要瞭解天眞不是做作，一有做作，天眞就失。

所以，保有天眞之心，就是待天之眞，有時，我們不太會掌握個人的情緒，這是因爲在心中無持平之感，一當心中有了這種情感時，就可以有待天之眞了。

宗教情操的眞，不是一種經過虛飾，社會化的眞，而是復其本心，以我本來面目，開懷敞露，顯示了一種眞切之情。所以一個眞正有宗教情操的人，就會應用這一個眞誠之念，但我們的生活有一種革新，對未來也可以有一種嚮往。

第二節　宗教情操的善

善，就是一種倫理道德的生活，宗教情操的目的，就在使我們達到一種生活上的善，善乃是常有對人、對物的仁慈之心。

如何在宗教情操中，獲得善呢？

首先，要如前面所說的，要有眞誠之心，一是我們有了眞誠之心後，我們就容易接納別人，由於我們是以眞誠之心，對待別人，所以眞誠之心本身，就是一種善。但是善，除了眞誠之心外，還有行爲，行爲的目標如果和眞誠之心相違背，也就不是善了，所以，善如果不是心行合一的話，善就不是宗教情操中的善，而祇是一般的善行了。那麼，在這二者之中，有何區別呢？甚至有的人說，祇要做好人，行好事，何必一定要有宗敎信仰呢？這種理論可有一比：有一個人，計劃從臺北到高雄去工作，他知道工作對他的意義，所以，他決定去高雄，就是準備對自己的未來有一個更好的方向。他搭車南下，但不幸，他坐的車出事了，他僥倖，沒有受傷，在這個時候，他知道，準時到高雄已是不可能，但在他附近的人，受傷的受傷，昏迷的昏迷，他怎麼辦呢？繼續乘車南下，還是先救人再說呢？任何一個有善心的人，都會說，先救人再說，不錯，善行的目的，就是拋開一切利害關係。現在我們來看，一個人單做好人，行好事，就如同這個人一樣，先不管以後，救了人再說，但是，我們要問，他救了人之後，要再怎麼樣呢？他已明知，他無法及時趕到工作地點，爲他未來的一生有一個好的開始，請問，他會後悔嗎？當然，很多人說，他不會，因爲祇要行其所當行就可以了。但是一個善人，如果爲了實行一件善事，而不計較任何後果，結果眞的有不堪的後果出現，請問他會不會有一些遺憾之情呢？我想，任何人，口頭上雖然不說，但心裡一定會有那麼一點遺憾、着急的感受。再說，倫理生活的判斷，常是有一個目標，就是行其所當行，可是如果在行其所當行之時，却不知爲何要行善，而祇知行其所當行，這時，在倫理判斷中，就失了一些目標。在前面所說的那一個人，當他願意拋棄及時趕到工地的機會，雖然有些遺憾也不顧，而祇知做一個人所應該做的，就是一種宗教情操。

我們不要以爲做好人，行好事不需要目的，祇要我們一說，做人所應當做的，就是一種目的。而宗教情操的目的，就是要讓我們瞭解人生的目的，行爲的意義。所以，我們如果不瞭解行爲的意義及人生的目的而去行事時，雖然有可能合符社會善行的標準，本身却沒有什麼價值。當然，一定會有人問，爲什麼我們一定要有價值呢？沒有價值不是很好嗎？我們可以這樣回答說：當全世界最早，祇有一個人的時候，請問他有沒有價值觀，很多人一定會說沒有，但我說有，爲什麼呢？因爲人在本性上有維持生存的一種渴望，在維持生存的過程中，他必然會有些選擇。比如這樣說吧！我們假使承認亞當是人類的始祖，當他在天堂安閒舒適的生活時，雖然上帝沒有給他選擇的能力，但他在本性上却有種基本的渴望，就是要走向更好；人不論在何種環境下，都會選擇有利於個人生存的條件的，這種選擇的能力，基本上，就是一種走向善的行爲的目標，所以當亞當在天堂時，如果同時有上帝和野獸與他在一起，按照本性，他一定會先聽上帝的話，而後去聽野獸的。這一種趨於爲自己有利的條件，就是人行事的目標，所以善不是沒有目標，而是有一個方向。

那麼做好人、行善事，在何種情況下，才算是合乎宗教情操呢？當我們瞭解行善事、做好人，不祇是為我自己，也是為社會、人類有好處時，就合乎宗教情操了，但是要達到宗教行為，就必須把這種為社會、為人類的目標更提昇，才算是宗教行為。

第三節　宗教情操的美

美，對每一個人來說，都有不同的標準，不同的感受，如何能夠使美達到一種所謂宗教情操的美呢？

首先我們要瞭解，宗教情操不是一種過份渲染的美，而是一種平和、寧靜、幽雅的美，如果要使美合乎宗教情操，就要使美本身有方向，有目的，如果美沒有方向，沒有目的，都麼美也就無意義了。意義，不祇是存在於美中，而是存在於各種各樣的事物中。每一種事，所以需要意義，就是因為在存在的範疇中，他為什麼要存在，如何存在就是一種意義，我們舉個例子來說，有一個小孩，跟他的父母上百貨公司去玩，這個小孩在百貨店裡面，看到了一個洋娃娃，他好喜歡，就想要得到，於是他向他的父母親要求，但父母却告訴他，他是一個男孩子，玩洋娃娃會被人笑，如果他要的話，可以給他買玩具手槍、坦克車之類的玩具。按照我們的想像，當一個小孩那麼想要「得到」一件東西時，他是那麼容易被說服嗎？我想這是不太可能的。為什麼當一個人如此想要得到某些東西時就會堅持呢？因為他認為這樣東西，對他有意義，是他所喜歡的，他認為最好、最美的，在這種情況之下，如果有人告訴他，他所認為好的東西，並不如他所認為的時候，他如何肯相信呢？現在的問題是，他如何能堅持自己的判斷，不信別人的判斷？或是相信別人的判斷，而否定了自己的判斷呢？理由何在呢？這就是宗教情操中的信仰問題。

當我們在信仰的過程之中，我們祇相信我們自己或一些權威，祇要這個權威能使自己信服，就願意放棄個人的主張。同樣的，當一個人，不認爲別人的主張比自己的主張更好時，他祇有堅持己見了。所以我們在這裡，也就可以看到宗敎情操的美，就是一種對信仰的執着。我們常喜歡對美有一種浪漫情調的嚮往，其實美本身不祇是有浪漫的情調，還有極大震撼人心靈的因素。我們看到一幅美麗的畫面，會在心裡引起共鳴，甚至會生出一種嚮往之情。所以，美之所以能有宗敎情操，就是因爲，美可以給人一種嚮往，這種嚮往不是往下走，而是往上昇，一直達到美的極致，才算是上昇的終點，這個終點，事實上就是宗敎情操的表示。

爲什麼美可以有一種向上的嚮往呢？這是因爲，在美的本質中所含有的因素所以致之的。美，我們在前二篇中已說過，它具有審美的意味，在審美的意念中，美的本質，可以有一種標準，這個標準，不祇是美的應用，也是美的基礎。像我們大多數人，並沒有受過多少美學的敎育，但我們每一個人都有美感，我們可以判斷何者爲美，何者不美，這種美感存於人心中，乃是一種本有的情操，所以，從宗敎情操的觀點來看，美是很容易引人進入一種信仰及理想的境界。

我們如果祇是在獲得現象上的美，而不會進入美感及內在心靈的美的世界，就妄用了美，因爲美的目的，就在使我們每一個人在努力追求人生理想的過程中，找到信仰的意義及目標。而美，就是可以達到這種意義與目標，就是可以引人進入宗敎的境界。

第四節　宗教情操的聖

眞、善、美，都是人內心所本有的一種能力，祇要我們善加發揮，就可以達到人生理想，但是人生理想的目標，不僅是出於眞善美的現世意義，而是要進入無限的眞善美，就是聖的境界中。

聖，在中國的意義中，就是「通」的意思，一個聖人，要能通往天地之間。一個眞善美的眞正意義，就是要使我們能通於天人之際。通於天人之際，最好的方法，就是信仰。當然，在今日，講信仰，很多人會以爲是落伍、迷信，因爲覺得信仰，爲一個現代運用理智，創造自然的人，實在是太可笑了。其實，信仰並不可笑，而是一種非常有意義的東西。

國父　孫中山先生說：「信仰是一種思想，一種行動，一種力量。」信仰如果根據這一個意義的話；就可知不論在任何事上，都可以有信仰，即使在自然科學上，也可以有信仰，但是，我們如果檢討信仰的目的時，我們就可以發覺，我們如果把信仰的目的，放在一些立即可以達到的事物上的話，信仰似乎就成了兒戲，沒有什麼意義，因爲信仰，乃是一種理想，這種理想，如果祇是在一些有限的事物上，我們就不稱之其爲理想了，而祇能稱之爲方法及目標了，理想乃是目標中的目標。一個有限的目標，雖可以稱之爲理想，究竟這種理想，祇是一種可以更換的。所以我們不能把理想定在可換的目標上，而要定在不變的、永恆的目標上，這種目標，就是聖的意義。

聖，是人生理想的極致，是我們每一個人，都渴望追尋到的目標。祇有聖，才有可能成爲宗教情操的最後歸宿，也祇有聖，才能使我們人生的目標變得更清晰。

從上而論，我們在現世要獲得宗教情操，就要從眞善美三方面開始努力修養。眞善美不祇是一種意境，也是生活上的目標，不祇是一種理想，也是一種確實可行的方法。

從眞的意義上來說，我們可以從人生之眞，上溯到上天之眞，我們可以把眞我與上帝之眞聯合起來，而存於我心中，眞不是一種矯揉造作，眞是一種行爲的方式，我們能待己以眞，待己以誠，就能待人以眞，待人以誠，能待人以眞誠，就可以與天地往來，而無窒礙，如此，就能上體天心。

從善的意義來說，乃是生活行爲的一種目標，我們每一個人在生活中，都需要有一些法則，來幫助我們達到生活上的目的，這些生活上的規範，祇有在完全合乎人類的理想及利益上，才能稱得上是善，所善的目標就是至善。至善就是唯一的本體的意義。

從美的意義來說，我們每一個人都有對美的要求，美不祇是一種感受，也是一種理想，我們所嚮往的，乃是最美的，至美的東西，如果至美可以在人間中獲得，我們就可以安心在世間追求，但是至美並不能在有限而變化的世界中找到，祇有從理想中去尋找，但理想却必須有其落脚處，才可以是眞的美，所以宗教信仰中的上帝，就是要給我做落脚處。

在眞善美的追求上，我們的嚮往，如果能獲得滿足，就可以使我們在聖德的路途上邁進。所以中庸上說：「唯天下至誠，爲能經綸天下之大經，立天下之大本，知天地之化育，夫焉有所倚？」我們宗教情操的目的，就是要達到如此的境界。

註一 唐君毅著中國哲學原論原命篇五二二頁。

註二 吳康著宋明理學二一——二五頁。

註三 唐君毅著中國哲學原論上册，三四八——三九八頁。

第九編 結 論

人生哲學的目的，既在現世生活中，希求一個永恒的希望及理想，因此，人生哲學也是一個尋求人生理想的學問，人生理想的方向及目標很多，但要合乎哲學的目的，則祇有一個。

我們在今日討論人生理想，就是希望在生活中獲得人生的指標，在生命中獲得希望。因此，本編所要討論的，就是以人生理想及中國人所追求的天人合一爲我們的目標，人生理想及天人合一，在其理想的範疇上，有時是一體的，在其現世所用的方法，則可以有不同的目標及方法，祇要這些目標及方法能夠幫助我們達到人生理想的終極目標，這些方法就都可以採用。

第三十四章 人生理想

人生理想不是空泛的名詞，而是具有實際內容的生活方式，如果一個人沒有人生理想，那麼，人生的意義就消失了。所以，本章，將分成人生理想的意義、內容、方法及目的等來討論。

第一節 人生理想的意義

我們在生活中，常讚美某人有理想，又說某人沒有什麼理想。就可知，理想乃是一種對未來某些狀態的渴望。我現在是一個學生，我渴望將來成爲一個企業家，對於這一種渴望，因爲我現在並不是，而祇是希望將來是，這一種希望就可以是一種理想。像這種期望自己將來是什麼樣的理想，祇能說是個人的理想，這種理想可以分成二方面來研究，一方面是說，如果我所希望的理想，例如做一個企業家，做一個醫生，這些理想的目的，祇是在多賺點錢，改善個人的生活，那麼，這種理想祇是一己的、個人的理想，但如果我們把這一個理想，擴而及之，認爲做企業家的目的，在促進工商業的發達，國家的強盛；做醫生的目的在替人間帶來幸福與快樂，減輕人們身體上的痛苦。像這樣的理想，就不祇是一己的理想，而是爲人生的理想而努力，這種理想就是一種人生理想。所以，我們可以看到理想可以有一己的理想及人類的理想。一己的理想如果祇是爲了賺錢，改善自己的生活，有時會因爲目標的太切近，而使得有這種理想的人，容易弄混了目標，結果就有可能爲了達到目標，而不擇手段的方法，像這種理想有的時候又可以稱之爲自私的理想。

但爲人類的理想來說，雖有可能因爲對人類理想的執着而附帶有了生活上的無憂無慮，但一個眞有理想的人，却不是以這樣的生活爲滿足，而是以人類的理想是否達到爲滿足，所以，范仲淹所說的，「先天下之憂而憂，後天下之樂而樂」就是一種對全人類的理想，這一種理想由於是關心到全人類，所以就可以稱之爲人生的理想。爲這一種人生理想而奮鬥的人，不勝枚擧，像我們的　國父，故總統　蔣公等爲了全人類及全中國人的自由、幸福而堅持其理想，就是最好的說明，另外，如非洲醫生史懷哲，具有愛心的教育家海倫凱勒等人都是令人所敬仰的現代人物，再往前推，像我國的史可法、文天祥等人，他們的精神，爲理想而犧牲的勇氣，就是最使我們欽佩的。

有時候，我們每一個人都會覺得很奇怪，就是對一些平凡的事情，雖然我們每一個人都是平凡的人，我們都會有興趣，尤其那些，爲了捨棄自己生命而去拯救別人的人更是感動，這種平凡的事情，慢慢的就塑造了人生的理想，由於前人的日積月累，人生理想也就逐漸淸晰。但另一方面却因爲人類物慾的要求，雖然明知有這些人生理想，但常常却是有意無意的加以忽略了。舉個例子來說，我們都知道人與人的來往，必須以信和誠，但是我們在生活中，却可以常常看到有許多人，因爲個人的利益，故意不用信和誠來對待別人，結果就使得別人吃虧、上當，像這種不信、不誠的行爲，爲每一個人來說，是否知道這些是不對呢？我想當然知道，但爲了利益，也就什麼都不顧了。這種祇爲了個人利益，而破壞誠信原則的人，不是一種自私的人生理想嗎？

人生理想的意義，是絕不能放在個人一己的私益上，甚至違反道德的原則上，因爲如此的話，則「交相利，而國危矣。」在今天有許多人相信，所謂的人與人來往，完全在一個利字上，有利凡事好談，無利免開尊口，甚至影響所及，人人皆以利爲原則爲爭取的對象，結果整個社會就顯得爲了爭取利益，而變得浮燥、短視，這不祇是缺乏理想的問題，而是根本沒有理想，理想乃是指示着爲人類的利益而堅持到底。我們並不反對以利爲個人理想，但却不贊成爲了利而犧牲了他人的利，更不贊成爲了個人的利益而妨礙了人類的進步。像有些東南亞的國家，他們的政府竟公然的保護他們的商人，去賄賂他國的政府官員，以達到他們商品壟斷的目的，這種方法看起來是爲一個國家爭利，但事實上，不祇是破壞了他國的利益，也使得別人對這個國家沒有好感，這樣的損失，不祇是個人的損失，也是國家的損失。所以利不能做爲人生理想，是非常明顯的。

人生理想也不祇是放在一個誠與信的原則上，因爲人生不祇有誠與信。因爲如果沒有愛，則所有的誠與信都是空架子，我們可以看到這樣的一件事；有時我們會說一個人假仁假義，有時也會說一個人虛僞，爲什麼呢？我們大都會說，這一個人沒有誠意，其實，誠意就是愛的一種意思，一個人如果沒有愛，自然也就不能有誠意對待別人，即使願意，也祇能虛與委蛇而已，所以，爲人生的理想來說，愛是最主要的意義。

從另一方面來看，每一個人的理想，雖可以訂得很好，但總是似乎不太能夠有一種無限的、永恒的感覺，尤其在個人現實的理想方面，更加有限，我們每一個人都會有一種感覺，就是如果天天在一件事上打轉，而毫無變化，結果似乎會有很膩、很煩的感覺，這也就是說，我們每一個人，對事情的變化，都很難有一種主動的掌握，而常是聽任事情來決定個人，如此，事情的本身，就使得人不能有變化的感覺，結果，當然會使人覺得很虛空。像現代工業，講求生產線，大量生產的集體功效，結果，每一個人在工廠中，祇要擔任一些簡單而不斷重複的工作，久而久之，人似乎就成了機器的一部份，以人的理智完全淹沒在機器中，這豈不是一個很大的笑話嗎？所以，工業雖可以帶給我們物質生活的享受及繁榮，但物質本身，却仍要操在人手中才能，不然人要理智又有何用呢？爲全體人類的理想，乃是要考慮如何能夠在單調、重複的工作中，仍能給予一個理想。

理想不是唱高調，我們看有很多爲人母者，他們雖然不能在外面，如同許多職業婦女一樣的在外工作，但他們在家帶小孩、弄飯、清理房子，似乎仍然安心於其工作，這就是說，如果他們沒有一種理想，他們如何肯堅持，肯犧牲這麼多寶貴的歲月，在這些令人厭煩的環境中呢？如果他們沒有想到爲家整理出一個舒適、溫馨的家，爲家看出一個希望的話，他們又如何能夠爲家而犧牲呢？所以爲一個人的理想來談，祇要是一種有愛的，向外發的行爲，就可以產生理想。因爲，愛本身就是不謀己益的。

因此，我們在研究人生理想時，我們要明白，人生理想，乃是一個人對其一生及其所生活的時代和人類所有的一種態度，這種態度，乃是希望人類活得更好，人生更有意義，生命更能緊握其方向。至於我們在達到人生理想的過程中，無論用何種方法以及人生理想本身當具有何種內含，則可如下節所述。但我們要瞭解的是，人生理想乃是一種從個人出發而及於全人類的理想，這種理想乃在改進人生，使人生能夠獲得更充份的發揮及意義。

第二節 人生理想的內容及方法

人生理想的內容，可有現實性的及超現實性的人生理想，至於其方法，則可根據不同的理想，而有不同的方法。

(一) 人生理想的內容

在前一節中，我們已約略提及人生理想的現實面，在這一節中，我們將更深刻的談到，人生理想的現實面。

現實性的人生理想，乃是指一些運用我們現有的能力及資源，可以達到的人生理想。例如運用科學的技術，使人們的生活，過得更好，更富於精神生活方面發展的可能。這種爲人類精神生活，而共同努力的方向，就是一種人生理想。

一般來說，現實的人生理想，可以分成精神的與物質的現實的人生理想。物質的人生理想，就是謀求物質生活的舒適及快樂，這個祇需要每一個人盡其可能的將其個人的能力加以發揮，就有可能獲得物質生活的理想。舉個例子來說，一個人從小貧窮，對於金錢的嚮往很大，他爲了使將來能夠有更多的錢過更舒服的生活，他就努力用心工作，將每一個可以省下來的錢都存起來，另一方面他也努力學習，如何運用金錢，因此，當他的錢存到一定的數目時，他就拿去投資，根據他所學到的知識，加以運用，由於他的用心及努力，他當然可能比其他不用心，不努力的人的成就要來得大些，結果，他能獲得物質生活理想的可能性，也就更大了。所以，祇要我們肯努力，物質生活的理想，是比較容易達到的。

但是，人之所以爲人，並不祇是有物質生活就可以了，同樣的，也需要精神生活的滿足，誠如亞里斯多德所主張的，祇要在物質生活和精神生活二方面都得到滿足，人生才有幸福與快樂可言。

精神生活的理想，可有那些呢？我們不妨反省一下，在我們的生活中，最感缺乏的是什麼呢？我想每一個人都會有二方面的渴望，一是不自知，一是不知人，也就是說在求知與友誼二方面，常是我們精神生活的最大理想，試想想，一個什麼也不知的人，他的精神生活會是什麼呢？同樣的，一個人如果沒有友誼，這個人又會變成什麼呢？在現實生活的人生理想中，人不能不求知，也不能不有友誼，因爲沒有人是孤島（No man is an island），在和別人來往中，又得不到友誼，那是最令人難過的。我們也可以看到，有好多不良少年，他們爲什麼沈淪呢？大部份都是因爲交朋友的關係，在青少年時期中，人對友誼的渴望是相當迫切的，如果有一天，我發覺我可以用物質來獲得友誼時，怎麼會不拼命利用呢？結果爭取不求，人也就如此的不能自拔了。一個人的朋友可以影響人很深，由於我們中國禮教的關係，雖然二代間的差距，正在逐漸拉平，但在許多人的家庭中，仍有不可諱言的鴻溝，所以爲很多青少年來說，他們心理上最大的安慰者，似乎並不是父母，而是家裏的兄弟姐妹、學校的師長、同學及社會上的朋友，因爲這些人的幫助，遂可以使人變得更成熟、更穩重。所以友誼和求知，實在是人生理想中精神生活的重要二點。

一個人有了物質生活，就會嚮往精神生活，但精神生活中的求知及友誼，又要帶我們走向永恒，所以永恒的、超現實的人生理想，乃是人生理想的總歸結。

所謂超現實不是不切實際，也不是落空的，而是一種以現實爲基礎，希望達到的一種完美境界，例如文天祥所說的：「留取丹心，照汗青」，張橫渠所說的：「爲天地立心，爲生民立命，爲往聖繼絕學，爲萬世開太平」之類的話，就都是一種超現實的理想，這些理想，並不是那麼具體可見，但這種理想却是可以嚮往，可以一步一步往前計劃，往前推展的。

超現實的理想，除了照汗青之外還可以有更深一層的理想，那就是追尋眞善美的根源，聖的境地。追尋眞善美的現象並不難，難的是能夠從眞善美的現象中，看出眞善美的根源，例如，我們是否能從小孩的純眞中，看出眞的根源及其意義，同樣的，我們是否可以從米開蘭基羅或達文西的繪畫中，看出美的本質，從民族英雄、烈士們的行爲中，看出善的目的。如果我們仔細留意，我們就可發現，眞善美的表現不祇是在一些現實的目標上，而是在超現實的目標，這一個目標，就是眞善美的根源，是自有、自發的本體，也就是上帝。上帝所以是眞善美的根源，乃是因上帝是世界的最高指導者，指導不是細節的問題，而是原則的問題，上帝的名字可以是人取的，但上帝的本質，人却無法企及。所以在超現實的人生理想中，就是要達到上帝眞善美的根源。

人生理想可以分成現實性的人生理想及超現實的人生理想，在這二種理想中，我們必須認清，達到這些目的的一些方法，如果方法不對，我們就很可能會有偏差的態度及看法。至於運用何種方法，才能達到人生理想呢？

(二) 人生理想的方法

人生理想的方法，乃是一些幫助我們達到幸福的方法。誠如亞里斯多德所提供的一些達到現實人生理想的方法。

一、在物質理想上：

1. 健康

2. 財富

3. 社會關係——人緣、地位、友誼及運氣。

二、在精神理想上：

1. 理智發展（追求眞理）

2. 德行發展

3. 享受：（眞理：有學問）

（德行：心安理得）

在物質與精神理想上，達到人生理想的重要因素，乃是精神生活，次要因素才是物質。爲亞里斯多德來說，他認爲人的最重要理想，就是追求眞理及發展德行。但爲今天的思想來說，在追求眞理的路上，個人獨行常是相當困難的。所以，爲現實的人生理想來說，我們可以把亞里斯多德所看重的第二點，修正爲：

二、精神生活的理想：

1. 求知：追求眞理、善行及美。

2. 德行發展：友誼、合作、溝通、實行道德規範。

3. 享受：（眞理）

（德行）

如此一來，在我們現實的人生理想中，我們就可以比較容易的去追尋得到。

至於如何追求呢！

在現實理想的物質方面，首先要發展個人的身體，使自己的身體狀態，能夠適應未來生活的考驗，所以鍛鍊身體是非常重要的，有了健康的身體，人生也會快樂得多。有了健康的身體，在追求事業的過程中，也會比那些不夠健康的人來得快樂，此外一個人有了健康的身體，生活的愉快，就容易和周遭的社會環境，產生協調，如此，在現實物質理想上，就容易達到令人滿意的生活狀況。

至於精神理想方面，求知及實行二者應該並重，瞭解眞善美的生活，並努力照着去做，並和周遭的人，建立一種共融的關係，如此，就容易達到精神生活的滿足。

在超現實的人生理想來說，乃是以現實的人生理想爲基礎，並可根據這一個基礎建立並達到超現實的人生理想，所以超現實的人生理想與現實人生理想的關係，可如下表：

超現實人生理想		現實人生理想
純精神生活狀態 ←—	精神生活的理想 ←—	物質生活的理想

根據這一個程序，純精神生活狀態，可有如下的方法幫助我們達到：

一、純精神生活的根源：

1. 眞善美的本源——上帝。

二、純精神生活的過程：

1. 由現實理想進入純精神生活。

三、純精神生活的方法：

1. 默想。

2. 靜觀。

3. 修行。

在方法上，用默想、靜觀的方法可以幫助我們瞭解眞善美的本質，在修行上可以鍛鍊我們的意志，不會半途而廢。默想、靜觀及修行的方法有很多，像宋明理學家們所用的靜坐，佛家所用的參禪、打坐，士林哲學家們所用的沈思、默想等等都可以幫助我們達到精神生活的最高意境，就是一種可以進入眞善美的根源的方法。

人生理想的內容既可分成現實性的人生理想及超現實的人生理想，在其方法上，自然也可以有這二種不同的方法，但其基礎，仍然是要以現實的人生理想爲基礎，可能有的人不需要物質生活的滿足，就可以直接從精神生活的滿足進入純精神生活的境界。但絕沒有人能夠直接從物質生活的滿足就進入純精神生活的境界。爲我們一般人來說，從現實人生理想的物質生活進入精神生活，而達到純精神生活，似乎是最通常的方法。根據這種方法，我們也就可以瞭解人生理想的目的是爲何了。

第三節　人生理想的目的

根據人類生活的發展，我們可以簡化爲下列表格：

一、純粹的物質生活，和動物沒有差別

二、大半的物質生活，小半的精神生活

三、物質生活和精神生活各半

四、精神生活多半，物質生活小半

五、絕大部份的精神生活，極小部份的物質生活

六、可能達到完全的精神生活

這六個人類生活階段的簡略描述，不但是對人類過去的一種描述，也是對人類未來生活的預測。

在第一個階段中，大都是人類剛剛產生的時代，在這一個時代中，不能說人類沒有智慧，祇是還未發展，所謂的茹毛飲血，和一般動物，幾乎沒有什麼區別，一切都祇是爲維持個人的生存，不但是人類與其他動物之間，就是人與人之間，也無所謂的友愛，這也可能就是人類開始運用智慧的開端。

到了第二個階段，人類已懂得些許的生活環境，從經驗中發展了一些天賦的能力，例如，先民知道生吃和熟吃的味道不一樣，大家都願意熟吃，因此，每當要吃肉時，就燒山，如此，就可有熟的東西吃。另一方面，先民也懂得保存火種，在第一階段裏，人祇會運用大自然的賦予，而不會保存，在第二階段中，人不祇是會運用了大自然的賦予，也會大膽的保存天然的東西，像前面所說的火種，燒山以熟吃，及運用獸皮以取暖，遮蔽身體。這些生活經驗的運用，祇是人類智慧的發微，所以在這個時候，人類雖然和動物有差別，但差別相當微小，也可以說，除了幾個特性之外，人和動物之間，實在沒有太大

的差別，祇有到了第三個階段，人類才有了顯著的進步。

到了第三階段，人類的物質生活，經由理智的不斷運用，而達到了一個相當好的地步，在這一個階段中，人類對生活的改善，相當的進步，人不但有熟食，而且還可以改善自己的居處生活，及求得理智生活的協調，在這一個階段中，天賦的能力，已逐漸爲人所意識到，因此，在物質生活方面，因着器具的改善，社羣的組成，交通工具的發明，人能更有效的，使自己的生活達到一種舒適的程度，在精神生活方面，由於社羣的組成，人與人的來往，顯得更爲密切，在爲謀團體的安全及個人的善盡其職，因此，開始有了經驗知識，這些經驗知識，乃是根據以往所留下來的紀錄，及人類理智能力的綜合，再加上爲適應狩獵生活所需要的發明，遂有了這些知識，這些知識，必須經過保存、學習才能得到最好的結果，但另一方面，精神生活的需要，也隨着物質生活的提高，而顯得其重要性，在這一個階段裏，精神生活和物質生活，顯得同等重要。

到了第四階段，人的物質生活，已經發展到了一個相當程度，在這個程度裏，人可以不用多考慮物質生活的目的，這時，精神生活就愈來愈重要了，人開始講求生活環境的調劑及舒適，人與人來往之間禮儀、服裝的式樣及場合以及對人生理想的前瞻，在這一個前提之下，人終於可以開始決定自己的方向，但是由於物質生活的某一個程度的停滯，而精神文明又不斷的發展，遂產生了經由精神文明而帶動物質文明的發展，在這一個階段中，不但是求知慾的發達，而且對精神生活的要求也是極高的，精神生活的要求，不祇是一種單單的經驗知識，而是對人的能力有一個相當深刻的瞭解，知道人的理智可以進入無限，但是由於物質生活的羈絆，人仍然不能超脫自己，人仍然要受物質的限制，這是人也看到自己的有限。

到了第五階段，這就是人類試圖要衝破人類有限物質生活的嘗試，因此，物質生活已發展到了再也不可能發展的境地，在這時，人的精神就要開始躍昇，這種躍昇，乃是擺脫物質生活而進入精神生活的準備，精神生活的完全境界是什麼，沒有人能體會，但物質生活的存全狀態，却可以體會，一個完全生活於物質生活而沒有精神生活的人，到了後來，根源於人內心的理性，自然會發出空虛、失望的警號，這時人如果開始體會到精神生活的快樂，那麼就可能會很快的放棄了物質生活，所以孔子說顏淵能夠居陋巷，而仍不改其樂，就是一種精神生活的表現，另一方面，由於人類的現實存在，必須依賴物質，所以精神生活，雖然發達，但物質生活仍有其需求，這也就是艾因斯坦在人類存在的目的中所說的：「物質需要的滿足是令人滿意的生存的先決必要條件，但這還不夠，必須人人得以盡力發展其天賦的能力，滿意的生存才能做到。」祇有使人人盡力發揮其天賦的能力，也就是精神生活的發展，人類的生存才能算是滿足。由此，也可知，人生的理想，在此已確立，祇有使人的生活達到完全的精神狀態，人生才可能有理想，人生理想的發源在第一階段已有，然後逐漸加強，到了第五階段，就已完全準備好，祇要物質生活一解除，人就可以「羽化而登仙」了。

第六階段，就是人生理想的完成，人生理想的目標。人生理想，儘管有許多，但人生理想，祇有進入完全的精神狀態，人生才有眞正的目標與結局。有的人，可以在其生時，就可以達到如此的境界，例如有些聖人，可以完全不依賴物質生活，而祇有精神生活，但是這種精神生活仍然祇是現實的精神生活。而全體人類的精神生活却是投入純粹的超現實精神生活中，這一個境界，乃是人與天合而爲一的境界，也是人生理想的終極目標。

以上這六個階段，如果用我們人類生存的年代表來分析的話，我們可以看到如下的一些表格及紀錄，根據這一個紀錄，我們可以找到人生理想的目的。

一、純粹的物質生活，和動物沒有差別。
是人類的上古時期←

二、大半的物質生活，小半的精神生活。
是人類的中古時期←

三、物質生活和精神生活各半。
是人類的近古時期←

四、精神生活多半，物質生活小半。
是人類的現代時期←

五、絕大部份的精神生活，極小部份的物質生活。
是人類的未來時期←

六、純粹的精神生活。
是人類的最終目標←

從這六個階段中，可以看到人的終極目的，乃是希望達到完全的，純粹的精神生活。在這一個精神生活中，人可以完全的自主，不受物質生活的羈絆。人的生活，也就成了充滿眞善美的生活，而達到了聖的境界。

所以，從本節的描述中，可以看到人生理想，乃是有一終極的目標，這一個終極目標就是要達到天人合一的結果，但在天人合一的過程中，人必須使個人達到能與天合一的條件，如何達到呢？我們將在下一章敍述。

第三十五章 天人合一

天人合一，已如前述，是將天與人合而爲一，但是，是天與人合一，還是人與天合一呢？其方法，究竟如何？其目的及結果，究竟爲何呢？本章將一一加以敍述：

第一節 天人合一的意義

天人合一，顧名思義，應該一是主動，一是被動，或者二者皆主動的一種行爲狀態，天人合一，如果是天與人合一，則人似乎是被動，顯不出人爲什麼要與天合一的意義；如果人與天合一，人爲主動，天爲被動，則又似乎顯出，天祇是一個不會主動的東西，人與天的合一，就似乎顯不出價值、所以，天人合一，乃是在某一種意義上，必須彼此具有相同的特性，才能彼此結合、相合、合一。但從另一種意義上來看，又似乎須有一者的意義及價值比另一者來得深、來得高，如此，才有合一的可能與意義。因此，我們先瞭解天的意義，再來研究天人合一的意義，似乎是比較恰當。

(一) 天的意義

在前一章中，我們曾分析過，人的生活的發展，是從物質生活逐漸往精神生活發展的。所以，如果天祇是一個物質的話，那麼，人與其合一就失去了意義，所以天不能是一個物質的東西。那麼，天有沒有可能是物質與精神參半的東西呢？也不可能，因爲如果天是一個精神與物質參半的東西的話，那麼，在某一種意義上來說，天還可能不如人呢？那人又何必與其合一呢？我們從來沒有人聽說過人與動物合一的故事，這是因爲人性往上昇的原因，所以天必然是一個純粹的精神體，祇有是一個純粹的精神體，才是人所嚮往的對象，也因爲天是一個純粹的精神體，所以祂具有人格的意義，具有其眞、善、美及正義的概念。

我們今日所謂的天，乃是一般人口中所說的「天啊！」的天，「老天爺」的天，因此，這個天和書經及詩經中所說的天的神性意義，乃是完全一致的。下面我們就來分析天的特性。天的特性除了前面幾種可以爲我們所瞭解的以外，可能還有很多特性，不是人目前的理智可以瞭解的，說不定，在我們進入第五階段，第六階段之後，我們就可以完全瞭解了。目前我們所能用的天的特性，乃是根據我們能對天有多少的瞭解，所作的敍述：

一、天具有人格義

我們可以想一想，如果天沒有人格的意義的話，我們人是如何與其交往？各位都知道，人格是人與人交往的基本單位，例如法律上所說的人有法人及自然人二種，這二種人，法律都賦予其地位，彼此都可以有來往的地位及價值。但如果從心理學及倫理學的觀點來研究的話，法人的地位，就不存在了，而祇保留了自然人的地位。那麼天所具有的人格義，乃是根據人類精神生活的特性上所作的判斷，試想想看，一個行爲的主體，如果祇有物質而無精神，如何能夠有行爲主體的意思表示呢？但相反的，一個人的肉體如果受到了限制，其精神、靈魂，仍可有發言的權利、地位及自由。所以，決定人行爲的主體不是物質而是精神，所以在決定人的人格時，也是根據其精神而非決定其物質。因此，我們對人格學行爲主體的意義必須瞭解，才可以知道，爲什麼天具有人格義，這就是因爲天也具有行爲主體，各位還可以想想看，一個人如果沒有了肉體，而有其精神的表現，我們是否仍然稱其爲具有人格的呢？當然，這是毫無疑問的。例如，我們常聽到某些偉人在生前留下來的聲音，這些聲音，經過錄音帶的保留，可以存留好幾個世紀，這時，這些偉人的肉身早已消失，而我們在聆聽了他們的聲音之後，我們仍然會喊着說：「某某人，精神不死。」就是連同他所遺留下來的字畫，也會給我們同樣的感覺，這就是表示，人格不是表現在肉體的手足擺動上，而是表現在精神上，而精神却是永恒的，如此，我們就可以說，純精神體也仍然具有人格義，天是一個純精神體，所以天具有人格義。

我們瞭解了這個意義之後，我們就可以討論天的特性了。

二、天具有眞善美

眞善美都有其極致，如果，眞善美的表現祇是一些現象，而沒有內在的話，那麼眞善美，就不能稱之爲眞善美，我們可以看到某些人，在其年輕時，臉上所顯示的青春笑貌，是多麼的純眞、善良而美麗啊！但是，經過歲月的折磨及人事的摧殘，又有多少人能在其面容上保有純眞善良及美麗呢？我們大部份人似乎都聽過一個耳熟能講的故事：有一個畫家，要畫一幅天使與魔鬼的畫像，但是一直找不到模特兒，這一個畫家，很有恆心的繼續尋找，終於皇天不負苦心人，讓他找到了，但他祇找到了其中一個，就是他看到了一個青年人的姿容，就好像天使一般，當場他就邀請這位青年人去他畫室，到了之後，畫家全神貫注的將這位青年的純眞善良及美麗畫下，畫好之後，畫家相當滿意，但他又發愁，因爲還是沒有找到魔鬼的模特兒，如此，畫家又辛苦的到處找尋，過了好幾年，畫家偶而經過路邊，看到有一個年青人，其姿態、容貌之邪惡、醜陋，實在是上好的魔鬼人選，這位畫家當場又邀請這位年青人到他畫室，當這位年青人，到了畫家的畫室，該畫家畫好之後，畫家得意之餘，就把他所畫的天使與魔鬼畫像拿來給這位年青人看，這個年青人，一看之下，當場慟哭失聲，原來這位年青人，就是幾年前天使的模特兒，想不到幾年之後，他又成了魔鬼的模特兒，所以，由此可見，人的純眞善良美麗是不能由其外表來加判斷，而是要由內心來判斷的。

人的純眞善良美麗，旣要由內心來加以判斷，因此，其精神的條件，乃勝過物質條件是不容懷疑的，但人的眞善美，却受了物質條件的限制，因此，其眞善美也就有了限制，但是天却沒有這些顧慮，因爲天是一個純精神體，所以其眞善美也是純粹而無瑕疵的。再加上，天是無形無像的，所以在其眞善美上，也就毫無人的物質上的有形有像的缺點，其眞善美也就成了至眞、至善、至美的了。

所謂至眞，乃是唯一的，所謂至善乃是具有無邊仁慈的，所謂至美，乃是永恆不變的。由此眞善美的極致表現，也就成了天的特性了。

三、天是正義，大公無私的

至少按照我們對自然的天的瞭解，當太陽出來時，不會祇晒好人，不晒壞人，同樣的，雨也不會祇下在壞人身上，而不會下在好人身上，因此，天乃是大公無私的，但究竟自然的天仍要受天時環境的影響，舉個例子說，幾年前，我騎了一輛摩托車，從臺北市和平東路三段到二段時，不幸天下雨了，我就加足了馬力往二段衝，希望能找到一個避雨的地方，誰知道，當我到達離臺北師專前一百公尺時，竟然沒有雨了，我非常驚奇的往後一看，雨祇下到一個界限就不再往前下了，這時我才發覺在我頭上的雲層並不厚大，他所能載的雨量，所下的範圍，僅及於我的身體後，因此，我們就可以明白，所謂自然的天，並不完全是大公無私的，而仍然有其限度，祇有人格的天，才能無遠弗屆。我們再看看，這幾年，我們的行政院長蔣經國先生，在他就任院長以後，雖然正碰上經濟萎縮的高潮，但憑着他的毅力，竟然使有些物價，不但能維持一個穩定的水準，而且還能回跌。例如我最近所用的稿紙，在一年前，一百張每張三百字的稿紙是十一塊錢新臺幣，今年六月，我再去買時，已跌到九元一刀。我在臺灣這麼多年，第一次看到，竟然會有物價下跌的情形，這可以顯出仁政愛民，廣被生民的結果了。天的大公無私，也可以由此概見一斑了。

至於天的正義性，則是人格的表現，一個有人格的人，必然會有選擇的能力及權利，在能力及權利中，人的選擇性不是依賴外在的事物的標準，而是根據內在的良心。所以，致良知對人們是非常重要的，這是因爲人的良知，有時會被物慾所蔽，因此，必須致良知，才能使生活與理想合爲一致，對人的行爲的選擇也可以有一個標準，例如，我們很多人一定不會去玩火，這是因爲在經驗中所得知，火對我雖然有很多好處，但我絕對不能碰它，因爲火會燒傷人的身體。我們判斷火的標準是比較容易可以根據經驗而獲得，但是有許多事情不是經驗可以得到的，例如我如何才能判斷何者爲對，何者爲不對呢？這就好像爲自衞而傷人，根據當時的情況及行爲動機，我們可以判斷，何者爲對，何者爲不對，但是這種對與錯的標準，却不是用經驗可以達到的，而必須借用內在的道德來判斷。爲人來說，人很難用自我的方法來作一個放諸四海而皆準的道德律來作一個普遍道德律的判斷。例如孝道，爲中國人孝的標準與西方人的孝的標準以及非洲土人的孝的標準，在行爲上，實在是有着太大的差別，如何能夠在人間有一個善惡、正義的準則呢？這不是人的能力所能做到的，因爲人本身在其生活環境、風俗習慣中已有了偏執點，很難說別人不如我或者我不如別人，除非有一個完全正義的準則，這一個正義的準則，在人之上，具有內在自明的道理，才能夠做爲人間道德及行爲的標準，所以天的正義性，就是根據這一個準則而有的。因爲天是一個純精神體，所以天沒有生活習慣、風俗背景的限制，又由於天是一個永恒的精神體，因此，可以作爲人間有限肉體的標準，不管你承不承認，祂都是標準，這就好像地心吸引力一樣，我們沒有人會天天的意識到這種地心吸引力，但我們受到它的影響，却是沒有一個人能有例外的。

所以，由上所述，我們可知，天不是一個抽象的概念，而是一個具體的人格，這個具體的人格不是我們所瞭解的爲肉體所限制的人格，而是毫無限制的無形無像的人格，祇有這種天，才是人間一切行事的標準及基礎。根據這一個標準及基礎，我們才能開始瞭解人爲什麼要與天合一的理由及目的了。

(二) 天人合一的意義

天人合一的意義，就是因爲人的有限，就是因爲人對無限的渴望，才使得人願意與天合一，從另一個觀點來看，俗語說：「水往低處流，人往高處爬。」如果人祇是一個不會運用思想的野獸，那麼他根本不需要什麼所謂人性上的渴望，他祇要達到其維生的目的就可以了。但是人不祇是要維生，人還有更大的渴望，就是成聖。我不相信有人會沒有希望，人之所以會沒有希望，乃是因爲曾經希望過，經過不斷的失望及絕望的打擊，才會不再有希望，所以希望旣是每一個人所渴盼的，那麼到底人類希望的是什麼呢？從人類的歷史來看，人類的希望不祇是要實現自我、完成自我，更重要的是要超越自我，達到自我的卓絕地位，這不是一般人所能希望的，也不是每一個人都能做到的，而是經由人類的通力合作，個人不斷的自我努力，所達到的一種努力的共同結果，這種超越的自我，就是人走向與天合一的進程。所以天人合一的意義，就是在人超越自我之後，所達到的與天合作的狀態，那麼在與天合一之後，人是不是天呢？自然不是，這就好像，我們每一個人在其一生中，都希望能找到一位終身伴侶，彼此相愛，彼此合一，二人雖爲一體，但二人仍可各有其生活環境及習慣，同樣的，在天人合一中，人與天仍各保有其精神生活，這種精神生活，乃是人自天來，天分受與人，所以爲所有有天人合一理想的人，都承認我們人類的來源，是「其來有自」，這一個根源，就是天，如果沒有天，則一切都化爲烏有。因此，承認天爲一切萬有的根源，就是天人合一的最好方法。我們在研究天人合一的過程中，可以深切明瞭，我們可以有一些方法，幫助我們達到與天合一的結果，這些方法，在以前，都曾爲人所用過，而其留下來的結果，也使我們理智的判斷出，是合乎人性尊嚴及自由意志的方法。

第二節　天人合一的目標及方法

天人合一的目標就是要達到圓滿、完全的結合，其方法，就是要我們明瞭，有那些切實可行的方法，可以幫助我們達到這一個目的。

(一) 天人合一的目標

天人合一的目標，既如前述，是要求人與天的圓滿而又完全的結合，但是，事實上，人是否可以完全的達到這個目標呢？

按理論說，祇要天人雙方都同意，就可以達到，但事實上，眞是如此嗎？我們從下列幾種情況來研究：

第一種就是天願意而人不願意：

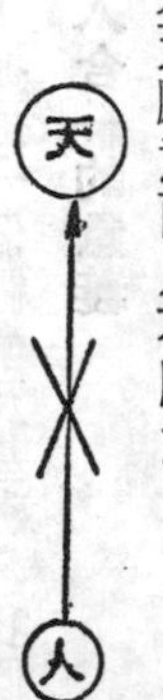

第二種是天願意人也願意

第三種是人願意天不願意

第四種是人不願意天也不願意

在第一種情況中，天願意與人合而爲一，但人不願意，結果是天人合一失敗，這種情況，罪不在天，而在人，這就有可能是因爲人的驕傲、自私等的情緒，阻止了這種天人關係的發展，如果，人能找到自己的方向，那自然是好了，但往往因爲人的驕傲及自私，反而導致了人的毀滅，所以當人拒絕與天合而爲一時，事實上就是人死亡的前兆，由於天的至善及其正義的特性，天是會努力讓人來與其合一的。

在第二種情況中，天人二方皆願意合一，這就表示人瞭解了人類的方向及目的，而願意爲這一個方向及目的而努力，其結果必然是一種皆大歡喜的狀況，事實上，在天人合一的雙方意願基礎上，還有如下的區別：

1. 人與天完全合一

2.天與人部份合一（有斜線部份）

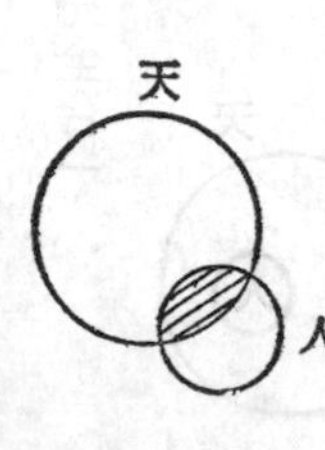

3.天與人部份不合一（有斜線部份）

在這三種情況下，最好的是第1種情況，但事實上我們知道是不可能的，因爲人的自由意志的原因，在人做選擇時，有些人妄自尊大，故意不選；也有些人，因爲害怕，而不敢選。所以人類的命運，雖然由人自己來作抉擇，但事實上，這種抉擇的情況乃是第2種和第3種情況，有些人做了最好的選擇，有些並沒有做選擇，甚至做了最壞的選擇，所以在理論上說，人類命運依賴於全體人類，但每一個人在做選擇時，其所表現的行爲及與天合一的決心，仍是非常重要的。

在第三種情況就是天不願意而人願意，這種情況乃是說明人的行爲並不是天所願意的，因此人雖然願意，但其行爲不爲天所喜，結果自然不能合一。

在第四種情況中，不但天不願意，連人也不願意，這當然包含了人的選擇與天的選擇，既然二方面都不願意，那麼天人合一的可能性，就消失了。

從上所論，天人合一的可能性不可能涵蓋了全部的人類，祇有一部份的人類，在這一部份的人類，其與天合一的程度，也有各種可能性：

一是完全合一

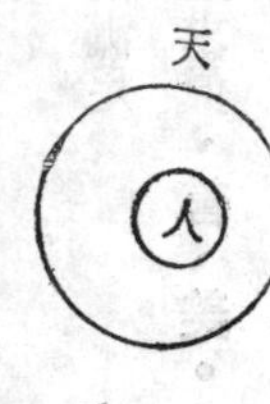

二是大部份合一（斜線部份）

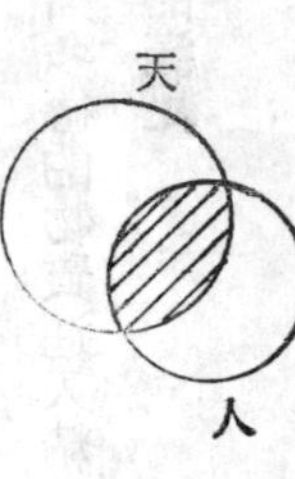

三是小部份合一（斜線部份）

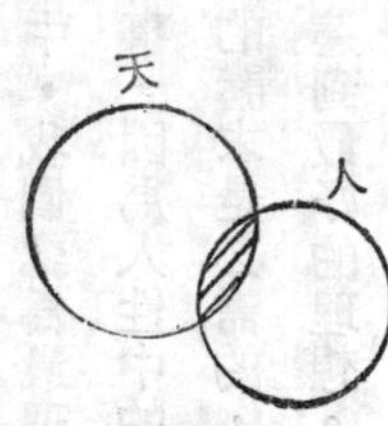

在這三種情況中，我們認爲最理想的方法，就是第一種，完全與天合一，但事實上，我們都知道。這不是一件簡單的事，因爲人性中的情慾，常會阻撓我們在合一的路上的成績。因此，我們爲了要達到合一的目標，方法的講求是必需的，但在歷史上，講求天人合一的方法却很多，我們自然是要運用最好的方法，幫助我們達到最好的理想。

(二) 天人合一的方法

天人合一的方法，根據我們前面所說的，大概可有三種：

一、是亞里斯多德的物質進入精神的方法：

1. 物質生活的滿足
(1) 健康
(2) 財富
(3) 社會關係
↓
2. 精神生活的滿足
(1) 求知：追求眞、善、美。
(2) 德行發展
(3) 享受
↓
3. 純精神生活滿足
天人合一

二、是根據眞善美的意境所達到的方法：

1. 追求眞理的生活

(1)科學精神

(2)宇宙觀←

2. 追求善行的生活

(1)人性的主張——善

(2)生命的精神

(3)道德的生活

←

3. 追求美的意境

(1)藝術修養←

4. 進入聖化的境地

(1)政治理想

(2)宗教情操

(3)人生理想←

5. 達到天人合一的境地

第一種方法，乃是根據社會生活的一般現狀，所達到的結果。

第二種方法，就是從人生哲學的態度及主張所得到的結論。

至於這二種方法，是否有合一的可能，我們想是可以的，如果要用合一的方法，首先要瞭解中國人，修齊治平的方法。

三、根據修齊治平的方法，可以有如下的方法，達到天人合一的目的。

1. 正心誠意
2. 格物致知←
3. 修身齊家←
4. 治國平天下←
5. 天人合一←

我們以第三種方法爲骨幹，第二種方法爲綱目，第一種方法爲實際目標，可以有如下的方法：

四、天人合一的綜合方法：

1. 正心誠意
   (1)道德生活——道德規範
   (2)人性主張——性善
   (3)生命精神——永恆的信念
2. 格物致知←
   (1)科學精神——求眞的精神
   (2)宇宙觀——整體的態度
      ①追尋眞理——致知←

3. 修身齊家

(1)道德生活——個人生活的合乎道德規範

——家庭生活的美滿

(2)人性論——追求善行

(3)生命精神——體會天人關係

①物質生活的滿足——健康

②精神生活的滿足——追求眞理

——德行發展

(4)藝術修養——追求美的意境

(5)宗教情操的培養——知行合一

——聖的精神

①精神生活的享受——有學問

——心安理得

4. 治國平天下←

(1)政治理想

(2)道德生活

(3)宗教情操

(4)人生目標

(5)天下一家

5. 天人合一

(1)道德生活

(2)宗教生活

(3)生命飛躍

①純粹精神生活

②人性與天性結合

③由眞善美的現象達到眞善美的本源

(4)人生理想的完滿結局

從以上這個表格中，我們可以看到要從一個實際而且平凡的生活中，達到天人合一的完美境界，事實上是可能的，問題就在我們的努力是否足夠。下面是我們對本節的一個整理表格。

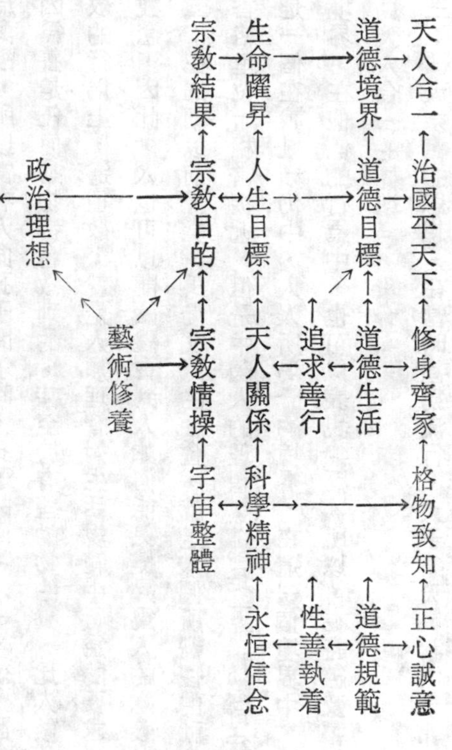

從這一個表格中，我們就可以瞭解天人合一，必須先從個人的正心誠意開始，然後逐漸上昇，最後達到天人合一的目標。

第三節　人生的圓滿解答

中國人，一向最重天人合一，以爲一個聖人，必須是與天地合其德，日月合其明，與天地並壽的人。但是，在中國的歷史上，雖然不斷的有這樣的理想，可是由於戰亂及君主制度的結果，使得中國人在這一方面的發展，逐漸變得淡薄，甚至都沒有了，以至今日，當我們提出禮運大同中的理想世界時，我們有多少人是眞正瞭解了天下一家的目標？再加上秦以後儒者，對於人生的嚮往，祇是在一個可見的政治理想上，其結果就使得後人在追求現實的利益中，逐漸淡忘了先秦學者們所提出的人生的目標及其理想。根據我個人的瞭解，我們可以將這些結果，歸納成幾個原因，再根據這些原因，指出爲什麼天人合一乃是人生圓滿的解答。

(一) 天人合一發展阻礙的原因

在中國的歷史上，對於天人發展，最先提出的就是詩經及書經，後來的大學、中庸也都提及。在周朝以前的背景中，所以會有天人關係的提出，不外下列幾個原因：

第一：由於在當時，理智生活的逐漸抬頭，人們已意識到，單一的物質生存，並不是人生活的眞正目的，因爲，單爲物質條件而生存的狀態，和其他動物並沒有什麼區別，但人的理智發展，使人不甘於祇是作爲禽獸，所以當有人向孔子問孝時，孔子的回答之一，就是認爲對父母的孝，不祇是能養，還要能敬，因爲養是任何動物都會做到的，甚至於有些動物的養，比人做的還要好，因此人與動物的區別，就在於敬的行爲上，這種敬，就是人類理智對生活規範中行爲的要求。人的理智既然在這一方面逐漸有了孝的觀念，因此，人也可以開始體會到人如何能更提昇爲人的意義，所以天人關係，就提出了。

第二：在周朝以前，堯舜禹湯文武的社會，就是人們所嚮往的社會生活，這種社會生活和西方人所謂的「香格里拉」相當接近，但是中國人的理想，都是一種實際可行的理想，所以堯舜禹湯文武的社會，就是一個在戰亂頻仍中，人人所渴盼的境界，在這一個境界中，這些聖王的德行，令人敬仰，天人合一的境界，在他們的行爲中，也可以表現無疑，所以，在詩經及書經中對天人合一的嚮往，乃是以德行來作爲天人合一的標準。

第三：敬天祭祖的思想，在當時甚爲流行，天子祭天，諸侯祭社稷，百姓祭其祖的風俗，所在都有，這一種優良而又淳樸的風俗，發展了中國人敬天的思想。天之所以被敬，乃是因爲人類是由其所生，就如同，我們每一個人，都由我們父母所生一樣，人類的祖先，不論是什麼樣的動物，都是由天所生，天之所生，自然爲天所鍾愛，結果，人之敬天，也就表示了孝道的極致發揮。人之有孝，不祇是因爲孝是人的基本德行——仁愛精神的表示，更因爲孝是人類承認自己所由來的一種行爲。所以，敬天祭祖的思想，就是把人的孝道精神發揮到了極點的結果。

第四：在春秋以前，國土的增減，王國的興滅，都在於順天應人的結果，任何人對民衆不好，有暴行，上天就會處罰。一方面由於人類的科學知識，另一方面，每一個人對因果報應都有一種自然的渴望，結果是許多自然現象所造成的結果，正好應合了因果報應的心理，更進一步說，他們對天的意志及其人格是毫無疑義的。

根據以上四點，我們可知，天人關係的提出，是有其深厚的原因的，但是爲什麼到了後來，却受了阻礙？這可有下列幾個原因：

第一：政治上的興替，有時並不一定是順天應人的結果，像秦始皇的統一天下，呂后的臨朝，武則天的專斷獨行，在在的都使人想到，所謂順天應人，祇不過是人爲的因素而已。

第二：人們在戰亂中發現，卽使有再好的精神生活，也不見得能保全身家性命，祇有用實際的方法及強大的武裝力量才能有效地保障。其結果是，人人以穩定自己的基業，尋求物質生活以獲取安全感，而沒有人會再有更多天人合一的考慮。

第三：是因爲在周朝已訂立了祇有天子可以祭天，任何諸侯都不能祭天，而祇能祭其社稷及其祖先的制度，雖有其方便，但在民間生活中，人們就逐漸以爲，祇有祖先才是家族眞正的根源，而忘了人類共同的根源，像這種家族主義的抬頭，不但破壞了國族主義的奠立，更使得彼此的合作，成了一種空虛而無效的口號。

第四：是因爲科學的逐漸發達，人們在科學的知識及其領域中，逐漸以爲科學可以解釋一切，由許多事實看來，凡是不合科學的，科學不能解釋的，都是不合理，其結果當然是人人以爲天人合一祇不過是虛有其表的空洞的理想，不會有人有興趣去探討那些不切實際，不合乎科學原則的東西。

第五：自然科學的進步，帶來了人類物質生活及知識領域的突飛猛進，在物質生活中，人們看到人性的要求，都可以在那裡獲得滿足，所以人們也就不會再需要其他的東西，更何況，人類運用其理智來發展物質，豈不是物質與精神的合一嗎？人類又何必他求呢？

綜上所述，天人合一的阻礙是顯而易見的，但是這些顯而易見的道理，似乎並不能推翻天人合一的內在要求，這是因爲：

一、人在物質生活中，從來沒有獲得完全的滿足過，但人在精神生活中，却有可能獲得完全的滿足，這不祇是因爲人內在的要求，也是因爲人類發展的事實所必然會導致的結果。

二、權威性及安全感，在人性中的份量，絕不是一個單體的物質生活可以完全解決的，如果我們以爲物質生活可以決定一切的話，那麼人根本不需要再去討論如何建立美善的生活，因爲這種討論及研究本身就是一種對精神生活安全感及權威性的基本要求，沒有人可以把人從這二方面完全撤除，而毫不顧慮人的要求。

三、在基本上，我們必須承認，人不是一個完全不會用理智來改善自己生活的人，人不但可以照顧自己，也可以改善人與人、人與物的關係，這種改善能力的信心，乃是人進入天人合一的力量及憑藉，為什麼其他動物沒有這種能力，就是因為在改善自己方面的能力都不夠，更遑論其他了，孔子所說的行有餘力，則以學文。這是對人而說的，表示人有這種能力，但動物却是行無餘力，又如何能有更深厚的關係呢？

四、自然科學儘管發達，但科學對其所面對的世界，仍然是一個幼稚不堪的初學者，如何能以幼稚的思想，來獨斷宇宙生命呢？我們別的不說，單說在人的地球中，自然科學就還沒有完全瞭解，到現在還沒有能力控制颱風，不知道感冒的病因及治療方法，對於癌症的治療，仍然有許多地方是束手無策，但是我們並不因為這些無能而否定了自然科學的價值，但是，為什麼自然科學就有權去否定其他學科呢？這不是可笑的事嗎？更何況，自然科學能夠達到的領域是極其狹小，自然是無能力來否定天人合一的人性要求，同樣的，自然科學也無權可以作這樣的否定。

所以由上面各點的敍述，可知天人合一所以會遭到阻礙不是沒有原因的，但是，我們也可以看到，雖然有這麼多困難，天人合一仍然可以是人生圓滿的解答。

(二) 天人合一是人生圓滿的解答

天人合一，能夠是人生圓滿解答的特性有如下幾點可以敍述：

一、從人的生活中，提供了天人合一的方向。人在實際的物質生活中，常是不容易滿足的，根據這種不滿足，人的慾望愈來愈高，如果達到了人類的頂峯，人仍然不能滿足的話，空虛就應運而生。生活中的空虛是人類最怕的，物質生活常不能填滿人的空虛，祇有精神生活才能使人覺得滿意，所以，從人的生活中，人可以往天人合一的方向去努力。

二、從人的基本渴望中，是以天人合一為對象的。人的基本渴望，不是物質生活，而是精神生活，一個人祇要維持基本的生存，人就能運用其智慧，創造精神文明，我們看多少憂患意識是從物質生活而來的呢？絕大部份都是從精神生活的苦悶而來的。人爲了獲得苦悶的舒暢，自然是要求在精神生活中獲得快樂及安慰，這種快樂及安慰，很難用一些物質生活及條件來滿足的，例如一位母親，每天辛苦爲家操勞，到了母親節，子女送一朵美麗的康乃馨，向母親表達謝意，難道說，這一朵康乃馨就可以代表對母親的全部的愛嗎？當然不行，如果從物質的眼光來看，母親會爲這一朵康乃馨而獲得安慰嗎？當然不會，而是因爲在這一朵花中所代表的精神境界——愛的表露，才是使母親覺得安慰的因素，所以天人合一的人類基本渴望，就是希望從物質生活中，找到永恒的理想。

三、我們在前面曾經說過，人對權威及安全感的要求，根據這一個要求，天人合一可以是人生圓滿的解答。權威不是一種橫加的，而是一種基本的需要，例如小孩玩火，父母禁止，他不聽，似乎權威沒有了，正好相反，他心中有一個權威，要他不要聽另一個權威。雖然，我們大家都知道，這小孩的權威是錯了，但是小孩之所以堅持，乃是因爲基於嘗試的權威心理，這一種嘗試，就是要我們在生活中，獲得人性的最大滿足，雖然錯了，但仍值得去試。所以，在天人合一上，我們曾有許多錯誤，這些錯誤，都是幫助我們達到天人合一，進入眞理的方法。

至於安全感，人從小就渴望掌握住某些東西，希望經由這些東西，使個人獲得最大的安慰與保障。捉住一些現實的、物質的東西，雖可以暫時渡過一些危機，而獲得某些安全感，但究竟這些安全感仍會消失的，因此，祇有捉住永恒的精神境界，才會使人永遠有安全感。

四、對於人的未來，沒有人可以知道會是什麼樣子，與其不抱希望而生活的糊塗，不如有希望的快樂。更何況，前賢的所作行爲，已足夠告訴我們天人合一是可以達到的，祇要人有恒心，這一切都沒有問題。

所以，從以上這幾點，我們可以知道，天人合一不是愚者的行爲，而是聖者的目標及要求，如果，我們祇是從一種空洞的理論來看的話，天人合一當然是不可能，同樣的，我們如果祇是從空虛的物質條件來看的話，天人合一似乎也祇是一種愚行。但是我們如果從由靈與肉合而爲一的實際生活中來看的話，這種天人合一的境界，不祇是一種人生理想，更是人生確實可行的方法及目的。祇有從人生圓滿的解答中，我們才有可能獲悉天人合一的義蘊及其目的。

第三十六章　人生哲學的完成

我們在研究了人生哲學的全部內容之後，我們可以看出，人生哲學不但可以有其方法，而且，其目的也是非常明顯的。人生哲學的目的，可以從三方面來說，就是知人、知物及知天這三方面，這種程序是先要知人，才能知物，知物之後，才能知天。這三種目的，所以是人生哲學的目的，乃是因爲這三種是一種層層相因的關係，不知人無以知物，不知物無以知天，而天又是與人有着極緊密關係的，如此，就構成了天地一體的景觀。

人爲萬物的中心，但也爲萬物的起點：

知天↑知物↑知人

所以由人出發，而達到天人合一的目的

知人
←知物
←知天

天人合一

這一個進程，乃是根據前面所述的幾編來加以綜合：知人、知物、知天的進程，既已瞭解，我們就可以進一步的將前幾編中的特性加以分析及綜合：

一、知人：

1. 人性論

2. 生命精神

3. 道德生活

4. 政治理想

二、知物

1. 宇宙精神

2. 藝術修養

3. 宇宙生命

三、知天

1. 宇宙生命

2. 生命精神

3. 藝術境界

4. 宗教生活

四、天人合一 ←

1. 人生理想

2. 宗教境界

這一個表格，就是告訴我們人生哲學可以有四個目的，這四個目的的基礎是前三個，最後進入天人合一的結果乃是人生哲學的終極目的，所以我們現在就根據這四點，來討論人生哲學的目的。

第一節　知人的人生哲學

我們學習人生哲學的目的，如果不能知人，那麼，我們所學的就不是人生哲學，在知人的領域中，可以分成知己及知彼二種，要知彼先要知己，所以知己是基礎，知彼是可以發展的結果。

知彼←知己

知己先要正心誠意及修身，知彼才可以達到齊家治國平天下的目的。

知人←知彼←知彼←知己←知己

平天下←治國←齊家←修身←正心

誠意

如果以本書所列綱目來衡量的話，就可以有：

知人↑知彼↑知己

平天下↑治國↑齊家↑修身↑正心 誠意

天下一家↑政治理想↑道德生活↑道德生活↑人性論
↗↑生命精神

我們既然瞭解了知己是達到知彼的方法，而知彼之後才能知人，所以本節將分一、爲什麼要知人，二、知人的目的爲何，三、知人的內容等三點來敘述。希望經由如此的發揮，使我們每一個人都瞭解，人生哲學必須先從知人開始，祇有知人的人生哲學，才是人生哲學達到其目的的一個起點。

(一)爲什麼要知人

知人，不是知物。如果不能知人，就失去了做人的意義，因爲，我們所以要知人，就是要使我們人的各種因素，都能有一個清楚的考慮，原因是，做爲人的基本條件，必須經由人本身才能達到，如果不知人，則任何事情爲人來說，都將失去意義。我們不妨學個例子來說：一位大學畢業女生，到一個貿易公司謀職，這個公司的老板，在面試了這位女生之後，就錄用了她，並告訴她，她的工作是負責打字及Telex的工作，這位女生接受了，但是，沒想到，所謂的負責 Telex，幾乎都是在別人要下班時，資料才送來，如此，這位女生，就不得不加班，而這位女生的家，却並不住在市區內，每天一加班，回到家之後，差不多都要十點多。久而久之，這位女同學就要問，爲什麼資料一定要拖到這麼晚，快下班時才送來？爲什麼不能早一點送來呢？這位女同學，就去向老板要求。當她去以前，必然已經考慮到了她的要求的後果會是什麼？一個可能是老板接受她的要求，一個是老板不接受她的要求，如果接受她的要求當然很好。如果不接受她的要求，她怎麼辦？忍氣吞聲的繼續做呢？還是辭職不幹呢？在這時，她就要問自己，如果辭職不幹，她的能力夠不夠再去找一個工作？她考慮之後，她知道自己有這個能力。所以，她就去向老板要求，結果，完全如同她所考慮的各種情況，其中之一就是，老板拒絕了她的請求，而且還惡形惡狀的說：「本公司不希望有人隨便要求。」這位女同學聽了之後，爲了表示自己的原則，就提出辭職，在辭職時，還正告這個老板說：「做生意而不顧別人的利益，將會自食惡果。」這個例子，就是說明一個人如果不能知己知彼，她就不能，也不敢提出她的理由與意見。所以我們要知人，就是要能知道自己及他人的情況及能力。

(二) 知人的目的

既然我們瞭解，知人的目的，在瞭解自己的能力與他人的能力，以及彼我的情況，那麼，在瞭解之後，就可以提供我們一些立場與原則。

一個不自知，也不知人的人，在面對問題時，很難會有自己的見解，例如一個小孩子，在很多事情上，要依賴大人們的決定，就是因爲小孩對事物的瞭解不夠，他們很難在面對自己及他人時，會有一種明確的態度，但大人們在經驗及知識的傳授下，就比較容易有一個合乎人的原則。所以知人的目的，就是要培養一種能力及態度。

在另一方面，知人也是一種基礎，這種基礎，乃是我與人，我與我自己的一種態度，藉着這種態度，我們就能發展出一套原則與標準。所有的社會規範，都是經過如此的認識而得到的結果。

知人的目的，既在使我們的人生態度，獲得一種肯定，那麼，知人，就不祇是一個小的，沒有頭緒的瞭解，而是可以有其具體的內容及方法。我們在研究知人的目的時，不能不明白知人的方法及其內容，祇有瞭解之後，才能根據這些內容與方法，達到最終的目的。

（三）知人的內容

知人的內容可從知己、知彼二方面來研究。

從知己方面來說，就如同我們在前面道德生活中所說的一樣，先要正心誠意，然後達到修身的結果，事實上，知己的眞正需要，乃是要認識及瞭解自己，如果不能認識自己，不能瞭解自己，就不太可能有能力去發展自己，建立一個理想的自我。在心理學上，有時，我們也稱之爲自我認同（Self-Identity）一個不能認識並同意自己的人，自然沒有能力去瞭解別人。

在正心誠意中，對人性的肯定，對生命精神的嚮往，乃是理所當然的，因爲人性的肯定以及生命精神的嚮往，乃是發揮自我最重要的二點。以這二點做基礎，我們就可以進一步的建立自我。一個能建立自我的人，就會有信心與別人來往，同時，也相信，在與他人來往的過程中，自我有能力，可以處理人與人之間的問題。

在瞭解別人時，一些道德生活的原則及對人生的理想，是可以常擺在心中，及做爲人與人理想激盪的方式。我們都知道，如果我們不能瞭解別人，則往往容易陷入孤獨及痛苦中，因爲人對自我的瞭解，有時很難在自我身上可以完全得到，在別人的言語行爲中，有時反而比較清楚，所以一個人，要完全知人，就可以從主觀的我、客觀的我、社會的我及理想的我等四點來進行。所謂主觀的我乃是我以爲我是什麼，客觀的我則是別人以爲我是什麼，社會的我乃是我以爲別人以爲我是什麼，理想的我就是我希望我自己成爲什麼。經由這一個程序，不但是可以知己，也可知彼，能知己知彼，在很多事上，自然是容易得多了。

從上所述，一個知人的人生哲學，乃是希望從知己及知彼二方面，獲得對人生理想的一個認同，同時也希望經由知人的瞭解上，達到人類世界天下一家的目標，這一種人生哲學，不但是建立在對自己的信心上，也是建立在對全體人類的信心上，祇有以一種對全體人類的信心，我們的人生哲學才有可能成爲實際而切合人生目標的思想及行爲方式。也祇有在知人的人生哲學充份發展之後，我們才可能有餘力在知物及知天上發展，所以孔子說，不知人何以知天。同樣的，不知人，又何以能知物呢？而知人就必須先從知己上下工夫，沒有聽說過一個不自知的人，還能夠在知他人的事上有清楚的時候，更甚而能處理得好的。所以知人的人生哲學，就是人生哲學的目的之一，也是一個基本的目的。

第二節　知物的人生哲學

人生哲學的目的，不祇是要達到人類世界的共融就可以的，因爲人類所生存的世界，乃是一個物質的世界，其生成變化，究竟如何，必須要爲人所瞭解，人類才有能力去應付與接受。

對於物質世界，雖然近年來，自然科學的發達，正揭露了不少的秘密，但爲人來說，人如何完全的瞭解及控制這一個物質宇宙，往往還是一件相當困難的事。例如，我們拿天氣的變化來說吧，大家都知道地球所以會有春夏秋冬四季的差別，最主要的原因是因爲地球繞太陽旋轉的軌道的問題，任何生物都必須仰賴太陽以維持生存，當太陽的熱力及照耀的時間足夠的話，生物就可以欣欣向榮，相反的就要萎靡不振了。地球軌道離太陽愈近，則地球的氣候就愈溫暖，地球離太陽愈遠，則氣候就愈寒冷，如此，地球的四季就分明了，但爲地球二端的南極與北極，以及地球中心的赤道來說，其氣候的分明性，就相當的淡薄了。地球所以會有這樣的差異，人類雖然可以瞭解，但人類卻無法控制，沒有辦法使地球的氣候，永保四季如春。同樣的，甚至於連一個颱風，人類都還不能完全控制。像今年世界的氣候，有一些反常的現象，就是有些地區乾旱得不知使多少人的生存，產生了危險。但在另一些地區，却又有大水，又不知淹死了多少人。像這種反常的氣候，自然科學家幾乎是束手無策。

所以，我們如果祇知知人，就容易養成傲慢自大，目空一切的壞習慣，祇有在和大自然相比較時，我們才會發覺，我們人是多麼的渺小及可憐，如果，我們仍不自知這些限度，而妄圖改變世界，那將咎由自取了。知人，雖然是人生哲學的基本目的，但知物也是基本之一，知人與知物相比較時，就可以明白，知人雖在知物之前，而知物又可以做爲知人的中心，所以格物致知的目的，就在知物。有了正心誠意而沒有格物致知，仍然不容易達到修身的目的。修身的二個基本點，就是正心誠意及格物致知，所以修身的基礎是如此的：

治國←齊家←修身
- 正心誠意
  - 人性執着
  - 生命精神
- 格物致知
  - 宇宙物質
  - 宇宙生命

修身的基礎，既是以正心誠意、格物致知，爲其基礎，而正心誠意乃是以知己爲要件。格物致知的目的，就是要達到對宇宙整體的認識，及對宇宙生命的瞭解，由此，而進入宇宙的核心。知物既有其功能，所以我們就要問，知物的方法如何？知物的結果又當是如何？如果不知物，是否仍然可以幫助我們達到人生哲學的目的？我們依次來回答上述的問題。

(一) 知物的方法

要知物，就要先瞭解物可分二種，一是有生命，一是無生命。無生命的物，比較容易知，因爲無生命的物，是不動的。而有生命的物却又分成動物與植物二種，要瞭解植物比要瞭解動物來得容易，但除了這些宇宙物質之外，宇宙生命，幾乎是我們一致覺得困難的。我們可以先將其分類之後，再來討論。

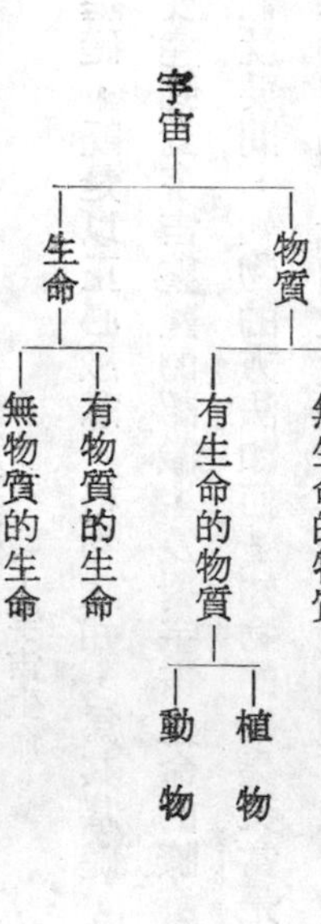

一、從無生命的物質來說，我們祇要利用現代的物理、化學、地質等科學方法加以分析、研究就可以了，因爲這些物質都是一些岩石，祇要化驗其成份，就比較容易找出其中的因素、年代及各種形成的原因。

二、從有生命的植物來說，絕大部份的植物都有根，不會移動，祇要根據生物學的知識，就可以逐漸瞭解植物的生成原因及其結果，我們可以從這些生成原因中找到每一種植物的特性，所以研究植物雖然要比岩石來得難些，但是還可以有方法及不累人的方式行之。

三、但從有生命的動物來說，就要難得多了，動物之所以爲動物，就是因爲會動，從動中去研究其生態是相當困難的，卽使今日的生物學再發達，都還不能確知，到底有多少種動物生存於人類世界中，有多少已絕種，以及在地球歷史上曾有多少種動物生存。更別說，能完全的瞭解動物的各種生態了。

四、在物質世界中，雖然會有很多的困難，但從經驗知識的累積及科學技術的不斷發展，我們仍然有可能逐漸瞭解我們所生存的物質宇宙。但是對於非物質宇宙的世界，例如宇宙的動力來源，宇宙的生成原因，地球以及宇宙氣候演變的眞正背景，自然科學幾乎無能爲力，這種主宰宇宙物質的生命，乃是根源於何種形態的生命原因呢？這個就不是自然科學可以做到的，而必須依賴於那些專注於研究生命精神學科的幫助，這種對生命精神的研究，雖然看起來不合乎自然科學的原則，但究竟自然科學並不是一切科學的基礎，而祇是一門分枝。祇要我們所用的方法，合乎人性的要求，就可以是人類追求知識的合理方法。所以，對於非物質的生命的研究，常是需要從宗教、哲學、人文學、神學等的觀點來研究，才能獲得一個比較可靠的證據。

知物的方法，不祇是要瞭解宇宙物質結構，還要瞭解宇宙的生命，才能獲得一個眞的知識。求取知識的目的，就是希望我們能夠藉着對宇宙物質及生命的瞭解，而漸漸可以與物質有着共融的思想，並經由共融而達到知天的最終目的。知物如果祇是粗淺而且泛泛的瞭解，自然不能算是眞正的知物，所以，我們不可不知物，也不能不知物，因爲不知物，就無以修身，無以修身，就不能達到人生哲學的目的。

(二) 知物的結果爲何

在前面，我們已經說過，知物的程序可有四方面，知物，單從無生命的物質及有生命的物質中去研究，除了可以獲得一些現象的瞭解之外，對於宇宙生命的精神，並不能完全瞭解，因此，知物的眞正結果，就是要瞭解宇宙的生命精神。

研究宇宙生命的精神，可以從二個層次來着手，一是用類比的方法，從有生命的物質中，類比出宇宙生命的形態，一是用直接法，與宇宙生命精神合爲一體。這二個方法各有利弊，但爲人來說，人的能力也祇能達到如此的目的。我們先說第一種方法：

第一種類比方法，乃是人類經由反省及觀察之後，發覺人的能力及渴望之時，自然會有一些人類基本的渴望或需求沒有辦法得到滿足，因此，就有一種希望圓滿的渴望，這種圓滿的渴望，祇有在宇宙生命中，才能獲得滿足及發展，這種從不圓滿到圓滿的渴望，就是一種從小到大，從大到全的類比方法。類比方法除了可以適用於不圓滿到圓滿之外，還可以適用於有限到無限，有形到無形等的方法，用類比方法，爲人來說，是最方便、快速證明宇宙生命的方法，但其缺點，却是容易將宇宙生命當成是有形、有像的物體，尤其在比喻宇宙生命的能力時，更容易用那些像火、像雷、像閃電之類的方式，其結果，迷信的成份有時反而會比確信的成份要來得大，要避免這種缺失，第二種方法是不可少的。

第二種方法，也可以稱之爲靜思、默想、靜觀的方法，這種方法，有時也可以稱之爲佛家的禪定法，名稱、方式雖不一樣，但其目的却是相同。

這種方法的應用，乃是藉着個人內心的思慮的訓練及意志的陶冶，用靜、空的方法，使自己的心智或心靈完全的開放，祇有當心靈開放時，心靈才有可能接納天地的一切。我們都知道，當我們在一個優美的鄉村景色中，很容易體會出天籟，但在繁華的城市中，就祇聽到一些人爲的噪音，因此，用靜的方法，是可以幫助我們進入天地的本心，瞭解天地的變化，古往今來，多少名人不是都經過這種內省的工夫，而達到瞭解宇宙生命精神的方法嗎？

從上所述，可知，知物的人生哲學，不祇是要瞭解一些宇宙現象的問題，而是要進入宇宙生命中，瞭解其精神及實在的內含，如此，知物的人生哲學才算完成，但這種完成，並非是人生哲學的全部結束，而是人生哲學的另一個起點，這一個起點，就可以使我們從宇宙生命的精神，進入知天的人生哲學。

第三節　知天的人生哲學

宇宙生命精神，祇是宇宙生命的最高表現，就如同人的生命精神一樣，我們可以從人的生命精神中，體會到宇宙的生命精神，更可以從宇宙的生命精神進入天的生命精神，這一種層次的轉換方法，事實上還是類比方法的應用。

知天的人生哲學和知物的人生哲學，有一個基本的差別，那就是知物的人生哲學的最高境界，祇是瞭解宇宙生命精神，但是知天的人生哲學的起點，却是宇宙生命的精神，而其最高境界乃是天心，天的本體。我們不要以爲宇宙生命精神就是天的本體，這就好像沒有人會以爲人的生命精神就是天的生命精神一樣。人的生命精神，可以有類似於天的生命精神之處，但人與天是不同的，因此，在知天的人生哲學中，我們要學習到，如何藉着知人及知物的方法，而達到知天的目標。

一般來說，知天旣有其基礎，祇要我們把這些基礎做好了，我們就可以有更好的目標及更深入的方法。例如一個唸會計的同學，他必須先唸好初等會計，才能唸中等會計，然後進入高會。如果初會、中會都不會，而要進入高會，那簡直是太困難了。同樣的，在太空科學中也是如此，必須先有物理、化學、生物等學科的基礎，才能從事太空科學。知天的人生哲學也必須是以知人及知物爲基礎，才能有堂奥可入。所以從知人、知物的連接性來說，知人的基礎是知己，知人與知物的連接乃是知彼之心，而知物就是以知彼的格物致知爲基礎，而與知天的連接乃是宇宙生命精神，宇宙生命精神既是知物的最高境界，也是知天的基礎，而知天的最高境界，就是達到天的本體，我們把這一個流程圖畫出來，可有如下的圖示：

一、知人——基礎是知己——正心誠意
　　目標是知彼——格物致知
↓
二、知物——基礎是知彼——格物致知
　　目標是宇宙生命精神——心物合一
↓
三、知天——基礎是宇宙生命精神——心物合一
　　目標是進入天心——天人合一

由這一個流程圖，我們可以知道，在知人、知物及知天間有一個順序。我們已瞭解了知人、知物，但我們如何知天呢？爲什麼要知天呢？知天對我們可有什麼用呢？我們可以回答如下：

知天不是一種迷信，這是我們首先要確立的，因爲知天是迷信的話，就容易有偶像崇拜，及許多不合理以及無法解釋的現象發生，但是我們如果從一個合理的觀點來研究知天的問題時，知天就可以有一個可以站得住的理由。

(一)爲什麼要知天

我們爲什麼要知天呢？既不是那些有限、無限的理由，也不是那些圓滿不圓滿的問題，而是人的天性使然。我們都知道，我們每一個人都渴望愛與安全感。愛與安全感就是我們要知天的理由，爲什麼呢？我們先擧個很有名的心理學的一個試驗來說明我們的理由。

一位心理學家爲了要證明我們對愛與安全感的要求是多麼迫切，他曾做了一個實驗。他在一個房子裏面，放了二隻籠子，一個籠子裏放了一個模特兒，這一個模特兒的材料都是用鐵絲及石頭做的，模特

兒的外層什麼也沒有。在另一個籠子裏，這位心理學家也放了同樣的一個模特兒，但這模特兒身上卻有絨布及海綿包着，顯得相當的溫暖。這位心理學家，在每一個籠子裏各放了一隻小猴子進去，這位心理學家接着又放了一點食物在籠子裏，放的位置，正好是二隻小猴子從模特兒所在之處，猴子夠不着的地方，二隻小猴子，要去取食物時，就顯出了一些差別，那就是模特兒身上什麼也沒有的籠子裏的猴子，毫無所謂的就從模特兒身上跳到食物那裏，拿了食物就到另一個角落去啃去了。但另一個籠子中，模特兒身上有絨布及海綿的籠子，小猴子就有點依依不捨，卽使拿了食物，也很快的回來，依偎在模特兒身上吃食。從這一個實驗中，人也可有同樣的情況，那就是人對溫暖的要求，是很自然的，除非沒有，祇要有，人一定會去爭取，而愛與安全感就是溫暖的代表。

所以在知天中，人之需要知天，也同樣的是爲了愛與安全的理由。

爲什麼愛與安全應是知天的理由呢？因爲知天的主體不在天而在人，是人要去知天，所以人的需要是首先要瞭解的，人既然在其本性上，對愛與安全感的需求是如此的迫切，那麼，人所要知的天，豈不是也要具有如此的特性嗎？不然，人又何必要知天呢？知天的目的，就是要看看我們在那些方面可以與天合一，進入天的奧蘊中。

(二) 知天的用處

知天可以有些什麼用處呢？

第一、從人的渴望安全感及人世的飄搖來說，人可以找到一個永恆的歸所，安寧的地方。我們每一個人都有空虛、寂寞、恐懼的時候。知天，就可以幫助我們解決這些問題。

第二、從人對愛的執着來說，知天可以滿足我們對愛的全部要求。一些義士們，視死如歸的精神，常會令我們欽佩。這種精神，亦常會因爲犧牲生命而遺愛在人間。而對我們來說，這種愛，是人世間最偉大的愛，也是最完美的愛。對這些義士來說，遺愛在人間可能是效果之一，但他們希望從犧牲中，看出永恆的意義及其價值，這種希望愛的永恆性，就是知天的用處。知天之後，就可以明白天的偉大及其愛的無邊，經由這一份永恆，而使得我們人也可以進入永恆。

第三、從人對生命的期望來說，天的存在已超越時空之中，而人的生命却在時空之內受到限制，人的知天，就是希望從知天中，獲得永恆的方向，永恆不是一個時間的問題，而是一種狀態。我們如何能從有限的時間中進入無限的狀態，祇有在知天之後，人才有可能獲得永恆的意義。

第四、從人類文明的發展來看，雖然唯物的思想相當濃厚，但仍然掩蓋不了人類追求眞理的決心，愈是在晦暗的時候，人類的光明愈是可期待，而知天，就是我們渴望光明的力量，祇有在知天之後，我們才能瞭解，何者是人的目的。知天的用處，就是幫助我們瞭解人類文明發展的方向。

從上所述，可知知天的用處，可以從許多方面來研究及考察，但一般來說，知天就是在幫助我們在尋求人生的方向中，找到一條坦途，經由這條坦途，達到人生哲學的目的。

(三) 如何知天

在前面，我們已經說過，瞭解宇宙生命的精神，可以用類比及反省、觀察、默想的方法得到，同樣的，爲知天的方法，這二種方法，也可以相當的有效。

知天的方法除了前述二種之外，對於訴諸個人良知的省察，以及對萬事萬物觀察的心得，也常可以幫助我們達到知天的目的，但在知天的方法中，最有效的就是根據形上學及神學的方法來達到。

我們可以先將知天的方法列表如下，再一一說明：

一、根據知人知物的方法：

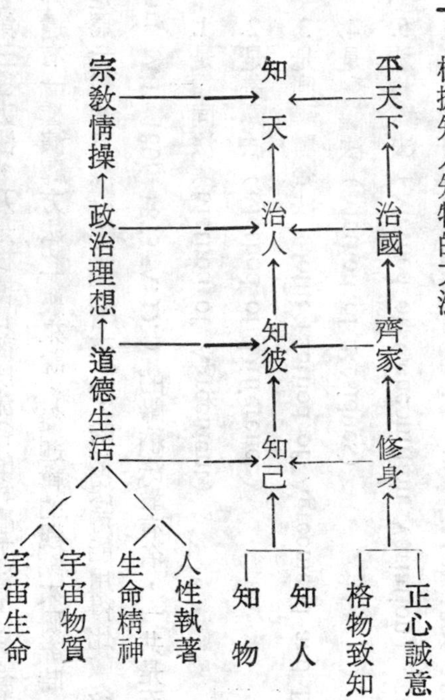

二、根據人類抽象的方式：

形上抽象←數學抽象←物理抽象←具體事物

三、根據思考觀察的方式：

知天←抽象←歸納←反省←實驗←觀察

四、根據人類靜思的方法：

知天←靜坐、靜觀、默想、禪定→知→人、物這四種方法，祇是一種淺略的分類，主要的目的，是要我們瞭解如何知天。

從第一種方法中，是根據人生的知識，按照人類進化的步驟，一步一步的達到知天的目的。在這個方法中，當然是以人性論、生命精神及宇宙觀爲起點，最後進入宗教情操中，達到知天的目的。

第二種，乃是根據法國人馬里旦（Jacques Maritan 1882–1975 A. D.）的知識的等級（The degrees of knowledge）的方法，經由具體事物，我們可以得到物理抽象，再經由物理抽象而達到數學抽象的方式，最後經由數學抽象而進入形上抽象，形上抽象就已經進入本體論的範疇。這一種方法，雖然我們用箭頭把他們連起來，事實上，這是三種抽象，經由這三種抽象，雖然有不同的範疇，但其等級，却是相當明顯而且分離的，祇有在進入形上抽象之後，人才有可能知天。

第三種方法，乃是根據目前所流行的科學方法，以達到知天的目的，科學方法不祇是歸納法一種，另外還有一種演繹方法，一般來說，從邏輯的觀點來研究時，演繹法及歸納法，同樣都是一種科學方法，祇是爲一般的自然科學研究者來說，歸納法可能用得比較多些。在歸納法的研究中，以英人彌爾（John Stuart Mill 1806–1873 A. D.）的歸納法最有名，一共是五種：

1. 是類同法（Method of Agreement）
2. 是差異法（Method of Difference）
3. 是同異聯合法（Joint Method of Agreemend and Difference）
4. 是剩餘法（Method of Residues）
5. 是共變法（Method of Concomitant Variation）

這五種方法，雖然是彌爾（John stuart Mill 1806–1873 A. D.）整理了培根（Sir Francis Bacon

1561-1626A. D.）的歸納方法之後，所作成的五個結論，但這五個結論，在一般的用法上，雖祇是限於經驗事物及其因果關係的研究，但這個方法，我們仍然可以借用，經由觀察、實驗的結果，達到知天的目的，例如我們在觀察宇宙的某一種生物時，我們可以先觀察其生活型態，然後加以實驗，加上反省之後，我們可以歸納出某些結論，這些結論經過抽象的程序，而進入知天的部份，這雖然不是一個簡單的方法，但却可知，科學雖有其領域，仍然不會妨害我們知天的目的，甚至於，有的時候，還可以幫助我們在找尋知天的方法中，得到更好的效果。

第四種方法，就是完全訴諸於一種心靈修養的狀態，這種狀態既不能用實驗科學來證明，也無法用人類言詞來表達，完全是個人心靈的一種經驗，這種經驗和我們對外在事物的經驗有些差別，因爲這種經驗，乃是人與天來往的過程中的一種神秘經驗，這種神秘經驗，不祇是一種體會，也是一種心靈的充滿，也就是在分享天地生存的奧義而達到一種神人共享的地步，這一個地步，祇有有經驗的人，才能意會得出。但一般來說，這種方法，仍然有其程序。

知天←禪定←默想←靜觀←靜坐←心靜

心靜也就是心定，心不靜，就坐不安，心靜之後，就可以坐下來，在靜坐之時，我們不需要去想任何事，祇要使自己的心靈，保持一種和諧安定的局面卽可，靜坐之後，心中雜念漸失，心中反而有一個廣大的空間任你馳騁，在這時，祇要靜觀卽可，靜觀所得之事，經由默想而達於定的工夫，這一種定，在佛學上，稱之爲禪定，禪定就是要定於一，在士林哲學中這種禪定就是進入上帝之內，如此，對於上帝的本性、本心，就可以有一個體會、禪悟，而達到知天的目的。

這個方法，雖然，科學家們找不出任何證據，但却最能幫助我們進入天人合一的方法，問題就在於我們是否能專心一志的潛心努力於心境的培養。

從上可知，知天的人生哲學，就是要達到天人合一的地步，知天，不祇是要瞭解天的意義及其本體，也是更進一步的要明白，如何才能用適合每一個人的方法，達到知天的目的。

人生哲學的目的，就是一種知人、知物、知天的目的，如果不知人，就無以知物，不知物就無以知天，另一方面，知人、知物乃是知天的二個基石，人無法立刻從抽象中得到抽象，而必須有從具體事物中進入抽象的經驗，我們才有可能進入一種完全抽象的領域中。而人生哲學的目的，就是要幫助我們在進入知天的天人合一的結果之前，先要培養一些具體的經驗及對客觀事物的態度，經由這些具體事物的經驗及對客觀事物的態度，我們可以逐漸經由思想的訓練，而達到人生哲學的目的。

人生哲學雖然是一種思想，但人生哲學也是一種行爲的準則，一個行爲如果沒有準則的話，行爲早晚會失去其意義，同樣的，思想如果沒有行爲的表達，思想終究也將成爲空想，祇有思想與行爲的合一，才是人生哲學的意義，經由思想與行爲的合一，我們可藉着人生哲學的指引，而達到人生的目的，進入天人合一的圓滿結局。

第三十七章 結論——對我們這一代中國人的期望

在這一章結論，我個人本來並沒有打算以這一個副標題來作爲我的結論的，但國家正玆多事之秋，風雨飄搖之時，面對着這一個我所生長的，沈淪已有二十七年的神州大陸，益發感覺出，今日的中國人，急需建立一套屬於中國人的人生哲學，作者不揣冒昧的提出了宇宙觀、人性論、生命精神、道德生活、藝術修養、政治理想、宗教情操及天人合一作爲中國人生哲學的基本藍圖，同時並以眞善美聖作爲我們追求的目標，不如此，中國的國格，中國人的志節，則無以昂揚於世界。

最近第二十一屆奧林匹克運動大會於七月十七日在加拿大的蒙特婁召開，正當我選手意志昂揚的準備與賽時，却橫遭到加拿大政府的阻撓，但在這一事件中，我們可以看到，中國人堅持原則的生命意志及奮鬪到底的決心，正是中國人重建其中國人生哲學的契機。有許多人會問，名字難道眞的那麼重要嗎？我們要講的不是名字的問題，而是原則的問題，如果一個名字是代表一個原則的話，名字又豈是可以隨便更改的呢？一個人如果沒有理想，何止是名字，就是連生命於他也是沒有什麼意義。一個人祇有在原則之下，才能看出人生的意義，因此，在人生哲學中，我們的態度是：

一、我們反對過份的物質享受及唯物的崇拜。這一個世界，所以變得愈來愈沒有原則，愈來愈沒有意義，就是因爲太重視物質的享受，對物質太崇拜。多少人，從小學受教育時，就灌滿了做大官、發大財的思想。每一個人祇要有物質享受，什麼也不管了，結果是造成了多少人的誤入歧途，多少人的聰明才智祇是在爲一己的利益謀出路，而絲毫不顧及國家民族的前途及利益。大家都記得民國六十四年四月三十日，越南淪陷前後的慘狀。這是姑息主義、享樂主義、唯物主義下的犧牲品，當我們在評論這樣的事件時，我們自己又將如何警惕呢？前事如果不能作引鑑，人又有什麼意義呢？如果我們不要步武越南的結局，我們這一代中國人，就必須發奮圖強，努力革除享樂主義、姑息主義及唯物主義的毒瘤，重建一個有理想、有朝氣的民族國家正氣。

二、我們不贊成國家的經費大部份用來從事物質建設。這幾年來，精神建設太少，以至於社會問題叢叢發生。對於現存的社會問題，大學老師常怪中學老師沒有把學生敎好，中學老師又怪小學老師沒有敎好學生，小學老師祇好說家庭敎育不夠。其實這一個問題，乃是一個基本的健全的國民的培養問題，小學同學不闖紅燈，走地下道，對父母師長彬彬有禮，爲什麼到了中學就闖紅燈，搶博愛座呢？這絕不是一個環節的問題，而是整個敎育理想的問題，如果我們的敎育理想祇是放在「配合」經濟建設的話，那麼如何能不從小培養競爭的心理呢？但反過來說，如果經濟建設是配合敎育理想的話，即使經濟不那麼進步，却保全了中國人的氣節及志氣，仍然是值得的。我們現在所用的方法，似乎是有點捨本逐末，行政院蔣經國院長在答覆立法委員們的質詢時曾說：「我們現在最缺的就是思想敎育及道德敎育」。實在值得我們所有從事敎育工作的人深思。這幾年來在蔣院長的領導下，敢於面對這個問題，實在是值得我們額手稱頌，深慶得人了。

我們的思想敎育，不祇是在打倒毛共的殘酷統治，還要建立一個新中國，在這一個理想上，有多少人是眞正的意識到呢？至於倫理敎育方面，又有多少人，眞正以爲過一個道德生活是毫不羞恥的呢？就好像一些中國留學生在國外，竟然以身爲中國人爲恥，這就使我想起一句名言：「今日你以我爲恥，他日我將以你爲恥。」連做爲一個中國人都覺得可恥的話，那還有什麼好說的呢？

三、我們不贊成某些自命前進的學棍，專門出版一些破壞中國優良美德的書籍。全盤西化的反叛作風，已使得中國哲學及人文精神的慧命，幾乎受到中斷，如果在今日再出版一些以反叛，揭露人性醜陋爲能事的書籍，中國青年將何以堪呢？中國的青年，渴望尋求人性的光輝，但往往却因爲用錯了，看錯了書，而走上了歧途，像沙特之類的存在思想，盲目享樂主義的頹廢，貿然能作爲青年人的偶像，實在令人懷疑，誰是在破壞中國文化，我們國民雖有著作的自由，但我們也有不看，不推廣的自由啊！不要因爲過份強調自由，最後連國家前途都斷喪了。如果我們還想使中華民國，這一個流着汗，踏滿了我們足跡的國土，仍能屹立於世的話，不要侈談自由，也不要用自由來作逃避的藉口，而要以毅力，挑起我們的重擔，走上我們自己所要走的道路。走在別人的路上，而妄稱是自已的路，並藉以批評在固有文化中辛勤耕耘的人，究竟是何居心呢？能心安嗎？

根據以上的態度，我們對這一代中國人的期望是：

一、努力學習西方文化的精神：西方文化的精神，不是頹廢的沙特式的存在主義，不是共產唯物主義，也不是否認心智能力的實證主義，而是一個眞正尊崇人性尊嚴及力量的人文主義，這一個人文主義乃是由蘇格拉底、柏拉圖、亞里斯多德所傳下來經過奧斯定、多瑪斯到今日的柏格森、瑪里旦、雅斯培、馬賽爾及德日進的思想，這一個思想的重心，乃是把人當人看，賦予人在宇宙間應有的地位及其精神，經由這一思想，發展出的西方精神，才是眞正的西方精神的源泉，我們如果不去學習這些源泉，而祇是應用一些皮象，早晚我們會失落在西方危機中的悲哀裏面。我們不要以爲有人推崇，就是不可一世的眞理，西方的共產唯物主義，何嘗沒有人推崇呢？難道它就是眞理嗎？羅素（Bertrand Russell 1872-1970 A.D.）的推崇共產黨，就表示共產黨是眞理嗎？迷信羅素的人，與那些崇洋的不合乎科學原則的人，又有什麼差別呢？我們學習西方精神，乃在於他們追求眞善美聖的態度，像亞里斯多德的名言：「吾愛吾師，吾更愛眞理。」的精神，又是何等的令人激賞呀！所以在學習西化的過程中，凡是不合乎眞善美聖的原則的，都應該放棄，如此才能達到完全的西方精髓。

二、努力復興中華文化：復興中華文化，就和西方的文藝復興，有着異曲同功之妙，復興不在復古，而在重估那些文化，究竟在文化中的某些部份，祇適合於那個時代，過了那一個時代，祇能用歷史的眼光來研究而已。但有些文化，雖在當時，並沒有顯出其地位，並不表示沒有價值，在後世仍可發揚光大。所以在今日，儒家雖好，道家、墨家及法家等的精神，仍然有許多值得發揚的地方，一味的尊儒而罷黜百家，究竟已不合這一時代的精神，這一個時代的精神，就是追求眞善美聖，不管是誰，那一派，那一家，祇要合乎眞善美聖的精神的思想，就值得我們去效法、去學習。因爲眞善美聖就是我們人類所追求的生命精神，這一個生命精神，可以放諸四海而皆準，在任何時代、任何地方，都有其絕對性，問題是，我們在每一個時代裏面，是否能找到合乎每一個時代的表現方式。這一個表現方式，乃是眞正合乎當時時代精神的產品。

三、建立一套人生哲學系統，人生哲學的目的在知人、知物、知天。其精神乃是眞善美聖，其方法乃是經過理性的選擇，智慧的眼光，找到西方的精神及中國的精神，二者加以融合而成的，我們相信，這樣的人生哲學不但合乎中國人的需求，也合乎全世界人類發展的需要。在這一套人生哲學系統中，不但對過去的哲學，思想精神有所提示，並能告訴我們今日能做什麼，可以做什麼，更甚而至於，展示了人生未來的一條坦途，人祇要這樣努力，就可以得到一個永恆的生命及完全的喜樂。

人生哲學系統的建立，不祇是一個思想的架構，也是一個人類文明及歷史文化所形成的艱苦努力，如果我們這一代的中國人不能負起這一份責任，我們又能讓誰來負呢？我們能怪上一代嗎？我們要把責任推到下一代嗎？如果我們不能勇敢的負起這一個十字架以溝通人我與天人之間的至理至性，又如何能算得上是頂天立地的人呢？希望我們大家都能爲這一個理想而共同努力。

重要參考書（西文部份從略）

一、人生哲學	謝扶雅編著	正中書局印行
二、人生哲學	李石岑著	地平線出版社
三、人生哲學概論	楊紹南著	臺灣商務印書館發行
四、道德觀要義	周克勤著	臺灣商務印書館發行
五、中國哲學思想史(一)	羅　光著	先知出版社
六、中國人生哲學概要	方東美著	先知出版社
七、科學與人生觀之論戰	汪孟鄒編著	香港中文大學印行
八、西洋哲學史	鄔昆如編著	正中書局印行
九、中國思想史	馮友蘭著	
十、中國哲學原論（上册）	唐君毅著	人生出版社印行
十一、中國哲學原論（原性篇）	唐君毅著	人生出版社印行
十二、中國哲學原論（原道篇）	唐君毅著	人生出版社印行
十三、中國文化之精神價值	唐君毅著	正中書局印行
十四、宋明理學	吳　康著	華國書局印行
十五、中國哲學思想批判	韋政通著	水牛出版社
十六、中國人性論史先秦篇	徐復觀著	臺灣商務印書館發行
十七、中國哲學史概論	渡邊秀芳著，劉侃元譯	臺灣商務印書館發行

十八、中國古代哲學史　胡 適著　臺灣商務印書館發行

十九、蔣總統嘉言錄　中央文物供應社輯印

二十、禪學的黃金時代　吳經熊著，吳怡譯　臺灣商務印書館發行

二一、當代道德哲學　謝扶雅著　香港亞洲出版社印行

二二、哲學大綱　吳 康著　臺灣商務印書館發行

二三、錫園哲學文集　吳 康著　臺灣商務印書館發行

二四、哲學概論　趙雅博著　臺灣中華書局印行

二五、希臘哲學趣談　鄔昆如著　東大書局印行

二六、西方當代哲學　趙雅博著　正中書局印行

二七、比較倫理學　黃建中著　正中書局印行

強制執行法	陳榮宗 著	臺灣大學
法院組織法論	管　歐 著	東吳大學

政治・外交

政治學	薩孟武 著	前臺灣大學
政治學	鄒文海 著	前政治大學
政治學	曹伯森 著	陸軍官校
政治學	呂亞力 著	臺灣大學
政治學概要	張金鑑 著	政治大學
政治學方法論	呂亞力 著	臺灣大學
政治理論與研究方法	易君博 著	政治大學
公共政策概論	朱志宏 著	臺灣大學
公共政策	曹俊漢 著	臺灣大學
公共政策	朱志宏 著	臺灣大學
公共關係	王德馨 等著	交通大學
中國社會政治史(一)～(四)	薩孟武 著	前臺灣大學
中國政治思想史	薩孟武 著	前臺灣大學
中國政治思想史（上）（中）（下）	張金鑑 著	政治大學
西洋政治思想史	張金鑑 著	政治大學
西洋政治思想史	薩孟武 著	前臺灣大學
中國政治制度史	張金鑑 著	政治大學
比較主義	張亞澐 著	政治大學
比較監察制度	陶百川 著	國策顧問
歐洲各國政府	張金鑑 著	政治大學
美國政府	張金鑑 著	政治大學
地方自治概要	管　歐 著	東吳大學
國際關係——理論與實踐	朱張碧珠 著	臺灣大學
中美早期外交史	李定一 著	政治大學
現代西洋外交史	楊逢泰 著	政治大學

行政・管理

行政學（增訂版）	張潤書 著	政治大學
行政學	左潞生 著	中興大學
行政學新論	張金鑑 著	政治大學

行政管理學	傅肅良 著	中興大學
行政生態學	彭文賢 著	中興大學
各國人事制度	傅肅良 著	中興大學
考詮制度	傅肅良 著	中興大學
交通行政	劉承漢 著	成功大學
組織行爲管理	龔平邦 著	前逢甲大學
行爲科學概論	龔平邦 著	前逢甲大學
行爲科學與管理	徐木蘭 著	臺灣大學
組織行爲學	高尚仁 等著	香港大學
組織原理	彭文賢 著	中興大學
實用企業管理學	解宏賓 著	中興大學
企業管理	蔣靜一 著	逢甲大學
企業管理	陳定國 著	臺灣大學
國際企業論	李蘭甫 著	中文大學
企業政策	陳光華 著	交通大學
企業概論	陳定國 著	臺灣大學
管理新論	謝長宏 著	交通大學
管理概論	郭崑謨 著	中興大學
管理個案分析	郭崑謨 著	中興大學
企業組織與管理	郭崑謨 著	中興大學
企業組織與管理（工商管理）	盧宗漢 著	中興大學
現代企業管理	龔平邦 著	前逢甲大學
現代管理學	龔平邦 著	前逢甲大學
事務管理手冊	新聞局 著	
生產管理	劉漢容 著	成功大學
管理心理學	湯淑貞 著	成功大學
管理數學	謝志雄 著	東吳大學
品質管理	戴久永 著	交通大學
可靠度導論	戴久永 著	交通大學
人事管理（修訂版）	傅肅良 著	中興大學
作業研究	林照雄 著	輔仁大學
作業研究	楊超然 著	臺灣大學
作業研究	劉一忠 著	舊金山州立大學

系統分析	陳　進　著	前聖瑪麗大學

社　會

社會學	蔡文輝　著	印第安那大學
社會學	龍冠海　著	前臺灣大學
社會學	張華葆　主編	東海大學
社會學理論	蔡文輝　著	印第安那大學
社會學理論	陳秉璋　著	政治大學
社會心理學	劉安彥　著	傑克遜州立大學
社會心理學	張華葆　著	東海大學
社會心理學	趙淑賢　著	安柏拉校區
社會心理學理論	張華葆　著	東海大學
政治社會學	陳秉璋　著	政治大學
醫療社會學	廖榮利　等著	臺灣大學
組織社會學	張苙雲　著	臺灣大學
人口遷移	廖正宏　著	臺灣大學
社區原理	蔡宏進　著	臺灣大學
人口教育	孫得雄　編著	東海大學
社會階層化與社會流動	許嘉猷　著	臺灣大學
社會階層	張華葆　著	東海大學
西洋社會思想史	張承漢　等著	臺灣大學
中國社會思想史（上）（下）	張承漢　著	臺灣大學
社會變遷	蔡文輝　著	印第安那大學
社會政策與社會行政	陳國鈞　著	中興大學
社會福利行政（修訂版）	白秀雄　著	臺灣大學
社會工作	白秀雄　著	臺灣大學
社會工作管理	廖榮利　著	臺灣大學
團體工作：理論與技術	林萬億　著	臺灣大學
都市社會學理論與應用	龍冠海　著	前臺灣大學
社會科學概論	薩孟武　著	前臺灣大學
文化人類學	陳國鈞　著	中興大學

勞工問題	陳國鈞	著	中興大學
少年犯罪心理學	張華葆	著	東海大學
少年犯罪預防及矯治	張華葆	著	東海大學

教　育

教育哲學	賈馥茗	著	臺灣師大
教育哲學	葉學志	著	彰化教院
普通教學法	方炳林	著	前臺灣師大
各國教育制度	雷國鼎	著	臺灣師大
教育心理學	溫世頌	著	傑克遜州立大學
教育心理學	胡秉正	著	政治大學
教育社會學	陳奎憙	著	臺灣師大
教育行政學	林文達	著	政治大學
教育行政原理	黃文輝	主譯	臺灣師大
教育經濟學	蓋浙生	著	臺灣師大
教育經濟學	林文達	著	政治大學
工業教育學	袁立錕	著	彰化教院
技術職業教育行政與視導	張天津	著	臺灣師大
技職教育測量與評鑒	李大偉	著	臺灣師大
高科技與技職教育	楊啟棟	著	臺灣師大
工業職業技術教育	陳昭雄	著	臺灣師大
技術職業教育教學法	陳昭雄	著	臺灣師大
技術職業教育辭典	楊朝祥	編著	臺灣師大
技術職業教育理論與實務	楊朝祥	著	臺灣師大
工業安全衛生	羅文基	著	
人力發展理論與實施	彭台臨	著	臺灣師大
職業教育師資培育	周談輝	著	臺灣師大
家庭教育	張振宇	著	淡江大學
教育與人生	李建興	著	臺灣師大
當代教育思潮	徐南號	著	臺灣師大
比較國民教育	雷國鼎	著	臺灣師大
中等教育	司琦	著	政治大學
中國教育史	胡美琦	著	文化大學

中國現代教育史　鄭世興　著　臺灣師大
中國大學教育發展史　伍振鷟　著　臺灣師大
中國職業教育發展史　周談輝　著　臺灣師大
社會教育新論　李建興　著　臺灣師大
中國社會教育發展史　李建興　著　臺灣師大
中國國民教育發展史　司琦　著　政治大學
中國體育發展史　吳文忠　著　臺灣師大
如何寫學術論文　宋楚瑜　著　臺灣大學
論文寫作研究　段家鋒等著　政戰學校等

心理學

心理學　劉安彥　著　傑克遜州立大學
心理學　張春興等著　臺灣師大等
人事心理學　黃天中　著　淡江大學
人事心理學　傅肅良　著　中興大學

經濟・財政

西洋經濟思想史　林鐘雄　著　臺灣大學
歐洲經濟發展史　林鐘雄　著　臺灣大學
比較經濟制度　孫殿柏　著　政治大學
經濟學原理（增訂新版）　歐陽勛　著　政治大學
經濟學導論　徐育珠　著　南康涅狄克州立大學
經濟學概要　歐陽勛等著　政治大學
通俗經濟講話　邢慕寰　著　前香港大學
經濟學（增訂版）　陸民仁　著　政治大學
經濟學概論　陸民仁　著　政治大學
國際經濟學　白俊男　著　東吳大學
國際經濟學　黃智輝　著　東吳大學
個體經濟學　劉盛男　著　臺北商專
總體經濟分析　趙鳳培　著　政治大學
總體經濟學　鐘甦生　著　西雅圖銀行
總體經濟學　張慶輝　著　政治大學
總體經濟理論　孫震　著　臺灣大學

數理經濟分析	林大侯	著	臺灣大學
計量經濟學導論	林華德	著	臺灣大學
計量經濟學	陳正澄	著	臺灣大學
經濟政策	湯俊湘	著	中興大學
合作經濟概論	尹樹生	著	中興大學
農業經濟學	尹樹生	著	中興大學
工程經濟	陳寬仁	著	中正理工學院
銀行法	金桐林	著	華南銀行
銀行法釋義	楊承厚	著	銘傳管理學院
商業銀行實務	解宏賓	編著	中興大學
貨幣銀行學	何偉成	著	中正理工學院
貨幣銀行學	白俊男	著	東吳大學
貨幣銀行學	楊樹森	著	文化大學
貨幣銀行學	李穎吾	著	臺灣大學
貨幣銀行學	趙鳳培	著	政治大學
現代貨幣銀行學	柳復起	著	新南威爾斯大學
現代國際金融	柳復起	著	新南威爾斯大學
國際金融理論與制度（修訂版）	歐陽勛等	編著	政治大學
金融交換實務	李麗	著	中央銀行
財政學	李厚高	著	逢甲大學
財政學（修訂版）	林華德	著	臺灣大學
財政學原理	魏萼	著	臺灣大學
商用英文	張錦源	著	政治大學
商用英文	程振粵	著	臺灣大學
貿易契約理論與實務	張錦源	著	政治大學
貿易英文實務	張錦源	著	政治大學
信用狀理論與實務	蕭啟賢	著	輔仁大學
信用狀理論與實務	張錦源	著	政治大學
國際貿易	李穎吾	著	臺灣大學
國際貿易實務詳論	張錦源	著	政治大學
國際貿易實務	羅慶龍	著	逢甲大學

國際貿易理論與政策（修訂版）　歐陽勛等編著　政治大學
國際貿易政策概論　余德培著　東吳大學
國際貿易論　李厚高著　逢甲大學
國際商品買賣契約法　鄧越今編著　外貿協會
國際貿易法概要　于政長著　東吳大學
國際貿易法　張錦源著　政治大學
外匯投資理財與風險　李麗著　中央銀行
外匯、貿易辭典　于政長編著　東吳大學／張錦源校訂　政治大學
貿易實務辭典　張錦源編著　政治大學
貿易貨物保險（修訂版）　周詠棠著　中央信託局
貿易慣例　張錦源著　政治大學
國際匯兌　林邦充著　政治大學
國際行銷管理　許士軍著　新加坡大學
國際行銷　郭崑謨著　中興大學
行銷管理　郭崑謨著　中興大學
海關實務（修訂版）　張俊雄著　淡江大學
美國之外匯市場　于政長譯　東吳大學
保險學（增訂版）　湯俊湘著　中興大學
人壽保險學（增訂版）　宋明哲著　德明商專
人壽保險的理論與實務　陳雲中編著　臺灣大學
火災保險及海上保險　吳榮清著　文化大學
市場學　王德馨等著　中興大學
行銷學　江顯新著　中興大學
投資學　龔平邦著　前逢甲大學
投資學　白俊男等著　東吳大學
海外投資的知識　葉雲鎮等譯
國際投資之技術移轉　鍾瑞江著　東吳大學

會計・統計・審計

銀行會計（上）（下）　李兆萱等著　臺灣大學等
初級會計學（上）（下）　洪國賜著　淡水工商
中級會計學（上）（下）　洪國賜著　淡水工商
中等會計（上）（下）　薛光圻等著　西東大學等

會計辭典	龍毓耼 譯	
會計學（上）（下）	幸世間 著	臺灣大學
會計學題解	幸世間 著	臺灣大學
成本會計（上）（下）	洪國賜 著	淡水工商
成本會計	盛禮約 著	淡水工商
政府會計	李增榮 著	政治大學
政府會計	張鴻春 著	臺灣大學
稅務會計	卓敏枝 等著	臺灣大學等
財務報表分析	洪國賜 等著	淡水工商等
財務報表分析	李祖培 著	中興大學
財務管理	張春雄 著	政治大學
財務管理（增訂新版）	黃柱權 著	政治大學
商用統計學（修訂版）	顏月珠 著	臺灣大學
商用統計學	劉一忠 著	舊金山州立大學
統計學（修訂版）	柴松林 著	政治大學
統計學	劉南溟 著	前臺灣大學
統計學	張浩鈞 著	臺灣大學
統計學	楊維哲 著	臺灣大學
統計學	顏月珠 著	臺灣大學
統計學題解	顏月珠 著	臺灣大學
推理統計學	張碧波 著	銘傳管理學院
應用數理統計學	顏月珠 著	臺灣大學
統計製圖學	宋汝濬 著	臺中商專
統計概念與方法	戴久永 著	交通大學
審計學	殷文俊 等著	政治大學
商用數學	薛昭雄 著	政治大學
商用數學（含商用微積分）	楊維哲 著	臺灣大學
線性代數（修訂版）	謝志雄 著	東吳大學
商用微積分	何典恭 著	淡水工商
微積分	楊維哲 著	臺灣大學
微積分（上）（下）	楊維哲 著	臺灣大學
大二微積分	楊維哲 著	臺灣大學

機率導論	戴久永 著	交通大學

新　聞

傳播研究方法總論	楊孝濚 著	東吳大學
傳播研究調查法	蘇　蘅 著	輔仁大學
傳播原理	方蘭生 著	文化大學
行銷傳播學	羅文坤 著	政治大學
國際傳播	李　瞻 著	政治大學
國際傳播與科技	彭　芸 著	政治大學
廣播與電視	何貽謀 著	輔仁大學
廣播原理與製作	于洪海 著	中廣
電影原理與製作	梅長齡 著	前文化大學
新聞學與大眾傳播學	鄭貞銘 著	文化大學
新聞採訪與編輯	鄭貞銘 著	文化大學
新聞編輯學	徐　旭 著	新生報
採訪寫作	歐陽醇 著	臺灣師大
評論寫作	程之行 著	紐約日報
新聞英文寫作	朱耀龍 著	前文化大學
小型報刊實務	彭家發 著	政治大學
廣告學	顏伯勤 著	輔仁大學
媒介實務	趙俊邁 著	東吳大學
中國新聞傳播史	賴光臨 著	政治大學
中國新聞史	曾虛白 主編	
世界新聞史	李　瞻 著	政治大學
新聞學	李　瞻 著	政治大學
新聞採訪學	李　瞻 著	政治大學
新聞道德	李　瞻 著	政治大學
電視制度	李　瞻 著	政治大學
電視新聞	張　勤 著	中視文化公司
電視與觀眾	曠湘霞 著	政治大學
大眾傳播理論	李金銓 著	明尼西達大學
大眾傳播新論	李茂政 著	政治大學

大眾傳播與社會變遷	陳世敏 著	政治大學
組織傳播	鄭瑞城 著	政治大學
政治傳播學	祝基瀅 著	
文化與傳播	汪　琪 著	政治大學

歷史・地理

中國通史（上）（下）	林瑞翰 著	臺灣大學
中國現代史	李守孔 著	臺灣大學
中國近代史	李守孔 著	臺灣大學
中國近代史	李雲漢 著	政治大學
中國近代史（簡史）	李雲漢 著	政治大學
中國近代史	古鴻廷 著	東海大學
隋唐史	王壽南 著	政治大學
明清史	陳捷先 著	臺灣大學
黃河文明之光	姚大中 著	東吳大學
古代北西中國	姚大中 著	東吳大學
南方的奮起	姚大中 著	東吳大學
中國世界的全盛	姚大中 著	東吳大學
近代中國的成立	姚大中 著	東吳大學
西洋現代史	李邁先 著	臺灣大學
東歐諸國史	李邁先 著	臺灣大學
英國史綱	許介鱗 著	臺灣大學
印度史	吳俊才 著	政治大學
日本史	林明德 著	臺灣師大
日本現代史	許介鱗 著	臺灣大學
近代中日關係史	林明德 著	臺灣師大
美洲地理	林鈞祥 著	臺灣師大
非洲地理	劉鴻喜 著	臺灣師大
自然地理學	劉鴻喜 著	臺灣師大
地形學綱要	劉鴻喜 著	臺灣師大
聚落地理學	胡振洲 著	中興大學
海事地理學	胡振洲 著	中興大學
經濟地理	陳伯中 著	前臺灣大學
都市地理學	陳伯中 著	前臺灣大學